新编21世纪公共管理系列教材

管理心理学

第三版

范逢春　主编

Managerial Psychology

中国人民大学出版社
·北京·

内容简介

四川大学范逢春教授主编的《管理心理学》是一部广受好评的管理心理学教材，被评为四川省“十四五”普通高等教育本科规划教材。本书是作者20余年追踪管理心理学学科发展、探索管理心理学内容变迁、思考管理心理学教学规律的成果。全书首先介绍了管理心理学的基本概念、历史发展与研究方法，然后按照“个体心理与行为—群体心理与行为—组织心理与行为”的基本框架，系统阐述了管理心理学的基本理论及其在管理实践中的应用。

本书以“认识人—发展人—尊重人”作为逻辑主线，并强调在当前各种新概念、新方法、新技术被引入组织管理的大背景下，“尊重人性”的管理准则没有变；相反，在令人眼花缭乱的管理和组织变革中，尊重人格、敬畏人格、重视人心、尊崇人才显得愈发重要。本书编排形式灵活，在理论阐述之外，精心安排了大量案例、知识专栏和图表，向读者呈现了丰富的心理学和管理学研究成果，具有极强的可读性。

本书适合作为高校管理心理学及相关课程教材，同时也是各级各类组织及团队管理者系统学习管理心理学知识、提升管理能力的理想参考书。

作者简介

范逢春　四川大学公共管理学院副院长，教授、博士生导师，四川省“天府青城计划”哲社文化领军人才，四川省学术和技术带头人，四川省社会治理与公共政策研究智库首席专家，国家社会科学基金重大专项项目首席专家，兼任中国政治学会理事、四川省政治学会常务理事、四川省行政管理学会常务理事等。主要研究领域为社会治理与公共政策、地方政府行为、管理心理学。出版《城乡基本公共服务均等化：历史、现实与未来》《走向社会公平的中国经验：基于统筹城乡的视角》《县级政府社会治理质量测度标准研究》《农村公共服务多元主体协同治理机制研究》《管理心理学》等专著、教材20余部；在《管理世界》《中国行政管理》等国内外核心期刊上发表论文100余篇。主持国家级、省部级科研项目及地方政府委托课题数十项，其中国家社会科学基金项目4项、省部级项目5项。曾获得高等学校科学研究优秀成果奖、四川省哲学社会科学优秀成果奖（7次）、四川省高等教育教学成果奖（4次）等科研和教学奖励及荣誉称号数十项。

出版说明

现代意义上的公共行政与公共管理研究和教育始于 20 世纪初。时至今日，随着公共管理职业化的发展，公共行政与公共管理的研究和教育事业在许多国家方兴未艾。自 20 世纪 80 年代起，为了适应政府改革与公共管理人才培养的需要，我国的公共行政与公共管理研究和教育在经历了发展的挫折之后，开始了恢复和重建的工作。经过多年的发展，特别是公共管理一级学科的设置和我国公共管理硕士（MPA）教育的启动以及高校公共管理类本科专业的大量开设，公共管理已成为当代中国社会科学和管理科学领域的一个充满生机活力、具有远大发展前景的学科。

为了满足广大高校公共管理类专业的教学需要，在历届教育部高等学校公共管理类学科专业教学指导委员会的指导和支持下，中国人民大学出版社自 1999 年起，陆续出版了“21 世纪公共行政系列教材”“21 世纪公共管理系列教材”“21 世纪公共事业管理系列教材”“公共管理系列教材”“公共管理核心课程系列教材”等多个系列教材。这些教材被国内高校公共管理类专业广泛选用，并得到了公共管理学界的支持和认可，数十种教材被评为“十五”“十一五”“十二五”国家级规划教材、普通高等教育精品教材，以及各省市精品教材、规划教材，为我国公共管理学科发展和人才培养做出了积极的贡献。

我国高等教育改革的进一步深化，以及新技术和新媒体的不断发展，对高校教材提出了更高的要求。为了回应这种要求，我们在广泛调研的基础上，对上述系列教材进行整合和提升，推出“新编 21 世纪公共管理系列教材”，以满足国内高校公共管理一级学科下设的行政管理、公共事业管理、劳动与社会保障、土地资源管理、城市管理、海关管理、交通管理、海事管理、公共关系学、健康服务与管理等专业的教学需要。

“新编 21 世纪公共管理系列教材”将秉承中国人民大学出版社“出教材学术精品，育人文社科英才”的宗旨，从公共管理教育的特点出发，为广大高校公共管理类专业师生提供一套高质量的教材。在教材编写和内容安排上，“新编 21 世纪公共管理系列教材”强调基础知识、基本理论和基本技能，同时，也尽可能地体现创新性和前沿性，反映相关领域理论与实践的最新发展情况。

“新编 21 世纪公共管理系列教材”由中国人民大学、中山大学、北京大学、清华大学、复旦大学、厦门大学、武汉大学、浙江大学、吉林大学、东北大学、北京师范大学、山东大学、四川大学、暨南大学、西北大学等著名高校的知名学者领衔著述。我们期望通过这种强强联合、优势互补、资源共享的方式，为公共管理学界奉上一套体现系统性、权威性、通用性，并兼具创新性、前沿性、启发性的精品教材。

公共管理的实践是不断发展和变化的。随着公共管理实践的不断发展，公共管理学科研究的范围、主题和内容也在不断地发展和变化。我们将紧跟公共管理学科的发展，与所有作者一起，不断对本套教材进行修订和完善。望广大读者给我们反馈信息，对本套教材提出批评和建议，以使我们能够在所有读者和作者的帮助下，与中国公共管理学科共同成长。

中国人民大学出版社

第三版前言

习近平总书记指出，教育工作要“坚持改革创新，以凝聚人心、完善人格、开发人力、培育人才、造福人民为工作目标，培养德智体美劳全面发展的社会主义建设者和接班人”。管理心理学这门学科始终关注“人心”“人格”“人力”“人才”“人民”这些关键概念，能够在“立德树人”教育工作中发挥重要作用。

马克思指出，“人是所有社会关系的总和”。这句话意味着人的本质不是单个人所固有的抽象物，而是在现实中所有社会关系的综合。弗鲁姆也曾说，“人的本质是社会性的”。管理心理学作为一门应用心理学，因其始终关注社会关系网络中的人，故而持续受到高度重视。随着社会变革的不断加速和科技的不断进步，管理心理学也面临着新的挑战和机遇。从信息化向数智化的转型对组织管理产生了重大影响。有人总结说，信息化服务于组织，可以让管理者变得更好；数智化面向用户、面向服务，可以让别人变得更好。在数智化时代，数智技术会对组织边界、组织形态、组织员工、组织文化、激励措施、沟通方式产生影响。根据这种底层逻辑，管理心理学也需要不断调整和丰富学科的内容。

时间过得飞快，距离本书第一版出版已经 11 年，距离第二版出版也已经 5 年了。作为一本面向高校学生的管理心理学教材，本书得到了管理理论界与实践界的认可，这也让编者感到欣慰。这次修订，坚持把党的创新理论最新成果有机融入教材，强调用中华优秀传统文化创造性转化、创新性推进自主知识体系的构建，更好地回答中国之问、世界之问、人民之问、时代之问。同时对第二版的部分案例做了更换，对一些原来不够好的表述进行了调整，对一些错漏之处进行了更正。本次修订得到了我的博士研究生与硕士研究生的大力协助，他们分别是袁玲、刘亚丽、王彪、邱铃惠、黎思、付源溟、邓炜、欧其尔加甫·依文孜、梁佳怡，我对他们表示由衷的感谢。

阿德勒说："人生的目标是寻找个人意义和社会目标的平衡。"本书的修订，于我个人而言，是对自己教学与科研生涯的一次意义确认；于社会而言，可以呼吁更多的管理者修炼自己的心力，去关注真正的问题。

编者

第一版前言

管理心理学研究什么？这是所有的读者在阅读本书前可能会思考的问题。其实，这也是每一位从事管理心理学研究的学者最想表达清楚的一个问题。

按照编者的理解，管理心理学是关于人的主体性的研究。我们在寻找人的行为的根，由此我们在重识、重铸社会组织内人与人的关系。对人的主体性的研究，有两条基本路径：一是微观研究，从人的心理过程出发，思考人格的差异性，探索每一张面具背后的精神世界；二是宏观研究，从文化、政治、经济的视野思考，探索每一个行为表象背后的内在机制。管理心理学力图把这两个途径加以平衡，更为全面地探讨人之为人的每一个必然性。

心理学对人的主体性研究总是从人格出发的。人格（personality）这个概念源于拉丁文"persona"，原是指演员在舞台上戴的面具，与我们今天戏剧舞台上不同角色的脸谱相类似。后来心理学借用这个术语，用来说明每个人在人生舞台上各自扮演的角色及其不同于他人的精神面貌。这就引发了我们的好奇心，为什么我们会选择这个"面具"？是遗传还是环境的结果？有没有一个更好的"面具"可以替换？我们该怎样利用"面具"演好一出戏？

不同的心理学家从不同的角度阐释了自己独特的思考。人格心理学家奥尔波特说，"人格乃是个人适应环境的独特的身心体系"；卡特尔说，"人格乃是可以用来预测个人在一定情况下所作行为反应的特质"；拉美特利宣称，"人是机器"；帕斯卡尔说，"人只不过是一根苇草……我们全部的尊严就在于思想"……当我们阅读了一个个答案时，仿佛我们清楚了。可是我们真的清楚了吗？正如德国哲学家海德格尔所言，"当你们用'存在着'这个词的时候显然你们早就很熟悉这究竟是什么意思，我们也曾相信自己懂得它，但是现在却茫然失措了"，"本真状态还是非本真状态""逻辑还是经验""理性还是情感"等话题显然令人无法回避。管理心理学想努力地回答这些问题，这也是本书努力的方向之所在。然而本书提供的亦非答案，而是一个个可以引起人们追问的问题。

弗鲁姆在《逃避自由》中断言："只要个人尚未完全割断这个把他与外界连接在一起的'脐带'，他便没有自由。"但弗鲁姆仍意识到，"这些关联给予他安全感，和一种相与感，及一种附着感"。人一直在追求这些需求，从而也奠定了人的行为从一开始就是社会性的。从这个意义上，管理心理学只是社会心理学的缩小版本，是社会心理学在一个组织范围内的具体运用。关于群体行为，不同的心理学家的见解也存在极大的差异。荣格在个体的潜意识之外发现了一种社会或集体的无意识，并以此来解释个体以及集体的行为。按照荣格的解释，"集体无意识是心灵的一部分"。而斯金纳提出："传统人文研究却认识不到这一点，误认为人们用语言表述的善、恶都是其内在的价值观念和道德感受，因而一味地用主观的良知、善恶感等来解释人的价值与道德，这就不可避免地要走进'心灵主义'的死胡同。"关于社会行为，本书同样提供的是争议，而非标准答案。

组织是有生命的，组织的产生、成长和最终衰落的过程如同人的一生。组织结构、领导体制及管理制度形成一个在生命周期各阶段上具有相当可预测的形态，各阶段实际上是一个连续的自然的过程。在组织发展过程中，我们依然可以看到文化路径、政治路径、经济路径中的人的主体性。当然这里关于人的主体性探索，是需要读者去品味的。

"认识人—发展人—依靠人""个体—群体—组织"两条线索贯穿本书。编者想为人的主体性探索做一些系统性的思考，但结果也可能是陷入了"问题与答案"的循环之境。

编者

目录

第1章

管理心理学导论

> 给我们造成麻烦的不是我们不知道的东西，而是我们已知的东西原本不是这样。
>
> ——W. 罗杰斯

引导案例

富士康跳楼事件

富士康1974年成立于中国台湾，是全球最大的电子科技产业制造服务商，同时也是全球第一大代工厂商，拥有100余万名员工及全球顶尖IT客户群。

2010年1月23日至11月5日，富士康发生13起员工跳楼事件。在“13连跳”的大背景下，大批富士康员工选择了辞职。一份经民间团体实地考察后形成的《富士康情况报告》显示，富士康平均每月要流失员工上万人，而在跳楼事件频发的3个月内，每月流失员工多达5万人。

“我已经在这里做了5年多，每天都重复着枯燥的操作。到现在虽然工资涨了一些，却总是感觉没有出头之日，看不到希望，这样下去终究不是办法。”富士康观澜厂区员工张金告诉记者，自己中专一毕业便进入富士康工作，一干就是5年。“感觉工作时的自己就像是一台机器，流水线上单调枯燥的动作要不停地重复。”对“13连跳”，已经回到湖北老家的张金觉得并不奇怪，“在电视里已经看到新闻了，这是迟早的事，光在我们组，很多同事都做得很郁闷！但是没想到跳楼这么密集”。

富士康跳楼事件引起了社会各界乃至全球的关注。《明报》2010年5月26日发表文章分析富士康跳楼事件，认为在物质层面，富士康是待遇优渥的公司，所以吸引很多人进入，但在精神层面，富士康却是“血汗工厂”。

资料来源：根据《每日经济新闻》《明报》等新闻媒体的报道整理。

1.1 管理心理学的基本概念

1.1.1 什么是管理心理学

管理心理学是一门综合运用心理学、管理学、行为学、社会学、伦理学、生理学等学科的基本理论来研究组织中人的心理行为活动规律，借以解释、预测和激励组织中人的行为，以调动人的积极性、主动性和创造性，不断提高工作效率与管理效能，最终实现组织目标的一门学科。

从这个定义可以看出，管理心理学具有以下特点：

1. 研究对象是组织管理活动中人的外在行为及其内在心理规律

管理心理学既探索组织管理活动中人的行为规律，同时又揭示这些行为背后潜在的心理机制。它把人的行为规律及其心理机制结合起来进行研究。人的行为与心理之间具有密不可分的关系。一方面，行为在一定心理活动的指导下进行，是心理活动的外在表现，要想真正了解人的行为，就要探索其背后潜在的心理机制；另一方面，心理是行为的内在动因，是调节、控制行为的内部过程，要想揭示人类心理的奥秘，就必须分析人的外在行为。

2. 研究范围是组织管理活动中人的行为规律及其潜在的心理机制

管理心理学把研究范围严格限定在组织管理活动这一特定情境中，这里的“组织”可以是经济组织，同时涵盖政治组织、社会组织、文化组织等。它并不是研究人的一切心理与行为，不是探索一般情境下人的行为规律及其潜在的心理机制。

3. 研究目的是促进组织的目标实现与个人的全面发展

管理心理学是一门应用性很强的学科。它有两个方面的研究目的：一方面，通过对员工工作行为的研究，挖掘其心理机制，促使整个组织工作效率和绩效的提升；另一方面，通过对管理行为的研究，弄清其潜在的心理机制，运用科学的方法改进组织管理，实现个人的全面发展。

知识库 1-1

不同学者关于管理心理学的定义

莱维特：管理心理学就是一门研究组织成员在个人、配对及群体等不同层次的行为规律的学问。

罗宾斯：管理心理学是探讨个体、群体以及结构对组织内部行为的影响，以便应用这些知识来改善组织的有效性的研究领域。

俞文钊：管理心理学是把心理学的知识应用于分析、说明、指导管理活动中的个体和群体行为的工业心理学分支，是研究管理过程中人们的心理现象、心理过程及其发展规律的科学。

苏东水：管理心理学又称行为管理学，是研究人的行为心理活动规律的科学。

时勘：管理心理学在国外心理学界被称为组织心理学，在工商管理界被称为组织行为学，是心理学领域的一个新兴的重要分支。

1.1.2 管理心理学的研究内容

管理心理学的研究对象决定了其研究内容应基于个体的心理活动而展开，并放大到群体心理和组织心理的相关问题。作为一个体系，管理心理学主要包括三大部分：个体管理心理、群体管理心理和组织管理心理，这三个部分相互影响和制约。

1. 个体管理心理

个体管理心理主要有三个方面的内容：

（1）个体的心理过程，包含个体的认知，如感觉、知觉、记忆与思维等；个体的情感，主要有情绪、态度、价值观；个体的意志，如挫折、心理压力与压力管理策略等。

（2）个体行为的基础，如个性、气质、性格、能力等。

（3）个体行为的管理，主要是个体的需要、动机、工作态度、工作满意度与激励等。

2. 群体管理心理

群体管理心理的核心理论思路是群体动力学，即群体组合、协调、发展的动态机制。群体管理心理也有三个方面的内容：

（1）群体的组合与互动，包含群体发展阶段、群体规范和群体内聚力等。

（2）群体的沟通和协调，包含群体沟通模式、群体间工作模式、冲突管理策略、群体决策等。

（3）群体的团队管理，包含团队工作理论、高效团队的特征、团队管理途径等。

3. 组织管理心理

组织管理心理是对管理心理学的整合分析。组织管理心理由四个方面组成：

（1）组织结构和组织设计，包含组织理论、组织结构与技术机制、组织设计与权变因素等。

（2）组织发展和战略管理，包含组织变革和发展的模型、组织发展与管理改革创新的途径、学习组织与战略管理的理论与方法等。

（3）组织文化，包含组织文化的理论、组织文化的策略、交叉文化下的组织管理等。

（4）领导行为与管理决策，包含领导行为与权力模式、领导行为的传统理论与权变理论等。

以上关于管理心理学研究内容的介绍及每个主题将会涉及的问题或内容，可以用图 1-1 加以概括和说明。

1.1.3 管理心理学与相关学科的关系

管理心理学是在管理科学和心理科学的发展中逐步形成和发展的，和现代生产力、

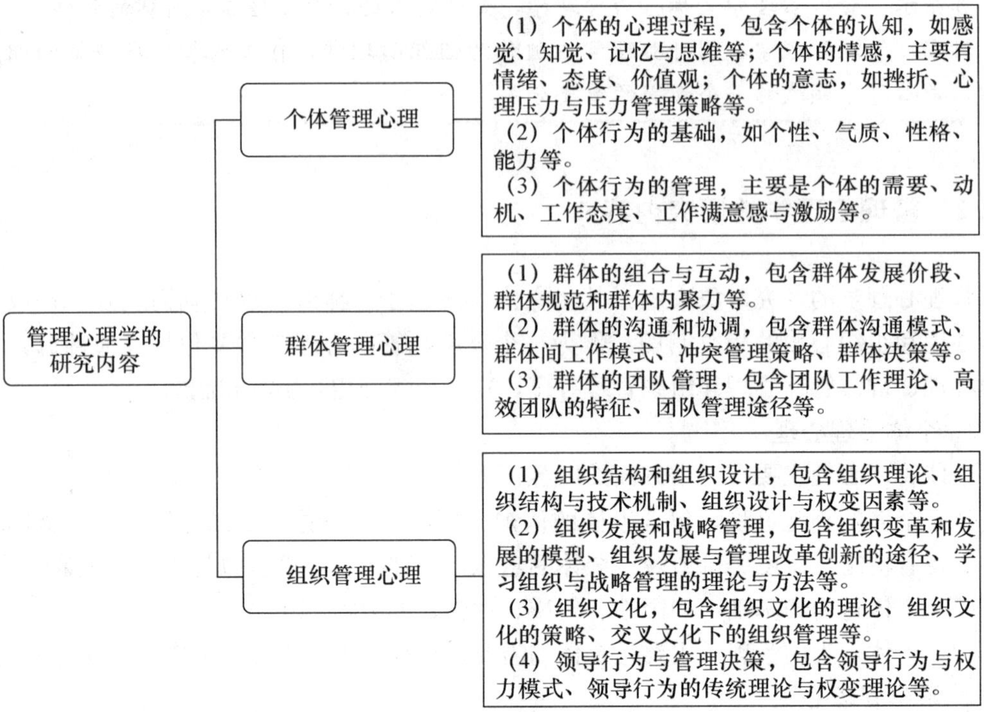

图 1－1　管理心理学的研究内容

科学技术相联系的社会化大生产的需要分不开的。由于生产力的飞速发展和生产关系中的劳资冲突，一些西方的管理学者在寻求新的管理理论和管理方法的同时，不断地把心理学、社会学、人类学、政治学的理论引入管理领域。也就是说，20 世纪管理科学、心理学、社会心理学的形成和发展，为管理心理学的形成和发展奠定了理论基础。

1. 与心理学的关系

管理心理学与心理学是个别与一般、特殊和普遍的关系，二者密不可分但又不可互相替代。心理学是研究人的心理现象及行为规律的一门学科，它研究的内容是人的一般心理过程和个性心理。管理心理学研究的则是组织管理活动中人的行为规律及其潜在的心理机制，是心理学的分支之一。通常，人们把管理心理学归入应用心理学的范畴，如在国际心理学会议上，往往将管理心理学放在应用心理学主题范围内来安排报告。管理心理学就是探讨如何把心理学的基本原理和研究成果应用到组织管理领域中去的一门应用学科。随着心理学基本理论研究的不断深入、新成果的不断涌现，管理心理学将得到进一步的发展，而管理心理学的发展，又将反过来验证和丰富心理学的基本理论，促进心理学的繁荣。

知识库 1－2

心理学的十大流派

自冯特 1879 年于莱比锡大学建立世界上第一个实验室开始，心理学就成为一门独立的学科。百余年来，心理学发展迅速，对心理现象探索研究的深度和广度不断发展。而贯穿心理学百年史的主干线，就是十大学派形成发展的历史。这十大学派是内容心理学派、意动心理学派、构造主义心理学派、机能主义心理学派、行为主义心理学派、格式塔心理学派、精神分析心理学派、日内瓦学派、人本主义心理学派、认知心理学派。这些学派，有的从内在的意识去研究，有的从外在的行为去研究；有的从意识的表层去研究，有的从意识的深层去研究；有的从静态的角度去研究，有的从动态的角度去研究；还有从生物学、数理学、几何学、物理学、拓扑学、民族学、文化学等角度去研究的。所有的学派，包括相互继承的学派，在研究对象、范围、性质、内容以及方法上既有联系又各不相同。不同学派对人的行为有不同的解释，体现在组织管理中，便形成了管理心理学丰富的内容。

（1）与普通心理学的关系。普通心理学是核心基础学科，而管理心理学是边缘应用学科，二者是基础理论与具体应用的关系。后者研究管理的心理现象与规律，即研究管理状态下的人的心理现象与规律，从而划清了与普通心理学的界限。

（2）与工业心理学的关系。工业心理学的发展方向必然涉及管理心理学的研究，管理心理学也需要工业心理学的研究内容和成果予以丰富与补充，二者互有渗透、互相交叉。从发展阶段来看，可以把工业心理学看成管理心理学发展的一个阶段。

（3）与社会心理学的关系。社会心理学以人在社会活动中的心理为对象，主要是人与人之间的人群心理。社会心理学在企事业等组织管理中的应用也是管理心理学的基本内容。

2. 与管理学的关系

管理心理学研究管理过程中的心理现象与规律，而不是研究管理本身，从而划清了与管理学的界限。

管理学是研究管理活动过程及其规律的科学，它是由一系列管理理论、职能、原则、方法等组成的学科体系，是社会科学、自然科学和技术科学相互渗透而形成的一门综合性学科。而管理心理学是研究管理活动过程中人的行为规律及其潜在心理机制的学科，也就是说，它主要研究管理过程中的心理问题。如果说管理学比较注重较为宏观的组织层面的问题，那么管理心理学则更注重较为微观的个体层面的问题；如果说管理学比较重视外在的行为层面的问题，那么管理心理学则更注重内在的心理层面的问题。所以，管理心理学与管理学的关系可以概括为：管理心理学是管理学的一个重要组成部分，是对管理学的补充和发展。

知识库 1－3

两种取向的管理心理学

管理心理学是管理学和心理学交叉融合而形成的一门边缘学科，从事该学科研究的人员主要来自心理学和管理学领域，所以这门学科在不断发展的过程中，逐渐演变出了两种取向的管理心理学——心理学取向的管理心理学和管理学取向的管理心理学。

心理学取向的管理心理学是基于心理的或从个体角度出发的管理心理学。这种管理心理学看问题比较微观，注重个体层面的问题和行为背后的潜在机制，侧重于从心理学的角度出发，用心理学的理论、知识和方法来探讨相关问题，说明和解释相关现象。

管理学取向的管理心理学是基于管理的或从组织角度出发的管理心理学，旨在为管理层或领导层出谋划策，教会他们如何管理员工，以便有好的业绩和绩效。这种管理心理学看问题比较宏观，也比较务实，侧重于用管理学的思想、原理和方法探讨相关问题，说明和解释相关现象。

3. 与组织行为学的关系

管理心理学与管理学之间的密切联系集中体现在管理心理学与组织行为学的相互关系上，组织行为学在很大程度上来源于管理心理学。管理心理学与组织行为学之间的关系具体分析如下：

（1）管理心理学与组织行为学的区别。

第一，研究侧重点不同。管理心理学着重研究行为背后潜在的心理活动规律；组织行为学把人的外显行为作为研究对象。管理心理学侧重于本源学的研究，组织行为学则侧重于现象学的研究。

第二，理论基础不同。管理心理学作为心理学的一个重要分支学科，它的理论源泉主要是心理学；组织行为学作为行为科学的一个分支学科，它的理论来源更加多样化。

第三，形成背景不同。1912 年，美籍德国心理学家闵斯特伯格出版了《心理学与工作效率》一书，正式把心理学应用到工业管理中。之后，随着心理学理论的不断发展及应用范围的逐步扩大。1914 年，莉莲·吉尔布雷思首次使用“管理心理学”一词。1958 年，美国心理学家莱维特正式提出“管理心理学”这一术语，并出版了第一本管理心理学著作，使管理心理学成为一门独立的学科。组织行为学是由行为科学发展而来的，是行为科学与组织管理相结合而形成的分支学科。两者的区别如表 1-1 所示。

表 1-1　管理心理学与组织行为学的区别

	管理心理学	组织行为学
学科性质	心理科学	行为科学
理论基础	心理学、管理学、社会学、经济学、教育学、生理学等	社会科学、行为科学、管理科学、自然科学等
形成背景	莉莲·吉尔布雷思的《管理心理学》（1914 年）首次使用“管理心理学”一词。20 世纪二三十年代，随着工业心理学与人际关系学说的发展，莱维特出版专著《管理心理学》（1958 年），管理心理学成为独立学科	1949 年“行为科学”一词出现，1953 年正式命名，20 世纪 60 年代末开始形成组织行为学。20 世纪 80 年代，组织行为学分为宏观组织行为学和微观组织行为学
研究对象	管理过程中各层次人员的心理（包括感觉、知觉、记忆、思维、情绪、意志、气质、性格等心理现象）	一定组织中人的行为（活动、动作、运动、反应或行动）

（2）管理心理学与组织行为学的联系。

第一，研究对象上的联系。一方面，行为是心理的外在表现，组织行为学在研究人的行为时，必然会涉及行为背后的潜在心理机制；另一方面，心理是一种内隐的活动，管理心理学在探索人的心理活动规律时，也需要通过观察分析人的外部行为来达到推断内部过程的目的。心理与行为的这种联系就决定了管理心理学与组织行为学之间的密切关系。

第二，研究内容上的联系。在研究内容上，管理心理学与组织行为学虽各有特色，但在总体框架上却无大的差别，研究的基本内容皆为组织管理活动中个体、群体、领导、组织等方面的心理与行为规律。因此两门学科在内容上十分相近，只是对同一问题的研究视角和出发点有所不同。

第三，研究目的上的联系。管理心理学与组织行为学的研究目的基本相同，即通过对组织管理活动中人的行为规律及其潜在心理机制的探索，揭示有关规律，最终提高员工的工作满意度与组织的绩效。

1.2　管理心理学的产生与发展

20 世纪初，泰勒倡导的科学管理运动和闵斯特伯格开创的工业心理学是管理心理学形成的先驱，而真正推动管理心理学产生的是由梅奥主持的霍桑实验及人际关系理论。直至 20 世纪 50 年代末，管理心理学才真正成为一门独立的学科分支并被人们广泛地应用。

1.2.1　工业心理学、人事心理学和工程心理学的兴起

西方管理心理学研究的历史可以追溯到 20 世纪初，把心理学的知识开始应用于工业企业的是德国心理学家斯特恩，他在 1901 年提出“心理技术学”这一概念。后来，心理学创始人冯特的学生，出生于德国、侨居美国、受聘于哈佛大学的美国心理学家闵斯特伯格，开始进行心理技术学的具体研究工作。他在哈佛大学建立的心理学实验室是工业心理学的基地，他的研究要点是用心理测验等方法去识别最适合从事某种工作的人，并把他们安置在最适合的工作岗位上，同时研究在什么样的心理状态下，才能够使每个工人获得最大的产量，使其符合个人和企业双方利益；他还研究疲劳和劳动合理化的问题。他于 1912 年出版了著作《心理学与工作效率》，被称为“工业心理学之父”。

在这一时期，又有一些心理学家相继将心理学应用于工业企业，他们根据人的个性心理差异，对员工的选拔、使用、培训和考核等问题进行研究，逐步形成了人事心理学。又有一些心理学家对设计符合人的生理和心理需要的工作环境、工作对象和工作程序进行研究，以减轻人的疲劳程度，防止意外事故的发生，使劳动合理化以提高劳动效率，形成了工程心理学或工效学。

工业心理学早期的研究主要以个体为研究对象，研究成果主要是对工作中个体差异的测定、劳动合理化、改进工作方法、提供最佳工作条件等方面。当时，工业心理学研究的范围比较狭窄，还缺乏社会学和人类学的观点与论据，也未能注意到工作的社会环境、人际关系、领导和被领导的关系，以及组织机构本身所具有的社会性。从霍桑实验开始，才延伸了工业心理学研究的深度和广度。

1.2.2 霍桑实验与人际关系理论

梅奥是澳大利亚籍美国行为科学家，哈佛大学心理学教授。梅奥在哈佛大学任职期间，发起并领导了一系列科研项目，他通过霍桑实验提出的人际关系理论（或称人群关系理论），为管理心理学的形成奠定了实验和理论基础。在西方心理学界，他被公认为工业心理学的创始人和管理心理学的先驱。

1. 霍桑实验

霍桑实验是于1924—1932年在美国芝加哥郊外的西方电器公司的霍桑工厂进行的，是一项由美国国家研究委员会赞助的研究计划。当时西方许多管理者认为，工作的物质环境（如通风条件、温度、照明）和福利，同工人生产效率有着明显的因果关系，要缓和矛盾，提高生产效率，就必须改善环境，增加福利。

霍桑工厂是一个制造电话交换机的工厂，具有较完善的娱乐设施、医疗制度和养老金制度，但工人的生产效率仍很不理想。霍桑实验的中心课题就是要通过一系列实验来测定各种工作物质条件对生产效率的影响程度。

通过四个阶段历时近八年的实验，霍桑实验最后得出以下结论：

（1）物质工作环境的变化与生产效率之间并不存在直接的因果关系。

（2）休息时间、工作日、工作周的长短以及工资的支付方式等都不是影响生产效率的第一要素。

（3）改善劳动者的士气（态度）与人际关系，使人们心情愉快地工作并对自己的工作感到满足，这才是增加生产量、提高工作效率的决定性因素。

（4）正式组织内部存在自发形成的非正式群体，非正式群体有其特殊的规范，影响群体成员的行为。

知识库1-4

霍桑实验的四个阶段

霍桑实验分为四个主要阶段：

第一个阶段：车间照明实验（1924—1927年）。该实验是选择一批工人分为两组：一组为“实验组”，先后改变车间照明强度，让工人在不同照明强度下工作；另一组为“控制组”，工人在照明强度始终维持不变的条件下工作。实验者希望通过实验得出照明强度对生产效率的影响，但实验结果发现，照明强度的变化对生产效率几乎没有什么影响。

第二个阶段：继电器装配室实验（1927年8月—1928年4月），亦称“福利实验”。主要实验各种工作条件的变动对小组生产效率的影响，以便能够更有效地控制影响工作效果的因素。通过材料供应、工作方法、工作时间、劳动条件、工资、管理作风与方式等因素对工作效率影响的实验，发现无论各个因素如何变化，产量都是增加的。其他因素对生产效率也没有特别的影响，而似乎是由于督导方法的改变，工人工作态度有所变化，因而产量增加。

第三个阶段：大规模的访问与调查（1928—1931 年）。两年内他们在上述实验的基础上进一步开展了全公司范围的普查与访问，调查了 2 万多人次，发现所得结论与上述实验所得相同，即“任何一位员工的工作绩效，都受到其他人的影响，影响生产效率的最重要因素是工作中发展起来的人际关系”。

第四个阶段：接线板接线工作室实验（1931—1932 年）。该实验以集体计件工资制作为刺激手段，企图形成“快手”对“慢手”的压力以提高工作效率。公司给接线工规定的产量标准是焊合 7 312 个接点，但他们完成的只有 6 000～6 600 个接点。实验发现，工人既不会超定额而充当“快手”，也不会因完不成定额而成“慢手”，当他们达到他们自认为是“过得去”的产量时就会自动松懈下来。其原因是，生产小组无形中形成默契的行为规范，即工作不要做得太多，否则就是“害人精”；工作不要做得太少，否则就是“懒惰鬼”；不应当告诉监工任何会损害同伴的事，否则就是“告密者”；不应当企图对别人保持距离或多管闲事；不应当过分喧嚷、自以为是和热心领导；等等。该实验表明非正式组织的规范和行为会对生产效率产生重要的影响。

2. 人际关系理论

根据霍桑实验，梅奥于 1933 年出版了《工业文明中人的问题》一书。该书系统地提出了人际关系理论，主要归纳为以下几个方面：

（1）人是“社会人”，应从社会、心理角度调动人的积极性。

传统管理把人假设为“经济人”，认为金钱是提高积极性的唯一动力。霍桑实验认为，人是“社会人”，影响人的生产积极性的因素，除物质条件，还有社会、心理因素。

（2）生产效率主要取决于职工的士气。

传统管理认为，生产效率主要取决于工作方法和工作条件。霍桑实验认为，生产效率的提高和降低主要取决于职工的士气，而士气则取决于家庭和社会生活，以及企业中人与人之间的关系。

（3）企业组织内部存在非正式群体。

传统管理只注意正式群体问题，诸如组织结构、职权划分、规章制度等。而霍桑实验还注意到存在着某种非正式群体。这种无形的组织有其特殊的规范，影响群体成员的行为。

（4）新型的领导能力在于通过员工心理需要的满足来达到提高效率的目的。

新型领导在了解人们合乎逻辑的行为时，还须了解不合乎逻辑的行为，要善于倾听职工的意见。新型的领导艺术在于使正式组织满足职工经济需求的功能与非正式组织满足职工的社会心理需求的功能之间保持平衡。

霍桑实验的结论以及在此基础上总结的人际关系理论，为管理理论和管理实践指明了新的方向，有力地冲击了传统的管理理论，使管理者认识到，人们的生产效率不仅受生理方面、物理方面等因素的影响，更重要的是受社会环境、社会心理等方面的影响。作为一个领导者，不仅要具有组织、控制经营事业的能力，还必须具有满足职工的社会与心理需求、激发职工积极性和创造性的能力，以及控制由具备不同心理特征的人组成的群体的能力。

人际关系理论的出现和逐渐闻名于世，引起了更多的管理学者和专家对人的行为的研究，如勒温创立的群体动力理论、莫雷诺创立的社交测量学和马斯洛创立的需求层次理论，这些理论的形成和发展为管理心理学奠定了必要的理论基础。

1.2.3　管理心理学的形成和发展

第二次世界大战以后，由霍桑实验产生的人际关系理论和其他关于人的行为的理论开始真正影响企业管理，许多企业都注重从社会学、心理学的角度来分析如何调动人的积极性。1949 年在美国芝加哥大学召开的一次跨学科的讨论会上，大家都认为可以利用当时在自然科学和社会科学两方面所取得的成果来研究人的行为问题，经过讨论把这门综合性极强的学科定名为“行为科学”（behavior sciences）。从这时起，行为科学取代了人际关系学形成了行为科学学派。行为科学是对企业职工在生产中的行为以及这些行为产生的原因进行分析研究的学科。它涉及职工的需要、动机、个性、情绪、态度，特别是人群之间的相互关系等。由于人的行为表现是多方面的，所以对人的行为的研究涉及多种学科，主要有心理学、社会学、社会心理学、人类学、生理学等。

1958 年，美国斯坦福大学的莱维特正式开始用“管理心理学”（management psychology）代替原来所用的工业心理学、工业社会心理学等名称，管理心理学成为一门独立的学科。据莱维特本人解释，他用“管理”这个词替代“工业”这个词的原意是想引导读者去思考这样的问题：如何领导、管理和组织一大批人去完成特定的任务。

1959 年，美国心理学家海尔写了一篇论文，把工业心理学分为三个方面：人事心理学、人类工程学和工业社会心理学。这种划分得到学术界的普遍承认。

1961 年，美国《心理学年鉴》发表了一篇综述评论，这篇评论的标题是“工业社会心理学”，由著名管理心理学家弗鲁姆和心理学家梅尔撰写。这篇评论指出，工业社会心理学应根据两个基本模型进行研究：以个体为分析单位，研究劳动的社会环境对个人动机、态度和行为的影响；以社会系统为分析单元，研究工业系统的结构和功能，企业中上下级的关系，生产班组和较大组织系统的社会心理问题。

1964 年，美国《心理学年鉴》发表了第二篇综述评论，题目是“组织心理学”（organizational psychology），作者是著名管理心理学家莱维特等人。这篇综述评论介绍了从 1954 年至 1964 年管理心理学方面的研究成果。

不久，美国心理学协会工业心理学分会改名为工业和组织心理学会，其目的是既要研究个体差异的测定，又要研究组织行为，研究组织内部人和群体的行为。

目前在西方比较流行的是把这个学科称为“组织行为学”（organizational behavior）。在美国的管理学院中，几乎所有的研究个体、群体行为的小组都会被取名为“组织行为学”小组；在西欧、北欧、日本等地区或国家均普遍研究组织行为学，每年出版大量相关书籍。目前，相关课程已经成为管理院校的大学生和研究生的必修课。

从工业心理学、人际关系理论、行为科学、管理心理学、组织心理学到现在的组织行为学，反映了这一研究领域的发展过程，其研究结果已被广泛地应用于各国企业的现代管理中。

1.2.4 管理心理学的未来研究方向

当前，管理活动呈现日趋心理学化的态势，组织竞争中“心理资本”的概念已经出现，管理心理学在管理科学中的地位日益重要。

学界普遍认为，21 世纪管理心理学研究将面对三大课题：面向全球竞争的社会经济结构调整、科技创新和跨国公司迅猛发展带来的全球化。这种新型的社会经济发展趋势，迫切要求心理学家不断为人们提供适应科技进步和社会变化的新知识，这显然需要我们从新的视角开展新型的管理系统中的心理学问题研究。目前，管理心理学的未来研究方向可以归纳为：

1. 管理心理学研究更加关注组织变革与组织文化的发展

20 世纪 80 年代之前，管理心理学研究比较集中在个体理论的探讨，在激励理论、群体行为和领导行为理论的研究上产生了大量理论；80 年代之后，随着经济全球化的潮流和经济结构的调整，文化因素成为这类研究的关注热点，促使研究的注意力全面转向整个组织层面特别是组织文化层面；进入 21 世纪，对组织重组、战略管理、跨国公司或国际合资企业管理的研究已呈现强劲势头，研究者对组织变革、组织发展、组织文化、学习型组织构建等问题更加关注。

2. 管理心理学研究更加强调对人力资源的系统开发

随着人类逐步迈进知识经济时代，技术创新已成为各国企业拓展市场、在竞争中取胜的关键。在这个系统中，具有高水平职业素质的人力资源，是技术创新和市场开拓的关键。因此，管理心理学研究更加注意探索管理者决策、技术创新和员工职业匹配度，更加关注如何充分地利用和开发人力资源。科技进步和管理的复杂度对于员工素质提出了更高的要求，使得人力资源管理成为研究的又一热点，并由局部的、分散的研究转向整体系统的研究。目前，有关职业能力评估、个体对于组织的适应性和干预问题的研究等人力资源管理问题成为管理心理学中的热点问题。

3. 管理心理学研究更加凸显数字技术时代的管理创新

当前，以数字科技及其应用为代表的新一轮科技和产业革命正持续发酵，数智化日益成为重组全球要素资源、重塑全球经济结构、改变全球竞争格局的关键力量。云计算、大数据、人工智能、区块链、元宇宙等技术加速向各行各业融合渗透。数智化发展速度之快、辐射范围之广、影响程度之深前所未有。技术的快速变革深刻改变了现代组织的管理方式。任何组织若只是安于现状、闭门造车，不能提前预判形势、无法敏锐应对变化，那么势必会在残酷的竞争中被无情淘汰。因此，组织需长期进行管理创新来拥抱新技术、适应新环境、接受新挑战。同时，数字技术对员工的身体和心理健康产生诸多的影响。例如，员工长时间使用电子设备，导致员工出现压力、焦虑、抑郁等不良情绪；员工被大量的信息包围，容易陷入信息过载的状态，使得员工的注意力容易分散，难以集中精力完成任务；人们长时间沉浸在虚拟世界中，会对真实世界失去兴趣，导致社交行为出现问题。数字领导力、数字行动迭代力、心理韧性、持续激励力、工作幸福感、组织动能、组织幸福感等话题日益成为管理心理学的研究重点。

4. 管理心理学研究更加关心国家利益，积极为国家目标服务

管理心理学在研究领域方面已突破传统框架，不断拓展新的领域，并延展至管理培训与发展、工作业绩评价、管理决策、组织气氛和组织文化、跨文化比较等新领域。不同于其他的心理学分支，管理心理学在拓展研究新领域时，对政府在国际竞争中的国家安全和市场利益也进行了有计划的行为科学研究，这种研究更加关注国家目标，其热点在于：跨国公司和国际合资公司的比较研究、科技投入的行为研究、失业指导研究等。

1.2.5 管理心理学在我国的发展

中国古代就有丰富的管理心理学思想。荀子认为，“饥而欲食，寒而欲暖，劳而欲息，好利而恶害，是人之所生而有也”。孟子则认为，“人性之善也，犹水之就下也”。虽然我国传统文化蕴含着丰富的管理心理学思想，但这些思想基本上停留在经验和朴素的认识层面。

管理心理学作为一门独立的学科，由西方引入中国。1935—1937 年，周先庚在北平南口机车厂进行了关于职工提合理化建议的调查研究，试图从心理学的角度摸索调动职工积极性的途径。这是中国最早的工业心理实验研究。1935 年我国著名心理学家陈立撰写并出版了《工业心理学概观》一书，第一次从环境、疲劳、休息、工作方法、事故与效率，以及工业组织、激励与动机等重要方面，系统论述了中国工业心理学和管理心理学的基本问题。从 20 世纪 50 年代开始，我国已逐步开展工程心理学和劳动心理学的研究。“文化大革命”期间，我国学术界对西方快速发展的工业与组织心理学知之甚少。直到 20 世纪 70 年代末，我国转向以经济建设为中心，工业部门感到需要运用心理学的知识调动企业管理者和职工的积极性，心理学界也感到需要开展有关生产管理中的心理学问题的研究，正是在这种改革开放的形势下，管理心理学才逐步得到发展。1980 年中国心理学会工业心理专业委员会的成立，标志着中国管理心理学的起步。中国行为科学学会成立于 1985 年，实际上是管理心理学会，迄今为止各省市基本上都成立了行为科学学会。

从 20 世纪 80 年代开始，我国有两个工业心理学的专门研究机构从事管理心理学的研究。一个是中国科学院心理研究所社会经济与心理行为研究中心（原名工业心理研究室），另一个是原杭州大学的心理学系（工业心理学专业，现已并入浙江大学心理与行为科学系）。它们均为博士学位授予单位。20 世纪 90 年代之后，随着我国人力资源管理热的兴起，全国许多高校的管理学院的部分教师开始从事管理心理学的教学和研究，一批硕士研究生和博士研究生以管理心理学作为学位论文的课题。从 20 世纪 80 年代起，我国陆续翻译出版了一批较有影响力的国外著作，随后又出版了许多管理心理学和组织行为学的著作。

由于我国从 20 世纪 80 年代初期才开始引进、介绍西方的管理心理学，中国的管理心理学到目前为止尚处于发展的初期，国内管理心理学的研究成果与西方发达国家特别是美国相比，在数量和创新性、社会影响等方面仍较为落后，还不能为建立中国的管理心理学提供充分的客观依据。进入 21 世纪，知识经济与信息时代推动了管理变革和管理科学的发展，进一步拓宽了我国管理心理学研究领域的广度和深度。随着中国式现代化的深入推进，以及中国特色社会主义事业的高质量发展，我国的管理心理学研究将从以下几方面获得全景式发展。

1. 社会经济转型中的组织变革与发展

在全球化背景下，我国经历了从计划经济向市场经济转轨的经济社会转型期，并在相当长的时间内面临组织结构调整和发展带来的一系列管理心理学方面的问题，包括组织环境特点和趋势分析、发展战略、管理决策、技术创新、组织文化等领域的问题。

2. 人力资源管理的理论基础与管理对策

为适应高新技术发展和国际化竞争，要探索新形势下人力资源管理模式，形成包括工作分析、选拔、培训、安置、激励、考核和流动的系统性人力资源管理机制。特别要研究职业企业家队伍的形成机制、激励机制，人的适应、职业发展与干预对策，复杂系统的管理控制等，形成一套从职务分析、胜任特征分析、培训需求评价、职业企业家选拔、智能模拟培训、组织学习到人员安置和评价的人力资源管理对策，建立符合我国国情的人力资源管理模式。

3. 组织文化与学习模式

为解决好转型期的组织管理问题，理顺各种关系，必须认识各个层次人员在新条件下的职业标准、人际关系、组织原则、分配原则等，以确定新的组织行为与文化机构的关系、影响因素等。通过加强对新的经济环境下个体、群体和组织行为因素的研究，揭示新型组织的文化特点、结构和运行机制，研究人们价值取向的变化趋势；通过开展跨文化研究，揭示东西方文化的异同对管理模式的影响，以探索新的具有文化特征的激励机制；通过组织学习，建构适合组织实情的组织文化和管理模式。

4. 数智化转型背景下的心理变化与行为趋势

数智化转型过程中，技术进步既创造了对新技能劳动力的需求，也会淘汰或威胁一批过时技术和劳动力。组织对于数字化、复合型高潜力人才的需求增加。需要研究数智化转型中员工的心理与行为的变化趋势、员工职业生涯管理的信息化、员工心智模式调整、员工自我管理、团队合作思维、虚拟组织伦理、女性领导、精益管理、技术赋能等诸多新话题。

1.3　管理心理学的研究方法和技术

任何学科的发展和进步都离不开方法的推动。要想在某一领域进行更广泛而深入的探索，获得科学而有价值的研究成果，一套合乎该领域的科学、合理、完善的研究方法和技术是必不可少的，它决定了研究结论的科学性和可靠性。

1.3.1 管理心理学的研究设计

研究设计是心理学研究中非常重要的一个环节，它关系到整个研究能否顺利进行、研究结论是否科学有效，同样，管理心理学的研究也要遵循这一基本要求。当然，在进行研究设计之前，我们首先应该确定所要研究的课题，并对以往的相关研究文献进行收集整理，在此基础上进行理论构思，从而进行详细的研究设计。

广义地说，研究设计指的是根据研究目的制订出关于被试选取、研究工具、相应的研究方法、施测程序及数据分析等一系列研究步骤的具体安排和计划。狭义地说，一个科学、完善的研究计划和设计应该包括以下几个部分：

1．明确研究目的与选择研究对象

明确研究目的是研究设计的首要任务，研究目的的设定直接影响到被试选取、研究变量的确定、研究工具和研究方法的选择、文献的具体收集方法、数据分析方法等一系列后续问题。如“领导者责任心的研究”与“企业员工工作满意度的研究”两个课题，由于其研究目的不同，研究变量与测量指标、所选取的研究被试也自然不同。同样地，对于相关性的研究假设和因果性的研究假设，也只有采用不同的研究方法才能加以检验。所以，明确研究目的对推动整个研究非常重要，它能够使研究目标更清晰地呈现在研究者面前，帮助研究者理清思路，确保研究任务高效、准确地完成。

研究目的明确后，研究对象的选择范围也就大致确定了。选择研究对象实质上就是被试的选取或抽样问题。由于科学、合理地获取被试或样本资料是采用各种统计方法对总体情况做出科学结论的前提，同时又是研究者节约研究费用、保证研究结果准确性的前提，所以被试选取要慎重，要根据实际情况和客观条件，采用科学抽样方法进行取样。样本选取要注意三个方面：一是抽样的随机性，二是样本的代表性，三是样本容量的合理性。

2．选择研究方法与设计方式

在明确研究目的与选择研究对象后，接下来的工作就是要根据研究目的和研究对象选择合适的研究方法与设计方式。管理心理学具体的研究方法有观察法、实验法、问卷法、测验法、访谈法、个案法等，每种方法都有各自的优缺点，分别适用于不同的研究情境。在下一节中，我们将会详细地加以介绍。在具体研究过程中，究竟采用哪种方法较好，应视研究任务的要求和具体情境而定。通常情况下，管理心理学研究往往以某种方法为主，辅之以其他方法，使之取长补短、相得益彰，这样可以更准确、更客观地反映人的行为和心理活动的规律与特点。

每种方法又可以采用不同的设计方式。如实验法有真实验设计和准实验设计。真实验设计就是通常所说的实验设计，其本质特征在于对影响内部效度的无关变量进行严格控制并有效地操纵自变量，综合采用随机取样、随机分配、前测和控制等手段。真实验设计又包括被试间设计、被试内设计、配对组设计和混合设计。与真实验设计不同，准实验设计不需要应用随机化程序。虽然可以设立控制组，但不能保证实验组和控制组的背景条件一定相同。因而，准实验设计通常被应用于对现场背景的研究，或是对某些模拟实验室的研究。再如观察法，研究者可以根据研究目的的不同采用时间取样或事件取样等不同的设计方式。这些不同的方法和设计方式各有优点与局限性，也有其特定的适用条件。所以，研究者在进行具体的研究设计时，要根据研究的目的、被试的特点、研究的主客观条件等，选用最恰当的方法来解决研究中所提到的具体问题。

3. 确定研究变量与观测指标

无论采用哪种或哪几种具体研究方法与设计方式去研究管理心理学中的问题，其目的都是探讨一个或多个变量与另一个或多个变量的关系，并以研究假设的形式对其性质与变量之间的密切程度进行预测。因此，为了使研究思路更清晰，研究者往往需要对研究中涉及的各种变量以及这些变量之间的关系（如是因果还是相关等）加以明确。研究中经常涉及的变量有自变量、因变量、调节变量、中介变量、控制变量和无关变量等。与此同时，研究者还需要对这些变量进行科学有效的界定。如果是定性研究，研究者要明晰变量的内涵和外延；如果是定量研究，研究者则需要对变量进行操作性定义并选用合适的测量工具对其量化。如果要研究员工的工作倦怠问题，就要根据已有的研究明确“工作倦怠”的概念实质；如果要研究核心员工的激励问题，首先要对“核心员工”概念的内涵和外延进行界定。

观测指标可以是客观的或定量的（如工作绩效、脑电活动、行为反应），也可以是主观的或定性的（如满意、快感、内疚）。具体研究变量与测量指标的选用要与研究目的、测量手段和统计方法结合起来通盘考虑。总之，确定研究的具体变量和制定客观可行的观测指标，是对课题进行定性、定量研究的重要途径，其对研究工作的质量有重要影响，也是科学评价研究结果的必要前提。

4. 选用合适的研究工具

确定了研究变量与观测指标后，研究设计工作就进入确定研究材料与工具阶段。根据来源的不同可以将研究工具分为两类：一是购买或选用现有的研究工具和仪器。包括各种实验仪器和心理测验量表。仪器如计时器、示波器、视野仪、色轮、听力计、实体镜、大小常性测量器、眼动仪、速示器、测谎器、镜画等；量表如卡特尔 16 种人格因素测验量表、韦氏智力测验量表、明尼苏达多项人格测验量表、瑞文推理测验量表等。至于选择哪种仪器和量表，要根据研究目的、被试特点和设计方式综合考虑。二是根据当前的研究需要自行编制相关的研究材料以及问卷。在管理心理学的研究中，问卷法是较为常用的研究方法。如果没有现有可供使用的问卷，研究者往往需要根据研究的目的和任务，在预先调查研究的基础上编制调查问卷。

5. 数据统计分析

研究者在进行研究设计时，要初步考虑如何对收集到的研究数据和资料进行分类整理，采用何种方法对收集结果进行统计分析和深度挖掘，并据此对收集资料的方法和内容提出进一步的明确要求。具体来说，在确定所要研究的变量时，就要考虑进一步探究变量之间关系时所使用的统计方法，采用何种统计方法才能最有助于研究目的的达成。如果在研究前不加以考虑的话，就可能会出现数据收集好后找不到适当的统计方法、数据录入困难等情况，也可能会出现统计分析所需要的数据并没有在研究中加以收集的情况，所有这些都会影响研究工作的顺利进行。

1.3.2 管理心理学的研究过程

管理心理学研究的一般过程包括五个环节，即提出问题和假设、设计研究方案、实施研究并收集资料、处理分析资料和检验假设并得出结论（见图 1-2）。但需要注意的是，作为心理学的一个分支，管理心理学的研究是没有终结的，一个问题解决后会在此基础上产生新的问题或假设，从而又开始新一轮的研究过程。而这一循环往复的过程正是人类认识无限性的反映，也是研究不断前进和深化的过程。

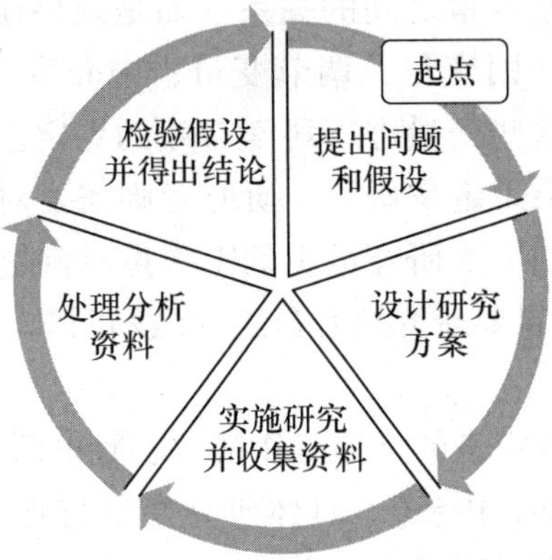

图1-2 管理心理学研究的一般过程

1.3.3 管理心理学的研究方法

管理心理学主要有以下几种研究方法（见图 1-3）：

1. 观察法

观察法是有目的、有计划地观察研究对象（被观察者）在一定条件下的言语、行为、表情等反应，从而分析其心理活动和行为规律的一种研究方法。观察可以以感官为工具，也可以利用录音、录像、摄影等现代技术设备作为辅助，优化观察的效果。观察的基本要素有情景、人物、目的、行为四个方面。

一般情况下，观察法主要按照以下两种维度进行分类：

第一，按照观察者所处的情境特点，可以把观察法分为自然观察与控制观察两种。自然观察是在完全自然真实的条件下观察他人的行为，而且被观察者一般不知道自己正在被观察。例如，某销售主管若想弄清楚公司一名推销员绩效不佳的原因，就可以和该推销员一起销售产品，在工作过程中有意观察推销员的一言一行，从中发现问题的症结所在。控制观察是在限定条件下进行的观察，也就是在操纵或控制一些条件的情况下进行的观察，被观察者知道自己处于被观察的状态。

第二，从观察者与被观察者的关系出发，可以把观察法划分为参与观察与非参与观察两类。参与观察是指观察者直接参与被观察者的活动，在共同活动中进行观察。相反，非参与观察是指观察者不参与被观察者的活动，以旁观者身份进行观察。

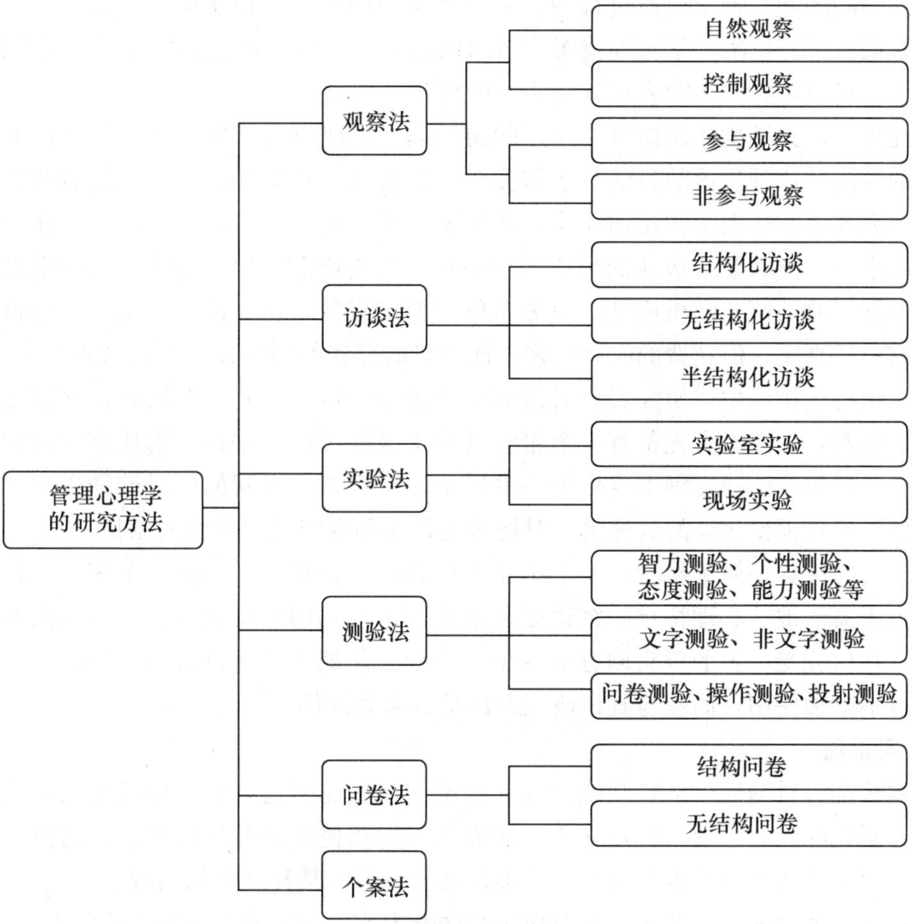

图 1-3　管理心理学的研究方法

此外观察法还可分为重点观察和全面观察、定期观察和长远观察等。

观察法的优点是目的明确、简易方便、成本较低，所得资料比较系统真实，因此在管理心理学的研究中已得到广泛应用。其缺点是，所观察到的多为表面现象及一般特征，可信度较低，取得的材料也较为肤浅，难以进行量化统计分析，使研究难以深入。鉴于此，在实际研究过程中，应将观察法与其他方法配合使用，以取得更佳的研究效果。无论何种观察方法都需事先做好充分的准备，并设定明确的目的和任务、详尽的操作方法，做好严谨的观察记录。

2. **访谈法**

访谈法是研究者通过口头谈话的方式从被研究者那里收集第一手资料、了解被研究者心理与行为规律的一种研究方法。

就研究者对访谈结构的控制程度而言，访谈可以分为三类：结构化访谈、无结构化访谈和半结构化访谈。

在结构化访谈中，研究者对访谈的走向和步骤起主导作用，按照自己事先设计好的、具有固定结构的统一问卷进行访谈。在这种访谈中，选择访谈对象的标准和方法、所提的问题、提问的顺序以及记录方式都已经标准化，研究者对所有的受访者都按照同样的程序问同样的问题。整个访谈过程中，受访者犹如回答一个口头问卷。如招工考试中的第一次谈话，了解年龄、学历等就属于结构化访谈。在这一方法下的谈话气氛比较严肃，被测者比较拘束，有时不能表达其真实的思想。

与此相反，无结构化访谈没有固定的访谈问题，研究者鼓励受访者用自己的语言发表自己的看法。这种访谈的目的是了解受访者自身认为重要的问题、他们看待问题的角度及表述方式等。在无结构化访谈中，研究者只是起到一种辅助作用，尽量让受访者根据自己的思路自由联想。访谈的形式不拘一格、结构松散、层次交叉、气氛活跃，研究者可以根据当时的情况随机应变，双方不仅交换了意见，也交流了感情。通过这种方法取得的材料较真实，但花费的时间较多，而且对研究者的谈话技巧有较高的要求。

在半结构化访谈中，研究者会对访谈结构进行一定的控制，但同时也允许受访者积极参与。通常，研究者事先备有一个粗线条的访谈提纲，根据自己的研究设计向受访者提出问题。但是，访谈提纲主要作为一种提示，研究者在提问的同时鼓励受访者提出自己的问题，并且根据访谈的具体情况对访谈的程序和内容进行灵活的调整。

访谈法的优点是简单易行，便于迅速取得第一手资料，因而使用范围较为广泛。其缺点是由于关于被试心理特点的结论必须从被试本人的回答中去寻找，所以具有较大的局限性，且仅凭受访者的口头回答而得出的结论往往缺乏可靠性和真实性。因此，这种方法一般不单独使用，而应与其他研究方法结合起来使用。

3. 实验法

实验法是有目的地严格控制或创设一定条件，从而引起某种心理活动或行为表现并对其展开研究的方法。它的特点在于：研究者可以积极干预被试的活动，通过实施控制的手段，探索变量之间的因果关系，而不是被动地等待某种现象的出现。

根据实验场地的性质差异，可以把实验法分为实验室实验与现场实验两类。

实验室实验是在专门的实验室内，运用一定的仪器和设备严格地控制实验条件，以研究某种心理与行为现象的方法。例如，要考察表扬对人的行为产生的影响，在控制其他无关变量的前提下，可以设立表扬组（实验组），对被试良好的工作表现给予表扬；再设立一个对照组，不对该组被试良好的工作表现进行表扬。经过一段时间之后，比较两组工作的成绩，若表扬组优于对照组，就可以将原因归结为表扬。实验室实验的优点是能够严格控制各种无关变量对实验结果的影响，研究结论具有可重复性，且所得数据具有精确性；缺点是人为性强，脱离实际生活情境。

现场实验是指在日常生活和工作的情景下，适当控制条件以研究某种心理与行为现象的方法。近年来，为了提高研究的外部效度，使研究结果更具普遍意义和可推广性，管理心理学家越来越重视现场实验研究。在管理心理学的研究中不乏现场实验的例子。例如梅奥在霍桑工厂进行的福利实验，就是通过提供或撤销某些福利措施来探究其对生产总量的影响，这是典型的现场实验。现场实验的优点是能够结合日常生活和工作进行，避免了实验室研究的局限性，使研究结论更具可推广性；缺点是不容易严格控制现场的无关变量；研究得出的结论可能会存在偏差。

实施实验法的基本程序是：首先要确定各种变量；变量通常分为刺激变量（作业变量、任务变量）、机体变量和环境变量；其次要在各种变量中区分自变量、因变量和控制变量（无关变量）；最后通过对控制变量的调整，研究自变量和因变量的关系。

4. 测验法

测验法是指采用标准化的心理量表或精密的测验仪器来测量被试有关心理品质或行为的研究方法。测验具有两种基本功能：一是预测，即通过测验以了解个体间的某些差异，并由此预测不同的人在将来的活动中可能呈现的差别；二是诊断，是把重点放在测量同一个人的不同特征间的差异上。例如，通过测验诊断出某人是言语能力强还是操作能力强。测验的两种基本功能在实际中表现为选材功能、安置功能、诊断功能和咨询功能。

量表是心理测验常用的研究工具，目前流行的使用量表的测验种类繁多，大致有以下几种：按测验的内容可分为智力测验、个性测验、态度测验和能力测验等，按测验的方式可分为文字测验与非文字测验，按测验的方法可分为问卷测验、操作测验和投射测验。

在管理心理学研究中，测验法常常作为人员测评的一种工具。例如，用智力量表测定组织成员的一般和特殊能力状况；用个性量表测定组织成员和领导者的性格特征等。测验法的优点是简便易行，测验内容广泛，具有较强的科学性，能够对研究的心理现象进行定量分析。但测验法也存在一些问题，如对心理测验的运用有一定难度，测验者必须经过专门的训练等。另外，对量表的设计、取样技术等都有较高要求，若使用时稍有不慎，就会使测验结果产生很大误差。

知识库 1－5

投射测验

投射测验是指采用某种方法绕过被试的心理防御，在他们没有防备的情况下探测其真实想法。在投射测验中，给被试一系列的模糊刺激，如未完成的图片等，要求其对这些模糊刺激做出反应，使被试在不知不觉中将自己的感情、愿望、思想等投射其中，从而在一定程度上了解被试的人格。投射测验的理论基础是弗洛伊德的精神分析人格理论。最著名的投射测验有两种：

（1）罗夏克墨迹测验（RIBT）。这个测验由瑞士精神医学家罗夏克于 1921 年设计，是让被试看 10 张墨迹图片：5 张彩色，5 张黑白。每次按顺序给被试出示一张，同时问被试“你看到了什么”“这可能是什么东西”“你想到了什么”等问题。被试可以从不同角度看图片，做出自由回答。主试记录被试的语言反应，并注意其情绪变化和伴随的身体动作。

（2）主体统觉测验（TAT），这个测验由美国心理学家默里和摩根于 1935 年编制，由 30 张模棱两可的图片和一张空白图片组成。图片内容多为人物，也有部分风景，但每张图片中至少有一个人物。被试只选取其中的 20 张，主试每次给被试出示一张图片，让被试根据看到的内容编故事。每次被试都必须回答这样 4 个问题：图中发生了什么事？为什么会出现这种情境？图中的人物正在想什么？故事的结局会怎样？主试以此来分析被试的人格。

投射测验还包含填句测验（sentence completion test）、自由联想测验（free association test）、画人测验（draw-a-person test）等。

5. 问卷法

问卷法是研究者根据研究目的和任务编制出内容明确、表达准确的问卷，让被试者根据个人情况实事求是地做出回答，从而收集所需材料和数据的研究方法。问卷法是管理心理学研究常用的一种方法。在管理心理与教育科学研究中，问卷法经常与访谈法结合起来使用，以保证研究结果的准确性和科学性。

根据问卷的结构，问卷法可分为结构问卷和无结构问卷。结构问卷又叫封闭式问卷，指每个问题都有几个可供选择的答案，被试者只要从中选择其认为恰当的一个或几个答案。这种问卷不仅有利于被试者正确理解和回答问题，帮助研究者取得较高的填答率和问卷回收率，而且有利于研究者对答卷进行编码和统计分析，一般在量化研究中使用较多。但结构问卷的不足在于容易给被试者提供猜答的机会，降低了信息的真实性和可靠性。无结构问卷又叫开放式问卷，是指只提供问题不提供备选答案、让被试者做自由回答的问卷。无结构问卷编制容易、灵活性强，适用于调查答案复杂且不固定的问题，也有助于了解被试者在回答问题中表现出来的态度、情感、动机等内部心理状况；但这种问卷获得的材料的标准化程度较低，难以整理、量化和统计分析，且拒答率较高，问卷的回收率和有效性较差。

问卷法的优点是可以在较短时间内取得大量的材料，而且可以对调查结果采用统计方法进行处理分析，因此得出的研究结论更有普遍意义；缺点在于所取得的材料一般较难进行质化分析，不易对结论与被试者的实际行为进行比较。

知识库 1-6

常用的问卷形式

常用的问卷形式有四种：是非式、选择式、等级排列式、自由回答式。

（1）是非式：采用只有“是”与“非”两种答案的问卷，让被试者根据自己的情况对每个题目做出“是”与“非”的回答，不能模棱两可，也不能不回答。

例：你是否满意自己目前的薪酬？（　　）

A. 是　　　　B. 否

（2）选择式：要求被试者从并列的多种（两种以上）答案中按个人的实际情况选取一种或几种答案。

例：你的上司对你的工作的表扬频次为（　　）。

A. 一直　　B. 经常　　C. 偶尔　　D. 从不

（3）等级排列式：在问卷中列出可供选择的多种答案，要求被试者按其重要程度的次序加以排列。

例：将下列因素按影响你工作积极性的重要程度排序。（　　）

A. 工资　　　　B. 同事间的关系

C. 同上司的关系　　　　D. 工作的性质

（4）自由回答式：向被试者提出问题，不给出可供选择的标准答案，由被试者完全自由地根据自己的情况发表意见。

例：你对公司的股权激励制度有何看法？

6. **个案法**

个案法是指对某一个体、群体或组织在较长时间里连续进行考察，了解、收集系统的资料，以便研究其心理与行为发展变化规律的方法。例如，研究者参与某企业的一个研发团队，通过长时间地体验生活，掌握了整个团队成员的心理与行为特点、团队绩效的状况、团队的人际关系等，并在此基础上进行深入分析，整理出能反映该团队特点的详细材料。

个案法的优点是呈现的内容丰富，有助于人们发现新问题，为研究者发现和提出新的理论假设奠定良好的基础。其缺点在于，这种研究一般都是描述性的，不容易在较短时间内得出有关因果关系的推论。此外，个案法一般取样比较少，这就大大限制了研究结果的可应用性和普遍意义，而且得出的研究结论很难进行重复验证。

在目前管理心理学的实际研究中，多种研究方法的综合运用逐渐成为潮流，这种研究范式的优点在于多种研究方法的取长补短，有助于提高研究的会聚效度。如在一项有关员工工作压力的研究中，研究者可以首先通过观察了解员工工作压力的表现水平，进而选择典型员工进行深入访谈，探索员工感受到工作压力的深层原因和内心体验；在此基础上，制作员工工作压力的有效测量工具，并对大量员工进行测量，了解员工整体工作压力的情况；最后根据大规模调查的结果，设计干预实验并加以实施，从而找到缓解员工工作压力的有效方法。

本章小结

本章分三小节介绍了管理心理学的基本概念、产生与发展、研究方法和技术。

第一节首先阐释了管理心理学的基本概念。

管理心理学是一门综合运用心理学、管理学、行为学、社会学、伦理学、生理学等学科基本理论来研究组织中人的心理行为活动规律，借以解释、预测和激励组织中人的行为，以调动人的积极性、主动性和创造性，不断提高工作效率与管理效能，最终实现组织目标的一门学科。

管理心理学具有以下特点：研究对象是组织管理活动中人的外在行为及其内在心理规律，研究范围是组织管理活动中人的行为规律及其潜在的心理机制，研究目的是促进组织的目标实现与个人的全面发展。

作为一个体系，管理心理学主要包括三大部分：个体管理心理、群体管理心理和组织管理心理。

管理心理学与相关学科的关系：管理心理学与心理学是个别与一般、特殊和普遍的关系。管理心理学是管理学的一个重要组成部分，是管理学的补充和发展。组织行为学在很大程度上来源于管理心理学，两门学科之间既有十分密切的联系，又有一定的区别。

第二节从工业心理学、人事心理学和工程心理学的兴起，霍桑实验与人际关系理论到管理心理学的形成和发展，管理心理学的未来研究方向以及管理心理学在我国的发展等方面，介绍了管理心理学的产生与发展历程。

第三节主要介绍管理心理学的研究方法和技术。

管理心理学的研究设计包括五大步骤：明确研究目的与选择研究对象、选择研究方法与设计方式、确定研究变量与观测指标、选用合适的研究工具以及数据统计分析。

管理心理学的研究过程包括五个环节：提出问题和假设、设计研究方案、实施研究并收集材料、处理分析资料和检验假设并得出结论。这一过程是循环往复的。

管理心理学的研究方法主要包括观察法、访谈法、实验法、测验法、问卷法、个案法。多种研究方法的综合运用有利于取长补短，有助于提高研究的会聚效度。

关键术语

管理心理学　霍桑实验　人际关系理论　观察法　访谈法　实验法　测验法　问卷法　个案法

复习思考题

(1) 什么是管理心理学?
(2) 简述管理心理学的研究内容。
(3) 简述管理心理学与其他学科之间的关系。
(4) 简述管理心理学的发展历史。
(5) 简述霍桑实验的结论。
(6) 简述管理心理学的主要研究方法。

本章阅读书目

[1] 莱维特．管理心理学．太原：山西经济出版社，1991.
[2] 闵斯特伯格．基础与应用心理学．北京：北京大学出版社，2010.
[3] 赫根汉．心理学史导论：第4版．上海：华东师范大学出版社，2004.
[4] 舒尔兹，舒尔兹．现代心理学史：第8版．南京：江苏教育出版社，2005.
[5] 墨菲，柯瓦奇．近代心理学历史导引（上下册）．北京：商务印书馆，2010.
[6] 斯宾雷，马丁．人格与行为：管理心理学基础．北京：机械工业出版社，2011.

第 1 篇

个体心理与行为

第2章

个体心理过程

对于人来讲，再也没有比人更有趣的话题了。而且，对于多数人来说，最有趣的人正是他自己。

——罗伊·鲍迈斯特

引导案例

令“死神”无奈的盖吉

1848 年 9 月 13 日，铁路监工盖吉向预先钻好的孔洞中塞满炸药，铺设引信，盖上沙土，并用铁棍捣实，然而就在这时，炸药意外爆炸了，铁棍穿过他的下巴，贯穿了他的整个脑袋，他整个人被炸飞 10 米远。没过几分钟，盖吉竟然拍拍屁股爬起来，慢慢走开了。当人们用卡车把他送到旅馆时，他竟然自己走上楼去。后来他被送往城市医院，那里的医生简直不敢相信病人还能站在他们面前，然而直到他们把手指插进盖吉的颅骨上的洞时，才不得不承认所发生的事实……到了 10月中旬，盖吉竟逐渐恢复了。

事实上，盖吉的身体损伤并不严重，仅左眼失明，左脸麻痹，姿势、运动和语言都无恙。在行为上，他却变了个人，他的医生对此有很清楚的描述：他的理性和动物性之间的平衡似乎已遭破坏，他随时放纵自己，行为中还伴有无礼和污秽的语言，这些都不是他的习惯。他不听从朋友和伙伴的劝阻，特别是当这些劝阻与他的需求冲突时，他表现得很不耐烦。他会随时异想天开地提出很多计划，但瞬息间又一次次否定这些计划，反复无常。他的行为表现像个孩子，却有着一个成年男子所具有的强烈本能。他受伤之前虽未受到良好的学校教育，但具有平衡的心态，受到熟人的尊敬，大家认为他是个机灵、聪明的生意人，精力充沛、毅力不凡，努力实现着自己的计划，就这些方面来说他完全变了。他的朋友和熟人都说他“不再是以前的盖吉了”。

哈洛医生于1868年首次向麻省医学会报告了这一病例，称盖吉能够活下来是一个医学奇迹。今天，盖吉的头骨和那根铁棒被陈列于波士顿沃伦解剖学博物馆。

这个案例刚好发生在科学家着手构想脑功能与复杂行为之间的关系的时期，盖吉的故事提供了较早的证据，证明脑是心理过程的基础。

资料来源：网易新闻.

2.1 个体的认知

2.1.1 感觉

1. 感觉的概念

感觉是指人脑对直接作用于感官的客观事物的个别属性的反映。首先，感觉是一种直接反映，它要求客观事物直接作用于人的感官。从空间上看，感觉所反映的事物，属于人的感官能直接触及的范围。从时间上看，感觉所反映的对象是此时此刻正作用于感官的事物，而不是过去或将来的事物。其次，感觉所反映的是客观事物的个别属性。事物的属性包括物理属性（如颜色、形状、软硬等）、化学属性（如气味、味道）以及有机体的某些生理感受（如疼痛、饥渴等），任何一种感觉都是脑对事物个别属性的反映。

2. 感觉的种类

根据刺激物来源的不同，可以把感觉分为外部感觉和内部感觉两大类。反映外界事物个别属性的感觉叫作外部感觉，反映人身体各部分运动和内部器官状态的感觉叫作内部感觉。具体分类见表2-1。

3. 感觉的规律

（1）感觉的适宜律。

感觉是受到适宜的刺激而产生的。换言之，并不是任何刺激都能引起感觉。

（2）感觉的阈限律。

对于特定的感受器来说，引起感觉的适宜刺激必须达到一定的强度。各种感受器对适宜刺激的感觉能力称为感受性。感受性就是人对刺激的感觉能力，即人的感觉灵敏程度，它的高低可用感觉阈限的大小来度量。感觉阈限是指能引起感觉的一定限度的刺激量。并不是任何刺激都能引起感觉。如果要产生感觉，刺激物必须达到一定的量。人们把那种刚刚能引起感觉的最小刺激量称为绝对感觉阈限。绝对感受性则是指觉察出最小刺激量的能力。绝对感受性和绝对感觉阈限在量上成反比例关系。如果用E代表绝对感受性，R代表绝对感觉阈限，那么它们之间的关系可以用公式表示为：$E=1/R$。能引起感觉所需的刺激量越小，即绝对感觉阈限越小，则绝对感受性越大，即感觉能力越强。

表 2-1　感觉的种类

<table>
<tr><td rowspan="11">外部感觉</td><td>视觉</td><td></td></tr>
<tr><td>听觉</td><td></td></tr>
<tr><td>嗅觉</td><td></td></tr>
<tr><td rowspan="4">味觉</td><td>甜觉</td></tr>
<tr><td>酸觉</td></tr>
<tr><td>苦觉</td></tr>
<tr><td>咸觉</td></tr>
<tr><td rowspan="4">肤觉</td><td>触压觉</td></tr>
<tr><td>冷觉</td></tr>
<tr><td>湿觉</td></tr>
<tr><td>痛觉</td></tr>
<tr><td rowspan="3">内部感觉</td><td>运动觉</td><td></td></tr>
<tr><td>平衡觉</td><td></td></tr>
<tr><td>机体觉</td><td></td></tr>
</table>

在刺激作用于感觉器官的过程中，刺激量常常会发生变化，但并不是所有的变化都能引起感觉上的变化。例如，100 克的重量再加 1 克，是不能引起原来重量感觉的改变的，要使重量增加更多，才能觉察到重量在发生变化。感觉所能觉察的刺激物的最小差别量叫作差别感觉阈限。与之相应的感受性，叫作差别感受性。

知识库 2-1

绝对阈限

绝对阈限（absolute threshold）是指能可靠地引起感觉的最小刺激强度（物理能量）。绝对阈限不是一个单一的强度值，而是一个统计学上的概念。确定绝对阈限的方法是实施探测作业，按照惯例，心理学家把有 50%的次数被觉察到的刺激值定为绝对阈限。

（3）感觉的适应律。

由于刺激对感受器的持续作用从而使感受性发生变化的现象，叫感觉适应。这是在同一感受器中，由于长时间的刺激作用，导致感受性发生变化的现象。感觉适应既可引起感受性的提高，也可引起感受性的降低。所有感觉都存在适应现象，但适应的表现方式和速度不尽相同。

（4）感觉的对比律。

同类感觉由于不同的刺激作用而使感受性发生变化的现象，叫作感觉对比。在工作和生活中，对比现象是人们常常考虑的问题。例如，机器设备的表面采用浅灰、浅蓝或浅绿色，可以削弱对比，以减少视觉的疲劳。机器的重要操作部分采用淡黄色或白色，便于识别，加强对比以提高工效。

知识库 2-2

马赫带现象

马赫带现象是指人们在明暗交界处感到明处更亮而暗处更黑的现象。当人们同时看明暗相同的区域时，明亮区域对感受细胞的刺激比黑暗区域的刺激强得多，明亮区域的强刺激会抑制与黑暗区域相对应的感受细胞的反应，加强对明暗交界处的差别的反应，形成强烈的感觉对比（见图 2-1）。

图 2-1 感觉对比——马赫带

（5）感觉的联合律。

一些感觉兼有另一种感觉的现象称为联觉。颜色容易让人产生联觉。红色、黄色使人觉得温暖，被称为“暖色”；而蓝色、紫色常常让人联想到冷的感受，被称为“冷色”；等等。

（6）感觉的练习律。

虽然人在出生时有感觉器官，但是感觉机能主要在后天实践中得到发展并趋于成熟。

4. 感觉的意义

（1）感觉是其他一切心理现象的基础。没有感觉就没有其他一切心理现象，感觉是其他一切心理现象的源头和“胚芽”，其他心理现象是在感觉的基础上发展、壮大和成熟起来的。

（2）感觉是我们身体安全的保障系统。设想一下假如你没有痛觉会怎样？国内外都发现过一些天生没有痛觉的人，他们多处伤残，疤痕累累。究其原因，在于当他们骨折筋裂、皮开肉绽时，由于并不觉得痛，仍旧一如既往地行动，错过了抢救的最佳时机。由此可见，虽然疼痛不好受，但要是感觉不到疼痛就更加危险。

（3）感觉是我们心理安定的保障系统。心理学的感觉剥夺实验对这点做出了很好的解释和说明。

案例 2-1

最安静的地方有多安静？

在美国明尼阿波利斯市就有一间堪称绝对安静的无声密室，正常人最多只能在其中待 45 分钟就会因无法忍受“安静的煎熬”而不得不匆匆逃离。据报道，这一全球最安静密室系一家名为“奥菲尔德实验室”的声学公司打造的一个专业消音室。

据悉，该房间墙壁用 1 米厚的玻璃纤维隔音棉、双层绝缘隔音钢板和 0.3 米厚的水泥制成，消音效果高达99.99%，房间内几乎没有任何声音。身处其中的人可以清晰地听见自己的心跳声，甚至胃肠蠕动、肺脏起伏发出的声音。

“奥菲尔德实验室”的创办人奥菲尔德解释称，当环境变得极为安静时，人类的耳朵也会随之调节其灵敏度，因而能听到更多声音。此时，那些原本难以察觉的细微声音，甚至可能会变成如同雷鸣般的“巨响”。更令人难以想象的是，任何人只要在这间漆黑的无声密室中待一会就会产生各种幻觉，他们会感到迷惘困惑、难以忍受。

据悉，目前“奥菲尔德实验室”公司打造的这个专业消音室已被《吉尼斯世界纪录大全》认证为“地球上最安静的地方”。这间无声密室用途很多，许多生产商都会利用它测试产品的音量、音质——比如心脏瓣膜律动的声音、操作手机显示屏的声音、汽车仪表盘上开关按钮的声音等。不仅如此，这间无声密室甚至还成了美国宇航局（NASA）的秘密训练基地之一。据透露，NASA曾让宇航员待在无声密室中一个装满水的容器里接受训练，并测试这些宇航员在模拟太空环境中产生幻觉的时间点。

案例2-2

感觉剥夺实验

实验里，研究人员招募了一些大学生志愿者，并让他们一整天都躺在实验室里的床上，只在吃饭和排泄时短暂起床，然后再躺下。这些志愿者都戴着护目镜。透过护目镜，他们只能见到室内均匀而朦胧的光亮，却看不到任何单独的物体或形状；志愿者都戴着手套，这就大大削弱了触觉刺激；实验室里始终开着排气扇和空气调节装置，它们连续不断地发出“嗡嗡”声，这使志愿者的耳朵感受到一成不变的单调刺激（见图2-2）。

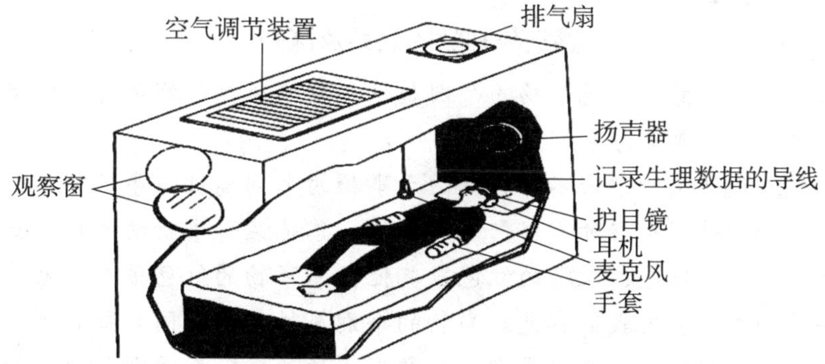

图2-2　感觉剥夺实验

感觉剥夺实验的目的是考察一个人若处在刺激没有变化的环境里，其心理是否会发生异常的变化。有意思的是，那些志愿者本来都很乐意应征接受实验，因为他们认为，首先，躺在床上并不妨碍思考问题，也不会耽误学业；其次，什么事也不做就能拿到报酬，躺一天算一天。然而仅仅过了两三天，大多数志愿者就坚决拒绝参与实验，哪怕报酬大幅增加也不干。原因是他们产生了难以忍受的幻觉，比如眼前出现变动不居、光怪陆离的影像，一切都使他们根本无法集中注意力，更不要说清晰地思考了。他们陷入了一种恍恍惚惚的意识状态，这很像古代中国的哲学家庄子提出的疑问：我的现在究竟是梦还是非梦？于是实验也就有了结果，它表明在大大削弱感觉刺激后，我们的心灵非但不会踏实起来，反而会产生莫名的恐惧。要知道，这样的实验还没有把志愿者的全部感觉都“剥夺”掉呢！

2.1.2 知觉

1. 知觉的概念

知觉是人脑对直接作用于感官的客观事物的整体反映，是一种基本的心理过程。知觉是个体选择、组织并解释感觉信息的过程。需要指出的是，由于人们之间存在着各种差异，如民族、教育、个性、经验，阅历等，对同一知觉对象，人的解释是不同的。

一般来说，知觉可能会受到知觉主体、知觉客体和知觉情境的影响。

（1）知觉主体。知觉主体的兴趣、知识、经验、需要和动机等都可能会影响个体的知觉。例如，一个饥肠辘辘的人会更加关注摆在眼前的食物；一位下棋新手可能只能记住棋盘上几个棋子的布局，但一个下棋高手却能将整个棋局重现出来；等等。

（2）知觉客体。即知觉的对象。知觉客体的特性同样影响着人们的知觉过程。在日常生活中，带有显著特征的刺激比较容易成为知觉的对象。一般地，特征越显著，就越容易被知觉。

（3）知觉情境。即发生知觉行为的时间、地点、场合等。知觉情境也是影响知觉的一个重要因素。

知识库 2-3

感觉与知觉的联系及区别

感觉和知觉所反映的分别是事物的个别属性和整体属性，都是对具体事物的现象或外在形象的反映，都有具体形象性。

感觉和知觉在现实生活中密不可分。由于事物的个别属性与事物整体不可分割，因此，纯粹的感觉一般是不存在的。任何一种属性，总是某一事物的属性，如红色总是作为鲜花的红色、水果的红色、衣服的红色或其他具体事物的红色被人们看见，它不能脱离这些具体事物而存在。当我们感觉到事物的个别属性时，也同时知觉到具体事物的整体。所以，感觉和知觉密不可分，感觉是知觉形成的基础，知觉则是感觉的深化，二者统称为感知。

感觉和知觉虽密不可分，但二者还有根本的区别。感觉和知觉都属于感性认识过程，但知觉比感觉复杂。知觉虽以感觉为基础，但它不是各种感觉的简单集合，而是对感觉进行组织解释并赋予意义的过程。

2. 知觉的种类

（1）根据知觉对象的不同，可以分为社会知觉和物体知觉。社会知觉是指个体在社会生活实践过程中对别人、对群体、对自己所进行的认识过程，主要包括对他人的知觉、自我知觉、人际知觉和角色知觉。这是管理心理学研究的主要内容。物体知觉是我们对物或事及外部关系的知觉。任何物或事都具有空间特性、时间特性及其运动变化。因此，物体知觉包括空间知觉、时间知觉和运动知觉。空间知觉是反映物体形状、大小、深度、方位等空间特征的知觉，时间知觉是反映客观现象的持续性和顺序性的知觉，运动知觉是反映物体的空间位移和位移快慢的知觉。不论是空间知觉、时间知觉还是运动知觉，都是人在生活实践的过程中逐步形成和发展起来的。

（2）根据在知觉中占主导地位的感受器的不同，可以将知觉分为视知觉、听知觉、嗅知觉等。这些都与人感知事物时使用的感觉器官有联系。

（3）根据知觉是否符合客观实际，可以分为正确的知觉和错误的知觉。符合客观实际的、正确地反映了客观事物本来面目的知觉是正确的知觉，在特定条件下对客观事物的扭曲的知觉是错误的知觉（错觉）。

3. 知觉的规律

（1）知觉的选择性。

知觉的选择性是指人根据当前的需要，对外来刺激有选择地进行组织加工的过程。人的知觉选择特性使人能够把注意力集中到某些重要的刺激或刺激的重要方面，排除次要刺激的干扰，从而有效地感知外界事物、适应外界环境。然而在知觉过程中，哪些刺激物成为对象，哪些刺激物成为背景，并不是固定不变的。

知识库 2-4

鲁宾的双关图形

鲁宾的双关图形是知觉的对象和背景可以相互转化的最显著的例子。如图 2-3 所示，当我们以黑色为背景时，便看到一个白色的花瓶；当我们以白色为背景时，便又会看到两个侧面人头像。我们会一会儿将它看成花瓶，一会儿将它看成面孔，花瓶和面孔交替出现，但不能同时出现。

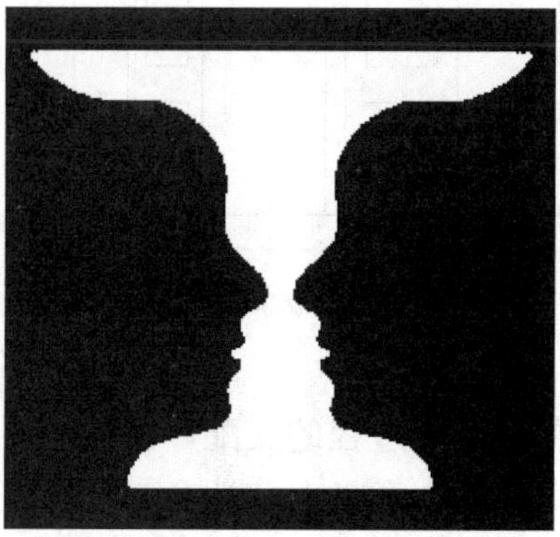

图 2-3　人面花瓶

（2）知觉的整体性。

人在知觉客观对象时，总是把它作为一个整体来反映，这就是知觉的整体性。知觉对象是由许多部分组成的，各部分具有不同的特征，但是人们并不把对象感知为许多个别的、孤立的部分，而总是把它知觉为一个统一的整体。它是客观对象的许多部分形成的复合刺激物，大脑皮层对复合刺激物的各个组成部分及其相互关系进行分析、综合，从而反映客观对象各种属性的关系，形成关于对象的完整映像。例如，走进教室，人们不是先感知桌椅，后感知黑板、窗户等，而是同时完整地感知它们。

知觉的整体性是多种感知器官相互作用的结果。知觉的整体性与感知的快慢，同过去经验和知识的参与有关，阅读速度就是随着人的阅读经验的积累及把较小的单元（词）组成较大的单元（句子）而逐渐加快的。

（3）知觉的理解性。

知觉的理解性表现为人在感知事物时，总是根据过去的知识经验来解释它、判断它，把它归入一定的事物系统之中，从而能够更深刻地感知它。这就是知觉的理解性。

从事不同职业和有不同经验的人，在知觉上是有差异的。如工程师检查机器时能比一般人看到、听到更多的细节；成人与儿童相比，能更深刻地了解图画的内容和意义，发现儿童所看不到的细节。

（4）知觉的恒常性。

知觉的恒常性是指当知觉的客观条件在一定范围内发生变化时，我们知觉的映像在相当程度上仍保持着它的稳定性。它是人们知觉客观事物的一个重要特征。知觉的恒常性体现在知觉的各个领域。概括起来，大致包括以下四种，即大小知觉恒常性、明度和颜色知觉恒常性、形状知觉恒常性和方向知觉恒常性。知觉的恒常性也是知识、经验参与的结果。例如，同一物体处于不同的位置，在视网膜上形成的视像大小差异极大，但我们的知觉映像可以在一定的范围内保持相对不变。从图 2－4 可以看出，虽然在视网膜上的视像中门的形状变了，我们仍能把它知觉成恒定的门，这就是形状知觉的恒常性。

图 2－4　形状知觉的恒常性

4. 社会知觉

人类的社会行为受其内在的认知过程的支配，因此，要理解和预测人类行为，就必须深入这种内在的知觉体系。从这个意义上，社会知觉与其说是一个研究领域，不如说是一种研究人类行为的思路和取向，正是这个原因使社会知觉成为管理心理学的主要研究内容之一。

（1）社会知觉的概念。

“社会知觉”一词是 1947 年美国心理学家布鲁纳提出的有关知觉的新观点，即知觉过程受社会因素制约。社会知觉是个体在与他人交往的过程中，对社会环境中的人和群体中的社会现象形成知觉判断和初步认识的过程，其中包括对他人、群体和对自己的知觉。

（2）社会知觉的特点。

个体对社会环境中的人的感知并非仅仅停留在外表，而是要进一步推知他的兴趣、信念、动机等，这个过程已不限于知觉的过程，而是包括思维、推理、判断等整体认知过程，所以，社会知觉也被称为社会认知。社会知觉有以下几个特点：

第一，社会知觉的选择性。所有的社会知觉都是一个选择过程。我们每个人都要经常面临各种社会性刺激，但是对于同样和等量的刺激，各人所做出的反应程度不尽相同，原因在于每个人的社会经验和认知结构有差异。

第二，社会知觉的防御性。社会知觉的防御性是指个体为了与外界环境保持平衡、适应社会，从而运用认知机制抑制某些刺激物的作用。现代社会心理学家普遍认为，社会知觉与防卫机能息息相关，情绪不同的人对同一刺激会做出不同的反应。个体社会知觉的防御机制主要是为了维持自我的完整性。

第三，社会知觉的显著性。社会知觉的显著性是指在一定的社会刺激下个体的心理状态，如情感状态、动机状态等。它与个人所理解的刺激物的意义密切相关。刺激物的意义对于个体越重要，知觉反应就越明显。

第四，社会知觉的完整性。人们在社会知觉过程中，自觉或不自觉地贯彻了完整原则，即个人倾向于把相关知觉客体的各方面特征材料加以规则化，形成完整的印象。这种倾向在判断一个人的时候表现得尤为突出。社会知觉带有浓厚的主观色彩。

第五，社会知觉的心理惯性。社会知觉现象的反复出现、周而复始，使之带有明显的惯性，以致对于知觉对象的变化熟视无睹。在日常生活中，人们对于他人人格的知觉或自我知觉是始终如一的，人格虽然具有明显的稳定性特征，但并非一成不变，出于社会知觉的惯性特点，人们对人格特点的知觉是稳定的、没什么变化的。这种社会知觉对象恒久不变的现象是心理惯性的表现，并非知觉现象本身固有的特性。社会知觉的惯性特点是社会经验和生活习惯对社会知觉起作用的结果。

（3）影响社会知觉的因素。

第一，知觉者因素。知觉者作为知觉的主体，在社会知觉过程中起着重要作用，它直接影响着社会知觉过程。而知觉者已有的经验、对他人的价值判断以及个人的情感等又是其关键因素。另外，即使是对于同一个知觉对象，不同的人往往会产生不同的知觉。这种知觉的个别差异更多地取决于人们各自主观状态的不同。影响因素主要有兴趣、需要与动机、个性特征、认知结构等。

第二，知觉对象因素。在知觉过程中，知觉对象本身的内在因素也会对知觉产生影响。知觉者对于优点多的知觉对象倾向于做出积极、肯定性的判断。知觉对象知名度的大小也直接影响着知觉者的社会认知。对知名度大的对象，知觉者无形中会把他看成有魅力的人。知觉对象的复杂程度也会对人们的社会知觉造成影响。简单的事物易知觉，复杂的事物则给知觉者带来困难。知觉对象的特征也是影响知觉的一个重要因素。空间或时间上较接近的、相似的、具有连续性和封闭性的对象易被组合，知觉者往往会产生错觉，对表面相似实质并不相关的对象做出因果判断。

第三，知觉效应。由于受各种主客观条件的限制，人们在反映客观现实或是认识某个个体或群体时，可能会产生偏见，进而影响知觉的准确性。因此，这些在知觉过程中产生的偏见也是影响社会知觉的因素。

知识库 2－5

常见的知觉效应

1. 首因效应

首因效应是指人们在初次交往时所形成的第一印象会对人们认知他人产生心理作用。一般说来，最初的印象往往是最鲜活、最深刻的，并且这种印象会影响人们对后来获得的信息的理解和组织。

2. 近因效应

近因效应是指人们在知觉过程中，最后（近）给人留下的深刻印象，往往会冲淡过去所获得的有关印象，并对以后对对象的社会知觉产生强烈的影响。

3. 定势效应

定势又叫心向，它是人们对一定活动的一种准备状态，而定势效应则是这种准备状态对随后的反应活动、信息加工产生的影响。

4. 刻板效应

刻板效应又称定型效应，是人们用刻印在自己头脑中的关于某一类人的固定印象，作为判断和评价人的依据的心理现象。刻板效应的形成主要依赖于个人经验与社会学习。刻板效应在某种程度上可能加速我们的知觉过程，但错误甚至扭曲的刻板印象必然会造成重大的知觉偏差和错误。

5. 晕轮效应

所谓晕轮效应，就是在社会知觉中，由于对知觉对象的某种品质或特点有清晰的知觉，印象深刻、突出，从而掩盖了对知觉对象的其他品质或特点的印象。晕轮效应带有明显的以偏概全的倾向。

6. 投射效应

投射效应是指知觉者总是假设他人与自己有相似的心理倾向，往往把自己的特性归属到他人身上，尤其当某些人的年龄、性别、职业角色、身份特性和社会地位与自己相同时，更容易推己及人。有的大学生考试作弊，被监考老师发现后问其对作弊行为的认知，而这些学生竟会认为所有的大学生在考试时都抱有只要有机会就会作弊的想法。同样，社会上许多追名逐利的人认为在别人的价值观里也是金钱至上。心地宽厚的人难以想象钩心斗角者之间的尔虞我诈和阴谋手段。

（4）社会知觉的类型。

社会知觉主要可以分为三种，即自我知觉、对他人的知觉和人际知觉。由于这三种知觉对管理心理学来说有十分重要的意义，我们将重点论述。

第一，自我知觉。自我知觉是社会知觉的一种形式。它是个体对自己的认识，以自我为认识的对象。自我既是认识的主体，同时也是认识的客体。作为认识的对象，自我知觉包括自己的个性心理的一切方面及相应的行为表现。自我知觉是在交往过程中伴随对他人的知觉而形成的。通过对他人的知觉和自我知觉之间的对照和比较，个体形成对自己的认知。正确的自我知觉会使一个人在群体中的行为得体；相反，一个缺乏自我认知的人常常陷入各种挫折当中。

自我知觉经历着不同的发展阶段：

第一个阶段是生理的自我。主要表现为对自己身体、衣着、家庭和父母对自己的态度以及对自己所有物的判断，从而表现出自豪或自卑的情感。

第二个阶段是社会的自我。个体的自我评价主要表现在对自己在社会上的荣誉、地位、社会中其他人对自己的态度以及自己对周围人的态度等方面的判断和评价，从而表现出自尊或自卑的体验。

第三个阶段是心理的自我。处于这一阶段时，个体主要表现为对自己的智慧、能力、道德水平等方面的判断和评价，从而表现出自我优越感等体验。随着自我意识的发展，在社会化进程的影响下，个体的自我知觉水平一般是遵循着生理的自我—社会的自我—心理的自我这一进程的。当然，由于每个人社会化程度的不同以及各种主客观因素的影响，每个人的自我知觉水平也不完全一样。比如，有人过分注重自己的身材容貌、物质欲望的满足，有人则偏重于对社会地位、名誉等方面的追求，也有人在正确的自我评价基础上追求高尚的情操、努力实现自我等。

知识库 2-6

自我知觉——印象管理

印象管理，有时又称印象整饰，是心理学家库利、戈夫曼等人提出的，是指人们试图管理和控制他人对自己所形成的印象的过程。通常，人们总是倾向于以一种与当前的社会情境或人际背景相吻合的形象来展示自己，以确保他人对自己做出较好的评价。印象管理是社会互动的一个重要方面。每种社会情境或人际背景都有一种合适的社会行为模式，这种社会行为模式表达了一种特别适合该情境的同一性，人们在交往中总是力求创造最适合自己的情境同一性。理解他人对自己的知觉与认知，并以此为依据创造出积极的、有利于我们的形象，可以帮助我们成功地与他人交往。

个体印象管理的动机水平取决于以下三方面的因素：(1) 印象与个人目标的相关性；(2) 个人目标的价值；(3) 一个人期望留给他人的印象与他认为自己已经留给他人的印象之间的差异。

第二，对他人的知觉。对他人的知觉是指在与他人交往过程中，通过感官获得关于他人的外部特征（言谈、举止、仪表、相貌和表情等）的信息，并对这些信息加以选择、组织和解释，进而判断他人的动机、情感和个性心理活动，形成对他人完整形象的知觉。对他人的知觉一方面取决于对象本身的外部特征，另一方面受到知觉者的知识经验、价值观以及态度体系的影响。

对他人的知觉需要一定的途径和方法，这些途径与方法有很多，主要是通过观察人的表情和行为，具体的方法如下：

观察仪表特征。一个人的打扮、穿着、相貌、举止风度等都是一个人的外部特征。

这些特征在一定意义上代表一个人的年龄、身份、职业等。人的仪表特征虽然是在短时间内起作用的因素，但它是人们进一步了解和建立关系的起点和基础。只有最初我们对某个人的仪表产生了好的印象，才会产生进一步交往的需要；反之，可能不会主动地再去交往。

观察和判断面部表情。人的面部肌肉和神经最为丰富、多变，且表现力强。人在高兴时眉飞色舞，忧愁时愁眉苦脸。研究指出，像喜悦、怨恨等表情可以从口部的肌肉活动去判断，而忧愁、愤怒、惊骇等可以从眼部的肌肉活动去观察。

目光接触。这是一种对他人知觉的有效方法。眼睛是心灵的窗户，人的目光最具传神效果。斯韦德指出，人们可以通过目光接触表达爱情、热情和极大的关心，而不接触目光则说明害怕、羞怯。正在传达坏消息或诉说痛苦的人，也可能避免目光接触。

识别言语表情。言语表情是指人说话时的音调、语气、音色、节奏等。言语表情与人的情绪变化有着密切关系。

观察身体姿态表情。我们可以通过身体姿态表情来判别他人的情感和意图，人的体态动作常常可以作为感知其内心状态的可靠线索。

第三，人际知觉。人际知觉是对人与人之间关系的知觉，包括自己与他人、他人与他人的关系。任何一个人都与他人发生联系，形成人与人之间的不同关系，表现为接纳、拒绝、喜欢、讨厌等各种亲疏远近的状态。对这种关系的正确知觉是顺利进行人际交往的依据。人际知觉具有鲜明的情绪色彩，人们往往凭借自己的情感来确定与他人关系的亲疏。

人际知觉是一个相互知觉的过程。一方面，知觉者有一定的动机和价值系统，这些因素直接影响着人际知觉；另一方面，被知觉者也是有知觉能力的人，能够觉察对方对他的评价与看法，并以此来修饰自己的行为和反应。因此，人际知觉具有双向性。

知识库 2-7

社交测量法与关系分析法

莫雷诺的社交测量法和塔基乌甲的关系分析法可以帮助人们正确认知和判断人际关系状态。这种测量法的步骤是先要求某一小团体的成员真实回答下列问题：你会选择谁或者不喜欢和谁交友、合作共事、一起活动？你认为谁会选择你或者不喜欢和你交友、合作共事、一起活动？根据每个成员的回答绘成团体社交关系图。例如，在图 2-5 中，该团体的人际关系状况、彼此间相互吸引与排斥的情况一目了然。

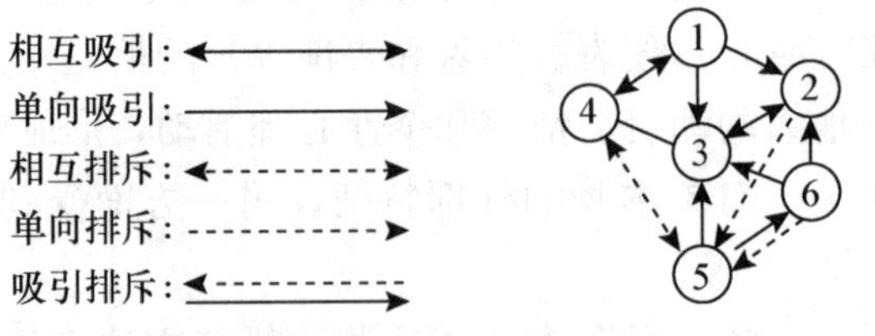

图 2-5 某团体的社交关系图

2.1.3　记忆

1．记忆的概念

记忆是人脑对过去经验的反映，是在头脑中积累和保存个体经验的心理过程。从信息加工观点看，记忆就是人脑对外界输入的信息进行编码、存储和提取的过程。人们在生活中感知过的事物、思考过的问题、体验过的情绪、经历过的事件、做过的动作、学习过的知识，都可以成为人的经验而保存在头脑中。我们能够记住它们，在后来的日子里还能够回想起来或者把它们再认出来，这就是记忆。

2．记忆的分类

记忆的分类法有很多，按记忆的内容可以分为形象记忆型、抽象记忆型、情绪记忆型和动作记忆型四种。

（1）形象记忆型。这是以事物的具体形象为主的记忆类型。

（2）抽象记忆型。也称词语逻辑记忆型。它是以文字、概念、逻辑关系为主要对象的抽象化的记忆类型，如“哲学”“市场经济”“自由主义”等词语文字，整段整篇的理论性文章，一些学科的定义、公式等。

（3）情绪记忆型。情绪、情感是指根据客观事物是否符合人的需要而产生的态度体验。这种体验是深刻的、自发的、情不自禁的，所以记忆的内容可以深刻牢固地保存在大脑中。

（4）动作记忆型。动作记忆是以各种动作、姿势、习惯和技能为主的记忆类型。动作记忆是培养各种技能的基础。

3．记忆的作用

洛克在《人类理解论》中说：在有智慧的生物中，记忆之为必要，仅次于知觉。它们的关系是很重要的，如果缺少了它，则我们其余的大部分感官就会失去效用。因此，如果没有记忆的帮助，我们的思想、推论和知识，便完全不能超过眼前的对象。可见，记忆在人的心理生活中起着极其重要的作用。

记忆作为基本的心理过程，和其他心理活动联系密切，协调着人的大部分心理功能的发挥。从简单的感知到复杂的思维，都必须在记忆基础上进行。知觉之所以具有整体性、理解性和恒常性，就是由于记忆的作用。没有记忆，人就不能分辨和确认周围的事物；没有记忆提供的知识参与，人也无法解决复杂的问题。因此，在人的心智系统中，记忆居于核心地位，也正是由于这一原因，认知心理学非常重视对记忆的研究。

记忆联结人的心理活动的过去和现在，使人的心理活动具有连续性。人若没有记忆，就仿佛永远处于新生儿状态，什么也学不会，生活也将会是一片混乱。所以，记忆是人们学习、工作和生活的基本技能。人如果由于疾病或衰老而出现记忆缺失或衰退，心理活动就会出现障碍。

4．遗忘

记忆的对立面就是遗忘，对遗忘的理解有助于我们对记忆有更深刻的认识。记忆和遗忘难以分开。如果人们只有记忆没有遗忘，那么人们会生活在某些痛苦的记忆中不能自拔，而如果人们只有遗忘没有记忆也是不可想象的，所以我们要辩证地看待记忆和遗忘的关系。

记忆内容不能有效保存或提取有困难时就是遗忘。遗忘是一种非常普遍的现象。每个人在生活中都经历过遗忘。遗忘有不同的种类：能再认却不能回忆叫作部分遗忘，不能再认也不能回忆叫作完全遗忘，一时不能再认或回忆叫作临时性遗忘，永远不能回忆或再认叫作永久性遗忘。

知识库 2-8

艾宾浩斯遗忘曲线

德国心理学家艾宾浩斯最早对遗忘过程进行研究。他以自己为被试者，以无意义音节为材料，以再学时的时间节省率为指标。他先将无意义音节表学习到能够无误背诵的程度，然后在不同时间间隔后再学习该材料，求出各个时间间隔后的时间节省率。艾宾浩斯发现，遗忘的进程不均衡，在学习之后会立即开始遗忘，而且进展很快，以后逐渐变慢。艾宾浩斯将实验结果绘成一条曲线，这就是著名的艾宾浩斯遗忘曲线（见图 2-6）。后来，人们用不同的实验材料进行实验，得到的结果与艾宾浩斯的结果大体相同。

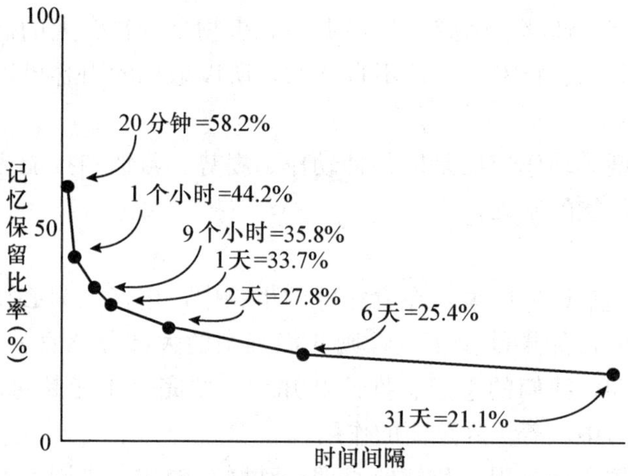

图 2-6　艾宾浩斯遗忘曲线图

2.1.4　思维

1. 思维的含义

思维是人脑借助于言语、表象或动作而实现的，对客观事物的性质及关系的概括和间接的反映。思维具有如下特征：

（1）概括性。思维的概括性是指在大量感性材料的基础上，对事物共同的本质特征及规律加以概括。

（2）间接性。思维的间接性是指人借助于已有的知识经验或一定媒介来认识事物。

思维的间接性可使人们超越感官的局限性去认识事物，揭示事物的本质和规律。

（3）思维是对经验的改组。思维是一种探索和发现新事物的活动，它常指向事物的新特性和新关系。思维是在有问题的情境中发生的。在这种情形下，仅靠从记忆中提取信息已不能解决所面临的问题。这时就需要对头脑中已有的经验进行更新和改组，以找出解决问题的方案。这种改组的结果往往是新思想、新理论的产生或新产品的出现。

2. 思维的分类

根据思维任务的性质，思维可分为直观动作思维、具体形象思维与逻辑思维。

（1）直观动作思维。

它又称实践思维。当思维的任务以直观的形式给予，且解决问题的方式是实际动作时，就属于直观动作思维。3岁前的儿童只能在动作中思考，他们的思维基本上属于直观动作思维。动作停止，思维也就停止了。

（2）具体形象思维。

它是以事物的形象为支柱的思维过程。例如，作家要创作一幅反映南方山水的图画，他要在头脑中对已有的表象进行分析、比较，最后确定图画的内容和风格。这就是具体形象思维。具体形象思维突出地表现在学前期（3～6岁）。

（3）逻辑思维。

它又称理论思维。当人们面临的任务是理论性的，要运用概念和命题进行判断、推理，以求得出合乎规律的结论时，这种思维就是逻辑思维。逻辑思维是人类思维的典型形式。个体一般到青年期以后，才具有发达的逻辑思维。

3. 思维的过程

思维过程即思维操作。思维是通过一系列复杂操作来实现的。思维是人们运用已有的知识经验，对输入信息进行分析、综合、比较、分类、抽象、概括、具体化和系统化的过程。

（1）分析是指在头脑中把事物整体分解成各个部分或各个属性。分析是人们认识事物、解决问题的开端，它有利于认识的深入。

（2）综合是指在头脑中把事物的各个部分或各个属性按一定的关系和联系结合成一个整体。

（3）比较是把各种事物和现象加以对比，确定它们的相同点、不同点及相互关系。分析是比较的基础。经过分析，人们认识了事物的属性和特征，才能进行相互比较，对事物做进一步的认识和辨别。同时，比较还要确定事物的相互关系，所以比较又是一个综合的过程。

（4）分类是根据事物的相同点和不同点，把它们区分为不同的种类。比较是分类的基础，通过比较，揭示出事物之间的相同点和不同点，根据事物的相同点把它们归并为较大的类，根据事物的不同点把它们划分为较小的类，从而使人对事物的认识系统化。

（5）抽象是指在头脑中抽取事物的本质属性、舍弃其非本质属性的思维过程。

（6）概括是把抽取出来的事物的本质属性综合起来的思维过程。

（7）具体化是指把抽象、概括出来的一般原理运用到实际中去。它是认识过程中的第二次“飞跃”，是从一般到个别、从认识到实践的过程。

（8）系统化是指把已有知识分门别类地整理成一个层次分明的系统。系统化的方法主要有分类、编写提纲、绘制图表（如知识的树状图、历史年代表）等。

4. 思维的品质

不同个体在思维中常表现出差异，这些差异称为思维品质。思维品质是衡量一个人思维发展水平的指标。思维品质主要包括：

（1）广阔性，是指能全面细致地思考问题，既注重问题整体，又注重细节；既考虑问题本身，又兼顾与问题有关的条件。广阔性以丰富的知识为基础，知识贫乏不可能有广阔性的思维品质。

（2）深刻性，反映了思维的深度，是指个体不易被事物的表面现象迷惑，善于透过现象把握问题的本质。

（3）敏捷性，反映了思维的速度，是指能单刀直入地指向问题核心，迅速把握事物的本质与规律，能在短时间内提出解决问题的正确方案。

（4）灵活性，反映了思维随机应变的程度，是指个体善于根据具体情况的变化而随机应变，及时修改、调整原有的假设与方案，提出解决问题的新思路、新方法，并能够举一反三。

（5）批判性，是指在思维过程中以客观事实为依据，严格地根据客观标准判断是非与正误，能考虑正反两方面意见，坚持正确观点，摒弃错误观点。

5. 思维的作用

思维对个体理解与掌握知识、智力活动和实践活动来说都非常重要。

（1）思维是个体理解与掌握知识的必要条件。个体理解知识、巩固知识和应用知识的过程，主要是思维的过程。只有经过思维的连续加工，外部的、书本的知识才能内化为个体自身的知识。当然，知识的理解与掌握又推动思维能力发展。思维和知识的理解与掌握相互促进。正如孔子所说："学而不思则罔，思而不学则殆。"

（2）思维是智力活动的核心。一般认为，智力由观察力、注意力、记忆力、想象力和思维力组成，其中思维力是核心。思维支配、调节其他因素。有了思维参与，观察才会具有深刻性，感知才会具有选择性，记忆才会具有意义性。

（3）思维是进行实践活动特别是创造活动最重要的心理因素。在实践活动中，只有通过思维，才能把大量的感性材料经过由此及彼、由表及里、去粗取精、去伪存真的改造，上升为理性知识，形成一定的理论体系。在创造活动中，如科学发现、技术发明和文艺创作等，都需要创造性思维。

2.2 个体的情感

2.2.1 情感的概念与分类

1. 情感的概念

情感是态度这一整体中的一部分，它与态度中的内向感受、意向具有协调一致性，是态度在生理上的一种较复杂而又稳定的评价和体验。情感包括道德感和价值感两个方面，具体表现为爱、幸福、仇恨、厌恶、美感等。情感与情绪是有区别的，情感主要用来描述那些稳定的、深刻的、具有社会意义的感情，比情绪更稳定、深刻和持久，如对祖国的热爱、对爱情的忠贞、对领导的忠诚等。

2. 情感的分类

由于情感的核心内容是价值，人的情感主要应该根据它所反映的价值关系的不同特点进行分类。

（1）根据价值的正负变化方向的不同，情感可分为正向情感与负向情感。正向情感是人对正向价值的增加或负向价值的减少所产生的情感，如愉快、信任、感激、庆幸等；负向情感是人对正向价值的减少或负向价值的增加所产生的情感，如痛苦、鄙视、仇恨、嫉妒等。

（2）根据价值的强度和持续时间的不同，情感可分为心境、热情与激情。心境是指强度较低但持续时间较长的情感，它是一种微弱、平静而持久的情感，如绵绵柔情、闷闷不乐、耿耿于怀等；热情是指强度较高但持续时间较短的情感，它是一种强有力的、稳定而深厚的情感，如兴高采烈、欢欣鼓舞等；激情是指强度很高但持续时间很短的情感，它是一种猛烈的、迅速爆发的、短暂的情感，如狂喜、愤怒、恐惧、绝望等。

（3）根据价值的主导变量的不同，情感可分为欲望、情绪与感情。当主导变量是人的品质特性时，人对事物所产生的情感就是欲望；当主导变量是环境的品质特性时，人对事物所产生的情感就是情绪；当主导变量是事物的品质特性时，人对事物所产生的情感就是感情。例如，脏、乱、差的工作环境使人产生不愉快的情绪；那些清正廉洁、全心全意为人民工作的领导干部会引发人的尊敬与爱戴的感情，那些贪污腐化、以权谋私的领导干部会引发人的仇视与嘲笑的感情；当机体缺乏食物时，人就会产生饥饿的心理体验，并形成对于食物的欲望；当儿童成长发育到一定阶段，就会自发地产生对于“独立”的欲望。

（4）根据价值主体类型的不同，情感可分为个人情感、集体情感和社会情感。个人情感是指个人对事物所产生的情感；集体情感是指集体成员对事物所产生的合成情感，阶级情感是一种典型的集体情感；社会情感是指社会成员对事物所产生的合成情感，民族情感是一种典型的社会情感。

（5）根据事物基本价值类型的不同，情感可分为真感、善感和美感三种。真感是人对思维性事物（如知识、思维方式等）所产生的情感；善感是人对行为性事物（如行为、行为规范等）所产生的情感；美感是人对生理性事物（如生活资料、生产资料等）所产生的情感。

（6）根据价值的目标指向的不同，情感可分为对物情感、对人情感和对己情感三大类。对物情感包括喜欢、厌烦等，对人情感包括仇恨、嫉妒、爱戴等，对己情感包括自卑感、自豪感等。

（7）根据价值的作用时期的不同，情感可分为追溯情感、现实情感和期望情感。追溯情感是指人对过去事物的情感，包括遗憾、庆幸、怀念等；现实情感是指人对现实事物的情感；期望情感是指人对未来事物的情感，包括自信、信任、绝望、期待等。

（8）根据价值的动态变化的特点，情感可分为确定性情感、概率性情感。确定性情感是指人对价值确定性事物的情感；概率性情感是指人对价值不确定性事物的情感，包括迷茫感、神秘感等。

（9）根据价值的层次的不同，情感可分为温饱类情感、安全与健康类情感、人尊与自尊类情感和自我实现类情感。温饱类情感包括酸、甜、苦、辣、热、冷、饿、渴、疼、痒、闷等；安全与健康类情感包括舒适感、安逸感、快活感、恐惧感、担心感、不安感等；人尊与自尊类情感包括自信感、自爱感、自豪感、尊敬感、友善感、思念感、自责感、孤独感、受骗感和受辱感等；自我实现类情感包括抱负感、使命感、成就感、超越感、失落感、受挫感、沉沦感等。

2.2.2 情感的实质与功能

1. 情感的实质

（1）情感产生的基础是人的需要。

情感虽由客观事物引起，但是客观事物并不直接决定个体的情感，它对情感的决定作用以需要为中介。因此，情感反映客观事物和人的需要之间的关系，是客观事物与人的需要之间关系的晴雨表。但是，由于客观事物纷繁复杂，个体需要又多种多样，所以，客观事物与人的需要之间的关系就具有多样性，如既有符合的地方，又有不符合的地方。因此，人的情感也具有复杂性，并不总是简单的肯定或否定、满意或不满意，而是有时表现为肯定中有否定，满意中有遗憾，正所谓忧中有喜、喜中有忧、喜忧参半、悲喜交加、啼笑皆非、百感交集等。

（2）对刺激情境的认知是情感产生的直接肇因。

情感除了与个体需要有关，还取决于个体对刺激情境的认知。例如，人对老虎是否产生恐惧心理，取决于对老虎出现时的情境的认知。如在荒山野外看到老虎，就会产生恐惧情绪；如在动物园的虎池里看见老虎，就会觉得有趣。可见，个体对于一定刺激情境的认知和评价不同，所产生的情绪和情感体验也会不同。

2. 情感的功能

（1）适应功能。

情感是个体适应环境、求得生存的工具，是进化的产物。当特定的行为模式、生理唤醒及相应的感受状态三种成分出现以后，情感就体现出适应性，即调动有机体的能量使自身处于适宜的活动状态，并将相应感受通过行为或表情表现出来，以达到共鸣或求得援助。因此，情感自产生之日起便成为适应生存的工具。

（2）动机功能。

情感是激发个体心理活动和行为的动机。情感作为一个基本的动机系统，它激励个体去从事某些活动，提高活动效率。情感能够放大内驱力的信号，强有力地激发个体去行动。适度的情绪兴奋也可使个体身心处于活动的最佳状态，进而推动其有效地完成任务。有研究表明，适当的紧张和焦虑能促使个体积极地思考并成功地解决问题。

(3) 组织功能。

情感是心理活动的组织者，它不仅对其他心理活动诸如知觉、记忆、思维等具有组织作用，也影响个体行为。一方面，中等强度的积极情绪如愉快，可为认知活动提供最佳的情绪背景，从而有助于优化个体的认知效果；消极情绪如痛苦，其强度越大，个体认知活动的效果就越差。另一方面，情感还常常支配个体的行为。当处在积极、乐观的情绪状态时，个体容易注意到事物的好的一面，其行为比较开放，愿意接纳外界事物，倾向于和善、慷慨和乐于助人；当处于消极悲观的情绪状态时，则会万念俱灰，容易放弃自己的愿望，对他人也会变得冷漠、不关心，甚至产生攻击行为。

(4) 信号功能。

情感是人际交流的重要手段，它主要通过其外部表现——表情来传送信息、沟通思想，实现其信号功能。首先，表情可以传情达意。在某些场合，特别是当个体的思想或愿望只可意会而无法言传时，表情信息便可通过其所具有的"此时无声胜有声"的作用，实现彼此的沟通与交流。如微笑可表示容忍或赞赏，点头可表示认可或赞成。其次，表情是言语交流的重要补充。在许多场合，表情能使言语交流中存在的某些不确定性和模糊性明朗起来，成为个体态度和感受的最好注解。

2.3 个体的意志

2.3.1 意志的概念

意志是意识的能动作用，是人为了一定的目的，自觉地组织自己的行为，并与克服困难相联系的心理过程。

人为了达到一定的目的，要克服不同种类和性质的困难。由于遇到的困难的种类和性质不同，因而意志活动的表现也不同。例如，在睡意袭来时要完成必须及时完成的工作；在某个时间里禁食而克制进食的生理需求；在填写入学志愿时对于进甲校还是进乙校犹豫不决，最后确定填报乙校；为了祖国的建设而刻苦学习、艰苦奋斗；等等。这些行动当中都有意志活动。

意志行动是有目的的行动。人的有目的行为与动物的行为迥然不同。虽然动物在适应环境的过程中也作用于周围环境，但动物对环境的作用与人对环境的作用，其性质是截然不同的。意志是意识的能动作用，只有人才有意志活动。意志活动表现在：人为了满足自己的需要，预先确定一定的目的，有计划地组织自己的行动来达到这一目的。

2.3.2 意志的过程

意志行动有其发生、发展和完成的过程。这一过程大致可以分为两个阶段：做出决定阶段和执行决定阶段。前者是意志行动的开始阶段，它决定意志行动的方向，是意志行动的动因；后者是意志行动的完成阶段，它使内心世界的期望、计划付诸实施，以达到某种目的。

1. 做出决定阶段

做出决定阶段一般包含确定目的或目标、制订计划、心理冲突、做出决策等许多环节。目的是人的行动所期望的结果。在行动中，人期望得到的结果，有时很明确，有时则不一定明确。有时行动想要得到的结果只有一个，无选择之余地，这时确定目的不会产生内心冲突；有时则有好几个可供选择的目的，确定目的时会产生心理冲突，需要做出意志努力。目的确定之后，就要进一步选择达到目的的行动方式和方法，拟订出行动计划。对于行动的方式、方法的选择，也有各种不同情况。有时只要一提出目的，行动的方式、方法便可以确定，这无需意志努力。在通常的情况下，对达到目的的方式、方法也要进行选择，比较各种方式、方法的优缺点及可能导致的结果。这时内心也可能会犹豫不决：时而想采取这种方式、方法，时而想采取那种方式、方法，难以下决心拟订出行动计划，因而在确定行动计划、做出决策时也会产生心理冲突，也需要做出意志努力。

2. 执行决定阶段

在做出决定之后，便过渡到执行决定的阶段。执行决定是意志行动的最重要环节。因为即使在做出决定时有决心、有信心，如果不付诸行动，这种决心和信心依然是空的，意志行动也就不能完成。

从做出决定过渡到执行决定，在时间上往往因具体情况的不同而有所不同。有时在做出决定之后就立即过渡到执行决定阶段。这通常在下列情况下发生：行动的目的和实现行动的方式、方法比较明确具体，完成行动的主客观条件多少已经具备，而行动又要不失时机地去完成。例如，在战斗中，做出军事行动的决定就必须立即执行。有时，决定是比较长期的任务或是未来行动的纲领。这样的决定并不立即付诸行动，而仅是将来行动的企图。例如，我们准备在暑假完成一篇论文，目的、计划都明确了，决心也下了，但并不立刻行动，因为条件还不完全具备，只是一种打算。

在执行决定的过程中，已经确立起来的决心和信心也可能会发生动摇。这通常发生在下列情形下：

（1）执行决定时遇到的困难、要付出很大的努力与个体已形成的消极的个性品质（如懒惰、骄傲、保守、坏习惯等）或兴趣爱好发生矛盾，从而使决心和信心发生动摇。

（2）在做出决定时虽然选择了一种目的，其他目的仅受到暂时的压抑，但仍然很有吸引力。在执行决定的过程中，暂时受到压抑的期望又重新“抬头”，产生了新的心理冲突。

（3）在执行决定的过程中，还可能产生新期望、新意图和新方法，它们也会同预定的目的发生矛盾，令人踌躇，干扰行动的进程。

（4）有时在做出决定时没有充分考虑到各种主客观条件，没有预见到事物的发展变化，在执行决定时遇到新情况，出现新问题，而人又缺乏应付新情况、解决新问题的知识和技能，从而使人犹豫不决。这些矛盾都会妨碍意志行动。只有解决了这些矛盾，才能将意志行动贯彻到底，达到预定的目的。

意志行动达到预定目的后，又会增强克服困难的毅力，增加克服困难的勇气。优良的意志品质，正是在克服困难的实际斗争中锻炼和培养起来的。

2.3.3　意志的心理结构

意志的心理结构是很复杂的，在心理学上至今尚无统一的看法。这里我们主要讨论意志结构中的几种主要心理成分：期望和抱负水平、心理冲突、选择与决策。

1. 期望和抱负水平

期望是主观上希望发生某一事件的心理状态，是一种与将来有关的动机。期望的结果就是意志行动所要达到的目的。由于期望的结果会带来需要的满足和情绪上的好感，因而促使人产生要达到目的的动机。一个人在现实生活中会有各种期望，同时行为的结果和期望之间也会发生矛盾。这样，人在行动中就要选择目标，或对奋斗目标做出安排——制定出符合自己的近期目标、中期目标和长远目标。目标（或目的）的确定和选择是意志行动的一个基本特征。

目标的确定和选择与一个人的抱负水平密切相关。所谓抱负水平是指个人在做某件实际工作之前估计自己所能达到的成就目标。例如，一个人在打靶前估计自己能打中 5 环，但实际上只打中 4 环，这时就会产生失败感；如果继续打靶击中 6 环，这时就会产生成功感。所以成败感实际上是个人的抱负水平与实际成就之间产生"负差"（成就高于抱负）与"正差"（成就低于抱负）时的主观体验。抱负水平制约着对行动目标的追求。

个人的抱负水平是后天形成的。下列因素会影响一个人的抱负水平：

（1）成败经验。成功的经验一般能导致抱负水平的提高，成功经验增加，抱负水平就有可能提高；失败的经验一般导致抱负水平的降低，失败程度越严重，以后的抱负水平就会越低，并且变化也更大。

（2）自信心。自信心是过去获得很多成功经验的结晶。有自信心的人比没有自信心的人的抱负水平更符合实际；自信的人喜欢较困难的作业，其抱负水平较高，因而遭受失败的概率也较高。当然，个体自信心与其努力从事的特殊领域有关，并且只有这个领域影响其抱负水平。

（3）团体的成败经验。个体的抱负水平不仅受个体直接的成败经验的影响，也受团体的成败经验的影响。当个体从事他未曾做过的工作时，往往以他人或团体的成败经验为定位点（anchoring point）确定自己的抱负水平。

知识库 2－9

抱负水平实验

实验中，将学习成绩同等程度的大学生分为四组，让他们完成一套由 50 道文学知识组成的多项选择测验题，测验的满分为 50 分，无时间限制。对第一组只告知测验的做法；对其他三个组除告知测验的做法外，告知第二组有文学专长者在该测验上的得分；告知第三组一般大学生在该测验上的分数；告知第四组一般工人在测验上的得分。接着，要求他们自定自己的抱负水平（自己估计自己在该测验上的得分）。结果各组的抱负水平有明显的差异：第四组抱负水平最高，平均值为 33.05；第二组最低，平均值为 23.09；未受暗示的第一组的平均值为 26.95。这种差异显然是参照了他人成败经验之故。后来实验者又增加了第五组，在告知他人成绩之前，先让其接受一种类似的测验并告知其得分（既具备直接经验也具备间接经验）。结果发现，第五组的抱负水平受自己直接经验的影响大于他人的经验。这说明，在确定抱负水平的过程中，自己缺乏直接的成败经验时，才以他人或团体的经验为定位点。

"志当存高远。"抱负水平制约着一个人的意志行动。因为成功和要获得成功的愿望会增强工作对人的吸引力，而失败和对失败的预期会降低工作对人的吸引力。因此，抱负水平高的人一般对待工作自觉、有信心、有毅力，能努力克服困难，而抱负水平低的人一般来说对工作缺乏自觉性、缺乏信心和毅力。但是个体的抱负水平也不能太高以致严重地脱离自己的实际情况，如果是这样，就会被人视为自我吹嘘，在工作中长期备受失败感的折磨，会引起严重的情绪冲突，有碍心理健康。

2. 心理冲突

心理冲突或动机斗争是很复杂的。在确定目的时会产生心理冲突。例如，一个大学毕业生会选择到祖国最需要、最艰苦的地方去，还是会选择留在大城市呢？这时他可能会产生动机斗争。在制订计划时也会产生心理冲突。例如，有的方式、方法对达到目的是容易的，但不符合道德标准，有损于他人的利益；有的方式、方法对达到目的是困难的，需要花很大力气，但符合道德标准，这时一个人也可能产生心理冲突。在执行决定阶段遇到困难时，是知难而进还是放弃预定目标确定新的目标呢？这时也会产生心理冲突。

心理冲突情况是很复杂的，从形式上看，大致可以分为以下四类：

（1）双趋冲突。一个人以相同强度的两个动机追求并存的两个目的，但又不能同时达到，这种从两所爱者或两趋向中仅择其一的矛盾心理状态，称为双趋冲突。

（2）双避冲突。一个人同时遇到两个具有威胁性而想躲避的目的，而他又必须接受其一以避免其二，这种从两所恶者或两躲避中必须择其一的矛盾心理状态，称为双避冲突。

（3）趋避冲突。一个人对同一目的同时产生两种动机：一方面好而趋之，另一方面恶而避之。这种对同一目的兼具好恶的矛盾心理状态，称为趋避冲突。

（4）多重趋避冲突。一个人面对两个或两个以上的目的，而每一个目的又分别具有趋避两方面的作用。这种对几个目的兼具好恶的复杂矛盾心理状态，称为多重趋避冲突。

从内容上看，大致可以分为两类：

（1）原则性的动机冲突。凡是涉及个人期望与社会道德标准、法律相矛盾的动机冲突，都属于原则性的动机冲突。

（2）非原则性的动机冲突。凡是不与社会道德标准相矛盾仅属个人兴趣爱好方面的动机冲突，都属于非原则性的动机冲突。

在发生心理冲突时怎样来衡量一个人的意志品质呢？对于原则性的动机冲突，意志坚强者能坚定不移地使自己的行动服从于社会道德标准、服从于国家的和集体的需要，而对于非原则性的动机冲突，个体也能根据当时的需要毅然决定取舍。如果一个人遇到原则性的动机冲突时不能使自己的行动服从于社会道德标准，或者对待非原则性的动机冲突经常犹豫不决、摇摆不定，就是意志薄弱的表现。

3. 选择与决策

冯特曾根据动机的特点把意志的基本形式分为三类：

（1）冲动动作，是由一种动机引起的行动。例如，儿童看见糖果后直接就去抓，没有什么思虑和反省。

（2）有意动作，这时意识中有两种动机，但其中一种清晰有力，另一种在意识中逐渐消退，有意动作是由清晰有力的动机引起的。

（3）选择动作，这时存在着相互对立的动机，但哪种动机都很难占优势，通过"动机斗争"，其中之一被选定，并由它引起动作。冯特认为，选择动作最能体现出意志的特色。选择，是意志的一个基本特征。无论是目的的确定、计划的制订，还是执行决定，意志都表现出选择的特征。

要选择，就涉及决策问题。广义地讲，如果一个人看到至少两种行动的可能，并且根据某种标准选择其中之一，力求设法加以实现，那么我们说这个人在做出一项决策。只有一种可能性的行动或者在多种选择之间无须仔细思考的行动，都谈不上决策。决策，因问题而引起，可以看成解决问题的过程。寻找一条从不能令人满意的初始状态通往符合个人意愿的目标状态的道路，也就是决策。决策过程中的意志力表现在人对目标状态的追求、选择，做决定时的信心和勇气，以及执行和监督时的毅力等。

2.3.4　个体的意志品质

构成意志力的稳定因素称为意志品质。人们的意志品质存在着巨大的个体差异。主要的意志品质有：独立性、坚定性、果断性和自制力。

1. 独立性

独立性表现为一个人自己有能力做出重要的决定并执行这些决定，有责任并愿意对自己的行为产生的结果负责，并深信这样的行为是切实可行的。独立性不同于武断。武断表现为置他人的意见于不顾，不考虑具体情境而一意孤行。独立性则与理智地分析和听取他人的合理意见相联系。具有独立性的人对于自己的决定和执行这些决定是经过理智思考的：从社会的角度来看，决定是可以实行的；从道德的角度来看，决定是正确的。

与独立性相反的意志品质是受暗示性。受暗示性表现为盲从、没有主见，很容易受他人的影响。易受暗示的人的行为动机不是从自己已形成的观点和信念产生的，而是受他人影响的结果。

2. 坚定性

坚定性表现为长时间地相信自己决定的合理性，并坚持不懈地克服困难，为执行决定而努力。坚定性强的人，有顽强的毅力，充满必胜的信念，不怕困难，不怕挫折，善于总结经验教训，既不为无效的愿望驱使，也不被预想的方法束缚。为了达到目的，他坚毅有恒，百折不回。所谓"富贵不能淫，贫贱不能移，威武不能屈"，就是意志坚定性的表现。

与坚定性相反的意志品质是动摇性和刚愎、执拗。动摇性是遇到困难便怀疑预定的目的，不加分析便放弃对预定目的的追求。这种人不善于迫使自己去达到预定的目的，偶遇挫折便望而却步，做事见异思迁、虎头蛇尾。刚愎、执拗是对自己的行为不做理智的评价，总是独行其是。这种人不能客观地认识形势，尽管事实证明他的行为是错的，但仍一成不变、自以为是。动摇性和刚愎、执拗表面上不同，实质上都是对待困难的错误态度，属于消极的意志品质。

3．果断性

果断性表现为善于迅速地辨明是非，能及时地坚决地采取决定和执行决定。果断不同于轻率。它以充分的根据、周密的思考为前提。果断的人对自己的行为目的、方法以及可能的后果，都有深刻的认识和清醒的估计，所以当事态发展到最紧急关头时，他能当机立断、及时行动，毫不动摇，毫不退缩。

与果断性相反的意志品质是优柔寡断。优柔寡断者的显著特点是无休止的动机冲突。在采取决定时迟疑不决，三心二意；到了紧急关头，只好不假思索仓促决定，做出决定后又反悔，甚至在行动开始之后，还怀疑自己决定的正确性。优柔寡断是缺乏勇气、缺乏主见、意志薄弱的表现。

4．自制力

自制力是善于控制自我的能力，如善于控制自己的行为和情绪反应的能力等。在意志行动中，与目标不一致的欲望的诱惑、消极的情绪（例如厌倦、懒惰、恐惧）等都会干扰人做出决定和执行决定。有自制力的人，能控制自我，克制与实现目标不一致的思想情绪，排除外界诱因的干扰，迫使自己执行已经采取的、具有充分根据的决定。有高度自制力的人，为了崇高的目的，不仅能够忍受各种痛苦和灾难，而且在必要时还能视死如归。自制力是意志的抑制功能。易冲动、意气用事、不能律己、知过不改等，都是缺乏自制力的表现。

必须注意，意志品质都有其具体内容，不能离开具体内容抽象地加以评价。对于意志品质，我们应当联系其具体内容，从社会和道德的角度来加以评价。上述各种意志品质都是互有联系的，如果缺少其中任何一种品质，必然会在性格上造成某种缺陷。

本章小结

本章分三小节介绍了个体的认知、情感与意志。

第一节首先阐释了个体的感觉、知觉、记忆和思维。

感觉是指人脑对直接作用于感官的客观事物的个别属性的反映。根据刺激物来源的不同，可以把感觉分为外部感觉和内部感觉两大类。感觉的规律有适宜律、阈限律、适应律、对比律、联合律、练习律等。

知觉是人脑对直接作用于感官的客观事物的整体反映，是一种基本的心理过程，知觉可以分为社会知觉和物体知觉。知觉具有选择性、整体性、理解性、恒常性。社会知觉是管理心理学的主要研究内容之一，具有选择性、防御性、显著性、完整性和心理惯性的特点，知觉者、知觉对象和知觉效应是影响社会知觉的三大因素。社会知觉主要分为自我知觉、对他人的知觉和人际知觉。

记忆是人脑对过去经验的反映，是在头脑中积累和保存个体经验的心理过程，可以分为形象记忆型、抽象记忆型、情绪记忆型和动作记忆型。记忆内容不能有效保存或提取有困难时就是遗忘。

思维是人脑借助于言语、表象或动作而实现的，对客观事物的性质及关系的概括和间接的反映。思维具有概括性、间接性和对经验的改组的特征。根据思维任务的性质，思维可分为直观动作思维、具体形象思维与逻辑思维。思维是人们运用已有的知识经验，对输入信息进行分析、综合、比较、分类、抽象、概括、具体化和系统化的过程。思维品质主要包括广阔性、深刻性、敏捷性、灵活性和批判性。

第二节阐释了情感的概念与分类、实质与功能。

情感是态度这一整体中的一部分，它与态度中的内向感受、意向具有协调一致性，是态度在生理上的一种较复杂而又稳定的评价和体验。根据价值的正负变化方向的不同，分为正向情感与负向情感；根据价值的强度和持续时间的不同，情感可分为心境、热情与激情；根据价值的主导变量的不同，情感可分为欲望、情绪与感情；根据价值主体类型的不同，情感可分为个人情感、集体情感和社会情感；根据事物基本价值类型的不同，情感可分为真感、善感和美感；根据价值的目标指向的不同，情感可分为对物情感、对人情感和对己情感；根据价值的作用时期的不同，情感可分为追溯情感、现实情感和期望情感；根据价值的动态变化的特点，情感可分为确定性情感、概率性情感；根据价值的层次的不同，情感可分为温饱类情感、安全与健康类情感、人尊与自尊类情感和自我实现类情感。

情感产生的基础是人的需要，对刺激情境的认知是情感产生的直接肇因。情感具有适应功能、动机功能、组织功能和信号功能。

第三节主要介绍个体意志的概念、过程与心理结构。

意志是意识的能动作用，是人为了一定的目的，自觉地组织自己的行为，并与克服困难相联系的心理过程。

意志行动发生、发展和完成的过程可以分为做出决定阶段和执行决定阶段。

意志的心理结构很复杂。意志结构中包含几种主要的心理成分：期望和抱负水平、心理冲突、选择与决策。

关键术语

感觉　知觉　记忆　遗忘　思维　情感　意志　马赫带现象　首因效应　投射效应　艾宾浩斯遗忘曲线

复习思考题

（1）列举感觉的种类。

（2）简述感觉的基本规律。

（3）简述知觉的规律。

（4）简述社会知觉的特点及影响因素。

（5）简述社会知觉的类型及具体内容。

（6）简述思维的过程。

（7）情感可以如何分类？其具体内容分别是什么？

（8）情感具有哪些功能？

（9）怎样分析意志的过程？

（10）抱负水平受哪些因素的影响？在意志行动中我们应怎样确定抱负水平？

本章阅读书目

[1] 迈尔斯．心理学．北京：人民邮电出版社，2006.

[2] 泰勒，佩普劳，希尔斯．社会心理学．北京：北京大学出版社，2004.

[3] 格里格，津巴多．心理学与生活：第16版．北京：人民邮电出版社，2003.

[4] 津巴多，约翰逊，韦伯．普通心理学．北京：中国人民大学出版社，2008.

[5] 皮亚杰．发生认识论原理．北京：商务印书馆，1981.

[6] 英海尔德，辛克莱，博维尔．学习与认知发展．上海：华东师范大学出版社，2003.

[7] 阿德勒．自卑与超越．北京：作家出版社，1986.

第3章

个体行为基础

每一个人的思想、情感和行为都有其独特的方式。这种方式就某一个人而言是始终一贯的，而在人与人之间则是千差万别的。

——帕特里西亚·J. 阿迪苏

引导案例

一代传奇乔布斯

乔布斯，发明家、企业家、美国苹果公司联合创办人、前行政总裁。1976年乔布斯和朋友成立苹果电脑公司，他见证了苹果公司数十年的起落与复兴，先后领导和推出了麦金塔计算机、iMac、iPod、iPad、iPhone等风靡全球的电子产品，深刻地改变了现代通信、娱乐乃至生活的方式。他的极简主义所带来的美学体验，他的创新理念对业界带来的冲击，以及他在诸多领域创造的颠覆性成就和格局，都将如爱迪生、牛顿一样，长久地影响人类的生活。2011年10月5日，乔布斯因病逝世，享年56岁。

对于许多年轻人而言，乔布斯是一个符号，更是人生奋斗的成功典范。但是关于乔布斯的个性实际上是一个富有争议的话题。少年得志，24岁成为百万富翁；四面树敌，被自己公司赶走；王者归来，使苹果成为全球最富有的公司。天才、圣徒、恶魔、独裁、傲慢……最好和最坏的词都可用在他身上。

1955年2月24日，乔布斯出生于旧金山。他的生母由于正在完成研究生学业，将他交给克拉拉和保罗·乔布斯夫妇收养。乔布斯本人从来没有表达过身世对他性格的影响，但据他的多位同学、朋友回忆，少年乔布斯性格孤僻，很不合群。他对自己的身世也异常敏感。前苹果公司员工、乔布斯的好友丹·科特克回忆说："他的成功是由于其内心怀有一种深切的不安全感。由于他从小就是被收养的孩子，他的行事方式并不被大多数人理解。"

与他的创意天才相似，乔布斯以“粗暴”闻名于业界。他在 Mac 开发组、皮克斯工作室都留下过粗暴辱骂员工的记录。

在粗暴的另一面，是乔布斯对禅宗哲学的热爱。在进行新产品设计时，乔布斯常进行“冥想”，以期在最放松的状态下获得灵感。

即使领悟了禅宗哲学，乔布斯依然具有叛逆和枭雄气质。他曾建议大学生：“你们的时间有限，所以不要浪费时间活在别人的生活里。不要被教条局限——盲从教条就是活在别人思考的结果里。不要让别人的意见湮没你内心的声音。最重要的，拥有追随自己内心与直觉的勇气，你的内心与直觉多少已经知道你真正想要成为什么样的人。”这使他永远不会像一名佛教徒一样低调避世，反而印证了另一句他所推崇的名言：活着就是为了改变世界。

资料来源：根据《新京报》、凤凰网等新闻媒体的报道整理。

3.1 个性

3.1.1 个性的概念

个性是指个体身上经常、稳定地表现出来的心理特征的总和。个性既包括一个人的身体特点，也包含其心理特点，反映个体观察、思考、行动和表达感情等方面的总体倾向。个性是在一定的先天生理基础之上，形成于一定社会历史条件下的社会实践活动。因此，个性是一个复杂、多侧面、多层次的动力结构。它主要包括两方面的内容：一是个性倾向，包括志向、兴趣、动机、信念、理想和价值观等心理成分，表示人对事物的不同态度以及行为方式，是人们进行社会活动的基本动力；二是个性心理特征，包括气质、性格、能力等心理成分，通常是比较稳定的、具有决定意义的典型心理活动和行为。

知识库 3-1

人格与个性的关系

心理学中所用的“个性”和“人格”这两个词是由英语翻译而来的。在中国传统心理学界，英文的“personality”被译成“人格”，新中国成立后学界把它译成“个性”。由于译法不同，中国心理学界在运用这两个概念时有些混乱。其实这两个词的含义是一致的。

“personality”一词源于古希腊文，是指演员在舞台上演戏扮演角色所戴的面具。在古代戴这种假面具表示剧中人物心理的某种典型性，如“高傲的人”“狡猾奸诈的人”等。心理学沿用其含义，并将其转译为“人格”，其中包含两层意思：一是指一个人在人生舞台上所表现出来的种种言行以及遵从社会文化习惯的要求而做出的反应，表现出一个人外在的人格品质；二是指一个人由于某种原因不愿意展现的人格成分，这是人格的内在特征。

3.1.2 个性的性质

1．稳定性和可塑性的统一

有些在偶然的或暂时的场合下表现出的心理或行为特点并不能代表这个人的个性特征，只有比较稳定的心理特征才能代表他的个性。当然，个性的稳定性不是绝对的，而是相对的，相对稳定的个性并不是一成不变的，为了适应复杂多变的社会环境，个性特征也必然会发生或多或少的变化，因此，个性具有一定的可塑性。

2．独特性和一般性的统一

德国哲学家莱布尼茨说："世界上没有两片相同的树叶。"世界上也没有两个个性完全相同的人。个体的个性既包含共同的特征，也包含不同的特征；既有共同方面，也有不同方面。即使是同卵双生子，遗传基因完全相同，也可能在个性上有很大差别。因为个性是在遗传、环境、学习等许多因素影响下发展起来的，这些因素本身的差异及其相互关系都不可能是完全相同的，因而个性是不可能完全相同的。但是，生活在同一地区、同一民族、同一国家的人们，因为共同享有的生活习惯、宗教思想、文化传统、民族感情等而具有相似的个性特点。

3．社会性和生物性的统一

个性当然是个体的，它是在个体特有的生理基础之上形成的，我们不能否认遗传对人类某些心理特征的巨大影响，比如有的婴儿生下来就对人十分冷淡，有的婴儿则相反。但个性形成中社会化因素起着明显的作用，事实表明，即使是双胞胎，如果他们生长在不同的家庭、不同的社会生活之中，他们的个性特征往往大相径庭。

4．能动性和社会制约性的统一

人的个性是能动性和社会制约性的统一。人的个性表现出极大的自我调节能力，即呈现出巨大的能动性，但人的个性又受到自然和社会的制约。人的个性是由其自然性和社会性两种基本特性所构建起来的独特系统。但就个性的本质来说，人作为社会成员受一定的复杂的社会关系的制约，是复杂的社会关系的体现者。

5．统合性和功能性的统一

个性是由多种成分构成的一个有机整体，人的个性结构的组合千变万化，从而使个性的表现千姿百态。每个人的个性世界，并非是由各种特征简单堆积起来的，而是如同宇宙世界一样，是依照一定的内容、秩序、规则有机结合起来的一个动力系统，具有内在的一致性，受自我意识的调控。当一个人个性结构的各方面彼此和谐一致时，就会呈现出健康的个性特征，否则就会使人发生心理冲突，产生各种生活适应问题，甚至出现"分裂人格"。

3.1.3 个性的心理结构

个性的心理结构是一个多层次、多水平、复杂的完整系统。一般认为由以下部分组成：

1. 动力结构

动力结构，即个性倾向性，是个性结构中的核心和最高的层次，是人的心理活动的基本动力，包括需求、动机、态度、兴趣、信念、世界观等。

2. 特征结构

特征结构，即个性特征，是人本质的、经常性的心理活动特点，是个性差异的具体表征，包括气质、性格和能力。特征结构在个性的心理机构中是比较稳定的成分，它保证一个人典型的心理活动和行为的一定质和量的水平。

3. 调节结构

调节结构即个性自我调节，是自我意识（如自我评价、自我感受、自我控制）对心理与行为的控制和调节。

3.1.4 个性结构理论

1. 弗洛伊德的人格结构理论

弗洛伊德的人格结构理论提出，人格由本我、自我、超我三部分构成（见图 3-1）。

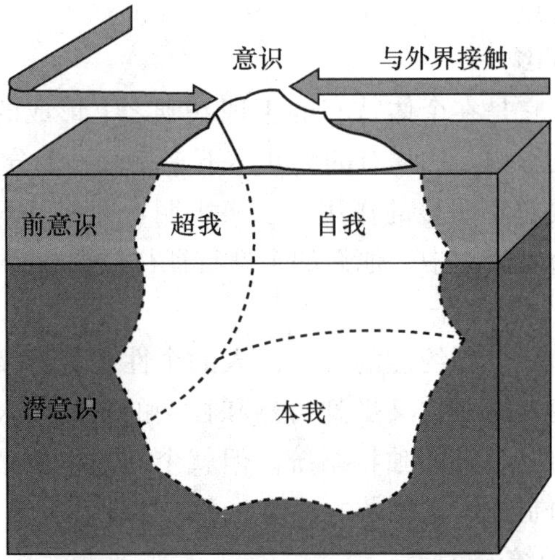

图 3-1 弗洛伊德的人格结构理论

本我中的本能冲动是人格的原始倾向，是主体一切欲望和冲动的源泉，具有强大的非理性的心理能量。它按照快乐原则，急切寻找出路，一味追求满足。

自我是指人格中的意识结构部分，是来自本我经外部世界影响而形成的知觉系统。它代表理智与常识，处于本我与超我之间，按照现实原则，充当仲裁者，监督本我，适当满足，即指导行为采取社会允许的方式来满足本我的需要。

超我是指人格中最文明最道德的部分。它是社会道德规范的内化，表现为良心和自我理想，处于人格的最高层，按照至善原则，指导、监察、限制本我，不让其有越轨行为，否则就给予惩罚。超我中有一部分处于无意识领域，另一部分则处于意识领域。

弗洛伊德的"三我"人格结构理论，就像一个神秘的箱子解释着人类的内心世界。本我、自我和超我并不是实体的存在，只是依据它们在人格中的机能而命名。三者各自有着独特的机能，但通常由自我统领完成人格的统一。弗洛伊德认为健康的人格应该是三者的和睦相处、平衡和谐。如果上述三者保持平衡，就会实现个性的正常发展，否则，会导致人格障碍或神经疾病。

知识库 3-2

心理学家弗洛伊德

弗洛伊德，犹太人，医生、心理学家、哲学家、精神分析学派创始人，著有《性学三论》《梦的释义》《图腾与禁忌》《日常生活的心理病理学》《精神分析引论》《精神分析引论新编》等。他对心理学的最大贡献是对人类无意识过程的揭示，提出了个性结构理论、人类的性本能理论以及心理防御机制理论。

2. 罗撒克的人格分层理论

德国心理学家罗撒克于20世纪60年代提出了人格分层理论。他认为，人格是由若干层次构成的。最低层次是人的生理机能，如饥、渴、性机能；较高层次是原始的情绪状态，如紧张、恐惧、愤怒；再高层次是有意识的心理过程，如知觉、思维；最高层次则由社会性心理特质构成，如性格、道德、价值。高级层控制低级层，使中低级层的机能符合社会价值，中低级层的心理机能又是较高级层心理机能的基础。

3. 卡特尔的特质阶层说

特质阶层说产生于美国。特质论者认为：第一，特质是人格的基本单位，它决定人的行为；第二，个人的人格特质有稳定性和一贯性；第三，个人人格特质可以用来预测一个人的行为动向。特质论的代表是卡特尔。

卡特尔于20世纪60年代提出了以特质结构说和特质动力说为主要内容的人格理论。卡特尔认为，人格是由许多彼此独立的特质因素构成的复合结构，可以用因素分析技术把这些特质分离出来。

根据特质的独特性可以分为共同特质和个别特质，根据其起源可分为体质特质和环境形成特质，根据其机能可以分为动力特质、能力特质和气质特质。

卡特尔提出根据其深度可分为表面特质和根源特质。表面特质就是指由每个具体的行为所体现出来的人格特点。根源特质反映一个人整体人格的根本方面，表面特质是从根本特质中派生出来的。一个根源特质可以影响多种有形的表面特质。卡特尔在多年测查、筛选工作的基础上，找出了16项根源特质（见表3-1），认为它们就是人格的真正构造物，根据这些特质，我们就可以预测一个人的行为反应。

表3-1　卡特尔的16项人格特质

根源特质	低分特征	高分特征
开朗性	缄默、孤独	乐群、外向
聪慧性	迟钝、学识浅薄	智慧、富有才识
稳定性	情绪激动	情绪稳定
支配性	谦虚、顺从	好强、固执

续表

根源特质	低分特征	高分特征
兴奋性	严肃、谨慎	轻松、兴奋
有恒性	权宜、敷衍	有恒、负责
勇敢性	畏缩、退却	冒险、敢为
敏感性	理智、着重实际	敏感、感情用事
怀疑性	信赖、随和	怀疑、刚愎
幻想性	现实、合乎成规	幻想、狂放不羁
机敏性	坦白直率、天真	精明能干、世故
忧虑性	安详沉着、有自信心	忧虑抑郁、烦恼多端
实验性	保守、服从传统	自由、批评激进
独立性	依赖、随群附众	自主、当机立断
自律性	矛盾冲突、不明大体	知彼知己、自律严谨
紧张性	心平气和	紧张、困扰

4. 勒温的个性结构理论

库尔特·勒温是格式塔学派的重要成员。他以大量实验材料为依据，引用拓扑学中的非数量方式表述形态属性和图形在空间相互配置方面的内在关系，用向量学中表述空间路线的距离、方向的向量分析来表示各“心理力”的方向及其动力关系，把个性结构描绘成一个直观的空间体系，建立了勒温的个性结构模式（见图 3－2）。

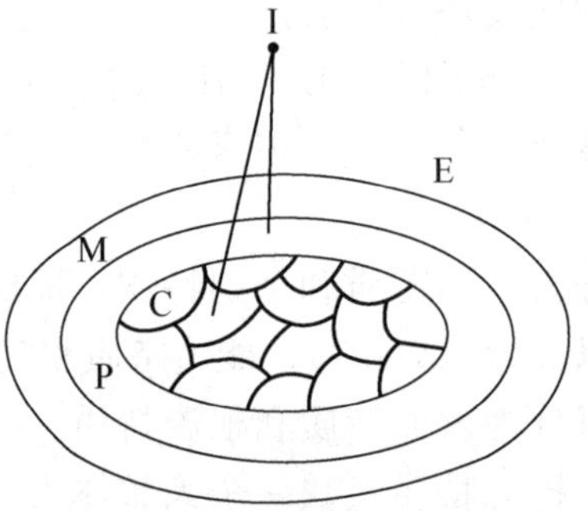

M——运动和知觉区（边缘领域）
I——内部领域
P——内部领域的边缘阶层
C——内部领域的中心阶层
E——环境

图 3－2　勒温的个性结构模式图

在这一模式中，边缘领域属于人的个性结构的内部领域和环境之间的疆界地带。这一领域包括：第一，认识环境变化的具有情报机能的知觉系统，如视觉、听觉等；第二，通过体态或动作，把人的内部领域状态传到外部，借以影响环境的运动系统，如语言、姿态等均属这一系统。内部领域在边缘领域的内侧，诸如需求、意图以及相应的紧张体系等位于这一领域。内部领域又分为中心阶层和边缘阶层，其功能各异。内部领域的边缘阶层与运动和知觉区较接近，故它们较易发生联系，和边缘阶层相关联的事件表现的机会较多。由于中心阶层的组织较复杂，它又与运动和知觉区不直接接触，因此，发生在中心阶层的事件不易得到表达。

5. 大五人格理论

大五人格理论是美国学者巴里和芒特于1991年提出的，受到理论研究者和实际工作者的青睐，被认为是最有效的人的性格差异的诊断方法。这五种性格特征是外倾性（extraversion）、神经质（neuroticism）、宜人性（agreeableness）、尽责性（conscientiousness）、开放性（openness）。

（1）外倾性表示人在社会主动性上的表现。外倾性维度有热情、乐群性、独断性、活力、寻求刺激、积极情绪六个子维度。这一维度能够区分外向的人与内向的人。外倾性得分高的人表现出为人热情、喜欢社交、做事果断、非常活跃、爱好冒险、乐观主义等特质。外倾性得分低的人通常比较安静，做事比较谨慎，喜欢一个人独处，不喜欢与外界有过多的接触。

（2）神经质反映个体情感调节过程，反映个体体验消极情绪的倾向和情绪不稳定性。高神经质个体倾向于有心理压力，不现实的想法、过多的要求和冲动，更容易体验到诸如愤怒、焦虑、抑郁等消极的情绪。他们对外界刺激的反应比一般人强烈，对情绪的调节、应对能力比较差，经常处于一种不良的情绪状态下，并且这些人的思维、决策，以及有效应对外部压力的能力比较差。相反，神经质维度得分低的人有较少烦恼，较少情绪化，比较平静。

（3）宜人性考察个体对其他人所持的态度。宜人性维度有信任、坦诚、利他、顺从、谦逊、同理心六个子维度。宜人性维度得分高的，表现为亲近人、有同情心、信任他人、宽大、心软；宜人性维度得分低的，体现为敌对、愤世嫉俗、爱摆布人、复仇心重、无情。

（4）尽责性用于评估个体在目标导向行为上组织、坚持与动机的水平。尽责性维度有能力、条理性、责任感、追求成就、自律、审慎六个子维度。尽责性维度得分高的人做事有条理、有计划，并能持之以恒，对待工作有较高的责任感，办事牢靠。相反，得分低的人完成任务时缺乏计划和条理，容易分心，且缺乏很好的成就意志。

（5）开放性描述一个人的认知风格。开放性维度有想象力、审美、感受丰富、尝试新事物、思辨能力、价值观六个子维度。这个维度将那些好奇的、新颖的、非传统的以及有创造性的个体与那些传统的、无艺术兴趣的、无分析能力的个体做比较。开放性得分高的人偏爱抽象思维，兴趣广泛。相反，得分低的人讲求实际，偏爱常规，比较传统和保守。

3.1.5　个性与管理

1. 知人善用

个性是有差异的，因而，领导者首先就要对员工的不同个性有所了解，从而根据每个人不同的个性安排不同的工作，尽量做到用其所长、避其所短，根据职位及员工的个性，做到人尽其才，发挥他们的最大效用。

2. 因材对待，因材施教

人的个性不同，对人的管理方法就不应雷同。世界上找不到个性完全相同的两个人，因而也找不到对一切人、一切事都适用的管理方法。领导者要通过研究个性的差异，来深入了解每一个人的不同个性，从而采用相适应的领导方法。总之，应对症下药，因势利导，讲究方法。

3. 配备合理的领导结构

领导在一个团队中扮演着重要的角色，他引领着一个团队、一个部门的发展，起到核心的作用。因此，在个性的管理上应考虑合理的领导结构。领导结构的配备除了要考虑安排合理的年龄结构、知识结构和专业结构，还要考虑安排合理的个性结构。因为如果一个领导班子的成员均是慢性子，小心谨慎、优柔寡断，那么会迟迟不敢拍板做出决策，这样就会错失良机；如果一个领导班子中的成员均是急脾气，大胆果断、不注意细节，那么又往往会因为缺乏周密细致的调查而使决策失误。因此，一个领导班子中应该有两种个性的成员，做到个性互补。

案例3-1

李云龙和赵刚

李云龙和赵刚是优秀革命战争题材剧《亮剑》里的人物，李云龙农民出身，“大老粗”一个，性格直爽，是位久经沙场的革命者，作战勇敢，战斗经验丰富，担任独立团团长。赵刚是燕京大学高才生，性格稳，做事原则性强，重视人际交往的礼仪，近乎理想主义，担任独立团政委。两个人性格差异很大。在赵刚之前，上级组织曾派过几任政委，但都和李云龙处不好。赵刚刚来时，李云龙也反感、排斥，后来他们却成了默契的搭档、亲密的战友、生死与共的朋友，他们所带的独立团也成为一支气质独特、不怕牺牲、勇于亮剑的“嗷嗷叫的野狼团”。李云龙和赵刚之所以成为好搭档，其中一个重要原因是他们两人在性格上互补。

3.2 气质

3.2.1 气质的概念

古罗马时期著名的医学家盖伦最先提出了“气质”这一概念，用气质代替了希波克拉底体液说中的人格。

气质（temperament）是人的个性心理特征之一，是表现心理活动的强度、速度、灵活性与指向性等方面的一种稳定的心理特征，是在人的认识、情感、言语、行动中，发生心理活动时力量的强弱、变化的快慢和均衡程度等稳定的动力特征。

关于气质有如下理解：

（1）人的气质差异是先天形成的，受神经系统活动过程的特性制约。孩子刚出生时，最先表现出来的差异就是气质差异，有的孩子爱哭好动，有的孩子平稳安静。

（2）气质是人的天性，无好坏之分。它只给人们的言行染上某种色彩，但不能决定人的社会价值，也不直接具有社会道德评价的含义。一个人的活泼与稳重不能决定他为人处世的方向，任何一种气质类型的人既可以成为品德高尚、有益于社会的人，也可以成为道德败坏、有害于社会的人。

(3) 气质不能决定一个人的成就，任何气质的人只要经过自己的努力都能在不同实践领域中取得成就，但也可能成为平庸无为的人。

(4) 气质不受活动目的、动机、内容的影响，在内容大不相同的活动中常常会显示出同样性质的动力特点。一个人的气质特点仿佛使一个人的全部心理活动都染上了个人独特的色彩，表现为一个人生来就具有的自然特性。

3.2.2 气质的类型理论

1. 体液说

早在公元前5世纪，古希腊医生、西方医学奠基人希波克拉底就提出著名的气质体液说。希波克拉底认为，人体含有四种体液：黄胆汁、血液、黏液、黑胆汁，有机体的状态取决于这四种体液的适当搭配。这种观点经过不断演化，逐步形成了气质按体液特性可以划分为胆汁质、多血质、黏液质、抑郁质四种类型的学说（见表3-2)。四种气质类型分化的原因是占优势的体液不同。黄胆汁占优势的称为胆汁质，血液占优势的称为多血质，黏液占优势的称为黏液质，黑胆汁占优势的称为抑郁质。

表3-2 希波克拉底的气质类型说

气质类型	特点
胆汁质	热情直率、精力旺盛、脾气暴躁、好冲动、反应迅速、情绪反应强烈、外倾性明显。他们能以极大的热情投入到工作和学习中去，但缺乏耐心。在正确的教育之下，他们也能具备坚强的毅力、主动性和独创性等良好的品质
多血质	具有这种气质的人活泼好动、反应迅速，对一切引起他注意的事物都能做出兴致勃勃的反应。行动敏捷，有高度的可塑性、灵活性，容易适应新环境，善于结交新朋友。情绪易于发生也易于改变，表情生动，言语的鼓动性比较强。在良好的教育下，多血质的人可以被培养出强烈的集体主义情感，易于形成对学习、劳动积极主动的态度
黏液质	心理反应速度慢，动作迟缓，态度稳重，沉默寡言，善于克制、忍耐，具有实干精神，情绪不易发生，也不易外露。具有这种气质的人可塑性差，表现得不够灵活，行为和情绪表现为内倾性。在良好的教育条件下，黏液质的人容易形成勤勉、实事求是、坚毅等特性。而在不良教育的影响下，则可能形成萎靡、迟钝、消极、倦怠、冷漠、顽固等不良品质
抑郁质	具有较高的感受性，情绪体验深刻、细腻，易多愁善感，行为孤僻，不善交际，反应迟缓。具备这种气质类型的人往往善于想象，在力所能及的工作中表现出坚韧的精神。在团结友爱的集体中，可以表现出温顺、委婉、坚定、富有同情心等优良品质。但在危险、紧张等不利的情况下，常表现得恐惧、怯懦、畏缩、优柔寡断，受到挫折后常心神不宁、沮丧、忧郁、悲观，并常常会病态地体验到种种委屈的情绪

每一种气质类型都表现出对人们发展有利的方面，同时也存在不利的方面。胆汁质的人热情直率却往往缺乏耐心，多血质的人活泼好动但情绪也易于改变，黏液质的

人态度稳重却容易萎靡冷漠，抑郁质的人多愁善感但拥有丰富的想象力。总体上讲，气质类型没有好坏之分，每一种气质类型都像一把双刃剑，既有有利的一面，也有不利的一面。

在现实生活中，纯属某一种气质类型的人只是少数，大多数的人是介于各种气质类型之间的中间类型或混合型。因此，我们在判断某个人的气质时，主要的并不是要把他硬划到某种气质类型里去，而是要观察和测量他的气质特点的基本特征。

2. 神经说

巴甫洛夫认为高级神经活动的基本过程有两个，即兴奋和抑制。所谓兴奋，是指神经活动由静息状态或较弱的状态转为活动状态或较强状态；所谓抑制，是指神经活动由活动状态或较强的状态转为静息状态或较弱的状态。兴奋和抑制都是一种神经活动的过程，它们指的是这种活动所指向的方向。巴甫洛夫指出，高级神经活动的这两个基本过程又有三个基本特性，即强度、平衡性和灵活性。根据两种基本神经过程的三个基本特性之间的不同组合，气质可被划分为四种基本类型：兴奋型、活泼型、安静型、抑郁型，恰好分别相当于胆汁质、多血质、黏液质和抑郁质（见表 3－3）。

表 3－3　巴甫洛夫的高级神经活动类型理论

<table>
<tr><th rowspan="2">高级神经活动类型</th><th rowspan="2">气质类型</th><th colspan="3">神经过程的基本特性</th><th colspan="2">强度的外在表现</th><th colspan="2">平衡性的外在表现</th><th colspan="3">灵活性的外在表现</th></tr>
<tr><th>强度</th><th>平衡性</th><th>灵活性</th><th>感受性</th><th>耐受性</th><th>反应敏捷性</th><th>可塑性</th><th>兴奋性</th><th>指向性</th></tr>
<tr><td>兴奋型</td><td>胆汁质</td><td rowspan="3">强</td><td>不平衡</td><td></td><td rowspan="3">低</td><td rowspan="3">高</td><td>变化剧烈</td><td>难以克制</td><td>很高</td><td>极端外向</td></tr>
<tr><td>活泼型</td><td>多血质</td><td rowspan="2">平衡</td><td>灵活</td><td>敏捷</td><td>容易适应</td><td>高</td><td>行为外向</td></tr>
<tr><td>安静型</td><td>黏液质</td><td>不灵活</td><td>反应慢</td><td>循规蹈矩</td><td>低、平稳</td><td>行为内向</td></tr>
<tr><td>抑郁型</td><td>抑郁质</td><td>弱</td><td></td><td></td><td>高</td><td>低</td><td>迟缓、细致</td><td>防御明显</td><td>更弱</td><td>极端内向</td></tr>
</table>

3. 体型说

德国精神病学家克瑞奇米尔将人格根据体格分为三种类型：强壮型（肌肉发达）、矮胖型（矮而胖）和瘦长型（高而瘦）。之后，他又根据对这三种人格类型的分析，提出了分别与之相适应的三种气质类型：黏着气质、躁郁气质和分裂气质。二者的关系见表 3－4。

表 3－4　克瑞奇米尔的气质类型说

体型	气质	行为倾向
强壮型	黏着气质	固执、认真、迟钝、情绪暴躁
矮胖型	躁郁气质	善交际、活泼、乐观、感情丰富
瘦长型	分裂气质	不善交际、沉静、孤僻、敏感

克瑞奇米尔还研究了许多学者的肖像资料，发现神学家、哲学家和法学家都具有瘦长型的体格，具有精神分裂特征的医师和自然科学家都具有矮胖型的体格，具有躁郁的

特征。

美国心理学家谢尔登深受克瑞奇米尔的影响，但是研究上与克瑞奇米尔是不同的，他以正常人为研究对象提出了内胚叶型、中胚叶型和外胚叶型三种体型，对应这三种体型区分出内脏紧张型、身体紧张型和头脑紧张型三种气质类型，具体如表3-5所示。

表3-5 谢尔登的气质类型说

体型	气质类型	行为倾向
内胚叶型	内脏紧张型	动作缓慢、爱好交际、感情丰富、情感舒畅、随和、有耐心
中胚叶型	身体紧张型	动作粗放、精力旺盛、喜好运动、自信、富有进取心和冒险精神
外胚叶型	头脑紧张型	动作生硬、善于思考、不爱交际、情绪克制、谨慎、神经过敏

知识库3-3

胚叶是什么

胚叶也叫胚层，是指构成动物早期胚胎层的细胞层。人有三层胚叶，在正常发育中各胚叶将分化为一定的组织和器官。外胚叶形成表皮、神经组织等；中胚叶形成肌肉、骨骼等；内胚叶形成内脏器官等。按照谢尔登的观点，由胎生期的内胚叶发育而来的内脏器官得到较好的发展，于是形成了肥胖体型；由中胚叶发育而来的骨骼和肌肉等得到较好的发展，于是形成了筋骨体型；由外胚叶发育而来的皮肤组织和神经系统得到较好的发展，于是形成了瘦长体型。

4. 激素说

激素（hormone）是由内分泌细胞分泌的高效能化学物质，在血液中的浓度极低，但对生理和心理活动有重大影响。在解释气质的生理机制上影响最大的是以伯曼等人为代表的气质的激素理论。

伯曼认为，人的气质特点是由内分泌活动决定的，人的情绪性、活动的反应性和冲动性与内分泌有关。他根据人的某种内分泌腺特别发达而把人划分为甲状腺型、垂体腺型、肾上腺型、性腺型。他认为，不同类型的人有不同的气质特点（见表3-6）。

表3-6 伯曼的气质类型说

气质类型	特点
甲状腺型	感觉灵敏，坚持性强
垂体腺型	智慧聪颖
肾上腺型	情绪激动
性腺型	性别角色突出

近代生理学研究表明，内分泌腺素的缺乏或过剩对于情绪和行为确实会有一定的影响，但因此而过分强调内分泌腺对气质的决定作用的看法是片面的。

5. 血型说

日本学者古川竹二认为，不同的血型会使人具有不同的气质类型，他根据人的四种血型（A型、B型、AB型和O型），分析人的气质特点（见表3-7）。

表3-7　古川竹二的气质类型说

血型	气质特点
A	稳重、温和、顺从、怕羞、多疑、依赖他人
B	感觉灵敏、善于交际、好管闲事
AB	孤僻离群、保守
O	自信、好胜、霸道、坚强、喜欢指使别人、有胆识、不愿吃亏

这种说法虽然科学依据并不十分充足，在今天却受到很多人（尤其是年轻人）的推崇。

3.2.3　气质对职场的影响

1. 气质对职业选择的影响

一个人的气质决定了他适合从事哪种职业。比如，外向、自信的人适合从事销售、公关等需要与人打交道的职业；而内向、细心的人适合从事会计、编程等需要专注和耐心的职业。因此，选择适合自己气质的职业，可以让一个人在职场上事半功倍。

2. 气质对职场人际关系的影响

一个人的气质决定了他和他人相处的方式和效果。比如，外向、友好的人容易和同事建立良好的关系，从而获得更多的支持和帮助；而内向、孤僻的人往往难以和同事相处融洽，从而影响了工作的顺利进行。因此，一个人需要根据自己的气质来调整自己的行为方式，以更好地与他人相处。

3. 气质对职场表现的影响

一个人的气质决定了他的工作效率、责任心、创新能力等方面的表现。比如，外向、自信的人往往善于沟通和协调，能够更好地完成团队任务，从而得到领导的认可和赏识；而内向、消极的人往往缺乏创新和决策能力，无法在职场中表现出色。因此，一个人需要通过学习和训练来提升自己的气质，以更好地适应职场发展。

4. 气质对职场心理健康的影响

医学认为，气质直接影响人的身心健康：开朗、活泼、乐观的人不易患精神疾病，往往能够积极应对职场挑战，保持心理健康；暴躁、易激动的人易患高血压或冠心病；忧郁、消沉、多虑的人易患溃疡病、神经官能症。心脏病专家路森曼指出：雄心勃勃、好胜心强，干活不知休息，一件事没干完就想干另一件事，缺乏耐心，容易发火的人，容易患高血压、冠心病。

3.3 性格

3.3.1 性格的概念

19世纪，“性格”一词多被解释为个体行为的“不可改变性”。20世纪初，“性格”又被视为“行为的意识成分”。1961年，亚历山大的《性格研究及颅相学评价》一书出版后，有关性格的研究迅速发展起来。性格的研究在心理学领域逐渐占重要位置。本书将性格定义为一个人对现实的稳定态度和习惯化了的行为方式。性格是个性心理特征的核心部分，人与人之间的个体差异首先表现在性格上。

知识库3-4

气质与性格的关系

气质与性格有继承的关系，但又有实质性的区别：

(1) 气质是生物进化的结果，只表现中枢神经活动的生物特性；性格多为社会环境的产物。

(2) 气质是人和动物所共有的，性格只针对人而言。

(3) 气质是由个体先天的生理、生化、内分泌功能决定的，个体一出生就有不同的气质表现；性格不是与生俱来的，而是在一定气质的基础上，在人的活动与社会环境的相互作用下形成的。

(4) 气质是情绪反应与行为方式的外显动力特征，它与行为和情感的内容无关；性格参与、构成行为和情感的内容，因而对各种性格有不同的社会评价。

通常，一个人的气质在童年期表现得比较明显。随着年龄的增长，积累的生活经验日益丰富，他的某种气质特点也就更多地为后天获得的个性特征所掩盖。在成人身上，气质和性格往往是有机地交织在一起的，表现为一个人特定的态度体系和行为模式。在日常生活中，我们往往很难把气质和性格严格区分开来。

3.3.2 性格的特征

1. 性格的态度特征

性格的态度特征是指个体在对现实生活各个方面的态度中表现出来的一般特征。性格的态度特征主要包括对社会、集体和他人的态度特征，对学习、劳动和工作的态度特征，对自己的态度特征。

2. 性格的理智特征

性格的理智特征是指个体在认知活动中表现出来的心理特征。在感知方面，能按照一定的目的任务主动地观察，属于主动观察型；有的则明显地受环境刺激的影响，属于被动观察型；有的倾向于观察对象的细节，属于分析型；有的倾向于观察对象的整体和轮廓，属于综合型；有的倾向于快速感知，属于快速感知型；有的倾向于精确地感知，属于精确感知型。在想象方面，有主动想象和被动想象之分，有广泛想象与狭隘想象之分。在记忆方面，有主动与被动之分，有善于形象记忆与善于抽象记忆之分。在思维方面，也有主动与被动之分，有独立思考与依赖他人之分，有深刻与浮浅之分等。

3. 性格的情绪特征

性格的情绪特征是指一个人在情绪活动中经常表现出来的强度、稳定性、持久性以及主导心境方面的特征。在情绪的强度方面，有的人情绪强烈，不易于控制；有的人则情绪微弱，易于控制。在情绪的稳定性方面，有的人情绪波动性大，情绪变化大；有的人情绪稳定，心平气和。在情绪的持久性方面，有的人情绪持续时间长，对工作学习的影响大；有的人情绪持续时间短，对工作学习的影响小。在主导心境方面，有的人经常情绪饱满，处于愉快的情绪状态；有的人经常郁郁寡欢。

4. 性格的意志特征

性格的意志特征是指一个人在自觉调节自己行为的方式和水平上表现出来的心理特征。性格的意志特征主要表现为对行为目的明确程度的特征，如独立性或冲动性、目的性或盲目性、纪律性或散漫性；对行为自觉控制的意志特征，如自制或任性、善于约束自己或盲动；对自己做出决定并贯彻执行方面的特征，如有恒心与毅力、坚韧不拔或见异思迁；在紧急或困难情况下表现出的意志特征，如勇敢或胆小、果断或犹豫、镇定或紧张等。

3.3.3 性格的类型

1. 奥尔波特的性格类型理论

奥尔波特按理智、意志和情绪三者哪一个占优势，把人的性格分为理智型、意志型和情绪型。属于理智型的人，以理智来衡量一切并支配其行动；属于意志型的人，具有较明确的目标，行为主动、富有原则性；属于情绪型的人，情绪体验深刻，言行举止易被情绪左右。

知识库 3-5

心理学家奥尔波特

奥尔波特，美国心理学家，1939 年任美国心理学会主席，1937—1949 年为《变态心理学与社会心理学杂志》编辑。

奥尔波特以研究人格问题而著称。他和他的同事一起制定了测量支配-顺从关系的调查表，即 A-S 反应研究；又设计了测量兴趣的相对强度的调查表，即价值研究。这两个测验至今仍被广泛使用。他的人格理论新观点与精神分析学说相反，否认人格与社会之间的对立。他认为人格是个人适应环境的身心动力结构，并指出人格心理学主要是研究每一个人的独特性和构造上的整体性。他的著作主要有《人格：心理学的解释》《人格的本质》《人格心理学的基本研究》《人格的模式和成长》等。

2. 荣格的性格类型理论

荣格按人的心理活动的内外倾向不同，把人的性格分为内向型和外倾型。内向型的人好沉思，善于内省，爱恬静，缺乏自信，不善于结交朋友，容易顺从，孤僻和害羞，难以适应环境；外倾型的人一般比较敏感，好社交，自信，乐观开朗，勇于进取，但做事轻浮，喜欢标新立异，容易适应环境的改变，善于应对各种情况。

荣格称内向型、外倾型为态度类型，称思维、情感、感觉、直觉等为机能类型。他将其中任意两者结合起来，组合成八种性格类型（见表3-8）。

表3-8 荣格的八种性格类型表

性格类型	性格特征
思维外倾型	按固定规则行事，客观而冷静，积极思考，武断，情感压抑
情感外倾型	易动感情，尊重权威与传统，寻求与外界和谐，善交际，思想压抑
感觉外倾型	寻求享乐，无忧无虑，适应性强，不断追求新体验，对艺术品感兴趣，直觉压抑
直觉外倾型	做决定凭直觉，好改变主意，富于创造性，感觉压抑
思维内向型	缺乏判断力，社会适应性差，智商高，忽视日常实际生活，情感压抑
情感内向型	安静，有思想，感觉敏锐，对别人的意见和感情不关心，无情绪流露，直觉压抑
感觉内向型	被动，安静，艺术性强，不关心人类事业，只顾身边刚发生的事情，直觉压抑
直觉内向型	偏执，喜欢做白日梦，观点新颖，但稀奇古怪，好冥思苦想，靠内部经验指导生活

知识库3-6

心理学家荣格

荣格是瑞士著名的心理学家和精神病医生，分析心理学的创始人。荣格是一位博学多才、著作等身的学者，在世界心理学界得到了很高的评价。荣格在西方思想界堪称怪才，他的思想博大精深而又晦涩难懂。荣格著作颇丰，主要著作有《潜意识心理学》《心理类型学》《分析心理学的贡献》《回忆、梦、反思》《答约伯》等。其理论研集中在心理类型、心理结构与动力、原型与集体无意识等方面。

3. 斯普兰格的人格类型分类

斯普兰格认为，人以固有的气质为基础，同时也受文化的影响。他在《生活方式》一书中提出，社会生活有六个基本领域（理论、经济、审美、社会、权力和宗教），人会对这六个基本领域中的某一领域产生特殊的兴趣和价值观。据此，他将人的性格分为六种类型（理论型、经济型、审美型、社会型、权力型和宗教型），如表 3－9 所示。这种类型划分是一个理想模型，具体的个人通常主要倾向于一种类型兼有其他类型的特点。

表 3－9 斯普兰格的人格类型分类

性格	性格特点	职业举例
理论型	冷静而客观地观察事物，根据自己的知识体系来评价事物的价值，但碰到实际问题时往往束手无策，以追求真理为生活目的	理论家、哲学家
经济型	以经济学的观点看待一切事物，根据功利来评价事物，对人物的评价只看他的能力和资历，以获取财产和利益为生活目的	实业家
审美型	不大关心实际生活，总是从美的角度来评价事物的价值	艺术家
社会型	重视爱，认为爱别人是人生的最高价值，以增进社会和他人的福利为生活目的	慈善家、志愿者
权力型	重视权力，努力获得能力，有强烈的支配和命令别人的欲望，所作所为皆由自己决定	政治家
宗教型	总是感到上帝的拯救和恩惠，坚信有绝对的生命，生活在信仰中	宗教家

4. 九型人格理论

九型人格即“enneagram of personality”。其中，“ennea”是希腊文，是“九”的意思；“gram”就是图形；“enneagram”原意是指一个有九个方位的图形。

关于九型人格的起源有很多说法。艾瑞卡学院的创办人奥斯卡·伊察索将这套学说加以发展，许多知名的心理学家、精神病学家都曾追随伊察索学习九型人格理论。其中，知名的精神病学家克劳狄亚·纳朗荷在智利学习后，将这门知识传入美国加利福尼亚州，并开设了一系列工作坊探索人的性格类型。近年来，美国斯坦福大学的海伦·帕尔默将其发扬光大，并著有《九型人格》一书。

九型人格阐释了三种能量中心、九种人格分类（见图 3－3）。

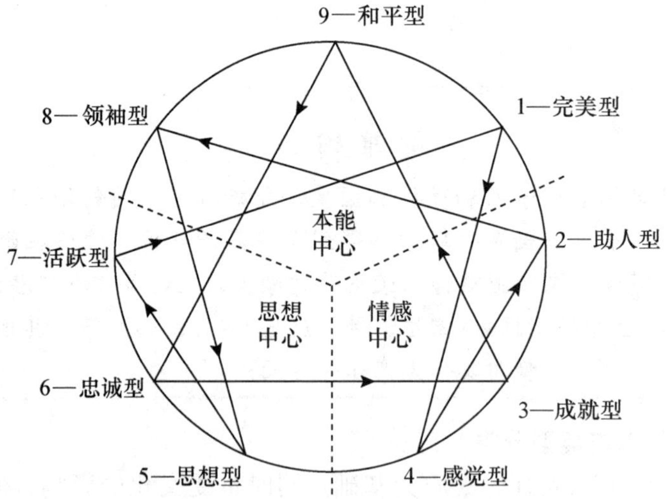

图 3－3 九型人格三中心图

（1）腹中心，或者称为本能中心，以身体力行为导向，对生存的问题直觉最强，对应1、8、9型人格。

（2）脑中心，或者称为思想中心，以思考和分析为导向，对现实事物的运动现象直觉最强，对应5、6、7型人格。

（3）心中心，或者称为情感中心，以感受和想象为导向，对人情和环境的气氛直觉最强，对应2、3、4型人格。

九型人格的分类及其主要特征如表3-10所示。

表3-10　九型人格分类表

人格分类	主要特征
1—完美型	重原则，不易妥协，黑白分明，对自己和别人均要求高，追求完美
2—助人型	渴望与别人建立良好关系，以人为本，乐于迁就他人
3—成就型	好胜心强，以成就去衡量自己价值的高低，是工作狂
4—感觉型	情绪化，惧怕被人拒绝，觉得别人不明白自己，我行我素
5—思想型	喜欢思考分析，求知欲强，但缺乏行动，对物质生活要求不高
6—忠诚型	做事小心谨慎，不易相信别人，多疑虑，喜欢群体生活，尽心尽力工作
7—活跃型	乐观，喜新鲜感，爱赶潮流，不喜压力
8—领袖型	追求权力，讲求实力，不靠他人，有正义感
9—和平型	需花长时间做决策，怕纷争，祈求和谐相处

由于性格结构具有复杂性，因此可以从不同的角度对性格进行分类，还有很多其他分类，在此不一一赘述。需要注意的是，人的性格往往并不是绝对的某一种，很多时候都是多种性格的组合，甚至一个人的身上可能有完全矛盾的性格，因此在理解性格类型的时候需要辩证地分析。

3.3.4　性格的形成与发展

1．性格的形成

人的性格的形成受到以下因素的影响：

（1）遗传。人的神经类型即气质在性格形成中有一定的作用，它影响着性格发展的特点。但是，性格作为人对现实的态度及行为方式的系统，主要是由社会性因素决定的，遗传对性格的形成有某些影响，但它不起重要作用。

（2）家庭环境。在儿童的性格发展中，家庭环境起着至关重要的作用。这种影响主要表现在父母的养育方式、家庭气氛、孩子在家庭中的地位等方面。

（3）学校教育。学校教育在儿童性格形成中有着特别重要的作用，一旦儿童进入学校接受系统的教育，性格形成就进入了一个十分重要的时期。

（4）社会实践。人是活动的主体。人的性格不是简单地、被动地取决于环境。环境对人性格的影响，需要通过人在环境中的实践活动实现。因此，对性格起决定作用的不是环境，而是人与环境的相互作用。人的性格就是他在社会实践活动过程中与环境发生相互作用而逐渐形成、发展起来的。

2. 性格的发展

性格的发展，是一个有顺序的、连贯渐进的过程，包括生理状况与心理状况的改变，使个人的生活和工作能适应新的环境及其变化。

艾里克森认为，在个体发展的不同时期，社会对个体提出不同的要求，个体自身的需要和能力与社会要求之间出现不平衡现象，这种不平衡给个体带来紧张感。艾里克森将社会要求在个体心理中引起的紧张感和矛盾称为心理社会危机。他根据个体在不同时期的心理社会危机的特点，将个体人格发展过程划分为八个阶段。

知识库 3-7

艾里克森的人格发展阶段理论

艾里克森认为，人的自我意识发展持续一生，他把自我意识的形成和发展过程划分为八个阶段，这八个阶段的顺序是由遗传基因决定的，但是能否顺利度过每一阶段却由环境决定，所以这个理论又被称为心理社会阶段理论。艾里克森提出的人格发展的八个阶段依次为：

（1）婴儿期（0～1.5 岁）：基本信任与不信任的心理冲突。

（2）儿童期（1.5～3 岁）：自主和害羞与怀疑的冲突。

（3）学龄初期（3～6 岁）：主动与内疚的冲突。

（4）学龄期（6～12 岁）：勤奋与自卑的冲突。

（5）青春期（12～18 岁）：自我同一性与角色混乱的冲突。

（6）成年早期（18～25 岁）：亲密与孤独的冲突。

（7）成年期（25～65 岁）：生育与自我专注的冲突。

（8）成熟期（65 岁以上）：自我调整与绝望期的冲突。

艾里克森认为，在每一个心理社会阶段，解决了核心问题之后所产生的人格特质，包括积极与消极两方面，如果在各个阶段都保持积极向上的品质，就被认为是完成了这个阶段的任务，从而逐渐实现了健全的人格；否则就会产生心理社会危机，出现情绪障碍，形成不健全的人格。

3.3.5 性格与职业

约翰·霍兰德于 1959 年提出了具有广泛社会影响的人业互择理论，认为一个人的志趣跟他所从事的职业是否匹配决定着他的工作满意度和离职倾向。这一理论首先根据劳动者的心理素质和择业倾向，将劳动者划分为六种基本类型：社会型（social）、企业型（enterprising）、常规型（conventional）、现实型（realistic）、研究型（investigative）、艺术型（artistic）。他认为，绝大多数人都可以被归为六种类型中的一种（见表 3-11）。

表3-11 霍兰德的人业互择理论

性格	特征	典型职业
社会型（S）	喜欢与人交往、不断结交新的朋友、善言谈、愿意教导别人。关心社会问题、渴望发挥自己的社会作用。寻求广泛的人际关系，比较看重社会义务和社会道德	喜欢与人打交道的工作，如教育工作者、社会工作者等
企业型（E）	追求权力、权威和物质财富，具有领导才能。喜欢竞争、敢冒风险、有野心、有抱负。为人务实，习惯以利益得失、地位、金钱等衡量做事的价值，做事有较强的目的性	喜欢要求具备经营、管理、劝服、监督和领导才能，以实现机构、政治、社会及经济目标的工作，如项目经理、销售人员、营销管理人员、政府官员、企业领导、法官、律师
常规型（C）	尊重权威和规章制度，喜欢按计划办事，细心、有条理，习惯接受他人的指挥和领导，自己不谋求领导职务。喜欢关注实际和细节情况，通常较为谨慎和保守，缺乏创造性，不喜欢冒险和竞争，富有自我牺牲精神	喜欢要求注意细节，讲求精确度，有系统、有条理，包含记录、归档和根据特定程序处理文字信息的工作，如秘书、办公室人员、记事员、会计、行政助理、图书馆管理员、出纳员、打字员、投资分析员
现实型（R）	愿意使用工具从事劳动，动手能力强，做事手脚灵活，动作协调。喜欢具体任务，不善言辞，做事保守，较为谦虚。缺乏社交能力，通常喜欢独立行事	喜欢要求使用工具、机器，需要基本操作技能的工作，对要求具备机械方面才能、体力或从事与物件、机器、工具、运动器材、植物、动物相关的工作感兴趣，如技术性职业（计算机硬件人员、摄影师、制图员、机械装配工）、技能性职业（木匠、厨师、技工、修理工）
研究型（I）	思想家而非实干家，抽象思维能力强，求知欲强，肯动脑，善思考，不愿动手。喜欢独立和富有创造性的工作。知识渊博，有学识才能，不善于领导他人。考虑问题理性，做事喜欢精确，喜欢逻辑分析和推理，不断探索未知的领域	喜欢智力的、抽象的、分析的、独立的定向任务，如科学研究人员、教师、工程师、电脑编程人员、医生、系统分析员
艺术型（A）	有创造力，乐于创造新颖、与众不同的成果，渴望表现自己的个性，实现自身的价值。做事理想化，追求完美，不重实际。具有一定的艺术才能和个性。善于表达，怀旧，心态较为复杂	喜欢要求具备艺术修养、创造力、表达能力和直觉的工作，如艺术创作（演员、导演、艺术设计师、雕刻家、建筑师、摄影家、广告制作人）、音乐创作（歌唱家、作曲家、乐队指挥）、文学创作（小说家、诗人、剧作家）

霍兰德的人业互择理论，实质在于劳动者与职业的相互适应。霍兰德认为，同一类型的劳动者与职业互相结合，便能达到适应状态，其结果是劳动者找到适宜的职业岗位，才能与积极性会得以更好发挥。

性格和职业的关系不仅是彼此制约和相互促进的，人的性格也可以随着职业的要求逐步改变。在长期的职业生涯中，在同一环境从事同一工作的人，在性格上往往会形成某些共同的特点，这也就是所谓的职业性格。特殊的职业会造就特殊的性格，如服务人员热情、周到、耐心、和气；文艺工作者活泼、开朗、情感丰富；科学工作者严谨、认真、实事求是；企业管理人员勇敢、沉着、果断、善于应变等，这些性格特征都是在职业活动中适应职业要求时形成的。不同工种对性格形成也有较大影响。此外，在工作中还应注意到不同性格人员的搭配，要根据不同员工的性格特点组建完美的团队。一个员工不可能有完美的性格，但若干个具有不同性格特点的员工可以组建成一个完美的团队。一个组织将对员工性格的认识与把握应用到团队组建和工作分配中去，多种不同性格员工有机组合，彼此取长补短，形成一个高绩效的团队，从而使多种性格的员工用不同的方式发挥自己的优势和特长，使组织的整体实力进一步增强。

3.4 能力

3.4.1 能力的概念

心理学把人们能够顺利完成某种活动的心理特征称为能力。能力是顺利地完成某种活动的必要条件。能力强弱表现为在其他相同的条件（训练条件、学习条件、时间等）下，在掌握某种知识或技能的过程中，所表现出来的在“快慢”、“深浅程度”、“难易”和“巩固程度”方面的差别。

3.4.2 能力的分类

1. 一般能力和特殊能力

一般能力是在很多基本活动中表现出来的能力，它适合于多种活动的要求。例如观察能力、记忆能力、抽象思维能力等。

特殊能力是表现在某些专业活动中的能力，它只适宜于某种狭窄活动范围的要求。例如数学能力、音乐能力、飞行能力等。

2. 模仿能力和创造能力

模仿能力指通过观察别人的行为、行动来学习各种知识，然后以相同的方式做出反应的能力。

创造能力是革新、创新的能力，创造活动能够产生新的思想和产品。一个具有创造能力的人往往会打破具体的知觉情境、思维定式、传统观念和习惯的束缚。

3. 认知能力、操作能力和社交能力

认知能力是指接收、加工、存储和应用信息的能力。它是人们成功地完成活动最重要的心理条件。知觉、记忆、注意力、思维和想象的能力都被认为是认知能力。

操作能力是指操纵、制作和运动的能力。劳动能力、艺术表现能力、体育运动能力、实验操作能力都被认为是操作能力。

社交能力是指人们在社会交往活动中所表现出来的能力。组织管理能力、言语感染能力等都被认为是社交能力。在社交能力中包含认知能力和操作能力。

4. 流体能力和晶体能力

根据能力在人一生中发展的不同趋势、能力和先天禀赋与社会文化因素的关系，可将能力分为流体能力和晶体能力。

流体能力指在信息加工和问题解决过程中所表现出来的能力，如演绎推理能力、形象抽象概念能力等。它较少依赖于文化知识，而是取决于个人的禀赋。

晶体能力指获得语言、数学知识的能力，它取决于后天的学习，与社会文化有密切的联系。

3.4.3 能力结构理论

1. 因素构成理论

（1）二因素说。

1904 年，英国心理学家和统计学家斯皮尔曼提出了能力的二因素说。该学说认为，能力是由两种因素构成的：一种是一般因素，称为 G 因素；另一种是特殊因素，称为 S 因素。G 因素是每一种活动所必需的，是人人都有的，但每个人的 G 因素的量值有所不同。所谓一个人“聪明”或“愚笨”，正是由 G 因素的量值的大小决定的。由此，斯皮尔曼认为，G 因素在智力结构中是首要的因素。

S 因素因人而异，即使是同一个人，也有不同种类的 S 因素，它们与各种特殊能力如言语能力、空间认知能力等相对应，每一个具体的 S 因素只参加一个特定的能力活动。完成任何一种活动，都需要由 G 因素和某种 S 因素共同承担。

（2）群因素说。

群因素说是由美国心理学家塞斯顿提出的。塞斯顿认为，任何能力活动都是依靠彼此不相关的许多能力因素共同起作用而发生的，因此，可以把能力分解为诸种原始能力。塞斯顿对 56 个测验结果进行了因素分析，最后确定了 7 种原始的能力，即词的理解、言语流畅性、数字计算能力、空间知觉能力、记忆能力、知觉速度和推理能力。

2. 三维结构理论

1967 年，美国心理学家吉尔福特提出智力三维结构模型。他认为，智力结构应从操作、内容、产品三个维度去考虑。智力结构的第一个维度是操作，即思维活动的过程，包括认知、记忆、发散思维、聚敛思维、评价 5 个因素；第二个维度是内容，即思维活动的内容，包括图形、符号、语义、行为 4 个因素；第三个维度是产品，即思维活动的结果，包括单元、门类、关系、系统、转换、推衍 6 个因素。把这 3 个维度组合起来，会得到$5\times4\times6=120$ 种不同的智力因素。吉尔福特把这些构想设计成立方体模型，共有 120 个立体方块，每一立方块代表一种独特的智力因素（见图 3－4）。

吉尔福特的智力三维结构理论，是当前西方比较流行的一种智力理论。它对我们认识智力结构的复杂性、把握各智力要素之间的关系、启发我们对智力结构进行深入细致的讨论，都具有积极意义。

3. 层次结构理论

20 世纪 60 年代，英国心理学家弗农提出了能力的层次结构理论。他认为，能力是

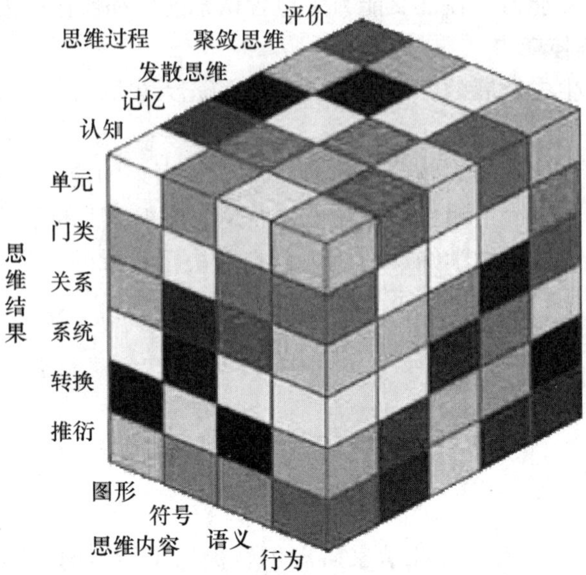

图 3-4　吉尔福特的智力三维结构图

按等级层次组织起来的，首先，最高层次是一般因素，相当于斯皮尔曼的 G 因素；其次是言语-教育能力和操作-机械能力两大因素群；再次是小因素群，如言语-教育能力又可分为言语因素、数量因素等；最后是特殊因素，相当于斯皮尔曼的 S 因素。

其实，弗农的层次结构理论是在斯皮尔曼的 G 因素和 S 因素之间增加了两个层次，是斯皮尔曼二因素说的深化。

4. 三元智力理论

当代美国心理学家斯腾伯格从信息加工心理学的角度出发，提出了三元智力理论。他认为，智力理论可细分为三个分理论：（1）情境分理论，阐明智力与环境的关系；（2）经验分理论，阐述智力与个人经验的关系；（3）成分分理论，揭示智力活动的内在心理结构。其中，智力成分结构又分为三个层次：元成分，是高级管理成分，其作用是实现控制过程，包括完成任务过程中的计划、鉴别和决策；操作成分，其作用是执行元成分的指令，进行各种认知加工操作，如编码、推断、提取、应用、存储、反馈等；知识获得成分，即学会如何解决新问题，如何选择解决问题的策略等。

5. 多元智力理论

美国心理学家加德纳认为，现行智力测验的内容，因偏重对知识的测量，窄化甚至曲解了人类的智力。按照加德纳的解释，智力是在某种文化环境的价值标准之下，个体用以解决问题与生产创造所需的能力。主要包括以下七种智力：

（1）语言智力，包括说话、阅读、书写的能力。

（2）音乐智力，包括辨识声音与表达韵律的能力。

（3）逻辑数理智力，包括数字运算与进行思维思考的能力。

（4）空间智力，包括认识环境、辨别方向的能力。

（5）身体运动智力，包括支配肢体以完成精密作业的能力。

（6）内省智力，包括认识自己并选择自己生活方向的能力。

（7）人际智力，包括与人交往且和睦相处的能力。

3.4.4　能力的个体差异

1. 能力类型的差异

人们在完成相同任务时，可以通过不同能力的综合来实现。在感知事物时，有的人善于分析研究、综合归纳，概括力强，而对细节的分析能力差，这种人称为综合型的人；有的人则善于观察，对细节感知清晰，具有较强的分析能力，而综合方面较差，这种人属于分析型的人；兼具上述两种类型能力的人属于分析综合型的人。再就一般能力而言，有些人擅长理性思维，有些人擅长形象思维；有些人擅长视觉记忆，有些人擅长听觉记忆；有些人擅长总体把握，而有些人擅长细节分析。这种质的差异还表现在特殊能力方面，比如有人极具舞蹈天赋，有人喜爱绘画，有人组织能力强，有人交际能力强，正所谓“各有所长，各有所能”。

2. 能力发展早晚的差异

这是指个体能力发展在年龄上的差异。有些人在儿童时期就表现出在某方面的特殊才能，这叫“早慧”，有的甚至被认为是神童。而有些人到很晚时才具备某些才能，这叫“大器晚成”。但大多数人各种能力发展的时间集中在某一个年龄段，过早或过晚发展能力的仅占极少数。

3. 能力发展水平的差异

（1）智力发展水平的差异。

各种智力都有发展水平的不同，在相同的条件下，如果一个人在某种活动中获得比别人更高的成就，那就表示他具有较高的智力。

（2）专门能力发展水平的差异。

专门能力也就是特殊能力。它是在一定的智力基础上发展起来的，是构成人们之间能力发展水平差异的主要内容。如果我们留心观察人们的日常活动，就不难发现每个人的特殊能力水平都是不同的。例如，长期从事酿酒研究的人，他们品尝和区分不同酒的能力就比一般人强；长期从事漂染工作的人，对染料颜色的辨别力就比一般人强。

（3）创造力发展水平的差异。

在实际生活中将常人与有成就的人做比较，就会发现他们之间在创造力上有着十分显著的差异。达尔文在自传中曾写道：“我具有相当的发明才干，相当的常识和判断力，那是每一个稍有成就的律师或医生都必须具有的，不过我相信我的这些能力并不是很高。”

3.4.5　能力的测量

能力测量是心理测验的重要任务之一。它以某种量表来测量一个人的能力，并用数量化的方法表达测量结果。孟子就曾对能力测量有过鲜明的见解，他说：“权，然后知其轻重；度，然后知长短。物皆然，心为甚。”就是说，物是经过测量而知其轻重、长短，而人的心理活动特点也应像物一样被测量，方能知其差别，遗憾的是，他并无具体的方法。

在西方，最早是法国心理学家比奈和西蒙为鉴定低能儿童编制了一套智力测验，又称为比奈-西蒙量表。此项工作于1905年完成，在1916年经过美国斯坦福大学心理学家推孟加以修订，使这个测验进一步完善，被称为斯坦福-比奈智力测验。这个量表曾于1937年、1960年和1972年做过三次修订。

以下介绍三种能力测量方法：

1. 一般能力测验（智力测验）

（1）斯坦福-比奈智力测验。

在这个量表中，每个年龄组都有六个条目，每个条目代表两个月的智力水平。如果一个4岁儿童通过4岁组的全部条目，又通过5岁组的三个条目，这个儿童的心理年龄就是4.5岁。比奈首次用心理年龄，即智力年龄（MA）表示儿童智力水平。后来，德国心理学家斯腾和特曼提出了智力商数（通称智商或IQ）的概念，即以智力年龄与实际年龄（CA）的比率来表示智力水平。智商计算公式为：

智商（IQ）＝智力年龄（MA）/实际年龄（CA）×100

（2）韦克斯勒智力测验。

美国著名医学心理学家韦克斯勒创制了新的智力测验量表。该量表分三种：韦氏学前儿童智力量表，适用于4～6.5岁的儿童；韦氏儿童智力量表，适用于6～16岁儿童；韦氏成人智力量表，适用于16岁以上的成年人。这是一套比较完整的、具有各年龄阶段代表性的智力量表。

韦氏量表不用智力年龄的概念，但保留了智商的概念，不过，这个智商不是比率智商，而是以同年龄组被试的总体平均数为标准经统计处理得出的智商作为离差智商。离差智商假定同年龄组智商的总平均数为100，呈正态分布。用个人的实得分数与总平均数比较，就能确定他在同年龄组内所占的相对位置，以此判定他的智力水平。大量测验和统计处理发现，人们的智力情况是符合常态分布这一概率规律的。

2. 特殊能力测验

特殊能力测验，是指对特殊职业活动能力的测验。常用的特殊能力测验有：

（1）特殊实际能力倾向测验。这是为预测一个人将来从事某种专业活动而设计的测验，如预测运动能力、音乐能力、绘画能力、机械能力等多种能力的测验。

（2）文书能力测验。主要是对数字计算、找错、运算和逻辑推理、阅读等方面的能力进行速度测验。

（3）机械能力倾向测验。用来测量人们对机械原理的理解以及准确判断空间和速度的能力，如组合图形、寻找图形中的错误问题等测验，这种测验只有一个正确答案。

（4）运动能力倾向测验。该项测验主要测量手指的灵活度、身体的运动能力、肌肉协调能力、手眼配合能力，是一种反映时间和空间关系的测验。

3. 创造力测验

创造力测验，是20世纪60年代美国芝加哥大学首创的测验，主要测量被试的思维水平，了解被试思维的流畅性、变通性和独创性。这个测验由五个项目组成：语词联想测验、物品用途测验、隐蔽图形测验、完成寓言测验、组成问题测验。创造力测验答案不固定，一般要求回答得越多越好，并要有新颖性和创造性。例如物体用途测验——“砖”的用途，甲回答：筑路、铺路、盖房子。乙回答除上述用途外，可以抵门，做烟灰盒、蜡烛台，还可以用来打人。可以判断：乙比甲有创造性。然而，若要真正测验一个人创造能力的高低，还需要后续较长时间的追踪研究。

3.4.6 能力与管理

1. 掌握特殊能力的要求

现代企业、事业单位等都有自己独特的对人才的要求，在考核和选拔人才时，除一般能力外，还应注意符合本企业或单位的特殊要求，应考核能力与知识的关系，招聘人员不仅仅要看其学历，还应看其实际能力水平。

2. 掌握能力阈限

能力阈限是指一个人从事某项工作，恰好具有完成某项工作的能力水平，工作性质与人的能力发展水平之间存在着镶嵌现象，都有一个能力阈限，它既不需超过一定能力阈限，也不能低于一定的能力阈限。若一个能力水平过高的人去做一项平凡的工作，就会造成人才浪费或使之不安；反之，一个能力水平较低的人去做比较复杂的工作，会感到压力很大，甚至会产生人格异常、精神分裂等严重后果。

3. 因人而异，量才录用

在实际工作中可以看到，不同的人对同一工作有不同的适应性。只有具有与工作要求相适应的能力类型和水平的个体，才能在工作中最大限度地发挥自己的潜能，提高工作效率。优秀的管理者的出色之处并不在于把社会能力最优秀者都聚集在自己的周围，而在于根据自己组织工作的性质与状况合理地聚集与其适应的人才。

3.5 态度

3.5.1 态度概述

1. 态度的概念

我们对观察到的客观事物，如个人的行为、物体的形态、时间的过程等，都有一定的评价，如喜欢或者厌恶、赞成或者反对、肯定或者否定等。这就是态度。

态度通常指个体对某一对象所持的较持久、较稳定的综合性心理倾向。它是在某种心理过程基础上综合而成的，包括认知、情感和意向等各种心理过程，它既有以认知与情感为主要内容的价值倾向，又有以动机与情绪为主要内容的动机倾向。人们对事物的态度，绝大部分是在长期社会化的过程中形成的，态度一旦形成，就比较稳定，对事物或现象就有着稳定的看法、见解和评价。态度作为一种内在的心理结构，是由认知、情感、意向三种心理成分构成的。

（1）认知成分。

它是指个体对特定对象的认识、理解和评价。构成认知的因素，除了具体的知识，还包括人的信念、相信态度对象的某一方面特征会带来一定的结果，以及人在社会实践中获得的价值判断。例如，“吸烟会摄入尼古丁和焦油，而这些成分将危害健康，健康是非常宝贵的，因此应反对吸烟”的认知过程促成了对吸烟的价值判断和态度。

（2）情感成分。

态度的认知成分为态度的情感成分奠定了基础。态度的情感成分是指个体内心对特定对象的体验和感受，如“我非常崇拜我们的英语老师”“别人开过火的玩笑时我感到非常不快”“想到家乡的小河让我心情愉快而宁静”等，表现的都是态度的情感成分。情感以认知为线索，好的评价让人产生喜欢的情感，不好的评价让人产生厌恶的情感。但是我们在知觉部分已经学到，个体的情感也在很大程度上影响个体的选择性认知。

（3）意向成分。

它是指个体对特定对象可能做出行为的反应倾向。行为倾向并不是行为，而是个体内心对于行为的准备状态。比如，“张三是我最好的朋友，如果他有需要，我肯定会全力帮助他”。当然，所准备的行为直接体现个体态度的认知成分和情感成分，如选择、推荐、说好话、帮助、参与等都是正面行为，而拒绝、防备、对抗则是负面行为。态度中的行为倾向成分反映态度对个体行为的推动和指导作用。

态度的三个构成因素相互联系、相互制约、相互协调，形成一个相对稳定的统一体。态度是外界刺激作用于个体之后，个体经过心理过程的认知、情感、意向等构成因素的综合；个体与环境相适应，产生相应的态度；态度又进而刺激个体做出一定的行为，即对外界刺激的反应。整个过程如图 3-5 所示。

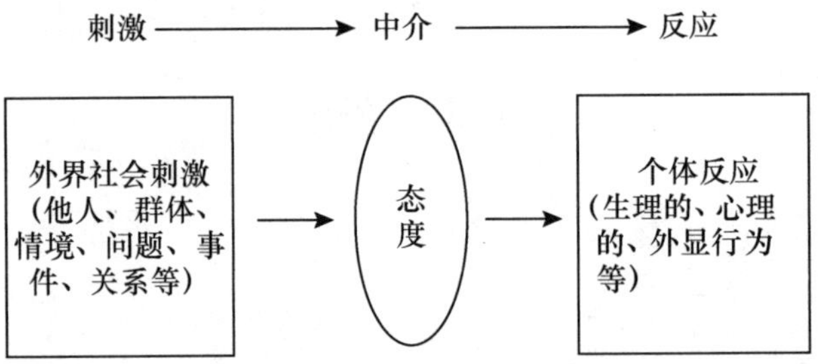

图 3-5　态度的中介性模式

2. 态度的特征

（1）社会性。

态度不是遗传获得的，而是一种习得性的心理倾向。本能也是一种心理倾向，但它是不学就会的。态度不是本能，它是人们在社会生活中，在与他人的相互作用和社会环境的不断影响下逐步形成的，并不断得到修正和完善；不同的社会环境、不同的历史时期，人们判断态度正确与否的标准不同，这都会影响人的态度。因此，态度具有社会性，具有一定的社会意义。

（2）针对性。

任何一种态度都有与之相联系、相对应的特定对象，可以是人、物、事、观念等。没有对象的态度是不存在的。

（3）稳定性。

态度的对象范围十分广泛，态度的形成需要经历一个过程，态度一旦形成，就会持续很长时间而不轻易发生改变。但是，态度的稳定性是相对的，当外界环境和主观内在的需求、动机、兴趣、价值观发生变化后，态度也会随之发生改变。在个人的态度体系中，有些态度的改变要容易一些，而那些对于态度持有者来说意义重大的、感情深厚的态度将不容易被改变。例如，个体对穿着、饮食的态度的改变可能相对容易一些，对生命、自尊、爱情、友谊的态度的改变则要困难得多。

（4）间接性。

态度是一种内在心理结构，是一种具有综合性的心理过程，因此是不能直接观察到的，只有通过动作、姿态、表情、语言及行为间接分析与推测。

（5）动力性。

态度对个体潜在的心理活动和外现的行为表现都具有一种动力性的影响，同时对个体适应与他人之间的关系和社会生活环境也有着重要影响，表现为一种激发、调整、协调的作用。

3. 态度的功能

心理学家一般认为态度的功能表现在以下四个方面：

（1）适应功能。

态度的形成能够帮助人们更好地适应社会环境。适当的态度将使个人获得重要人物（双亲、老师、雇主及朋友等）或群体的认同、奖赏。人们对不同的人的态度是不一样的。在人际关系中表现为人们有意识地协调、调节人际关系。如果个体的某种态度得到了强化、受到了社会的赞许，那么这种态度就倾向于保持下来。

（2）防御功能。

态度作为一种自卫机制，能让人在受到贬抑时用来保护自己，从而促进个体心理冲突的化解，增强面对挫折时的忍耐力，保持现有人格和心理健康。比如，当人们看到商人赚了很多钱并注重物质享受时，为了保持心理平衡，常常会以“钱财乃身外之物，知足者常乐”的态度来宽慰自己。

（3）认识功能。

态度能为个体待人接物的行为方式提供必要的信念，使个体保持清醒的意识状态，为自身的行为定向。一般人容易根据现成的态度去判断他人，影响对他人的喜欢与吸引程度，这是态度认识功能的反映。

（4）价值表现功能。

个体能够通过对具体对象的态度表达自己的价值观和自我概念，从而帮助个体表达个性、定位自我、摆脱紧张状态，并调节自己的行为和人际关系。比如参加演唱会的歌迷手持歌手的照片、海报，以表明自己的歌迷身份。

3.5.2 态度的形成

态度究竟从何而来？为什么对于同样的事物，不同的人会有不同的态度？正如前所述，态度并不是与生俱来的，而是在后天的生活环境中通过自身社会化的过程（包括学习、模仿、体验等）逐渐形成的。态度的形成与一个人的社会化过程是一致的。在态度的形成过程中，强化和模仿起了重要的作用。

1. 影响态度形成的因素

（1）需求。

个体对自己想要得到的事物，以及能够帮助自己达到目标的事物会产生正面的态度。相反，那些使个体感到挫折的对象，会使人产生厌恶的态度。满足需求的动机越强烈，产生的态度就越鲜明。

（2）知识。

态度包含认知成分，当个体对特定对象具备某种程度的了解，在自己所掌握知识的基础上，会对其进行价值判断，从而形成态度。知识越丰富、越一致，知识来源就越可靠，态度就越鲜明，也越难以改变。

（3）社会影响。

社会影响对个人的影响从婴儿开始，直接影响着人们对具体事物的认识、判断和喜好。社会影响包括家庭、学校、朋友、传媒等方面对人的态度形成的影响。在个体所属的群体中，为了获得对群体的认同感以及群体成员对自己的认同感，无形中每一个人都受到群体压力的影响，从而影响态度的形成。人们的很多态度来自对长辈、上级、同伴和名人的模仿。

（4）人格特征。

个体的人格特征也会影响态度的形成。比如，开放且好奇心强的人往往本能地对新鲜事物持欢迎态度，也能够更快地获得关于新事物的知识；独立、理性的人对待事物具有独到的见解，能够独立形成自己的态度；顺从的人则容易接受他人的暗示和支配，对待事物的态度往往受他人影响。

（5）个体经验。

若个体经历难忘的事件，获得剧烈的或外伤性的经验，哪怕只有一次，也可以形成永久性的态度。

2. 态度形成的阶段

美国学者凯尔曼研究了在社会环境中个体态度形成的过程，提出态度形成包括顺从、认同和内化三个阶段。该理论很好地解释了态度从外到内、由浅入深的形成过程。

（1）顺从阶段。

此阶段是态度形成的开始，个体总是按社会规范和社会期待或他人意志，表现出某种态度的外显行为，以获得奖励，避免惩罚。在这个阶段，个体处于外在的社会力量影响下，但还没有形成深刻的认知和情感成分。一旦外部的影响消失，个体的态度可能就会发生改变。例如，学生对于“讨论案例每个人都必须发言”这个要求，开始时的态度是不得不接受，因为如果他不这样做就会受到惩罚。此时，行为受外因控制，服从是表面的、暂时的。

（2）认同阶段。

在此阶段，个体自愿接受他人的观点、信息或群体规范，使自己与他人一致。个体不再像顺从阶段那样被迫地接受某种态度，这时他已经产生了一定的情感成分，他愿意接受某种态度是因为他希望得到别人的赞许和接纳，想要与别人建立良好的关系。例如，一个学生看到别的同学都在案例讨论时积极发表自己的观点，他不愿意与别人不一致，因此就对案例讨论发言建立起比较积极的态度。

（3）内化阶段。

在态度形成的最后一个阶段，个体已经发自内心地接受了某种态度，他可以理智地判别出该态度具有的合理性，并认为应该坚持。内化就意味着个体已经将对某种事物的情感与自己的价值判断联系起来，将其纳入自己的价值观体系中。例如，一个学生发自内心地认为在案例讨论中，每个人都应该积极发表自己的看法，因为这样会促使学生积极思考，锻炼口头表达能力和胆量，并且同学之间还可以相互交流和学习。他这种态度是理性的、持久的。在认同过程中，情感成分是中介因素，认同则是基于情感上的喜欢；在内化过程中，理智扮演着重要的角色，内化是以认知成分为基础的。

态度形成的这三个阶段可以用图 3-6 来表示。

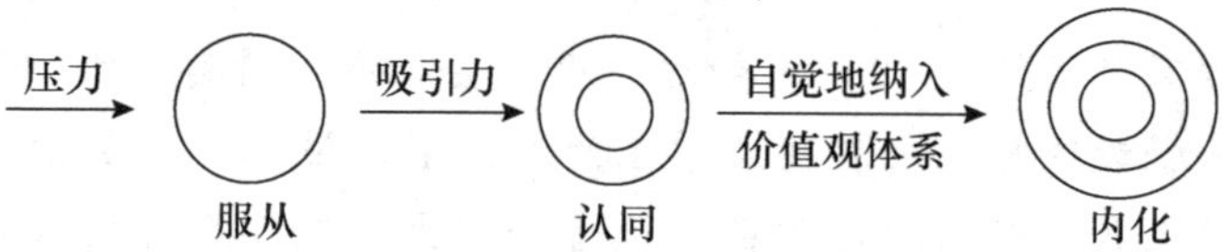

图 3-6　态度形成过程示意图

3.5.3　态度与行为的关系

态度与行为有着密切的关系，我们不可以简单地说态度决定行为或行为决定态度。事实上，在不同的情境中态度和行为是相互作用的。

1. 态度对个体行为的影响

（1）态度影响工作效率。

一般来说，如果人对自己所从事的工作喜爱并有良好的态度，就会努力去工作，产生高效率。但事实比这种设想更复杂。布雷菲尔德和克罗克特曾对此进行了 40 多年的调查研究，发现对工作感到满意、持积极态度的职工，其工作效率可能很高；对工作不满意、持消极态度的职工，其工作效率也可能很高。显然，工作态度与工作效率之间不存在显著的相关关系，这其中的原因主要有两方面：其一，对某些职工来说，提高工作效率并非他们的直接目标，而是借以达到其他目标的手段，如维持生计、受人尊重或自我表现等。因此，无论他们喜不喜欢该工作，都会以很高的效率完成工作。其二，在群体压力的作用下，对工作满意、效率过高的职工会以降低效率来缓解压力，而对工作不满意的人也会以提高效率来与群体中大多数人保持一致。当然，如果整个群体都较了解工作的意义，对工作满意而有积极的态度，则会有更高的效率，这是无疑的。

（2）态度影响学习。

人们在接受某种新知识时，对其内容的吸收和记忆受个体态度的影响。如果所学知识与原来所持观点及兴趣一致，人们必然会对之抱有好感，注意力集中，思维活跃，易于理解、吸收、记忆，学习效果也好；反之，学习效果不好。显然，态度在学习过程中起着过滤器的作用，是影响学习效果的一个重要因素。

（3）态度影响耐力。

一个人对自己所属的群体有认同感、荣辱感、责任感，并时时能被激起忠诚态度，就会表现出巨大能量与挫折耐力。事实也是如此。历史上许多爱国者与革命者之所以能表现出惊人的毅力与不怕牺牲的精神，都和他们的崇高信念和对祖国、对人民的忠诚态度分不开。此外，态度对一个人选择什么样的工作、生活方式，以及如何对待所获得的激励都有很大影响。态度能相当好地预测行为，它们提供了有关员工行为意向和做事倾向的线索。

知识库 3-8

态度影响耐力的实验

加拿大心理学家兰伯特于1960年做过一个“会员群体对耐痛力增长特色的效应”实验。他们分别以基督教徒与犹太教徒大学生为测试者，使用一种类似血压计的改装耐压器（在充气皮绑带上置一尖凸起，绑在测试者手臂上，充气后会使人产生痛感）来测定耐痛力的水平。实验前，心理学家告诉测试者，测试目的是确定正常人耐痛的程度。初测时，仅仅是记录两个群体的耐痛水平。休息时，心理学家对基督教徒中的一半测试者说：“据某一报告，基督教徒的耐痛力不如犹太教徒。”对犹太教徒中的一半测试者说：“据某一报告，犹太教徒的耐痛力不如基督教徒。”结果，再测时发现，那些被告诉上述话语的两组测试者，其耐痛水平都显著提高，其余未被告诉上述话语的两组测试者，其耐痛水平与初测结果无显著差别。研究者认为，这种戏剧性的变化主要是由于休息时心理学家的指导语激起这些测试者对自己宗教群体的忠诚态度。

2. 个体行为对态度的影响

当考虑态度与行为的关系时，人们常常会认为有什么样的态度就会有什么样的行为，行为反映了态度，但是事实并非完全如此。

知识库 3-9

拉皮尔的“言行不一”实验

20世纪30年代，美国心理学家拉皮尔同一对年轻的中国夫妇在美国旅游，光顾了66家旅店、184家餐馆，都受到良好的接待，只有一次被拒之门外。当时美国人普遍存在对有色人种的歧视心态，因此拉皮尔对这一心态进行了深入研究。他给200多家旅店、餐馆发出问卷，但在收回的100多份问卷中，绝大多数表示不愿意接待中国顾客，这种实际行为和表述的态度相去甚远的现象被称为“拉皮尔悖论”。

费斯廷格、勒温等心理学家注意到，积极主动的行动能够改变态度。费斯廷格发现，如果让那些对黑人有歧视态度的白人和黑人一起玩纸牌，而不是仅仅旁观别人或者共处一室，更容易让白人形成对黑人的友好态度。勒温的“参与改变态度”实验也能说明这个道理。

知识库3-10

勒温的“参与改变态度”实验

美国人没有食用动物内脏的习惯，但在战争期间如果大家都能被说服食用内脏，营养、食物匮乏的社会问题就会得到一定程度的缓解。

勒温把被试者分为两组，对第一组被试者采用演讲的方式，亲自讲解动物内脏的营养价值、烹调法、口味等，要求他们改变对动物内脏的厌恶态度，把动物内脏作为日常食品；对于第二组，勒温组织他们展开讨论，共同议论动物内脏的营养价值、烹调方法、口味等，并且分析烹饪动物内脏时可能遇到的困难，如家人不喜欢吃、不易清洁等问题，最后由营养学专家指导每个人亲自烹煮。结果是，第一组有3%的人食用动物内脏；第二组有32%的人食用动物内脏，比例远远高于第一组。第二组的被试者是主动参与群体活动的，他们在讨论中自己提出难题又自己解决此难题，因而态度的改变非常显著，速度也相对较快。由此，勒温提出了“参与改变态度”的理论。

这个理论已被广泛应用于现代管理，并取得了一定的成效。比如，厂商鼓励客户和潜在客户参加广告语征集大赛，就是期望通过客户参与促进客户形成对产品的正面态度。这些例子都反映了人们在不同的情境下改变其态度的事实。

3.5.4 态度改变理论

1. 认知失调理论

认知失调理论最早是由费斯廷格提出的。在费斯廷格看来，所谓“认知失调”，是指由于做了一项与态度不一致的行为而引发的不舒服的感觉，比如你本来想帮助你的朋友，实际上却帮了倒忙。费斯廷格认为，在一般情况下，人们的态度与行为是一致的。但有时候态度与行为也会出现不一致的情况。在态度与行为产生不一致的时候，常常会引起个体的心理紧张。为了克服这种由认知失调引起的紧张，人们需要采取多种多样的方法以减少自己的认知失调。费斯廷格认为消除不协调状态的方法主要有以下几种：

（1）改变与认知主体行为有关的某一认知要素，使其与其他认知因素不协调的关系趋于协调。

（2）强调某一认知因素的重要性。

（3）引进新的认知要素，改变不协调的状态。

（4）改变态度。如改变自己对戒烟的态度，使其与以前的行为一致（“我喜欢吸烟，我不想真正戒掉”）。

（5）减少选择感。让自己相信自己之所以做出与态度相矛盾的行为是因为自己没有选择。

（6）改变行为，使自己的行为不再与态度有冲突。

2．平衡理论

1958 年社会心理学家海德提出了态度改变的“平衡理论”。他认为，人的认知对象包括世界上各种人、事、物、概念等，这些对象有的各自分离，有的相互联结，组合成一个整体而被认知。海德把构成一体的两个对象的关系，称为单元关系。这种关系是由它们之间类似、接近、相属的部分组成的。

海德认为一个人对单元中的两个对象的态度一般是属于同一个方向的，如果人们对于单元的认知和对于单元内两个对象的情感关系相互调和、一致，该认知系统就是平衡的，态度就是稳定的；如果人们对于单元的认知和对于单元内的两个对象的情感关系相矛盾，该认知系统就是不平衡的，个体必须改变对其中某一个对象的情感评价，以达到平衡，于是态度就发生了改变。正是从这个观点比发，海德提出了“平衡理论”。他使用 P－O－X 图示说明这个理论。其中，P 为认知主体，O 是作为认知对象的另一个人，X 则是介于 P 与 O 之间的第三者或态度对象。海德根据 P、O 两者之间的情感关系（喜欢-不喜欢、爱-不爱等）和二者对 X 的态度关系推论出八种模式，包括四种平衡模式、四种不平衡模式（见图 3－7）。

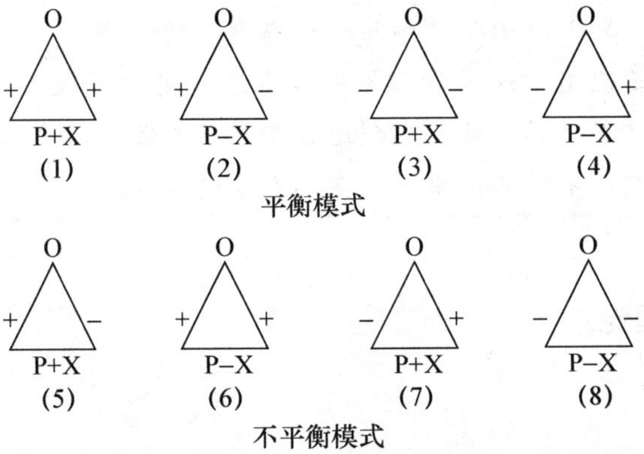

“+”表示肯定或积极的关系，“−”表示否定或消极的关系

图 3－7　平衡理论图解

海德认为，人总是力求达到平衡关系，不平衡会使人紧张。例如，P 为某委员会的成员，O 是 P 的比较要好的朋友，他也是该委员会的成员，X 为一项待决策的方案。如果在表决会议上，P 表示支持该方案，O 却表示反对该方案，P－O－X 图式会显现不平衡状态，这种不平衡状态会给 P 造成某种心理压力。为了达到平衡，减少心理压力，P 会改变对 X 的态度，或改变与 O 的关系。但是后一种平衡状态是以 P 对 O 的否定为前提的，在现实生活中往往是痛苦的。

海德的理论实际上是一种“敌人的敌人是朋友”的简单模式，他把复杂的人际关系简单化了。在现实生活中，我们只关心与我们朋友的态度是否一致，并不关心与我们不喜欢的人的观点是否一致。所以，在海德的理论中某些平衡情况也往往是令人不快的。实际上人们总是倾向于积极的关系，而不愿意把积极的关系变成消极的关系。

3. 信息沟通理论

社会心理学家霍夫兰等人于1959年提出了一种以信息交流过程为基础的态度改变模式，后来弗里曼德等人又对这一模式做了简化和修改，形成如图3-8所示的模式。

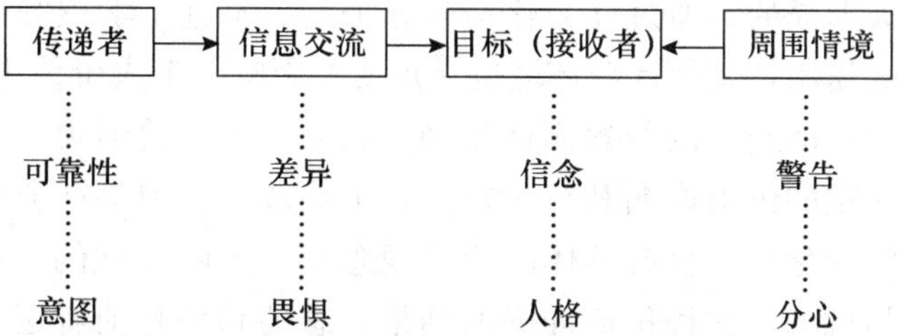

图3-8　弗里曼德修订的说服和态度改变模式

按照这一模式，任何说服过程都是从某一“可见的说服刺激”开始的，也就是说，说服过程的开始必须有一个信息的传递者，并且他对某一问题有一定的看法，还力图说服他人也拥有同样的看法。围绕被说服对象——信息接收者，说服包括信息源（或传递者）、所传递的信息本身、信息接收者和周围情境四个部分。因此，我们要说服一个人改变他的态度，就必须考虑做说服工作的合适人选，不仅要看他是否具有影响力，还要考虑当时的情境怎么样（如被说服者的情绪）以及被说服者的性格、态度的强度等因素。

态度改变的说服过程，是说服者通过各种方法，将信息作用于被说服对象而引起态度变化的过程。就它的实质而言，说服过程是一个信息传播过程，它以信息源传播一定的信息为开端，以引起被说服者的相应的心理变化为目的。这样一个过程实际上是被说服者通过经历复杂的心理过程完成的。从被说服者的角度来说，必须经历“接触传播的信息→有效收到有关的信息→理解或弄懂这些信息→接收信息→保存信息→做出决定采取行动”的过程，才能最后改变态度。这几个步骤代表一个达到能够预期效果的完整的说服过程，所以，成功的说服必然受传播源自身的条件、传播的内容和方法以及对传播对象的了解等基本因素的影响。

3.6　价值观

3.6.1　价值观的定义与特点

1. 价值观的定义

价值观是指一个人对周围的客观事物（包括人、事、物）的意义、重要性的总评价和总看法。这种对诸事物的看法和评价在心中的主次、轻重的排列次序，就是价值观体系。价值观和价值观体系是决定人的行为的心理基础。价值观是社会成员用来评价行为、事物，从各种可能的目标中选择自己合意目标的准则。价值观通过人们的行为取向及其对事物的评价、态度反映出来，是世界观的核心，是驱使人们行为的内部动力。它支配和调节一切社会行为，涉及社会生活的各个领域。

价值观是人们对社会存在的反映。人们所处的自然环境和社会环境，包括人的社会地位和物质生活条件，决定着人们的价值观念。处于相同的自然环境和社会环境的人，会产生基本相同的价值观念，每一社会都有一些共同认可的普遍的价值标准，从而形成普遍一致的或大部分一致的行为定式，或称社会行为模式。

价值观念是后天形成的、通过社会化培养起来的。家庭、学校等群体对个人价值观念的形成起着关键的作用，其他社会环境也有重要的影响。个人价值观有一个形成过程，是随着知识的增长和生活经验的积累而逐步确立起来。个人价值观一旦确立，便具有相对的稳定性，形成一定的价值取向和行为定式，不易改变。但就社会和群体而言，由于人员的更替和环境的变化，社会或群体的价值观念又是不断变化的。传统价值观念会不断地受到新价值观的挑战，这种价值冲突的结果，总的趋势是前者逐步让位于后者。价值观念的变化是社会改革的前提，又是社会改革的必然结果。

2. 价值观的特点

价值观具有相对稳定性和持久性。在特定的时间、地点、条件下，人们的价值观总是相对稳定和持久的。比如，人们对某种事物的好坏总有一个看法和评价，在条件不变的情况下这种看法不会改变。但是，随着人们经济地位的变化以及人生观和世界观的改变，价值观也会随之改变。这就是说价值观也处于发展变化之中。

价值观取决于人生观和世界观。一个人的价值观是从出生开始，在家庭和社会的影响下逐步形成的。一个人所处的社会环境对其价值观的形成有决定性影响。当然，网络、报刊、电视和广播等宣传的观点以及父母、老师、朋友和公众名人的观点与行为，对一个人的价值观也有不可忽视的影响。

3.6.2 价值观的分类

1. 奥尔波特的价值观类型

奥尔波特把价值观分为以下六种类型：

（1）理论型：理性地寻求真理。

（2）经济型：强调效率和实用。个人在追求私利的过程中，实际上对集体、对他人也能产生积极的作用。

（3）审美型：重视外形与和谐。

（4）社会型：强调对人的热爱，当前中国政府强调社会主义和谐社会的发展，就是这样的一种价值观。

（5）政治型：重视权力的使用。

（6）宗教型：着眼于对宇宙整体的关照。

这六种价值观常常综合作用，我们每一个人或多或少都受其中某几种价值观的影响。

2. 格雷夫斯的价值观类型

格雷夫斯把价值观分为七个等级：

（1）反应型。这种类型的人并没意识到自己和周围的人是互相关联的，他们按照自己基本的生理需求做出反应，丧失了作为人的主观能动性，几乎等同于婴儿，或跟动物没有什么区别。这类人比较少见。

（2）部落型。这种类型的人依赖成性，服从于传统习惯和权势。

（3）自我中心型。这种类型的人信仰冷酷的利己主义，自私并爱挑衅。

（4）坚持己见型。这种类型的人对模棱两可的意见不能容忍，坚持表达自己的决策，不能接受别人的意见，一定要按自己的想法行动。

（5）玩弄权术型。这种类型的人非常现实，通过摆布他人，达到个人的目的。

（6）社交中心型。这种类型的人把被人喜爱和与人友善相处看作自己发展的核心。受到现实主义、权力主义和坚持己见者的排斥。

（7）存在主义型。这种类型的人能高度容忍模糊不清的意见和不同的观点。在一个整体目标不清晰、环境不确定、信息不完整的环境下，他能够生存得很好，适应能力强。

这套等级理论提出之后，西方管理学界于 1974 年对美国企业的管理人员进行了调查，结果发现管理人员大多数属于第四级和第五级，即坚持己见型和玩弄权术型。现在情况发生了变化，管理层逐渐被社交中心型和存在主义型的人代替。

3.6.3 价值观的影响效应

价值观不仅影响个人的行为，还影响群体的行为和整个组织的行为。在同一客观条件下，由于人们的价值观不同，对于同一个事物会产生不同的反应和行为。在同一个单位中，有人注重工作成就，有人看重金钱报酬，也有人重视地位权力，这是因为他们的价值观不同。在同一规章制度下，如果两个人的价值观相反，就会采取完全相反的行为，从而对组织目标的实现起到完全不同的作用。

本章小结

本章分别介绍了个性、气质、性格、能力、态度、价值观等作为个体行为基础的基本单元。

第一节主要介绍个性的概念、性质、心理结构、主要的个性结构理论及个性与管理。

个性是指个体身上经常、稳定地表现出来的心理特征的总和。

个性体现了稳定性和可塑性、独特性和一般性、社会性和生物性、能动性和社会制约性、统合性和功能性的统一。

个性的心理结构由动力结构、特征结构和调节结构组成。

个性结构理论主要有弗洛伊德的人格结构理论、罗撒克的人格分层理论、卡特尔的特质阶层说、勒温的个性结构理论、大五人格理论。

第二节阐述了气质的概念、气质的类型理论及气质对职场的影响。

气质是人的个性心理特征之一，是表现心理活动的强度、速度、灵活性与指向性等方面的一种稳定的心理特征。

气质的类型理论主要有体液说、神经说、体型说、激素说、血型说。

第三节内容包括性格的概念、特征、类型、形成与发展、性格与职业等。

性格是指人体对现实的稳定态度和习惯化了的行为方式，是个性心理特征的核心部分。对性格结构的分析，应着眼于性格的态度特征、性格的理智特征、性格的情绪特征、性格的意表特征四个方面。

奥尔波特的性格类型理论、荣格的性格类型理论、斯普兰格的人格类型分类及九型人格理论是较为主流的性格类型理论。

第四节介绍能力的概念、能力的分类、能力结构理论、能力的个体差异及测量。

心理学把人们能够顺利完成某种活动的心理特征称为能力。依据能力结构理论可将能力划分为一般能力和特殊能力，模仿能力和创造能力，认知能力、操作能力和社交能力，流体能力和晶体能力。

能力结构理论主要有因素构成理论、三维结构模型理论、层次结构理论、三元智力理论和多元智力理论。

能力的个体差异表现为能力类型的差异、能力发展早晚的差异和能力发展水平的差异。

能力的测量可以分为一般能力测验、特殊能力测验和创造力测验。

第五节介绍态度的概念、特征、功能，影响态度形成的因素及态度形成的阶段，态度与行为的关系以及态度改变理论。

态度通常指个体对某一对象所持有的较持久、较稳定的综合性心理倾向，由认知、情感、意向三种心理成分构成，具有社会性、针对性、稳定性、间接性和动力性等特征，以及适应、防御、认识和价值表现等功能。

影响态度形成的因素有需求、知识、社会影响、人格特征和个体经验。态度形成包括顺从、认同和内化三个阶段。

态度与行为有着密切的关系，在不同的情境中态度和行为是相互作用的。

主要的态度改变理论有认知失调理论、平衡理论和信息沟通理论。

第六节的内容包括价值观的定义与特点、分类及影响效应。

价值观是指一个人对周围客观事物（包括人、事、物）的意义、重要性的总评价和总看法。价值观具有相对的稳定性、持久性，取决于人生观和世界观。

奥尔波特把价值观分为理论型、经济型、审美型、社会型、政治型和宗教型；格雷夫斯把价值观分为反应型、部落型、自我中心型、坚持己见型、玩弄权术型、社交中心型和存在主义型七个等级。

价值观不仅影响个人的行为，还影响着群体的行为和整个组织的行为。

关键术语

个性　气质　性格　能力　态度　价值观　弗洛伊德　智商

拉皮尔悖论

复习思考题

(1) 个性包含哪些性质?

(2) 简述弗洛伊德的个性结构理论。

(3) 希波克拉底的气质类型说的具体内容是什么?

(4) 简述气质与性格的关系。

(5) 列举三种性格类型理论并简述其内容。

(6) 简述霍兰德的人业互择理论。

(7) 简述能力的分类。

(8) 能力结构理论主要有哪几种? 具体内容是什么?

(9) 态度由几种心理成分构成? 其内容与关系如何?

(10) 影响态度形成的因素有哪些? 态度的形成需要经历哪几个阶段?

(11) 简述态度与行为的关系。

本章阅读书目

[1] 斯皮尔曼. 人的能力: 它们的性质与度量. 杭州: 浙江教育出版社, 1999.

[2] 弗洛伊德. 精神分析引论. 北京: 商务印书馆, 2004.

[3] 弗洛伊德. 精神分析引论新编. 北京: 商务印书馆, 1987.

[4] 弗洛伊德. 释梦. 北京: 商务印书馆, 1996.

[5] 加德纳. 多元智能. 北京: 新华出版社, 1999.

[6] 费斯廷格. 认知失调理论. 杭州: 浙江教育出版社, 1999.

[7] 斯腾伯格. 超越 IQ: 人类智力的三元理论. 上海: 华东师范大学出版社, 2004.

[8] 吉尔福特. 聪明有道. 南京: 江苏人民出版社, 1991.

[9] 帕尔默. 九型人格. 北京: 华夏出版社, 2006.

第4章 个体行为激励

科学管理在实质上包含着要求在任何一个具体机构或工业中工作的工人进行一场全面的心理革命——要求他们在对待工作、同伴和雇主的义务上进行一场全面的心理革命①。

——泰勒

引导案例

从口吃到演讲家

在古希腊，人们常聚在一起进行辩论，碰撞哲理的火花。在辩论中，大家都会争着上台发表演说。在他们中，有人学识渊博，有人善于雄辩，他们旁征博引、说古论今，被听众称为演说家。

德摩斯梯尼是古希腊最有名的大演说家。人们无不为他的洪亮的声音、清晰的发音、优美的姿势和充分的辩才所征服。然而这样一位有名的演说家，曾经是一个口吃者。德摩斯梯尼天生口吃，嗓音微弱，还有耸肩的毛病。在常人看来，他似乎没有一点当演说家的天赋。但是德摩斯梯尼做到了，而且做得非常出色。

德摩斯梯尼从小喜欢学习，知识很丰富，他很想成为演说家，但是当他第一次登台演说时，原来平静的听众一下子就烦躁起来，台下乱哄哄的一片，有的人索性在台下喊起来，轰他下台。

德摩斯梯尼知道自己失败了，内心十分痛苦，但是他不灰心，下决心克服自己的弱点，一定要成为一个有名的演说家。

从那以后，每天清晨天刚蒙蒙亮，德摩斯梯尼就立即起床跑步上山，他一边爬山，

① 丹尼尔．管理思想的演变．北京：中国社会科学出版社，2000：169.

一边呼喊，尽量使自己的声音传得远些、更远些。如果登上了山顶，他就迎风站立，把树木当作听众，打着手势做长篇演说，他讲得十分认真，想象着眼前有许多听众。

为了改掉口吃的毛病，德摩斯梯尼还经常含着小石子练习讲话。它的口腔被小石子磨破了，流出了血，可是他还是不停地练。

他经常去看话剧，仔细看演员在台上表演时怎样讲话、怎样用手势、怎样表达感情，回家练习演说时，他就像演员那样投入自己的感情。

德摩斯梯尼逐渐纠正了自己口吃的毛病，同时拼命地看书学习，不断储备知识。他博览群书，有时手里拿着书便高声地朗读起来，读了一遍又一遍，直到口齿清楚、发音正确。德摩斯梯尼就这样苦苦练了很久，终于克服了说话的障碍。

当他再次登台演说时，声音洪亮、口齿清晰、语调优雅、姿态潇洒、妙语连珠，台下的听众完全被征服了。当他结束演说时，全场热烈欢呼，祝贺他演说成功，德摩斯梯尼终于变成了一个真正的演说家。

资料来源：维基百科。

4.1 行为激励概述

4.1.1 激励的概念与要素

1. 激励的概念

按中文词义来说，激励就是激发、鼓励的意思，即激发人的工作动机，鼓励人的工作干劲。激励作为心理学上的术语，是指激发人的行为动机的心理过程，即通过各种客观因素的刺激，引发和增强人的行为的内驱力，使人达到一种兴奋的状态，从而把外部的刺激内化为个人自觉的行动。从狭义上讲，激励就是一种刺激，是促进行为的手段。外部适当的、健康的刺激可以使个人完成目标的行为总是处于高度的激活状态，从而最大限度地发挥人的潜力，实现组织的目标。

激励的概念有如下的内涵：

（1）激励是在特定的时间、地点对人行为的方向、强度与持续性产生的直接影响。

（2）激励与人的行为产生、行为被赋予活力而激发、行为的延续和终止以及人处于被激励状态中的主观反应有关。

（3）激励是一组自变量与因变量间的关系式。该关系式在只考虑激励因子与被激励者的关系的条件下，可表示被激励者行为的方向、幅度与持续性。

（4）激励是一个影响人面临多种选择时做出抉择的过程。

2. 激励的要素

管理中的激励是指通过各种有效的激励手段，激发员工的需要、动机，使其形成某一特定目标并在追求这一目标的过程中保持高昂的情绪和持续的积极状态，并充分发挥潜力，达到预期的目标。从这一表述可知，激励应该包括目标、刺激、需要、动机、行为等要素。以下重点谈需要与动机。

（1）个体的需要。

需要是有机体感到某种缺乏而力求获得满足的心理倾向，它是有机体自身和外部生活条件的要求在头脑中的反映，是人脑对生理需求和社会需求的反映。个体为了在社会中求得生存和发展，必须要求一定的事物。例如，食物、衣服、睡眠、劳动、交往等。这些需求反映在个体头脑中，就形成了他的需要。需要被认为是个体的一种内部状态，或者说是一种倾向，它反映个体对内在环境和外部生活条件的较为稳定的要求。

需要包括三个基本环节：

第一，个体缺乏时，叫缺乏状态（饥、渴、不识字，即缺食、缺水、缺文化）。

第二，个体自己去平衡这种缺乏状态（要吃、要喝、要学习），这种平衡是生活体内部的自动平衡。

第三，个体去择取缺乏物（吃饭、喝水、识字）。

缺乏状态是需要产生的前提，从缺乏状态到需要，中间有一个转换环节就是自动平衡。主体内部这个自动平衡过程就是对缺乏的解除，使缺乏得到满足。因此，这个自动平衡是需要形成的内部机制。没有这个自动平衡，缺乏照旧是缺乏；不学文化，照旧不识字。需要是缺乏未得到满足的一种状态，表现为自动平衡倾向。

（2）需要的分类。

需要按产生的根源，可分为以下两大类：

一类是先天性的、本能的需要。这种需要是人类在世代生活过程中，由于对生存条件的需要，以本能的无条件反射的方式存在于人体之中，并遗传给下一代。它是人为了保证生存条件和种族延续所具有的个体活动的动力，如呼吸、饥渴、休息、睡眠、排泄、生育、母性的爱与关怀、对痛苦的躲避等。应当注意的是，这种需要在人身上已经带有社会性。人和动物都要吃东西，这是简单的生理需要，但人在为解除饥饿吃东西时，其满足方式已不同于动物。马克思说，“饥饿总是饥饿，但是用刀叉吃熟肉来解除的饥饿不同于用手、指甲和牙齿啃生肉来解除的饥饿”①。总之，人的自然需要也具有社会性。

另一类是社会性需要。这种需要是人类在社会实践过程中，在本能需要的基础上发展起来，由外界环境诱发、从实践中学习和领悟到的需要，如交际的需要、劳动的需要、学习和受教育的需要、自尊的需要、成就的需要等。人的社会性活动主要是由这类需要决定的，这类需要具有文化差异。

（3）需要与行为。

需要具有动力性。人要生存和发展，就要通过各种行为去满足各式各样的需要。比如，当人口渴时，对水的需要就成为推动他去寻找水这一活动的动力。原有的需要满足后，人们又会产生新的需要，它始终是行为的动力。

未满足的需要是调动人积极性的原动力，因此，研究人的行为首先应研究人的需要。

（4）个体的动机。

人无论从事什么活动，总要受到动机的调节和支配。比如，工人在厂里做工是因为

---

① 马克思，恩格斯．马克思恩格斯全集：第 30 卷．2 版．北京：人民出版社，1995：33.

他有工作的动机，顾客去商店采购是因为他有购买的动机。即使是像吃饭、喝水、走路这些比较简单的活动，也是在不同动机的推动下产生的。动机可以说是活动的原因和动力，它表明一个人“为什么”从事某种活动。在这里需要澄清的是，在日常生活中我们常常会说某些人缺乏动机，其实这种说法是不对的。动机存在于每个人身上，只不过有强度上的差异，而且会指向不同的方向。同一名学生，上课时可能心不在焉、昏昏欲睡，上网玩电子游戏时却可以几个小时不休息，说明的就是动机的方向性这个道理。

在心理学中，动机（motivation）是指引起和维持个体的活动，并使活动朝向某一目标的内部心理过程或内部动力。人的各种活动都是在动机的指引下指向某一目标的。从这个定义中可以看到动机的四个特点：

第一，动机是人们从事某种活动的原因，是推动人们进行某种活动的内部动力。比如，饥择食，渴择饮。这种择食、择饮的活动是由饥、渴的动机激发起来的。没有这种动机，人们就不会产生相应的行为和活动。

第二，在动机的支配下，个体的行为将指向一定的目标或对象。比如，在学习动机的支配下，人们可能去图书馆借书，或者去商店买书；在休息动机的支配下，人们可能去电影院、娱乐场或公园，并选择自己喜欢的休息方式。可见，动机不一样，个体活动的方向以及它所追求的目标也是不一样的。

第三，动机引发某种活动出现之后，并不能也不会立即停止，而是继续发挥其作用，即维持已引起的活动，并使该活动朝向某一目标进行。

第四，动机是一种内部心理过程，是一个“中间力量”，我们无法直接观察到它，有时个体甚至不一定能意识到它的存在，只有通过一个人“当时所处的情境及其行为表现”才能觉察或测量到这个人的动机，并给予解释。

（5）动机的功能。

第一，激活功能。人不会无缘无故地采取行动。受众的所有信息接收行为，都是在动机的驱使下发生的，都是为了满足和实现某种欲望与需要。因此，动机具有引起接收行为的激活功能，即它具有策动、驱使有机体采取某种行动的最初发起的能量。

第二，指向功能。人的行为受动机指引。动机决定人的信息接收方向，即具有将受众的行为引向某一特定接收对象的指向功能。动机的激活功能决定人是否接收信息，而指向功能决定人接收什么样的信息。

第三，强化功能。当先前的接收行为达到开始预定的目标时，接收动机又会促使有机体强化被肯定行为的发生频率，从而形成一种行为模式或接收习惯。可见，在信息接收中，受众怎样知觉、如何理解、如何思考，以及产生什么样的行为模式，都要受到接收动机的性质和强度的影响与左右。

知识库4-1

耶基斯-多德森定律

该定律表示的是动机强度与工作效率的关系。动机强度与工作效率之间不是一种线性关系。中等强度的动机最有利于任务的完成（见图4-1）。

(1) 各种活动都存在一个最佳的动机强度。

(2) 动机的最佳强度随任务性质的不同而改变。

(3) 在难度较大的任务中，较低的动机强度有利于任务的完成。

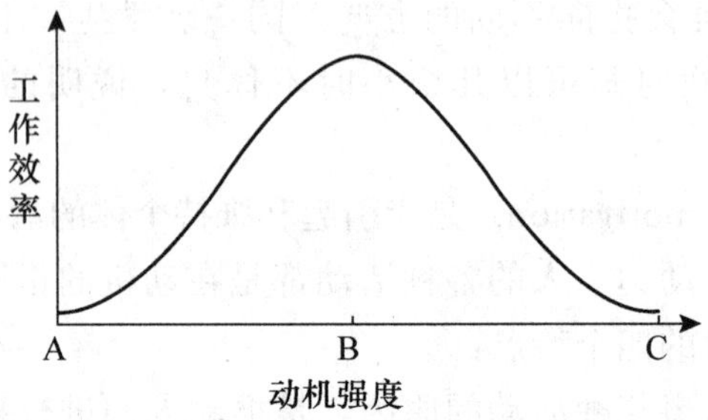

图4-1 耶基斯-多德森定律示意图

(6) 动机的理论。

动机理论是指心理学家对动机这一概念所做的理论性与系统性的解释，用以解释行为动机的本质及其产生机制的理论和学说。

知识库4-2

动机理论

1. 本能论

最早提出本能概念的是生物进化论的创始人达尔文，而在动机心理研究方面进行深入研究的则是詹姆斯、麦独孤和弗洛伊德。麦独孤是本能论的代表人物，他列举了人的十几种本能，主张本能是人天生的倾向，即对某些客体格外敏感，并在主观上伴随着一种特定的情绪，本能是一种有目的的行为，虽然由于学习，引起本能行为的外界情境的性质可以改变，某些行为反应的模式也可以调整，但本能的核心情绪是不可以改变的。弗洛伊德也是本能论的支持者。

2. 习得论

巴甫洛夫的无条件刺激的强化作用和桑代克的效果律，以及华生的后天习得说，都在肯定本能作用的基础上重视了练习的效果。斯金纳的操作条件反射理论强调强化的作用，认为任何活动只要随后紧跟着积极的奖励便得到强化，没有奖励，活动便会消失。斯金纳认为本能是一种不能验证的假设，因此他否认这个概念。

3. 驱力论

驱力理论产生于20世纪20年代。武德沃斯是最早提出驱力理论的心理学家，而让驱力理论得以大力推广的是赫尔。美国生理学家坎农提出了稳态的概念，认为生物必须保持机体内环境的平衡。体温、血液、激素、营养等代谢因素失去平衡时都需要调整。自主神经系统是进行这类调整的机构，它的活动是不自觉的。赫尔认为机体的需要产生驱力，驱力迫使机体活动。

4. 诱因论

20世纪50年代以后，许多心理学家认为，不能用驱力降低的动机理论来解释所有的行为，外部刺激（诱因）在唤起行为时也起到重要的作用，应该用刺激和有机体的特定的生理状态之间的相互作用来说明动机。人类经常追求刺激，而不是力图消除紧张使机体恢复平衡。诱因理论强调了外部刺激引起动机的重要作用，认为诱因能够唤起行为并指导行为。

5. 认知论

随着认知心理学的发展，许多心理学家探索运用认知观点来解释人的动机现象。我们将这些动机理论统称为动机的认知理论。动机的认知理论中较有影响的有认知失调理论、归因理论。认知失调理论的主要代表人物是费斯廷格，归因理论的主要代表人物是韦纳。

4.1.2 激励的一般过程模式

1. 激励的阶段

激励过程是从个人需要出发的，图4-2表示了激励的一般过程模式。

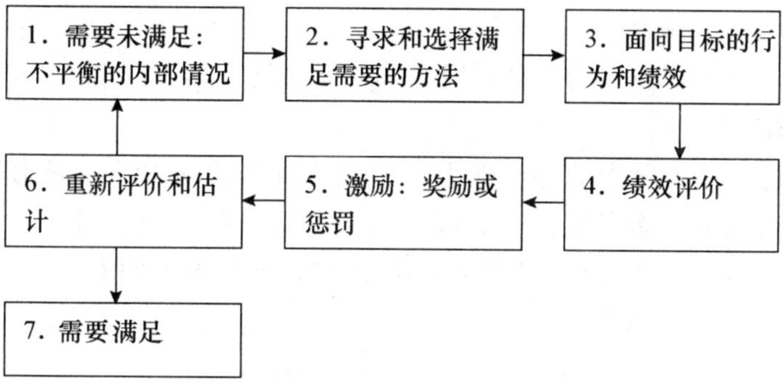

图4-2　激励的一般过程模式

这个模式反映了激励的多个阶段：

（1）需要的产生，在个人内心引起不平衡。

（2）个人将寻求和选择满足需要的方法，以恢复他的平衡状况。

（3）个人通过目标行为或工作去满足需要。介于行为选择和实际选择之间的是一个需要的个人特点，即能力。这就是说，个人可能具备也可能不具备达到所选择的某一具体目标所必不可少的条件，如能力、技术、经验或知识基础等。

（4）关于个人在实现目标方面的绩效成就，要由个人或别人来进行绩效评价。这可能增加一个人的工作胜任感。

（5）根据对绩效的评价而给予奖励或惩罚。

（6）由个人来评价绩效和报酬，在多大程度上满足了最初的需要。

（7）如果这个激励过程满足了这个需要，这个人就会有平衡感和满足感。

如果这个需要没有得到满足，激励过程就要重复，可能选择一个不同的行为。这一系列循环往复的反应过程就是激励过程。

2. 激励过程的要点

由以上分析可知，激励过程要注意如下几个要点：

(1) 内外诱因分析。它主要是指对影响个人行为的内外环境的分析，以求改进或引导个体适应环境。

(2) 了解需要。了解每个人各种需要的强度、需要的结构、满足需要的方法及需要不能满足时应该如何处理。

(3) 激励活力要有明确的目标，并要通过充分的沟通渠道，使每个个体都了解激励的目标和途径。此外，还要做到目标协调，如在达到企业目标的同时，满足员工个体的需要。

(4) 激励要及时。人们往往对于近期的、眼前的激励印象深刻，所以要优化激励的效果，需要及时采取措施。

(5) 利益兼顾。激励过程要兼顾组织、团体和个人的利益。

在综合考虑上述几方面的情况后，就可以选择适当的奖励办法，采取有效的管理措施，提高个体的激励水平。

4.1.3 激励的功能

激励作为调动员工积极性的一种手段，其功能主要有如下四个方面：

1. 发掘人的潜能

人的潜能是蕴藏于人体内的潜在能力，在人的行为活动中不仅尚未显露出来，甚至潜能的拥有者本人也未必能意识到。但这种潜能的确是存在的，而且一经发掘便释放出巨大的能量。平常所说的“超越自我”“挑战极限”，即发掘人的潜能。

知识库 4-3

激励与人的潜能

美国哈佛大学教授威廉·詹姆斯研究发现，在缺乏激励的环境中，人的潜力只发挥出一小部分，即20%～30%。如果受到充分的激励，他们的能力可以发挥80%～90%。也就是说，一个人平常的工作能力水平与激发后可达到的工作能力水平之间存在着约60%的差距。可见，人的潜能是一个储量巨大的“资源库”。发掘人的潜力，在生产过程和管理过程中具有极为重要的作用，而激励正是发掘人的潜力的重要途径。

2. 提高工作效率

工作效率和工作绩效的高低，通常取决于两个基本因素：一是能不能，二是做不做。前者指胜任还是不胜任某项工作，是否具有承担某项工作的能力和资格；后者是指从事某项工作的意愿、干劲，即工作积极性的问题。“挟泰山以超北海”是不能也，但“为长者折枝”是不为而非不能。根据管理的基本原理，人的工作效率和工作绩效是其能力和积极性的乘积，用公式表示就是：

绩效 $= f($能力$\times$积极性$)$

激励正是充分调动人的积极性，发挥人的主动性、创造性的主要手段。在给定的工作环境和工作条件下，两个能力相仿的人，其工作绩效的高低取决于积极性的高低，而积极性的高低又取决于激励手段运用的水平。

3. 提高人力资源的质量

提高人力资源质量的途径主要是教育和培训。保证教育和培训取得积极效果的一个关键条件和重要前提就是提高教育和培训对象的学习积极性和刻苦钻研精神。在这方面，激励水平的提高和激励手段的巧妙运用就具有特别重要的意义。

在教育和培训方面的激励主要是对才能优异、成绩卓著、刻苦顽强、勇攀科学高峰的优秀人才给予优裕的物质待遇、崇高的荣誉以及令人羡慕的社会地位，并大力进行表彰和奖励。这样，不仅会激励受奖者以更高的积极性继续努力，使其自身的才能提高到新的高峰，而且会产生巨大的激励效应，形成勤奋学习的社会风气，这样，其他社会成员受到榜样的鼓舞，就会努力学习和刻苦钻研科学文化知识和技能。许多地区的经验证明，这种激励方式是提高人力资源质量的有效途径。

4. 弥补物质资源的不足

管理需要一定的资金和必要的物质资源，如衣、食、住、行等生活资料，学校、工厂等物质设施，生产工具以及知识、信息等人力资源的物质载体等。没有这些，人力资源管理就不可能取得积极成果。但与人力资源管理发展的规模和速度相比，这些物质资源总存在某种不足。克服这一矛盾固然需要增加物质资源投入，但提高激励水平、调动人的积极性，则可以弥补物质资源的不足，以达到提高人力资源质量的预期效果。许多家境困难的人往往比家境富裕的人更能刻苦学习、更能攀登到科学的高峰，便是明证。

4.1.4　激励的类型与方式

1. 激励的类型

根据不同的划分标准，激励可分成不同的类型：

（1）以激励的内容为标准，可分为物质激励和精神激励。

（2）以激励的性质为标准，可分为正激励和负激励。

（3）以激励的方式为标准，可分为内在性激励和外在性激励。内在性激励源于员工对工作活动本身任务完成所带来的满足感；外在性激励是指对员工工作活动和完成的任务给予适当报酬，以激励其积极性。

（4）以激励的效用为标准，可分为短期性激励和长效性激励。

2. 激励的方式

一些相关研究观点认为，员工主要受到外部环境因素的激励，例如严厉的监督或工资报酬等。一些观点则主张，从某种意义上说，在没有运用这些外部因素的情况下，人们能够进行自我激励。也就是说，某些工作行为是因为员工自愿完成它们而热情地去做的，还有一些工作，仅仅是员工为了保住工作或使上级满意才去做的。因此，总体来说，根据激励因素的来源划分，激励的方式分成两大类，一类是外在性激励，另一类是内在性激励。

（1）外在性激励。

外在性激励是当事者自身无法控制而由组织掌握和分配的资源来调动员工的积极性。按组织所掌握的资源的性质，外在性激励又可分为以下两类：

第一，物质性激励，即通常以工资、奖金及各种福利等物质性资源来调动员工的积极性。物质性资源是客观的，可以感知和测量，同时它也是消耗性的，因此成本比较高。

第二，社会感情激励，即通常用荣誉、友谊、信任、认可、表扬、尊重等社会感情资源来调动员工的积极性。与物质性激励相比，这类激励满足了人们更高层次的需要。社会感情资源通常在社交性、感情性交往中获得，而非在经济交往中获得。

（2）内在性激励。

通过工作本身提供的某些因素来调动员工的工作积极性，称为内在性激励。一位企业家曾说过，工作的报酬就是工作本身。内在性激励按其激励因素的性质又可分为两类：

第一，工作活动本身的激励。这种激励靠工作活动本身所蕴藏的因素来满足人的内在需要，如工作的趣味性、挑战性、培养性，工作让人进步和成长，自信与自尊增强，工作活动提供的交往机会等。

第二，工作任务完成的激励。这种激励指人们在工作任务完成时感受到的满足感，包括成就感、自豪感、贡献感、轻松感，还有自身潜能得到充分发挥后的舒畅感和得意感。

内在性激励是一种真正的工作激励，对于受激励者，工作不再是获取外在性奖励的工具，而是真正的激励源泉，不管环境如何变化，工作都能持续地发挥激励作用。内在性激励成本低廉，管理者可通过科学合理的工作设计寻求人与工作的最佳匹配，以充分挖掘这种有效的激励手段。外在性激励与内在性激励的比较如表 4-1 所示。

表 4-1　外在性激励与内在性激励的比较

项目	满足需要的源泉	满足需要的类型	作用时间	所需成本	对激励者的意义
外在性激励	组织奖酬	物质需要	随奖酬消失而消失	高	工具性
		社会情感需要	较为持久	低	
内在性激励	工作过程及结果	个人及社会情感需要	较为持久	低	激励性

案例 4-1

过分合理化效应

从前有一个喜欢安静的老人住在郊区，他的房子旁边有一片美丽的草坪。有一段时间，一群孩子每天都在这块草坪上踢足球。他们又笑又闹的，极大地影响了老人的安静。

于是老人冥思苦想，希望把这群调皮的孩子赶走。老人用了很多的办法，如好言相劝、威逼利诱等，都无济于事，孩子们还是每天都在固定的时间来到这里踢球，毕竟这片草坪太好了。有一天老人灵机一动，想出了一个好方法。老人笑嘻嘻地对孩子们说："孩子们，欢迎你们每天都到这儿踢球，我非常高兴，要不这样吧，为了感谢你们，我每次给你们每人十元钱。"孩子们感到很奇怪，但这是真的。老人每天给他们每人十元钱。过了一段时间，老人说："很遗憾，我这段时间经济有点拮据，我每天只能给你们每人五元钱了。"又过了一段时间，老人又说："孩子们，我最近比较穷，只能给你们每人一元钱了。"第二天，孩子少了，第三天孩子更少了，他们都愤愤不平："这老头太抠门了，我们这么辛苦地为他踢球，可他给的钱却越来越少。我们为什么要这么卖命地为他踢球啊?"后来没有一个孩子来踢球了。他们都忘了当初来这里踢球是为了什么。只有老人独自偷偷地高兴，草坪终于又恢复了安静。

过分合理化效应是心理学中的一个现象，当个体认为自己的行为是由外在很强的原因引起时，他就会忽视自己的内在原因的影响程度。在管理中一定要注意奖励的力度和方式，要注意培养员工的内在动机，外部因素永远只能起引导的作用，内部因素才是决定性因素。

4.2 行为激励的理论

4.2.1 内容型激励理论

1. 马斯洛的需求层次理论

美国心理学家亚伯拉罕·马斯洛在1943年发表的《人的动机理论》一文中提出了著名的需求层次理论。该理论历经半个多世纪的发展，对之后的激励理论和当今的激励实践都有着深刻的影响。

知识库4-4

心理学家马斯洛

马斯洛，美国著名哲学家、社会心理学家、人格理论家和比较心理学家，人本主义心理学的主要发起者和理论家，心理学第三势力的领导人，1968年当选为美国心理学会主席。马斯洛对人的动机持整体的看法，他的动机理论被称为需求层次理论。其主要著作有《动机和人格》《存在心理学探索》《科学心理学》《人性能达到的境界》等。

他将人类多样的需求归纳为五类：生理需求、安全需求、社交需求、尊重需求和自我实现需求。这五类行为需求依照重要性和产生的先后顺序呈现由下至上的金字塔式排列（见图4-3）。

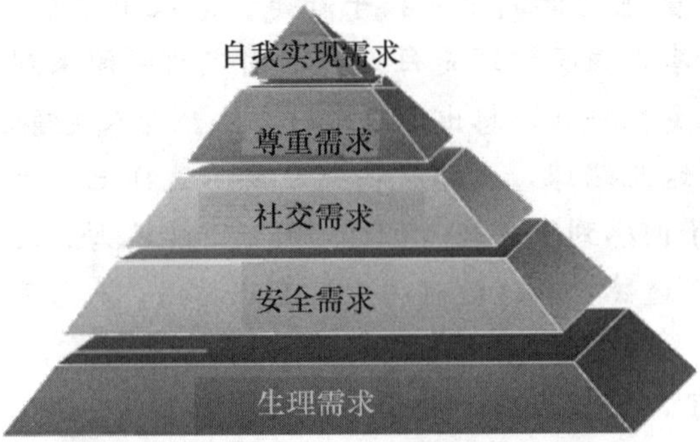

图 4-3　马斯洛的需求层次理论模型

第一层次，生理需求。人类对于衣、食、住、行等方面的需求是最基本的生活需求，这些需求在马斯洛的需求层次中处于最底层。当这些基本的需求都受到威胁时，人类的生存也就成了问题，其他层次的需求也就无从谈起。对于生理需求占主导地位的员工，管理者需要明确人的经济本性，明确人对于行为的经济回报、身体机能舒适性的关注。

第二层次，安全需求。安全既包括了经济和环境的安全，例如财产不受剥夺、不失去经济来源、不遭受天灾人祸的影响等，也包括了心理的安全，例如希望胜任工作、免除严酷的监督和威胁等。安全需求直接影响到了员工工作时的态度和情绪。在安全感强的工作环境下，员工有较高的工作热情，乐于无所顾忌地投入工作中去。在缺乏安全感的工作环境下，员工难以集中精神，缺乏进取心，创造性受到抑制。员工和管理者对安全需求的关注，表现为制度规则、规范化操作及有序的工作节奏。

第三层次，社交需求。社交的需求也就是人类的社会归属感，是人类对于友情、爱情、支持、同情、群居的需求。在一个冷漠、钩心斗角、缺乏关爱的工作环境下，很难激发起员工正常的工作热情。同时，人的社会属性导致人与人之间由于相似背景、经历、目标追求和爱好等结成群体，相互关心、相互合作，从而实现人的社会归属。

第四层次，尊重需求。一方面是人类内在的尊重，例如自信、自尊、自我成就感等；另一方面是外来的尊重，例如荣誉、认可、地位、表扬等。尊重的需求更多的是一种心理状态。因此，它难以辨析、不易捉摸，且尊重的需求不易得到满足。但是，尊重一旦成为动力，就会产生持久的激励作用。

第五层次，自我实现需求。按照马斯洛的观点，这是最高层次的需求，是指个人能充分发挥自己的潜能，实现个人理想抱负，同时使自己不断成长、发展的需求。强调自我实现的管理者可以让员工参与工作设计，安排能充分利用员工特殊技能的特殊工作，允许员工团队在计划和实施工作时有回旋的余地。

马斯洛的需求层次理论主要有以下五方面的特点：

（1）五类需求如金字塔形由下至上逐次排列，当低层次需求得到满足后，高层次的需求才会出现和满足。但这种排序和满足也有例外情况。

（2）五类需求可分为高、低两级需求。生理需求、安全需求和社交需求属于低级需求，由先天本能决定，通过外部条件可以得到满足；尊重需求和自我实现需求属于高级需求，有赖于后天环境的熏陶和有意识地培养，要通过外部因素才能获得满足，且表现出无止境性。

（3）低级需求是有限的，一旦得到满足就很难成为激励行为的动力；高级需求往往不易满足，对于行为的激励更具持久性。

（4）在同一时期，可能存在着多种需求，但总有一种需求占支配地位，对行为起主导决定作用。只有在满足占支配地位的需求的情况下，才能形成最大的激励。

（5）任何一种需求都不可能因为更高级的需求出现与发展而消失，只存在对行为影响力的消长。

马斯洛认为，一个国家的人民对各个层次的需求与该国家的经济发展水平直接相关。不发达国家的人民对生理和安全需求的比重较大，对社交需求、尊重需求和自我实现需求的比重较小，发达国家则正好相反。同一国家的各个地区、各个时期，人们的需求层次结构因生产力水平的变化而变化。因此，应用马斯洛的需求层次理论对员工进行激励的一个重要前提就是要了解员工的需求到底是什么。在不同的国家、不同的企业、不同的时期，对于企业中的不同员工，他们的需求不仅是不同的，而且是动态变化的。管理者应该经常性地采用各种方法进行调查，弄清楚员工哪些需求还没有得到满足，然后进行针对性的激励，指导组织中的管理实践（见表4-2）。

表4-2　与五种需求相适应的管理措施

需求层次	追求的目标	管理措施
生理需求	薪水、健康、良好环境、各种福利	安排好医疗、保健、休息、住宅、福利设施等
安全需求	工作保障、安全生产等	雇佣保证、退休金、各类保险（健康、意外事故等）
社交需求	友谊、良好的人际关系、团体接纳	协商、访谈、团体活动、教育、培训、娱乐制度
尊重需求	地位、名誉、权力、责任、薪水的公平性	人事考核、晋升、表彰、选拔进修、员工参与制度
自我实现需求	能发挥个人特长的组织环境、有挑战性的工作	参与决策制度、提案制度、研究发展计划、劳资协商

马斯洛的需求层次理论得到管理学家和心理学家的普遍认可，研究发现，高层管理者比低层管理者更能满足自我实现的需求，部分原因是高层管理者有更多的挑战性工作和实现自我价值的机会。在团队工作的雇员通过制定影响团队和公司的决策，满足他们的高层需求。

2. 阿尔德弗的ERG理论

耶鲁大学的克莱顿·阿尔德弗试图对马斯洛的需求层次理论做出进一步修改，以与实证研究的结果更加一致。于是，他在马斯洛学说的基础上提出了ERG理论。该理论认为，人类存在着三类核心需求，即生存需求（existence needs）、关系需求（relatedness needs）、成长需求（growth needs），因此被称为ERG理论。

生存需求关注于满足生存的基本物质条件，包括马斯洛学说中的生理需求和安全需求两部分。

关系需求是人类维持重要人际关系的愿望。要想满足这些与社会地位有关的愿望，就需要和他人相互交往。这类需求和马斯洛学说中的社交需求及尊重需求中的外在部分相对应。

成长需求是指对于个人发展的内在愿望。这与马斯洛学说中的尊重需求的内在部分及自我实现需求相对应。

ERG 理论的内容可归纳为以下三点：

（1）并不强调需求层次的顺序，认为某种需求在一定时间内对行为起作用，在这种需求得到满足后，人们可能去追求更高层次的需求，也有可能没有这种上升趋势。

（2）在追求较高层次需求时受挫，可能会退而求其次。

（3）某种需求在得到基本满足以后，其强烈程度不仅不会减弱，还可能增强。

像马斯洛一样，阿尔德弗确实感觉到对需求进行归类的价值，且认为在低层次需求与高层次需求之间存在着明显区别。但是 EGR 理论对这些需求类型的区分不是十分严格。二者在看待人们如何满足不同层次需求的方法上存在差异。马斯洛认为，高层次需求只有在低层次需求被满足时才会出现、发展，因此一个人是随着低层次需求的满足来逐步转向高层次需求的。相反，ERG 理论认为，除了这种实现-进展过程，挫折-衰退过程也在发挥作用。也就是说，如果一个人在试图满足发展需求的过程中不断受挫，相关需求会作为激励力量再现。这个人将重新满足低层次需求而不再试图满足发展需求，并且挫折将导致需求衰退（见图 4－4）。

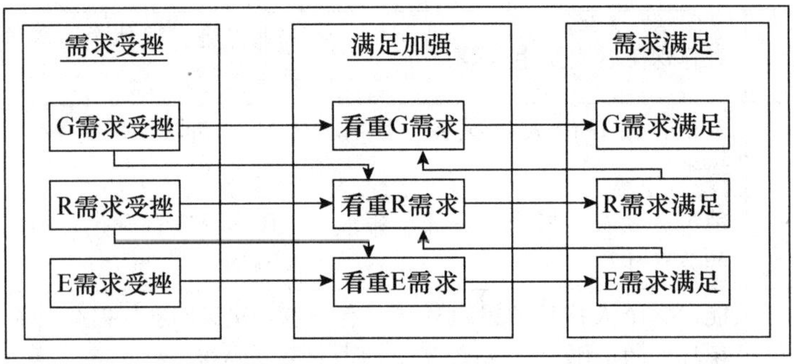

图 4－4　ERG 需求模式

3. 赫茨伯格的双因素理论

20 世纪 50 年代后期，美国心理学家弗雷德里克·赫茨伯格于 1959 年提出了双因素理论，也就是激励-保健因素理论。

知识库 4－5

心理学家赫茨伯格

弗雷德里克·赫茨伯格，美国心理学家、管理理论家、行为科学家，双因素理论的创始人。赫茨伯格在管理学界的巨大声望，来自他提出的著名的激励-保健因素理论，即双因素理论。双因素理论是他最主要的成就，在工作丰富化方面，他也进行了开创性的研究。其主要成果有《再论如何激励员工》《工作的激励因素》《工作与人性》《管理的选择：是更有效还是更有人性》。

赫茨伯格在美国匹兹堡地区的 11 个工商业机构中，对 200 多名工程师和会计师做了一次大规模的调查与访谈。赫茨伯格从调查中发现，造成员工不满意的因素往往是从外界的工作环境中产生的，主要是公司政策、行政管理制度、工资报酬、工作条件以及上下级的关系、地位、安全等方面的因素。这些因素即使改善了，也不会使员工变得非常满意，不能充分激发其积极性，只能消除员工不满。赫茨伯格将这类因素称为保健因素。

赫茨伯格在调查中又发现，使员工感到非常满意的因素主要是工作富有成就感、工作成绩能得到社会认可、工作本身具有挑战性、能发挥自己的聪明才智、工作所赋予的发展机会和责任等。这类因素的改善，或者说这类需要的满足，往往能激发员工的责任感、荣誉感和自信心，增进员工的满意感，有助于充分、有效、持久地调动他们努力工作的积极性。所以，赫茨伯格将这类因素称为激励因素。

两类因素的具体内容如表 4－3 所示。

表 4－3　保健因素与激励因素

保健因素（外部因素）	激励因素（内部因素）
公司（企业）的政策与行政管理制度 技术监督系统 与上级主管的人际关系 与同级的人际关系 与下级的人际关系 工作环境或工作条件 薪酬 个人生活 职务、地位 工作的安全感	工作上的成就感 工作中得到认可和赞赏 工作本身的挑战性和兴趣 工作职务上的责任感 工作的发展前途 个人成长、晋升的机会

赫茨伯格认为传统的“满意-不满意”的观念是不确切的，认为“满意”的对立面应该是“没有满意”而不是“不满意”，“不满意”的对立面应该是“没有不满意”而不是“满意”。他认为，不是所有的需要得到满足都能激励起人们的积极性，只有那些被称为“激励因素”的需要得到满足时积极性才能得到极大地调动。缺乏保健因素时将引起很大的不满，但具备时并不会有强烈的激励。具有了激励因素，就会产生满意，而没有激励因素，则没有满意，也没有不满意；具有了保健因素，不会产生不满意，但没有满意，而没有保健因素，则会产生不满意。激励因素是以工作为核心的，也就是说，激励因素是在工作进行时发生的，由于工作本身是有报酬的，因此在工作进行时也就有可能调动员工内在的积极性。这一发现不仅使管理者致力于工作内容的研究，进行工作再设计，更重要的是启发人们认识从员工心理上培养激励因素的意义，从而使管理工作发生大的变化。

双因素理论所提出的保健因素和激励因素在管理中所起的不同作用已为事实所证明，因此，该理论在管理领域的启示主要体现在以下五个方面：

（1）组织管理者首先应当注意的是保健因素。具备必要的保健因素才不会使员工产生不满情绪，从而调动和保持员工的积极性。

（2）内在满足和外在满足值得我们进一步研究。内在满足是员工从工作本身得到的满足，外在满足是员工在工作之后得到的满足。有的人不仅把工作视为满足生活需求的手段，同时把其视为表现才能、施展抱负、发挥创造力的机会，因此他们对工作本身就具有极大的兴趣和热情。内在满足的激励作用比外在满足的激励作用更为持久、稳定。

（3）在众多因素中，成就和社会的认可与赞赏有比较大的激励作用。人们通过努力取得成就，就有荣誉感和胜任感，有较高的士气和精神状态，就会沿着正确的方向继续努力。工资收入和奖金不仅是人们生理保障的条件，而且是社会地位、个人成就、贡献大小的象征，有很大的心理意义。但如果奖金不与个人成就、工作表现相结合，就不会有多大的激励意义，仅仅是种保健因素。

（4）运用双因素理论使工作丰富化，满足员工的高层次需求。工作的丰富化包括垂直工作加重和水平工作加重。前者指重新设计工作，给员工更多的责任感、更多的成就感；后者指员工完成更多的前后工作程序，结果使员工有对工作的整体感、社会责任感、对自我能力的发展感。

（5）运用双因素理论，考虑员工的个体差异设计工作，满足员工的内在需求。一个人的工作情绪以及他从工作绩效中得到的满足，是工作设计和员工对该设计的需要满足的共同函数。当一个人觉得通过他自身的努力完成了他认为有价值的事情时，他就会感到高层次需求的满足。

双因素理论一经提出就引起了管理界的极大重视，也遭到了许多非议。有人认为满意问题是非常复杂的，当一个人对工作感到满意时，并不等于工作效率就会提高，而不满意时并不见得工作效率就低。人因为种种原因可以在不满意的条件下达到较高的生产效率，而赫茨伯格在社会调查时仅仅以满意，不满意作为标准，又没有科学地说明满意感和生产效率的关系，因而有人对双因素理论的可信度提出了怀疑。还有人认为赫茨伯格调查的对象是工程师、会计师等专业人员，这些人只是员工中的一个组成部分，且是较小部分，其代表性不够，因而对双因素理论的普遍性提出了怀疑。也有人认为，按一般心理状态，人们都有心理自卫能力，被调查者将满意的事统统归于自己，将不满意的事归于外部条件，这就让人怀疑该理论的可靠性。尽管有来自各方面的批评，但 20 世纪 60 年代中期以来，双因素理论还是越来越受到人们的重视。

值得指出的是，双因素理论对于组织及人力资源管理有着十分重要的参考价值，在一些发展中国家，保健因素和激励因素的划分与西方国家有所不同。所以，对于组织员工需求的分析，要从实际出发。

4. 麦克利兰的成就需要理论

成就需要理论是哈佛大学的心理学家麦克利兰教授于 20 世纪 50 年代提出的。麦克利兰认为，在人的生存需要基本得到满足后，人最主要的需要表现为三种：成就需要、归属需要、权力需要，它们反映了人的不同偏好。

（1）成就需要。有高度成就需要的人，既有强烈的求得成功的愿望，也有同样强烈的对失败的恐惧，他们希望受到挑战，喜欢为自己设置一些适度困难的目标，并对风险采取现实态度；他们可能不是投机商人，但更喜欢分析和评价问题，能为完成任务承担个人责任，喜欢对他们怎样进行工作的情况提供明确而迅速的反馈，往往不爱休息，喜欢长时间地工作，假如遭到失败也不会过分沮丧，并喜欢独当一面。

（2）归属需要。有强烈归属需要的人通常从受到别人喜爱中得到乐趣，并往往避免被社会集体排斥而带来痛苦，作为个人，他们既能关心并维护融洽的社会关系，享受亲密友好和理解的乐趣，也能随时抚慰和帮助处境困难的人，并且乐意同别人友好交往。

（3）权力需要。具有强烈权力需要的人对发挥影响力和控制都特别重视。这种人一般都追求得到领导的职位，他们往往是健谈者，还常常是好议论的人。他们性格坚强，敢于发表意见，头脑冷静，敢于提出要求，而且他们爱教训别人和公开讲话。

其中，成就需要是麦克利兰理论的核心。麦克利兰将成就需要定义为：根据适当标准追求卓越、争取成功的一种内驱力。当成就激励发挥作用时，可能会产生针对一项具有挑战性任务的突出表现。然而当高度成就者在履行日常的职责或完成无聊的工作时，或者没有竞争时，成就激励不会发挥作用。麦克利兰广泛地研究了成就激励。他的成就激励模式指出，人们根据优异标准表现或在竞争情形中成功欲望的强度受到刺激。根据麦克利兰的认识，差不多所有人都相信他们拥有成就动机，但是大概只有10%的美国人拥有强烈的成就动机。人们成就动机的程度取决于他们个人和职业上的经历以及他们工作的组织类型。

麦克利兰认为，成功的概率为50%的任务是最能激励人们去争取的，成功的概率偏低或偏高，都可能失去激励的效果。害怕失败往往是争取成功的一个因素，那么避免失败的产生也可能使人们放弃达到成功的活动。所以，追求成就的行为取决于三个因素：动机强弱、期望大小和刺激性价值。至于外部因素，如报酬的作用，只是在取得成功的激励力量和逃避失败的意志力量相等的情况下才体现出来。

麦克利兰也认为，成就需要强烈的人往往具有强烈的内在激励，事业心特别强，外在激励对其作用相对较小，只要能为他们提供合适的工作环境，使他们发挥自己的能力，他们就会感到莫大的幸福。因此，这样的人对于任何企业、任何国家都相当重要。

4.2.2　过程型激励理论

1. 洛克的目标设置理论

20世纪60年代末，管理学家兼心理学家埃德温·洛克教授提出，指向一个目标的工作意向是工作激励的主要源泉。也就是说，目标告诉员工需要做什么以及需要付出多大努力。事实有力地支持了目标的价值。更重要的是，我们可以这样说：明确的目标能提高绩效。一旦我们接受了困难的目标，会比容易的目标带来更高的绩效；反馈比无反馈带来更高的绩效。因此，重视目标和争取完成目标是激励员工的重要过程。

目标设置理论的基本观点是：一旦员工有了一个具有挑战性的目标，员工就会向着目标努力，获得工作绩效；组织根据绩效给员工相应的内在和外在奖励，从而最终决定员工的满意度，满意度作为一种结果反过来影响员工新的目标设置。

在这个理论中有以下几个因素特别重要：

（1）目标难度。目标应当是既具有挑战性又能达到的。研究表明，有一定难度的目标比唾手可得的目标更能激发人的工作行为，从而达到更好的工作绩效。但目标的难度必须适中，过于困难、无法达到的目标会使人受到挫折、丧失信心。在这种情况下，工作绩效甚至会低于容易目标下的工作绩效。

（2）目标清晰度。目标必须是清晰而具体的。具体的目标比一般的含混不清的目标更能激发人的行为，从而达到更好的工作绩效。

（3）自我效能感。它是个体对在给定条件下使自己的绩效达到一定水平的信念。当个体具有较高的自我效能感时，设置了较高目标的个体，其绩效也会达到较高水平。一个人的自我效能感受到个人对自己能力的估计、任务的性质以及个人完成该任务经验的影响。

（4）目标接受度。它是个体接受目标的程度。个人必须接受目标，目标才会对个体行为起到激励作用。影响个体接受目标的因素是多方面的，例如，提出目标的领导人的威信、员工是否参与目标设置、奖励制度、竞争以及个人对于达到目标的信心等。

（5）反馈。反馈是目标设置与个体对目标绩效反应之间的一种动力过程。反馈的效果取决于一系列因素：反馈的次数和时间，反馈的信息具有肯定的性质还是否定的性质（一般来说，肯定性质的反馈更有效），反馈的信息是否具体（具体的反馈往往比一般的反馈有效），反馈与设置目标的联系程度，接受反馈者的个别差异等。

（6）个人参与。个人参与设置的目标往往比别人为他设置的目标更为有效。

知识库 4－6

反馈效应

反馈原来是物理学中的一个概念，是指把放大器的输出电路中的一部分能量送回输入电路中，以增强或减弱输入讯号的效应。心理学借用这一概念，说明个体对自己学习或者工作结果的了解能起到强化作用，促进个体更加努力，从而提高效率。这一心理现象被称作“反馈效应”。下面是一个著名的反馈效应的心理实验。

罗西与亨利把一个班的学生分为三组，每天学习后就测验。主试每天都会告诉第一组学生测验的结果，对第二组学生只是每周告诉他们一次，而对第三组，则一次也不告诉。如此进行了八周教学。然后改变做法，第一组与第三组对调，第二组不变，也同样进行了八周教学。结果第二组学习成绩较为稳定，第一组与第三组的情况大为转变，即第一组的学习成绩逐步下降，而第三组的成绩则突然上升。这说明及时知道自己的学习成果对学习有非常重要的促进作用，并且即时反馈比远时反馈效果更强。心理学家布朗的实验表明，反馈方式不同，对学习的促进作用也不相同。一般来说，学生自己进行的主动反馈要优于教师的反馈。

目标设置理论符合人类行为的基本规律，对管理者有重要启示。目标管理就是应用目标设置理论原理来提高绩效的一种管理技术，它包括确定具体目标、员工参与设置、确定实现目标的时间阶段、在实现目标的过程中提供反馈。它强调把组织的整体目标转化为组织单位和个人的具体目标，通过多向沟通形成一个各层次目标相互衔接的目标体系，是一种参与的、民主的、自我控制的管理制度，也是一种个人需要与组织目标相结合的管理制度。重视人的因素，将人的动机、行为、目标相结合，有利于创造一种积极参与、团结进取、朝气蓬勃的组织氛围。

2. **弗鲁姆的期望理论**

最早的期望理论主要来自先驱心理学家勒温和托尔曼的认知概念，以及经典经济理论中选择行为和效用的概念。第一个将期望理论运用于激励并将其公式化的是弗鲁姆。弗鲁姆的期望理论是围绕着效价（valence）、工具性（instrumentality）和期望（expectancy）这三个概念形成的，因此通常被称为VIE理论。

期望理论的基本思想集中地表现在图4-5中：

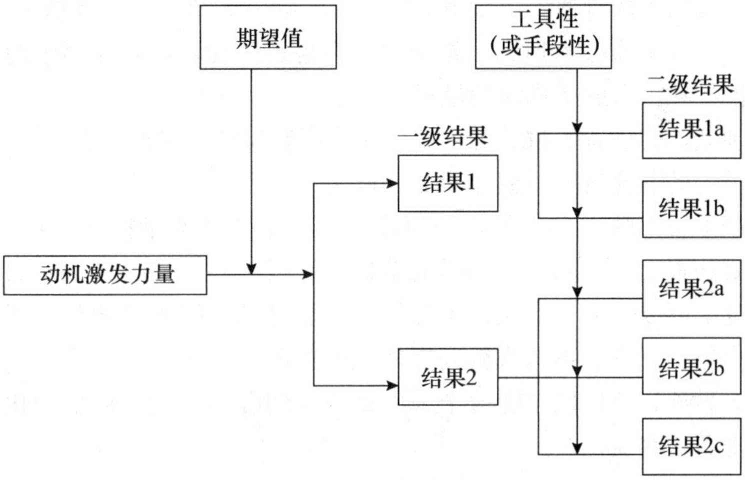

图4-5　弗鲁姆的期望理论模型

动力激发力量（motivational force），是指个人所受激励的程度。

效价，是指个人对自己所要采取的行动将会达到某一成果或目标的偏好程度，是个体对这一成果或目标的有用性的主观估计。当个人对达到某种成果或目标漠不关心时，效价为零；当个人宁可不要出现这种结果时，效价为负值；当个人希望达到该预期结果时，效价为正值；当个人强烈期待出现预期结果时，效价就很高。总之，只有在效价大于零时，个体才会有一定的动力。效价越高，动力越大。

期望值，是指某一特定行动将会导致预期成果（或目标）的概率，即个人据其经验对自己所采取的行动将会导致某种预期成果的可能性的主观估计。

工具性，这是与效价有关的一个因素。个人所预期的结果有两个层次，即一级结果和二级结果。二级结果是个人在某一行动中希望达到的最终结果，而一级结果被认为是达到二级结果的工具或手段。弗鲁姆指出，工具性就是对一级结果和二级结果之间内在联系的主观认识。一般来说，一级结果是指工作绩效，二级结果则可能是各种各样的，如加薪、提升、得到同事的好评、得到上级的表扬、得到优厚的待遇等。例如，一个人希望得到提升，他就认为工作有突出的表现是达到这一结果的前提条件，于是他就会努力工作，希望能以出色的成绩得到提升。这里，工作成绩是一级结果，提升是二级结果，对工作成绩与得到提升之间关系的认识就是工具性。

期望理论的基本模式表明，激发力量，即推动人去追求和实现目标、满足需要的力量，是效价（其中包括工具性）和期望值的乘积。效价越高，期望值越大，努力的程度也越大，取得的成绩和效果也会越好。同样，激发员工对目标的价值看得越重，估计实现的概率越高，则激发力量越大。

对于理解组织行为而言，这个理论是非常有价值的。它能够非常清晰地说明个体与组织目标之间的关系。例如，假设工人们完成某个产品必须达到某种标准，通过测量工人们的产出，管理者就可以确定他们各种个人目标的重要性（二级结果，如金钱、安全和认同）；确定组织目标（一级结果，如产品标准），了解对于个体达到个人目标的工具性以及工人对于自己的能力和努力可以达到组织目标的期望。如果产出低于标准，可能是工人不认可二级结果的价值，或是他们并没有看到一级结果对二级结果的工具性作用，又或是他们认为其并不能努力达到一级结果。弗鲁姆认为，这些原因中的任何一个或者任何组合都可能导致工人的工作激励呈现低水平。

根据期望理论，管理者要将员工积极性充分调动起来，需要以下几个措施：

（1）根据员工的需要设置报酬和奖励措施。

要使员工产生很大的激发力量，必须提高各种报酬和奖励措施在员工心中的价值。为此，首先是要调查了解不同员工的需要偏好，根据不同的需要给不同员工设定报酬和奖励方案，让员工可以选择。譬如，年轻员工可能更喜欢得到进一步培训深造以及外出旅游的机会，中年员工可能更喜欢得到经济上的报酬，老年员工可能更喜欢各种送温暖和关心的活动。另外，效价也会随着个人所处的时间和场合的不同而变化，管理者应该动态地了解和把握这些变化。

（2）给员工创造良好的工作条件，增强其达到目标的信心。

要使员工产生激发力量，必须增强他们对达到目标的信心。为此，首先要根据员工的能力和外部条件，合理地给员工设定有一定难度但又可以经过努力达到的目标。另外，要给员工创造工作条件，投入所需要的人、财、物资源。这样员工才会信心百倍、干劲十足。

（3）建立奖罚分明的制度，提高员工的工作热情。

除了要提高员工对达到组织目标（相当于一级结果，例如，生产指标、工作任务等）的期望值外，还要提高他们对其完成组织目标后达到个人目标（相当于二级结果，例如，金钱、安全感、认可、成就感等）的期望值。只有这样，他们的积极性才会被真正地调动起来。为此，必须在组织中建立奖罚分明的制度，这样就会提高员工的工作热情，使他们看到自己的未来。

3. 强化理论

人的行为是对其所获刺激的函数，如果刺激对他有利，他的行为就可能重复出现；如刺激对他不利，则他的行为就可能减弱甚至消失。

强化理论的产生主要建立在条件反射理论的基础上。最古老的反射理论是由法国学者笛卡尔首先提出的，笛卡尔把人的某些初级的心理活动看成是刺激-反应（S－R）的模式。这一假设被俄国著名生理学家谢切诺夫验证，后来由他的学生巴甫洛夫发展成条件反射理论。巴甫洛夫完善了笛卡尔的理论，认为在刺激反应的中间，应该包括一个中间环节（中枢的作用），因而整个反射活动从开始环节、中间环节到终末环节，然后再从终末环节回到中间环节的过程呈现为一条反射弧。于是笛卡尔的“S－R”模式便发展成为“S－O－R”模式。

知识库 4－7

条件反射实验

巴甫洛夫著名的条件反射实验就是在给狗看到灯光（或听到铃声）的同时喂以食物，引起狗分泌唾液的反射，经过多次重复，当狗看到灯光（或听到铃声），但食物尚未出现时，狗也会流出唾液来。巴甫洛夫认为，狗对灯光（或铃声）形成食物性条件反射的过程，就是在大脑皮层上建立暂时神经联系的过程。进而，他认为人们的一切知识、经验、技能、技巧就其生理机制来说都是建立在条件反射的基础上，在大脑皮层上形成暂时神经联系系统。巴甫洛夫的学说对于解释人的心理活动具有积极意义。

20 世纪 20—30 年代，美国心理学家华生在动物心理学的影响下，开始了行为主义心理学研究。首先，他反对传统心理学将研究对象确定为心理或意识，认为心理或意识都是看不见、摸不到的东西，主张以对行为的研究来代替对心理或意识的研究。他一方面把有机体应付环境的一切活动统称为行为，而把行为的最基本的成分肌肉的收缩和腺体分泌称为反应；另一方面把引发有机体活动的外部和内部的变化统称为刺激。于是，人们的一切活动都被简化为“S－R”的行为公式。华生甚至公然声称：“人和动物的全部行为可以分为刺激和反应。”按照华生的观点，只要给人以特定的刺激，就会产生特定的行为；反之，只要观察到人的行为，也就可以判断引起该行为的刺激。这种行为主义心理学明显具有机械主义色彩，它否定人的意识的存在，完全把人视为动物。这个学派虽然风行一时，但是后来受到了彻底批判。华生的行为主义也被称为旧行为主义。

华生以后，新行为主义的代表人物斯金纳提出了操作性条件反射理论。斯金纳与华生不同，他重视环境对行为的影响作用，主张把任何刺激-反应单元都看作反射，认为人的一切行为都是由反射所构成。新行为主义对华生学说的修正，就是不能把人脑看成是“黑箱子”，人的行为模式应该是“S－N－R”，其中 N 主要是指主观因素，例如意图、愿望、行为目的等。新行为主义又称操作主义。新行为主义认为，有机体的反射活动都是从刺激物对感受器的作用开始的，反射是一个“S－R”的过程，而操作行为则是一个“R-S”的过程。强化理论强调人的行为与影响行为的环境刺激之间的关系，认为管理者可以通过不断改变环境的刺激来控制人的行为。由于人的行为后果对其行为会发生反作用，人们可通过影响行为后果的办法来修正或改变行为，这就是“强化”的概念。凡能影响行为后果的刺激物均称为“强化物”。

知识库 4－8

心理学家斯金纳

伯尔赫斯·弗雷德里克·斯金纳是美国心理学家、新行为主义学习理论的创始人，也是新行为主义的主要代表人物，操作性条件反射理论的奠基者。斯金纳在心理学研究方面的成就卓著。他发展了巴甫洛夫和桑代克的研究，揭示了操作性条件反射的规律。他设计的用来研究操作性条件反射的实验装置“斯金纳箱”，被世界各国心理学家和生物学家广泛采用。他在哈佛大学的鸽子实验室名垂青史。他根据对操作性条件反射和强化作用的研究发明了“教学机器”，并设计了“程序教学”方案，对美国教育产生过深远影响，被誉为“教学机器之父”。1950 年他当选为美国国家科学院院士。为表彰斯金纳在心理科学方面做出的重大贡献，1958 年，美国心理学会授予他“卓越科学贡献奖”；1968 年，他荣获美国国家科学奖，这是美国最高级别的科学奖励；1971 年美国心理学基金会授予他一枚金质奖章；1990 年，美国心理学会授予他“心理学毕生贡献奖”。其主要著作有：《有机体的行为：一种实验的分析》《科学与人类行为》《言语行为》《学习的科学和教学的艺术》《教学机器》。这些著作全面阐述了操作行为主义理论和这种理论在教学领域中的应用。他还用操作行为主义理论阐述社会生活问题，出版了小说《沃尔登第二》《自由与人类的控制》《超越自由与尊严》，这些作品曾在美国社会引起巨大反响和激烈争论。

知识库 4-9

斯金纳箱

斯金纳箱（见图 4-6）是斯金纳为研究操作性条件反射而设计的实验设备。箱内放进一只白鼠，并设一杠杆。箱子的构造尽可能排除一切外部刺激。白鼠在箱内可自由活动，当它压杠杆时，就会有一团食物掉进箱子下方的盘中，白鼠就能吃到食物。实验发现，动物的学习行为是随着一个起强化作用的刺激而发生的。斯金纳通过实验，进而提出了操作性条件反射理论。

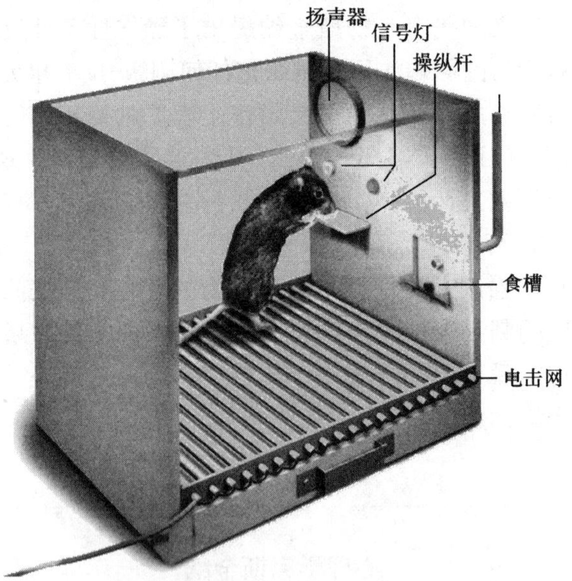

图 4-6 斯金纳箱图示

(1) 强化的类型。

强化包括正强化、负强化和自然消退三种类型。

第一种：正强化，又称积极强化。当人们采取某种行为时，能从他人那里得到某种令其感到愉快的结果，这种结果反过来又成为推进人们趋向或重复此种行为的力量。例如，企业用某种具有吸引力的结果（如奖金、休假、晋级、认可、表扬等），以表示对职工努力进行安全生产的行为的肯定，从而鼓励职工进一步遵守安全规程进行安全生产的行为。

第二种：负强化，又称消极强化。它是指通过某种不符合要求的行为所引起的不愉快的后果，对该行为予以否定。若职工能按所要求的方式行动，就可减少或消除令人不愉快的处境，从而也增大了职工符合要求的行为重复出现的可能性。例如，企业安全管理人员告知工人，不遵守安全规程就要受到批评甚至得不到安全奖励，于是工人为了避免此种不期望的结果而认真按操作规程进行安全作业。

惩罚是负强化的一种典型方式，即在消极行为发生后，以某种带有强制性、威慑性的手段（如批评、行政处分、经济处罚等）给人带来不愉快的结果，或者取消现有的令人愉快和满意的条件，以表示对某种不符合要求的行为的否定。

知识库 4-10

惩罚的“热炉子法则”

1. 热炉火红，不用手去摸也知道炉子是热的，是会灼伤人的——警告性原则。
2. 每当你碰到热炉，肯定会被火灼伤——一致性原则。
3. 当你碰到热炉时，立即就会被灼伤——即时性原则。
4. 不管是谁碰到热炉，都会被灼伤——公平性原则。

以上几条称为“热炉子法则”。

第三种：自然消退，又称衰减。它是指对原先可接受的某种行为强化的撤销。由于在一定时间内不予强化，此行为会自然减少并逐渐消退。例如，企业曾对职工加班加点完成生产定额给予奖酬，后经研究认为这样不利于职工的身体健康和企业的长远利益，因此不再发放奖酬，从而使加班加点的职工逐渐减少。

正强化用于加强所期望的个人行为，负强化和自然消退的目的是减少和消除不期望发生的行为。这三种类型的强化相互联系、相互补充，构成了强化的体系，并成为一种制约或影响人的行为的特殊环境因素。

强化的主要功能，就是按照人的心理过程和行为的规律，对人的行为予以导向，并加以规范、修正、限制和改造。它对人的行为的影响，是通过把行为的后果反馈给行为主体这种间接方式来实现的。人们可根据反馈的信息，主动适应环境刺激，不断地调整自己的行为。

（2）强化程序。

强化程序主要是指实施强化在时间上和频率上的规则。强化程序大体上可以分为两种：连续强化和间歇强化。

连续强化是指在每次理想的行为发生时都给予强化，它是一种最简单的强化程序。比如，对于一个有迟到行为的员工，每次在他准时上班时，主管都对他的行为进行表扬。

间歇强化是指在行为出现若干次后才给予一次强化。间断强化既可按照一定时间间隔给予强化，又可在行为出现到一定数量后给予强化。

（3）强化理论在管理中的运用——组织行为修正。

组织行为修正是将强化原理系统地应用于对组织成员的行为塑造，培养组织需要的行为，减少或消除组织不需要的行为。

组织行为修正程序具体可分为五个步骤。

第一步：辨别关键行为。要确认对绩效有重大影响的关键行为，一定要明确哪些行为应该得到强化。这就要求确定能使工作顺利完成的关键行为。此外，组织中有的行为因为对员工绩效的影响不那么大，就可能不成为目标行为。因此，情况往往是，关键行为虽然只占所有行为的5%～10%，但对绩效的贡献可能高达70%～80%。

第二步：衡量关键行为。在确定目标行为后，管理者必须明确所辨别的关键行为的质量改进或次数增加的期望是否现实，管理者要确定目标的基线水平。基线测量就是确定（通过观察、计算、抽取现有的记录等方法）目标行为在当前条件下发生的次数。基线测量的目的在于为关键行为提供客观的频率数据。

第三步：行为起因分析。一旦关键行为被辨别和测量，就必须确定这些关键行为的起因与后果是什么。这种分析也称为ABC行为管理法。其中，A是前因，即事前线索，它存在于一个行为之前，为该行为的发生设置了舞台。从广义来说，前因也是本人直接经验或间接经验的后果。B是在第一步中确定的关键行为。C是随后的结果，即发生在行为者身上的行为后果，是狭义的后果。这里，ABC的分析并不涉及人的内在心理过程，尽管这些心理过程是存在的，但从组织行为修正的角度来看是可以省略的。

第四步：选择修正策略。一旦目标行为确定，管理人员就该为改变这个目标行为的次数采取相应的修正策略。在选择一种改变员工行为的修正策略时，侧重于确定能够作为正强化因子发挥作用的奖励，并形成一种当员工出现其所希望的行为时就能运用强化因子的方法。正强化用来增加希望的行为发生的可能性。自然消退可以用来减少不希望的行为发生的频率。而对于惩罚和负强化则尽可能不用。

第五步：评定绩效是否已得到提高。组织行为修正实施的最后一个步骤是采用修正措施后对行为绩效的评定。一般来说，这种评定包括四个方面：反应、学习、行为改变和绩效改进。反应是指在经过一定的介绍之后人们是否喜欢这种方法，是否真正愿意接受这种方法。只有人们自愿接受了这种方法，才能有效地使用这种方法。学习是指人们是否真正理解了这种方法的理论背景和假设。第一次使用组织行为修正方法时，这种学习至关重要。真正的绩效评定是从行为改变开始的，即采取修正措施后，行为是否发生了改变。最后是绩效改进，这是组织行为修正的最终目的。

4.2.3 状态型激励理论

1. 亚当斯的公平理论

公平理论是美国心理学家亚当斯在20世纪60年代提出来的。他认为，在组织中，员工对自己是否受到公平合理的对待是十分敏感的，他们有时更关注的不是自己所获得的报酬的绝对值，而是与别人比较的相对值。人们往往喜欢不断地与他人进行比较，并对公平与否的程度做出判断，使其对自己的工作积极性产生影响。亚当斯认为，在管理活动中，员工会将自己的付出（包括教育、智慧、经验、技能、健康等）和所得的报酬（包括工资、福利、资历津贴、工作地位和职务象征等）的比值与他人的付出和所得报酬之比值进行横向的社会比较，或者会进行现在与过去的纵向的历史比较。一般来说，员工在进入组织环境之时就开始了这一比较。如果两种比值是相等的，就会产生公平感；否则就会产生不公平感。可以用下面的公式表示：

$O_A/I_A=O_B/I_B$　　报酬相等，A感到公平(满意)

$O_A/I_A>O_B/I_B$　　A报酬过高，A感到自己多得(满意)

$O_A/I_A<O_B/I_B$　　A报酬较低，A感到不公平(不满意)

式中：A、B为相比较的两个个体；

O（output）表示个人通过某项工作从组织中得到的报酬或产出，譬如，工资、奖金、晋升、表彰、尊重、工作的乐趣等；

I（input）表示个人对该项工作所投入的努力，譬如，时间、产量、质量、学历、职称、技术等级、职位、社会地位、资历、对工作的投入（努力程度）、对组织的忠诚、年龄、性别等；

O_A/I_A表示个体A“所得的报酬”与“所投入的努力”之比率；

O_B/I_B表示个体B“所得的报酬”与“所投入的努力”之比率。

式中具体显示了A与B相比较后所出现的三种基本心理状态：

第一，A、B两者报酬相当，都感到公平。此时员工受激励的状态不变。

第二，A与B比较报酬过多，A感到自己得的多，一般都会感到满意，受到激励。

第三，A与B比较报酬过少，A感到不公平。这时员工可能出现的情况是心理受挫和失衡。还会对自己的行为做出一系列调整：改变投入，要求改变产出，改变对自身的看法，改变对他人的看法，改变比较对象（与一个更差的人比较以自我抚慰，或与自己不如现在的过去进行比较），甚至离开现在的环境，进入新的组织工作。

组织员工的不公平感可分为主观不公平感和客观不公平感两类。主观不公平感是由于个人的判断产生的不公平感，其实事情本身是公平合理的，而个人认为它不合理。产生这种错误判断的原因主要有：个人的德才素质、知觉误差、归因判断误差等。客观不公平感是由于管理实践中客观不公平现象（如劳动定额不合理、工种任务不均匀、承包基数不合理和领导者作风不正等）的存在而引起的不公平感。

在实际管理活动中，员工经过公平知觉的归因分析后产生的个性化倾向，往往是消极的；员工所采取的改变不公平现象的行为，常常是感情用事、缺乏理性的。通常，员工对报酬不满意的行为后果是要求提高工资报酬，如不能实现，则会影响员工的工作绩效和引发罢工、抱怨、旷工、怠工、辞职等消极行为。

公平理论对管理者的启示如下：

（1）重视和了解员工的公平感。管理者应当不断地留心组织的社会比较过程。人们总会自觉或不自觉地进行纵向和横向的比较，以求得心理平衡，这是一种客观存在的现象，尤其在工作中，这种比较更突出，对工作绩效有着重要影响。管理者要重视公平感的存在，并注意了解员工在哪些方面寻求公平，从而对症下药。

（2）客观分析产生不公平感的原因。产生不公平感的原因是多方面的：组织在客观上确实存在不合理分配的现象；不同员工在投入和报酬上存在不可比性；人们总是倾向于过多地估计自己的投入和他人的报酬，过少地估计自己的报酬和他人的投入；不同员工对投入和报酬的认知不同；人们总是挑选对自己有利的方面与他人进行比较；组织中一些绩效考评和奖励制度不透明，有暗箱操作的现象，增加了员工的猜测和不安全感。

（3）建立奖惩分明的制度。如果组织中确实存在着有功者不奖、无功者领赏的不公平现象，就要建立奖赏分明的制度，改进金钱回报和分配方法，奖勤罚懒、奖优罚劣，这样不仅可以避免平均主义，还能避免挫伤贡献较大的人员的积极性。

（4）实行量化管理，增加透明度。公平感更多时候表现为个体的主观判断或猜测，缺乏客观的衡量标准。要保证激励的有效和不断改善，就要建立清晰的评估分配回报基础。在绩效考评和奖励时要实行量化管理，做到用数据说话，取缔暗箱操作，提高整个工作的透明度。

（5）加强员工教育，纠正错误的比较观。员工常常因为个人的认知不同而导致不公平感产生，这对组织是不利的。管理者要以敏锐的目光察觉个人认知上的偏差，同时要引导员工正确地选定参照对象，确定合理的参照标准。

公平理论也存在着局限性，它认为公平与否都源于个人知觉，事实上不公平有的源于客观实际，有的并不反映客观实际。如果因为主观不公平而改变回报往往会导致更多的事实不公平，反而会降低一些人的工作积极性。所以，公平理论在应用中缺乏客观的判断公平的标准，不真实的比较将导致员工工作绩效的下降。近期研究还扩展了公平的含义，从过去着眼于分配公平（个人间可见的报酬的数量和分配的公平）发展到程序公平（用来确定报酬分配的程序公平），并认为分配公平对员工的工作满意度影响更大，而程序公平对员工的组织承诺、对上司的信任和流动意图影响更大。

2．挫折理论

心理学中的挫折通常是指在个体从事有目的的活动过程中遇到障碍或干扰，致使个人动机不能实现、需要不能满足时的情绪状态。西方关于挫折的理论可以概括为两方面：一是挫折情绪为何产生；二是挫折情绪会引起哪些反应。

（1）挫折情绪的产生源理论。

这方面的理论主要探讨挫折情绪是如何产生的，根据产生的根源应该怎样去调节或改变等。这些理论主要包括：本能论，认为挫折情绪是由人的本能造成的；需要和紧张的心理系统理论，认为挫折情绪是由需要和紧张造成的；社会文化理论，认为挫折是由社会文化和人际关系造成的；ABC 挫折理论，认为挫折是由心理信念、观念系统直接造成的。

知识库 4-11

挫折情绪的产生源理论

1. 本能论

精神分析学派代表人物弗洛伊德认为，人格是由本我、自我、超我三部分构成的。本我包括生的本能和死的本能。生的本能中性爱本能是最强有力的。这种性爱冲动随着个体成长而扩大发展，但往往与现实发生矛盾冲突，由此受到代表社会道德的超我的抑制，使性的欲望不能实现。如果长期不解决，则产生挫折情绪。策动心理学派代表人物麦独孤认为，人和动物的行为是由内在的目的驱动的，而这一内在目的来自本能。人在活动中遭受挫折情绪以及由此引发的各种挫折行为反应，都是本能冲动的结果。

2. 需要和紧张的心理系统理论

该理论的代表人物是勒温。勒温认为个体主要在其非生理需要的推动下，产生一种紧张的心理状态，激发起一种满足需要的动机，以求心理上的平衡。需要若得不到满足，紧张就不会解除，挫折情绪也会随之出现；需要得到满足，心理紧张就会很快消除，挫折情绪也随之消逝。

3. 社会文化理论

该理论的创立者是新精神分析学派的代表人物沙利文和人本主义心理学派的代表人物罗杰斯等。在沙利文看来，挫折感或焦虑是因为受一定社会文化或人际情绪影响的"本能"需要得不到满足而导致的。罗杰斯认为，个体不能满足自己的现实需要，也得不到别人的关注时，就会导致不认可自我，进而导致自我关注的需要得不到满足，挫折感自然产生。

4. ABC 挫折理论

美国心理学家埃利斯在 20 世纪 50 年代创立合理情绪疗法时，提出了 ABC 挫折理论。埃利斯提出，应从人的认知本质看待挫折。根据 ABC 挫折理论，诱发性事件为 A，所持的信念、看法、解释是 B，情绪、行为反应为 C。A→B→C 的过程是一种心理反应过程。如果人遇到了诱发性事件所带来的无法克服的干扰和障碍，使其动机目标不能实现而产生紧张情绪以及疲劳过度和心理变化等行为反应，那么这种动机、目标受阻后所产生的情绪体验和行为反应过程也就是挫折产生的过程。

（2）挫折的行为反应理论。

挫折情绪引起了许多个体和社会反应，这使许多心理学家关注挫折的行为反应研究。20 世纪三四十年代开始，人们以弗洛伊德等人的理论为基础展开了挫折研究，形成了挫折-攻击理论、挫折-倒退理论、挫折-效应理论等。

知识库 4-12

挫折的行为反应理论

1. 挫折-攻击理论

1939 年，耶鲁大学心理学家多拉德、米勒等五人合著了一本论述攻击的经典专著

《挫折与攻击》。在这本著作中他们首次提出了挫折-攻击假说。这个假说的主要观点是：攻击行为的发生总是以挫折的存在为先决条件，反之，挫折的存在也总是导致某种形式的攻击。也就是说，他们把挫折和攻击看成一一对应的关系，挫折是攻击行为的充分必要条件。

2. 挫折-倒退理论

挫折-倒退理论最先由巴克等人提出。他们提出挫折导致倒退，即人在受挫折后表现出活动水平的降低。

3. 挫折-效应理论

挫折-效应理论是由阿姆泽尔正式提出的。阿姆泽尔首先给挫折下了操作性定义：挫折是当有机体在先体验到奖赏后又体验到无奖赏时所出现的心理。阿姆泽尔认为挫折有可能会引起活动效率的提高。

挫折所导致的行为反应是多种多样的，这些反应一般可分为两类：一是积极的建设性行为，二是消极的破坏性行为。

积极的建设性行为包括：

第一，升华。升华是个体遭受挫折后，把那些敌对、悲愤等消极冲动化为积极动力，加倍做出努力，选择更好的途径，做出更有意义的成绩。

第二，重新解释目标。当目标无法达到时，延长实现目标的期限，或者重新调整目标水平，以期实现目标减少挫折。

第三，补偿。当一个人认定目标受到条件限制而无法达到时，他用实现另一个目标来进行补偿，或者以新的需要取代原来的需要。

消极的破坏性行为包括：

第一，反向行为。努力压制自己的意愿和感情，勉强去做一些违背自己意愿的事情。

第二，合理化。为自己的失败寻找借口，这种借口听起来似乎合理，但并非真实，在他人看来往往是不合逻辑的托词，自己却能从中求得某种安宁，减少挫折感。

第三，推诿。将自己做错事情的责任推给他人，这样可以减轻自己的内疚，维护自尊。例如，有人向来刻薄，而刻薄是一种不好的品质，如果他相信周围的人都是很刻薄的，这样就会把自己的缺点转移到他人身上，减少消极情绪。

第四，退缩和逃避。知难而退或畏难而退，不敢面对受挫的现实，遇到棘手的问题或情绪低落时，脱离当时的问题情境，转而从事其他无意义的事情。

第五，表同。这是一种以理想中的某人自居的心理，通过模仿某人的思想、言论、行为甚至衣着等，以在心理上分享此人的成功，冲淡自己未能达到此人那样的成就所产生的挫折感。

第六，压抑。将痛苦的记忆从意识中排除，以减轻挫折带来的不良情绪反应。

第七，倒退。这是面对挫折所表现出来的一种与年龄不相称的幼稚行为，形成成熟的倒退现象，甚至退化到儿童时期的某些行为表现上，如哭闹不止、到父母那里去告状等。

第八，攻击。当个体遇到挫折时，表现出无理智的、消极的、带有破坏性的行为，这可能针对他所认为的挫折源（人或事），也可能迁怒于无关的旁人或折磨自己甚至自杀。

（3）挫折的原因。

挫折主要是由以下两方面的原因引起的：

第一，外部原因，是指那些让动机或行为不得实现的实际存在的外部客观环境因素，包括自然因素与社会因素。自然因素是指由于自然的或物理环境的限制，个体的动机不能得到实现。社会因素是指人在社会生活中所受到的人为因素的限制，其中包括政治、经济、民族习惯、宗教信仰、社会风尚、道德法律、文化教育等种种约束。外部原因是否导致挫折和产生挫折的程度，很大程度上取决于个体对于挫折的容忍力，即遇到挫折时能免于行为失常的能力。

第二，内部原因，是指来自挫折者自身的内部主观因素，分为生理因素和心理因素。生理因素是指人的高矮、胖瘦、长相等对所从事的职业、所追求的目标造成的限制。心理因素是指个人的能力、智力、知识、经验的多少和高低，对员工来说还包括工作不满足感、工作紧迫感等。

知识库4-13

挫折容忍力的影响因素

挫折容忍力受多方面因素影响：

（1）生理素质。身体健康、发育正常的人在生理上的容忍力，一般高于体弱多病的人。精力充沛的人一般能够胜任多种工作。

（2）过去受挫折的经验。挫折的容忍力是可以通过学习获得的。过去经受挫折而善于积累经验，就能提高容忍力。如果从小娇生惯养，很少遇到挫折，或一遇到挫折便逃避、放弃学习处理挫折的机会，必然导致对于挫折的容忍力弱。

（3）对挫折的知觉判断。同一挫折的客观情况相同，但因人、因时、因地出现的感受和判断会有不同，构成的压力和打击也就不同。

（4）对挫折的预见性。对于未来可预见的挫折，容忍力相对较低。

（5）其他心理素质，包括价值观、气质、性格、兴趣、意志等，都与容忍力密切相关。

（4）挫折理论对管理者的启示。

人们在日常工作和生活中会遇到各种障碍、受到各种挫折，挫折是一种较特殊的心理机制，处理不当会导致许多消极因素和行为的产生，使人的心理失去平衡。职工受挫后表现在生产中就会使生产效率降低，事故增加，无故缺勤增多，组织纪律涣散，情绪低落，使生产受到严重影响。为了减轻和消除挫折给职工带来的不良反应和使生产免受损失，就要分析挫折产生的原因及后果，采取种种合理的诱导措施来帮助职工，用积极的态度和建设性行为战胜挫折，消除和减少挫折造成的危害，充分调动职工的生产和工作积极性，具体做法为：

第一，消除挫折产生的原因。管理者要及时了解、分析和排除产生挫折的根源。针对产生挫折的主客观因素采取适当措施，减少或消除因挫折带来的破坏性后果。

第二，采取宽容的态度。管理者对受挫者的攻击行为应采取宽容的态度。不应采取针锋相对的反击措施。因为这样做不仅不能解决问题，还会使矛盾进一步激化。管理者应在受挫者冷静下来后，热情帮助，关怀鼓励，动之以情、晓之以理，通过耐心细致的思想工作，使受挫者分清是非，提高认识，创造一种良好的解决问题的气氛，使矛盾得以化解。管理者千万不可乘人之危、落井下石、幸灾乐祸、火上浇油，使矛盾进一步激化，从而把职工推向更加危险的境地。

第三，改变环境。管理者给受挫折的职工调换一个新的工作岗位和生活环境，减少原来环境的心理刺激，给受挫者以同情和温暖，帮助他们战胜挫折。

第四，改善管理制度和管理方式。取消不公平、不合理的管理制度，改善劳动制度和工资奖励制度，充分发扬民主，鼓励职工参政、议政，让职工真正成为企业的主人，从而调动职工的工作积极性。同时管理者还要注意改善和职工的关系。

第五，做好心理咨询。心理咨询是心理学家帮助人们战胜挫折、治疗“心病”的一种方法。例如，管理者通过谈心，使受挫者说出内心的痛苦，帮助他们提高认识水平，解除心理上的负担，为他们建立和谐的人际关系环境，帮助他们养成良好的行为和习惯，战胜挫折，在工作上取得更大的成就。

3. 归因理论

归因是指观察者为了预测和评价被观察者的行为，对环境加以控制和对行为加以激励或控制，而对被观察者的行为过程所进行的因果解释和推论。比较有影响的归因理论有很多，下面介绍三种：

（1）韦纳的归因效果理论。

1974 年，美国心理学家伯纳德·韦纳以成败行为的认知成分为中心，提出了一个归因模型。他认为，能力、努力、任务难度、运气是人们解释成败的四种因素，并将这四种主要原因分成控制点、稳定性、可控性三个维度。

根据控制点维度，可将原因分成内部和外部两种。能力和努力属于内部原因，任务难度和运气属于外部原因。根据稳定性维度，可将原因分为稳定和不稳定两种。能力和任务难度属于稳定原因，努力和运气属于不稳定原因。根据可控性维度，又可将原因分为可控的和不可控的两种。努力是可控原因，任务难度和运气是不可控原因。

韦纳通过一系列的研究，得出一些归因的最基本的结论：第一，个人将成功归因于能力和努力等内部原因时，他会感到骄傲、满意、信心十足；将成功归因于任务容易和运气好等外部原因时，产生的满意感则较少。相反，如果一个人将失败归因于缺乏能力或努力，则会产生内疚和无助感；将失败归因于任务太难或运气不好时，则会产生气愤和敌意。其实，归因于努力比归因于能力，无论对成功或失败均会产生更强烈的情绪体验。努力而成功，体会到愉快；不努力而失败，体验到羞愧；努力而失败也应受到鼓励。第二，在付出同样多的努力时，能力低的归因应得到更多的鼓励。第三，能力低而努力的人应受到最高评价，能力高而不努力的人应受到最低评价。

（2）自我效能归因理论。

自我效能理论首先由美国心理学家班杜拉于 1977 年提出，后经认知心理学家加以借鉴发展成现在的自我效能归因理论。

班杜拉的自我效能理论的中心思想是：个体的自我效能感决定他在成就情境中的行为动机。自我效能感高的人在有关的活动中行动的积极性高，乐于通过付出努力和采取策略来应对遇到的困难，解决面临的问题。自我效能感低的人，在有关的活动上行为的积极性就低，不愿付出过多的努力和采取相应的策略应付困难，解决问题，就必然导致活动结果不尽如人意，反过来又降低了他的自我效能感。那么，对激发和维持成就动机如此重要的自我效能感又是从何而来的呢？班杜拉认为它来源于对行为的“无条件的积极关注”或强化。当一个人的行为总是伴随着成功和来自他人的关心、支持的时候，他的自我效能感就会增强或提高；当一个人的行为总是伴随失败和来自他人的批评、指责的时候，他的自我效能感就会削弱或降低。班杜拉的这一理论在一定范围和层面上能解释人们的某些行为，因为个人的能力知觉在很大程度上要受其周围人，特别是较重要的人对其评价的影响。一些认知心理学家指出，人们的自我效能感绝不仅仅是由先前的活动结果本身和他人的评价决定的，在很大程度上，它是由人们对先前的活动结果和他人的评价做出什么样的归因决定的。人具有高度的自我意识和理性以及自我评价、自我调节能力，强化不是在人的任何行为中都起作用；人们通常不会采用别人看待或评价自己的方式来看待和评价自己，也不会由于几次活动的成功或失败就不加分析地高估或低估自己的能力。伴随某一行为的结束，人们往往会有意无意地推断出自己成败的原因。只有当成功被归因于自己的能力出众这种内部的、稳定的原因时，个体才会产生较高的自我效能感。同样地，只有当失败被归因于自己的能力不足这种内部的、稳定的原因时，个体才会产生较低的自我效能感。而当失败被归因于运气、机遇之类的外部的、不稳定的原因时，并不足以动摇或改变他的自我效能感，不论别人如何评价，都是如此。

（3）习得无助归因理论。

习得无助概念最早是由 20 世纪 60 年代末的动物学习理论家提出的。他们研究发现，当动物（狗、白鼠等）被置于难以逃避的电击区域时，起初它们试图逃避电击的反应很积极，然而 24 小时之后，它们的逃避反应明显地减少或消失了，表现为动机缺乏、认知或联想缺失、情绪缺失等，研究者称这种现象为“习得无助”，认为这种习得无助现象产生的原因是动物在无休止的电击过程中了解到它们的任何反应都和结果（电击）相互独立、不相倚。无论它们做出什么样的反应都无济于事，而且这种习得无助具有弥散性，能够扩散到新的情境中去。

习得无助概念提出以后，很快便引起人们的兴趣，并用来研究人类的类似行为。其中，塞里格曼是习得无助归因理论的最早提出者。他认为消极行为事件或结果本身并不一定产生无助感，只有当这种事件或结果被个体知觉为自己难以控制或改变的时候，人才会产生无助感。他所构建的动机产生的模型是：不可控制的事件—反应和结果不相倚的预期—反应强度的减弱。显然，塞里格曼认为只有消极的行为事件和结果被归因于不可控制的原因时，人才会产生无助感。1978 年，心理学家艾布拉姆森在用习得无助理论说明人类的行为时，明确地引入了归因的概念和原则，从而发展了习得无助归因理论。他指出，仅有不可控制的消极事件或对这种事件产生的原因的不可控制性的知觉，还不足以使人类这种具有高度理性的复杂动物产生弥散性的无助感。决定一个人在经历不可控制的消极事件后动机缺失的性质和程度的，是他对该种结果更为复杂的归因。如果一个人将不可控制的消极事件归因于内部稳定的、普遍的因素，那么一种弥散性的无助状态就会出现，自我评价就会降低，动机也会减弱到最低水平。否则，人们在经历消极事件后所产生的无助感就只能限于特定时空条件，不足以降低人们的自我评价和弱化人们的动机，甚至还会强化随后行为的动机。也就是说，消极事件原因的可控制性、稳定性、普遍性一起决定了无助感的产生和随后的行为动机，而不是单独起作用。由此可看出，在解释习得无助感的原因时，艾布拉姆森既看到了主体的内部控制因素，又看到了稳定性因素和普遍性因素的作用。

4.2.4 综合型激励理论

1. 波特-劳勒的综合激励理论

美国行为学家劳勒和波特于 1968 年在《管理态度和成绩》一书中提出了综合激励理论。该理论认为激励、满意度和绩效是三个不同的概念。他们用图描述了一个复杂的多变量模型，用于解释努力、满意度和绩效之间的复杂关系（见图 4-7）。

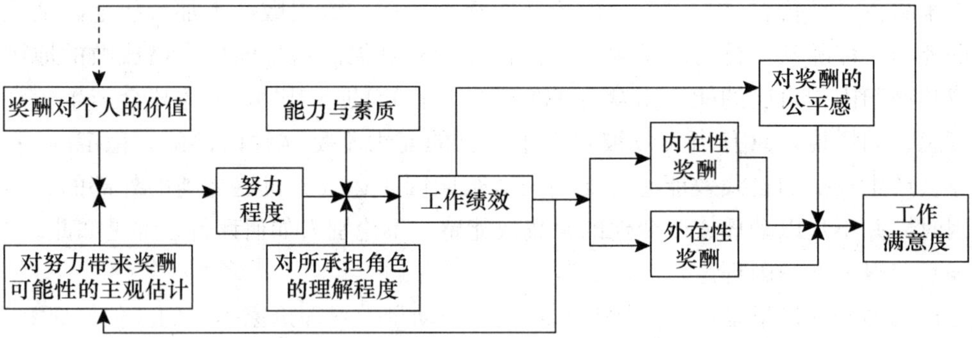

图 4-7 波特-劳勒的综合激励模型

该模型中分别包含员工的努力程度、工作绩效、内外奖酬、工作满意度这几个主要变量。它所体现的关系主线是：员工的努力程度影响其工作绩效，而工作绩效将使员工获得组织给予的内在性和外在性奖酬，各种奖酬将影响员工的工作满意度。具体来说，决定这几个主要变量的各种关系如下：

员工的努力程度是指个人所受到的激励程度和所发挥出来的能力，它的大小总体上取决于个人对某项奖酬（例如，工资、奖金、提升、认可、友谊、某种荣誉等）价值的主观看法，以及个人对努力将导致这一奖酬可能性（概率）的主观估计。其中，奖酬对个人的价值因人而异，取决于它对个人的吸引力。而个人每次行为最终得到的满足，又会以反馈的形式影响个人对这种奖酬价值的估计。同时，个人对努力可能获得奖酬可能性的主观估计又受上一次工作绩效的影响。

工作绩效是员工的工作表现和实际成果，工作绩效不仅取决于个人所做出的努力程度，也取决于一个人的能力与素质以及对自己所承担角色的理解程度（包括对组织目标、所要求的活动、与任务有关的各种因素的认识程度等）。

内外奖酬是绩效所导致的各种奖励和报酬，它包括内在性奖酬和外在性奖酬两种。内在性奖酬、外在性奖酬以及主观上所感受到的奖酬的公平感，共同影响着个人最后的满足感。内在性奖酬更能给员工带来真正的满足。另外，个人对工作绩效和所得奖酬的评价比较会形成员工的公平感。

工作满意度是当个人实现某种预期目标时所体验到的满意感觉。它是一种态度，一种内在的认知状态，是各种内在因素（如潜在的责任感、胜任感、成就感等）的总和。

从上面的分析可以看出，波特-劳勒的综合激励理论实际上是弗鲁姆的期望理论、劳勒的期望模式、亚当斯的公平理论、赫茨伯格的双因素论以及斯金纳的强化理论等的综合。

2．豪斯和迪尔的综合激励模式

罗伯特·豪斯和迪尔所提出的综合激励模式，就是企图通过一种模式把几类激励理论综合起来，把内外激励因素都归纳进去。其代表性的公式是：

$$M=V_{it}+E_{ia}\cdot V_{ia}+E_{ia}\cdot \sum E_{ej}\cdot V_{ej}$$

式中：M表示某项工作任务的激励水平高低，即动力的大小。V_{it}表示工作本身所提供的内在奖酬效价，它所引起的内激励与任务完成与否及其结果无关，即不受期望值影响，也可以说期望值（E_{it}）是1，所以可不表示。E_{ia}表示完成任务的期望值，也就是主观上对完成任务可能性的估计，进行这项工作时人们要考虑自己完成任务的能力以及客观上存在的困难等。V_{ia}表示完成任务的效价。

$\sum E_{ej}\cdot V_{ej}$表示一系列双变量的总和，其中，E_{ej}代表工作任务完成获得某项外在奖酬的期望，V_{ej}代表该项外在奖酬的效价。在估计E_{ej}时，人们考虑完成任务后，有多大把握能得到相应的报酬，如加薪、提级和表扬。

公式中下标的意思是：i表示内在的；e表示外在的；t表示任务本身的；j表示外在的奖酬项目；a表示完成。

公式强调内激励作用。公式的第一部分是一个独立变量，强调的是工作任务本身的内容、意义、乐趣和发展前途。这些任务的内在效价具有强大的激励作用，即使后两项激励作用很小甚至没有，也可具有较大的激发力量。

公式的第二部分仍然突出目标内在效价与期望值，但强调完成目标的重要意义。如增加产量、提高质量、增加品种、降低成本、开发新产品等这些目标的实现，本身就对人们起着强有力的激励作用。这对具有开拓精神、有高成就需要与追求的人，更会起到强有力的激励作用。以上两部分都属于内在激励。

公式的第三部分是一系列获得报酬所产生的效价与期望值。它以任务完成为前提，任务完成后，重视报酬兑现，同时使此奖酬的效价足够高。这一部分将使激励作用更加完善。这部分属于外在激励。

公式的三部分之和代表了内外激励的综合效果。

豪斯和迪尔的综合激励模式，强调了任务本身的内激励作用，突出了完成任务内在的期望值与效价，兼顾了因完成任务而获得外在奖酬所引起的外在激励。将此公式用于量化分析是困难的，但用于定性分析却有相当大的实用意义。因为豪斯和迪尔的综合激励模式简要地阐明了影响激励的所有因素及其相互关系，提供了预见人们对某项活动积极性的线索。

3. 罗宾斯的综合激励模式

美国管理学家罗宾斯在其《管理学》一书中回顾了若干理论之后，指出孤立地看待各个理论的做法是错误的。事实上许多理论观点都是互相补充的，只有将各种理论融会贯通，才会加深对如何激励个体的理解。他用图 4－8 说明了这种综合激励模式。

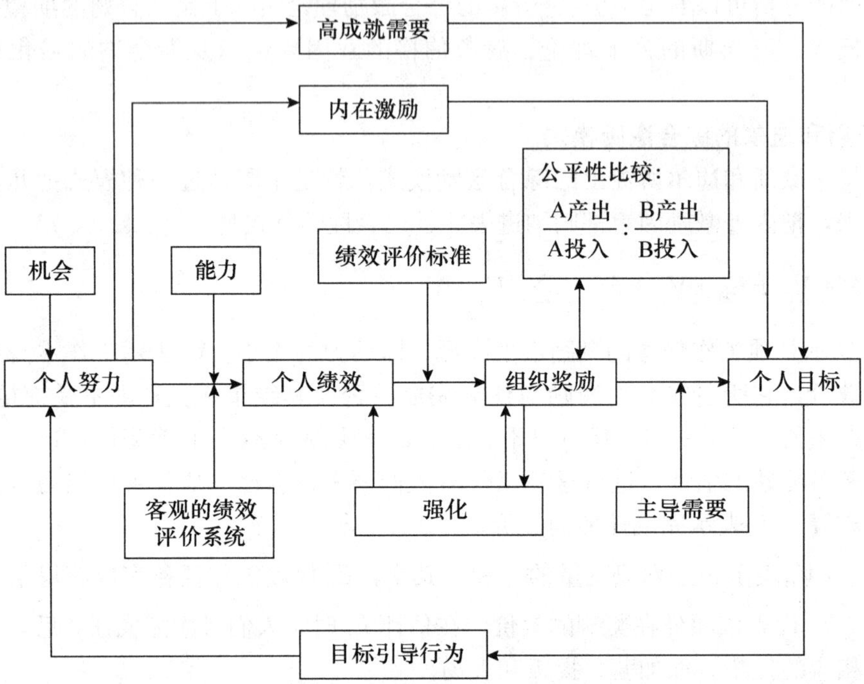

图 4－8　罗宾斯的综合激励模式

罗宾斯的综合激励模式以期望理论为主线索。期望理论认为，如果个人感到努力与绩效之间、绩效与奖励之间、奖励与个人目标的满足之间存在密切联系，那么他就会付出大量努力，并且每一种联系又受到一定因素的影响。对于努力与绩效之间的关系而言，个人必须具备必要的能力，对个体进行评价的绩效评估系统也必须公正、客观。对于绩效与奖励之间的关系来说，如果个人感知到自己因绩效因素而非其他因素（如资历、个人爱好等）而受到奖励，那么两者将产生密切联系。对于奖励与个人目标之间的关系，需要理论起重要的作用。当个人由于其绩效而获得的奖励满足了其与目标一致的主导需要时，他的工作积极性会非常高。

罗宾斯的综合激励模式也包含成就需要理论、强化理论和公平理论的内容。高成就需要者不会因为组织对他的绩效评估以及组织奖励而受到激励，对他们来说，努力和个体目标之间是一种直接关系。实际上，对高成就需要者而言，只要他们所从事的工作能使他们产生个体责任感、有信息反馈并提供中等程度的风险，他们就会产生内部的驱动力。这些人并不关心"努力—绩效"、"绩效—奖励"以及"奖励—目标"之间的关系。

这个模式中的强化理论是通过组织奖励强化了个人的绩效而体现出来的。如果管理层设计的奖励在员工看来是用于奖励卓越的工作绩效的，那么奖励将进一步强化和激励这种良好绩效。

此外，报酬还体现了公平理论的重要作用。个人经常会将自己的付出与所得进行对比，若感到二者之间不公平，将会影响个体对要实现目标的理解，进而影响个体的努力程度。

罗宾斯的综合激励模式使我们认识到，员工激励是一个十分复杂的问题。该模式进一步确认了公式：绩效＝f（能力×激励×环境）。要给一个能干而且想干的人提供必要的环境条件，其绩效水平才会更高。在组织的实际管理工作中，针对员工的积极性方面出现的问题，管理者要善于从不同的角度来考虑激励的方式，查出造成问题的原因。这些问题可能是由某个方面的因素造成的，也可能是由几个不同因素同时作用造成的。管理者要学会利用不同的理论，从不同角度来解决实际问题。

4.3　激励理论的应用

作为管理者，可采取的激励技术和方法是多种多样的，重要的是要在理解理论的基础上根据员工的特点和能力，因地制宜、因人而异，制定符合组织特点的激励方案。

知识库 4－14

激励理论与激励方案的关系

1. 目标管理方案

目标管理的四种成分是具体目标、参与决策、时间限制、绩效反馈。四步操作程序是目标设置、目标分解、目标考核、目标评价。四个关注焦点是难度、结构、过程、效果。总体结论是具体目标、困难目标、绩效反馈导致高绩效。对应激励理论为目标设置理论。

2. 行为矫正方案

行为矫正的五步程序是关键行为识别、基础行为测量、权变因素识别、干预策略、绩效评估。对应激励理论为强化理论。

3. 员工参与方案

员工参与的五种形式为参与式管理、合理化建议、代表参与、质量圈、员工股份所有制。参与式管理的特征是共同决策。合理化建议的目标是鼓励员工提供建议以改善工作。代表参与的三种形式是工作委员会、董事会代表和职工代表大会，其最大价值是象征性。质量圈实质是一个工作团队。员工股份所有制能够提高满意度和绩效。对应激励理论为双因素理论、ERG理论。

4. 变动工资方案

变动工资的形式有计件工资、奖金、利润分成、收入分成。传统报酬的决定因素是工作时间、资历，变动工资使报酬和绩效挂钩。变动工资方案的出发点是把固定成本变成可变成本，使组织在效益低时减少费用。对应激励理论为期望理论。

5. 技能工资方案

技能工资是相对岗位工资而言的，根据员工掌握多少技能和能做多少工作确定工资级别。技能工资的优点是可灵活掌握，有助于培养多面手、工作互换。对应激励理论为ERG理论、成就需要理论、强化理论、公平理论。

6. 灵活福利方案

灵活福利允许员工从众多福利项目中选择一组适合个人需要的福利。这种报酬组合使员工报酬个体化，从而把福利消费变成激励因素。对应激励理论为期望理论。

7. 可比较价值

可比较价值的基本观点是：同样价值的工作应支付同样的报酬。四个比较标准是技能、能力、责任、工作环境。可比较价值为工作等级、性别歧视导致的报酬不公平提供了潜在的解决方法。对应激励理论为公平理论。

8. 工作设计方案

工作设计的三种形式是工作简单化、工作扩大化、工作丰富化。工作特征模型是工作丰富化设计的理论基础，对应激励理论为认知评价理论、成就需要理论、ERG理论。

9. 年薪制方案

年薪制是激励机制设计中“承包制”的应用，使报酬和绩效挂钩。对应激励理论为期望理论。

10. 股票期权方案

股票期权是激励机制设计中“分成制”的应用，使报酬和风险挂钩，约束了经理人员的短期行为。对应激励理论为期望理论。

4.3.1 通过教育和培训引导员工的需要

成就需要理论和其他激励理论都基于一种共同的认识，即人们参加组织或从事某项工作都抱有个人目的，都是为了满足个人的某种需要和欲望，当组织目标或组织活动能给个人带来有吸引力的成果时，他才积极参加组织，为组织目标服务。由于存在个体差异，组织中员工的个性、能力、感知和态度因人而异，员工的需要因人而异，激励给予人的满足程度也因人而异。第一，人的需要是无止境的，而组织的资源是有限的，因此，个人需要的满足程度是有限的。第二，人的需要存在一定的结构，是多样的，有时可能是不合理的，是和组织目标相矛盾的。第三，同一个激励措施给予人的满足程度与一个人的个性、感知、态度和行为模式有很大关系。因此，组织在满足个人目标的同时，要通过教育和培训在观念上引导员工的需要，改变员工的动机结构和行为，使员工的需要和行为能和组织的目标及要求保持一致。

4.3.2 制定合理的工资福利制度满足员工需要

金钱作为激励因素在理论和实践中都有重要意义，对大多数员工来说，为了满足基本的生理和安全需要，一份固定的工资是绝对必要的。公平理论认为，金钱具有象征意义，即人们把工资作为主要产出，并和自己的投入相比，以确定自己是否受到公平对待。期望理论认为，如果根据绩效标准来确定奖励，会满足员工的个人目标，起到激励作用。美国马里兰大学的洛克考察了激励员工绩效的四种方法：金钱、目标设置、参与决策和重新设计工作。他发现，金钱带来的绩效提高幅度一般是 30%，目标设置是 16%，参与决策不超过 1%，重新设计工作一般是 17%，而且，每一项以金钱为激励方法的研究都在一定程度上导致了员工绩效的提高。这些理论和事实表明，金钱是非常重要的激励手段。

但要使金钱能提高员工的绩效，必须满足一定的条件：第一，金钱对个人来说必须是重要的；第二，金钱必须被看作对绩效的直接奖励；第三，为绩效付出的努力所得到的边际收益必须被员工认为是具有意义的；第四，管理者必须有权力给高绩效者更多的金钱。

在实践中为了充分发挥金钱的激励作用，必须制定合理的工资福利制度，以真正地实现激励。

4.3.3　实行目标管理追求更高的绩效

目标设置理论表明，困难的目标比容易的目标能带来更高的绩效，具体的目标比没有目标或空洞的目标如“尽你最大努力”能带来更高的绩效，绩效反馈能带来更高的绩效。目标管理为管理者提供了推行目标设置理论的工具。

目标管理是美国管理专家彼得·德鲁克在 20 世纪 50 年代提出来的，后经由其他人的发展，逐步成为企业、医院、学校和政府机构普遍采用的一种系统地制定目标并进行管理的有效手段，成为一种员工参与管理的激励技术，它的具体形式多种多样，但其实质和基本内容是一样的。

目标管理的实质是：组织的最高领导层根据组织面临的形势和社会需要，制定出一定时期内组织经营活动所要达到的总目标，然后层层落实，要求下属各部门主管人员以及每个员工根据上级制定的目标和保证措施，形成一个目标体系，并把目标完成的情况作为各部门或个人考核的依据。简言之，目标管理就是上下级共同制定目标，明确责任，并以目标来衡量工作成果的过程。

4.3.4　促进员工参与提高工作积极性

员工参与是指通过设计一种参与过程，鼓励员工为实现组织目标贡献才智并分担责任。参与包含以下几重含义：（1）参与是指员工精力和智慧的投入；（2）参与鼓励员工勇于承担责任；（3）参与是员工对组织目标做更多贡献，允许与鼓励员工表现其创造能力。

通过员工参与，增强了员工对工作的控制能力，提高了员工的工作积极性，增加了员工对组织的忠诚，使他们对工作更满意。员工参与有许多方法，实际中采用的主要有以下几种：参与式管理、合理化建议、代表参与、质量圈和员工股份所有制。

1. 参与式管理

所有实行中的参与式管理都有共同的特征，即员工在很大程度上分享其直接监督者的决策权。让员工参与决策可以起三个作用：允许最了解工作的人参与决策，可将个人能力和集体智慧相结合，使决策更完善；参与便于决策的执行；参与激励了员工，使他的工作更有趣和更有意义。

为使参与式管理更有效，必须具备以下几个基本条件：员工必须有充足的时间参与，员工必须有能力（智力、技术知识、沟通技巧）和兴趣参与；参与决策的问题必须与其利益有关；组织文化必须支持员工参与。

2. 合理化建议

合理化建议的目标是鼓励员工提供建议以改善工作。当员工提供的建议被采纳时，组织按规定给予其各种物质和精神上的奖励。在日本，合理化建议被广泛采用。丰田汽车公司的领导宣称，其成功的秘诀有二：一是统一意志，上下沟通，让员工对公司发展大计心中有数，行动协调；二是发挥员工的创造力。公司建立了合理化建议制度，设有130个意见箱，平均每人每年能提10条建议，公司有专人处理意见，并根据建议的实用价值给予奖励，即使意见未被采纳，也付以奖金以示鼓励。

但也有人认为这种方法要小心应用，才能收到成效，原因是：第一，建议均见诸文字，缺乏面对面的语言沟通，因而无法激起所有员工提供建议的兴趣。第二，员工所提的建议往往只顾自己的利益，而忽略了组织利益，从而使其成效大为降低。第三，员工对有关生产程序和工作方法的改变，多抱有沉默态度，不愿积极地提供善意的建议。因为对工作有好处的事，不一定对自己就有好处。有人统计员工提出的建议对个人有利的占78%，对组织目标有利的仅占22%。第四，一般组织的领导者对提供建议的员工常表示不满，认为员工意见过多无异于对领导者工作能力和效率的批评。

3. 代表参与

代表参与是指员工不是直接参与决策，而是由员工的代表进行参与。代表参与已被认为是“世界上最广泛的以立法形式出现的员工参与形式”。代表参与的目的是组织内重新分配权力，把员工放在和股东平等的地位。几乎西欧的所有国家都通过某种形式的立法，要求公司实行员工代表参与，主要的三种形式是：（1）工作委员会。被任命的或被选举出来的员工组织起来，当管理部门做决策时必须与之协调。（2）董事会代表，即代表员工利益的员工代表进入董事会。在一些国家，法律规定必须确保员工代表和股东代表在董事会中有相同的席位。（3）职工代表大会。它是我国企事业单位实行的代表参与形式，是员工参与企业决策和管理并对干部实行监督的权力机构。

以上这些形式对提高员工地位、保证员工福利、协调与缓和领导和员工的矛盾是有益处的，但也有研究表明，工作委员会（职工代表大会）是被管理层控制的，虽然这样可能会提高员工代表的满意度和绩效水平，但对员工及组织几乎没有什么影响力，其最大的价值只是象征性的价值。

4. 质量圈

质量圈起源于美国，20世纪50年代传到日本，80年代在北美和欧洲风行一时。

质量圈一般是由8～10个员工（含管理者）组成的共同承担责任的一个工作群体。他们定期会面——常常是一周一次——讨论质量问题，探讨问题的成因，提出解决建议以及实施纠正措施。他们承担着解决质量问题的责任，对工作进行反馈并对反馈进行评价，但管理层一般保留建议方案实施与否的最终决定权。当然，员工也并不一定具有分析和解决质量问题的能力，但通过参与质量圈，员工可获得测量和分析问题的技术，以及提高工作质量的策略。

质量圈是管理部门推行员工参与的一种简单方法，惠普、通用电气、日产等许多公司都使用过质量圈。但由于员工参与的时间较少（如每周1小时，只占全部工作时间40小时的2.5%，解决问题的效果不佳），缺少计划性及部门之间的协调和配合，20世纪90年代质量圈逐渐被更具综合性和激励作用的团队结构代替。

5. 员工股份所有制

员工股份所有制是指员工持有公司的部分股票，成为公司所有者；或者是指公司的股票由公司全体员工所有。西方一些国家的企业采取的员工股份所有制是公司的福利方案，员工持有的股票是福利的一部分。对员工持有公司股份所做的研究表明，员工持股可以提高员工满意度，能产生更高的工作绩效。持有股票的员工，从心理上真正体验到了做主人翁的感觉，可以被定期告知企业的经营状况，并拥有对公司的经营施加影响的权力；从物质上可以随着组织的发展获得更多的收益。由于这些物质和心理作用，员工对他们的工作更满意，对组织产生更强的归属感，从而能更积极地工作。

本章小结

本章分三小节分别介绍了行为激励概述、主要的行为激励理论及激励理论的应用。

第一节主要介绍激励的概念与要素、激励的一般过程模式、激励的功能。

激励是指激发人的行为动机的心理过程，即通过各种客观因素的刺激，引发和增强人的行为的内驱力，使人达到一种兴奋的状态，从而把外部的刺激内化为个人自觉的行动。激励包括目标、刺激、需要、动机、行为等要素。

在心理学中，动机是指引起和维持个体的活动，并使活动朝向某一目标的内部心理过程或内部动力。动机具有激活、指向、强化功能。

激励的功能包括发掘人的潜能、提高工作效率、提高人力资源的质量、弥补物质资源的不足。

第二节阐述了内容型激励理论、过程型激励理论、状态型激励理论及综合型激励理论的主要理论内容。

内容型激励理论主要有马斯洛的需求层次理论、阿尔德弗的ERG理论、赫茨伯格的双因素理论、麦克利兰的成就需要理论。

过程型激励理论主要包括洛克的目标设置理论、弗鲁姆的期望理论、强化理论。

状态型激励理论主要介绍了亚当斯的公平理论、挫折理论、归因理论。

综合型激励理论主要有波特-劳勒的综合激励理论、豪斯和迪尔的综合激励模式、罗宾斯的综合激励模式。

第三节从教育和培训、合理的工资福利制度、目标管理、员工参与四个方面介绍了对行为激励的具体应用，并概括了激励理论在激励方案中的应用。

关键术语

激励　需要　动机　挫折　归因　过分合理化效应　需求层次理论　ERG 理论　双因素理论　成就需要理论　反馈效应　目标设置理论　期望理论　强化理论　公平理论　挫折理论　归因理论

复习思考题

(1) 什么是激励？激励的一般过程模式是什么？

(2) 列举三种动机理论并简述其内容。

(3) 试对马斯洛的需求层次理论、赫茨伯格的双因素理论、阿尔德弗的 EGR 理论、麦克利兰的成就需要理论这四个内容型激励理论进行比较。

(4) 期望理论对我们的学习活动有哪些启示？

(5) 公平理论给管理实践带来哪些启示？在实际工作中，如何才能做到公平？

(6) 为什么给员工设置目标会对其有激励作用？目标设置应遵循哪些原则？

(7) 分别解释波特-劳勒的综合激励理论和罗宾斯的综合激励模式，并说明它们对管理工作有什么启示。

(8) 激励理论在管理中应该如何运用？

(9) 简述员工参与的主要方法。

本章阅读书目

[1] 丹尼尔．管理思想的演变．北京：中国社会科学出版社，2000.

[2] 麦独孤．社会心理学导论．北京：北京大学出版社，2010.

[3] 包德柯耶夫．条件反射研究方法．北京：人民卫生出版社，1954.

[4] 韦纳．心理治疗的法则．成都：四川人民出版社，2007.

[5] 马斯洛．动机与人格．北京：中国人民大学出版社，2012.

[6] 赫茨伯格．赫茨伯格的双因素理论．北京：中国人民大学出版社，2009.

[7] 斯金纳．科学与人类行为．北京：华夏出版社，1989.

[8] 多拉德，米勒．人格与心理治疗．杭州：浙江教育出版社，2002.

[9] 韦纳．人类动机：比喻、理论和研究．杭州：浙江教育出版社，1999.

[10] 泰勒．“错误”的行为．北京：中信出版社，2016.

[11] 西奥迪尼．影响力．北京：京华出版社，2019.

第5章

个体心理调适

个体心理学发现，一切人类问题均可主要归为三类：职业类、社会类和性类。

——阿德勒

引导案例

“内卷”与“躺平”：当代年轻人主体性的困顿

近年来，“躺平”一词可以说是最“火”的词汇之一。所谓“躺平”，就是瘫倒在地，不再热血沸腾、渴求成功了。从对青年人的个案采访中能描摹出“躺平”的轮廓画像：有人受够了大企业的“996”，抱起了大专专职教师的铁饭碗；有人逃离了职场“假模假式”的人际关系，跑去麦当劳打零工；有人创业失败，在家等待继承家产；也有人拒绝升职加薪，找了个“养老”的差事，舒舒坦坦……

“躺平”其实也未必是新鲜的概念，从“丧”到“佛系”，瘫软的姿态也在不断翻新。当“内卷”一词席卷舆论，于是“躺平”也被高调祭出，二者抗衡周旋。“内卷”最初源于一位清华大学学生被拍到一边骑自行车一边使用笔记本电脑，由此引发外界对中国最高学府竞争如此激烈的感慨。如今，“内卷”的说法延伸至各个行业、各个领域。其实无论是“内卷”还是“躺平”，其背后体现的是当代年轻人面对压力做出的不同反应。从媒体报道的部分“躺平”案例来看，年轻人离开象牙塔、走入社会，面对求职就业、工作中人际关系等压力，难以适应新环境成为年轻人选择“躺平”的一大因素。这部分人受过良好教育，在校成绩单也较为亮眼，在经受了“社会的毒打”之后，表现出了自我逃避、无法处理外部压力等特征。从现实来看，“躺平”并非老一代人口中的“思想消极”“不求上进”“放弃生活”，更多是一种自嘲，夹杂着对现实压力的无奈和情绪的宣泄。

在“躺平”和“内卷”之间，一部分年轻人有自己的选择——成为“微躺青年”。

凤凰网、澎湃新闻等媒体的报道，将“微躺青年”这一群体带入了大众视野。所谓“微躺”，就是年轻人不主动参与“内卷”，但也没有彻底“躺平”，停下前进的脚步。在媒体报道中，“微躺青年”没有投身大厂等颇受同龄人青睐的单位，而是以自己选择的方式努力和奋斗，将工作和兴趣相结合，对抗外界的焦虑和压力。

“躺平”和“内卷”就像是一枚硬币的两面。“躺平”本身不一定代表消极状态，取决于个人如何理解；而“内卷”也有积极的一面，竞争发展到一定程度，可能孕育出突破和创新。面对生活的挫折与压力，合理调节情绪，换个角度看世界或许能够有另一番风景，获得内心的充实与满足。

资料来源：根据光明网、凤凰网、澎湃新闻的报道整理。

5.1 心理健康与心理问题

5.1.1 心理健康概述

1. 心理健康的内涵

世界卫生组织在 1978 年国际初级卫生保健大会上所发表的《阿拉木图宣言》申明：健康不仅是没有疾病或不虚弱，且是身体的、精神的健康和社会适应良好（good social adaptation）的总称。该宣言指出：健康是基本人权，尽可能达到健康水平是世界范围内一项重要的社会性目标。1989 年世界卫生组织又一次深化了健康的概念，认为健康包括躯体健康、心理健康、社会适应良好和道德健康（ethical health）。这个现代健康概念中的心理健康和社会适应良好是对生物医学模式下的健康的有力补充和发展，它既考虑到人的自然属性，又考虑到人的社会属性，从而使人们摆脱了对健康的片面认识。

心理健康是现代人健康的不可分割的重要方面。党的十九大报告指出，要“加强社会心理服务体系建设，培育自尊自信、理性平和、积极向上的社会心态”。党的二十大报告明确提出，要“推进健康中国建设”，特别强调要“重视心理健康和精神卫生”。那么什么是人的心理健康呢？

关于什么是心理健康，国外学者有一些表述。英格里士认为：“心理健康是指一种持续的心理情况，当局者在那种情况下能良好适应，具有生命的活力，并能充分发展其身心的潜能；这乃是一种积极的丰富情况，不仅是免于心理疾病而已。”麦灵格尔认为：“心理健康是指人们对于环境及相互间具有最高效率及快乐的适应情况。不仅是要有效率，也不仅是能有满足之感，或是能愉快地接受生活的规范，而是需要三者皆具。心理健康的人应能保持平静的情绪、敏锐的智能、适于社会环境的行为和愉快的气质。”

本书结合相关研究认为，心理健康有广义与狭义之分。从广义上讲，心理健康是指一种高效而满意的、持续的心理状态。从狭义上讲，心理健康是指人的基本心理活动的过程内容完整、协调一致，即认识、情感、意志、行为、人格完整和协调，能适应社会，与社会活动保持同步。

2．心理健康的标准

论及心理健康，自然要涉及正常心理与异常心理的划分标准，这是一个无法回避的基本问题，同时也是一个相当复杂的问题。一方面，正常心理与异常心理之间的差异是相对的，很难确定一个严格的界限；另一方面，心理正常或异常的现象总是客观存在的，它往往受多种因素的影响，而且各种形态的心理症状都不是孤立存在的，它们相互影响、相互作用，因此认识的角度不同，确定的标准也就不同。

（1）经验性标准。

经验性标准包括两个方面的含义：一是指个体依据已有的知识经验和主观体验对自己的心理是否正常做出判断，如个体基于自身现有的知识经验，对自己某方面心理的变化感到烦恼、不适应，难以自我调节，因而认为自己心理不正常，寻求他人的帮助；二是指观察者依据自己所积累的生活经验或临床经验对被观察者的心理是否正常所做出的判断，如一个人面对父母伤亡无动于衷，尽管本人没有任何不舒适的感觉，也不认为自己有什么不正常，然而根据观察者的经验，这可能恰好是判断其心理异常的标准。

一般来说，经验性标准具有较大的主观性、局限性和差异性。不同的观察者所积累的知识经验不同，参照的标准不同，所做出的判断也不同。但专业的观察者对多数心理异常现象还是能够取得一致看法的，因而经验性标准具有一定的实用性和推广意义。

（2）社会规范标准。

社会规范标准是在社会规范的基础上来衡量、判断行为是否异常。一般来说，个体的行为总是与环境协调一致的。个体依据社会生活的需要来适应环境、改造环境。因此，他们的行为是根据社会需求和道德规范做出的，是符合社会准则的。所以社会规范标准是以个体行为的社会意义及个体的适应程度为出发点的。研究者主要考察当事人对自身与他人的态度、在群体中的表现、与他人交往和处理人际关系是否恰当以及对社会事件的看法和反应是否符合社会的要求。

（3）临床诊断标准。

这种判断标准是将心理异常或心理障碍与躯体疾病同样看待，以生理病理性变化为根据的心理诊断标准。临床诊断标准认为，个体的心理出现异常，其大脑、神经系统、内分泌系统或其他系统必定存在着生理病理变化过程，即使目前未能发现任何生理病理性变化，也不等于这种变化过程不存在。随着现代科学和诊断技术的发展，这种变化过程一定能被测定。人体这种生理病理性变化的存在，是判断心理正常与异常的可靠标准。一般来说，临床诊断标准对于大脑及其他躯体病变导致的伴发性心理障碍及癫痫、药物中毒性精神障碍的诊查非常有效，而对神经官能症和人格障碍的诊断则无能为力。

（4）统计学标准。

统计学标准是指将心理特征偏离统计常模的程度作为判断心理正常或异常的标准。统计学标准来源于对正常心理特征的心理测量，它是以大样本统计中的常态分布为依据，居中间的大多数人为正常，居两端者为异常。必须指出，依据统计学标准认定的所谓正常或异常也是相对的，在心理疾病的诊断中仅有参考意义。因为一个人的心理由正常到异常是一个连续的变化过程，某些心理症状在正常人身上也可能或多或少地存在着，但不一定都达到异常标准。一般偏离的程度超过一个半或两个标准差才判断为异常。

统计学标准提供了心理特征的量化资料，比较客观，而且操作简便易行，统计结果一目了然，便于分析比较。但该标准是以心理测量的统计结果为依据的，心理正常与异常的界限是人为划定的，因而不可避免地存在某些局限性。

（5）心理学标准。

心理学标准实际上就是社会规范标准的具体化，是从个体心理的发展水平及功能的角度提出若干为大多数人所共同具有、共同认可的条目作为评定心理健康与否的标准。由于不同的心理学家有不同的观点和理解，因而提出的标准也不尽相同。

知识库 5-1

心理健康标准

1. 马斯洛等人提出的标准

美国心理学家马斯洛和米特尔曼认为，判断一个人的心理是否健康有十条标准：（1）是否有充分的安全感；（2）是否对自己有较充分的了解，并能恰当地评价自己；（3）自己的生活理想和目标能否切合实际；（4）能否与周围环境保持良好的接触；（5）能否保持自身人格的完整与和谐；（6）是否具备从经验中学习的能力；（7）能否保持适当和良好的人际关系；（8）能否适度地表达和控制自己的情绪；（9）能否在集体允许的前提下，有限度地发挥自己的个性；（10）能否在社会规范的范围内，适度地满足个人的基本需要。

2. 亚霍达提出的标准

亚霍达综合了马斯洛、罗杰斯等人的观点，归纳了六项心理健康的标准：（1）对自我的态度。这种态度包括：能客观地了解自己的经验、情感、能力与意见（自我认识）；能整体接纳自己的优缺点（自我悦纳）；能统整自己的各种属性，并明确地加以认识，能区别自己和别人承担的角色责任（角色认同）等要素。（2）成长、发展与自我实现。一个心理健康的人，能坚定不移地朝向自我的目标迈进，尽全力采取积极的行动以达到自我实现。在生活中对工作、对别人关心，愿意为工作与他人献身，并能与他人产生共鸣。（3）整合的人格。人格是由三个层面整合而成的：第一，“心力的平衡”，即本我、自我和超我三者处于平衡状态的人格结构；第二，“对人生的统一性态度”，即理想自我与现实自我之间的一致性；第三，“对压迫的抗衡”，即对挫折的忍受程度或自我强度。（4）自律性。自律乃是个人能独立于其所处的环境，以及能自己做出决定。（5）对外界环境知觉的精确程度。它是指个体对于周围环境了解的程度，或使自己认知的误差缩小到最低的限度。一个人如果对其所处的环境没有准确的认知，便无法采取适当的对应行动，容易陷入不适应状态。（6）支配环境。这是指人不仅要适应环境，还要能主动地向其所处的环境挑战，改变自己的生存环境。

3. 舒尔兹提出的标准

美国心理学家舒尔兹归纳出五项心理健康的标准：（1）能够控制自己的生活；

（2）能认识自己是怎样的一个人；（3）能正视现实；（4）能向新目标或新经验挑战；（5）有独特的人格特质。

总体而言，心理学家认为，人的心理健康包括七个方面：智力正常、情绪健康、意志健全、人格完整、自我评价正确、人际关系和谐、社会适应良好。

（1）智力正常。

智力正常是人正常生活的最基本的心理健康条件。智力包括多个方面，如观察力、记忆力、想象力、分析判断能力、思维能力、应变能力等。智力的高低以智商（IQ）来表示，69及以下是智力缺陷；70～79是临界状态水平；80～89是中下水平；一般人的IQ在90～109；110～119是中上水平；120～139是优秀水平；140以上是非常优秀水平。一般来说，智力比较高的人，学习能力比较强，但这两者之间不一定完全正相关。因为智力还包括社会适应能力，有些人学习能力强，但社会适应能力并不强。

（2）情绪健康。

它包括的内容有：愉快情绪多于负性情绪，乐观开朗，富有朝气，对生活充满希望；情绪较稳定，善于控制与调节自己的情绪，既能克制又能合理宣泄；情绪反应与环境相适应。

（3）意志健全。

它是指人自觉地确定活动目标，支配自己的行动，克服重重困难，以实现预定目标的心理过程。意志是成功地做任何事情的阶梯，做事过于优柔寡断、徘徊不前、思前想后，或不计后果、草率行事等，都是意志不健康的表现。

（4）人格完整。

人格完整就是指有健全统一的人格，即个人的所想、所说、所做都是协调一致的；人格结构的各要素完整统一；具有正确的自我意识，不产生自我同一性混乱，以积极进取的人生观作为人格的核心，并以此为中心把自己的需要、目标和行动统一起来。

（5）自我评价正确。

它是指"理想的我"与"现实的我"基本相符。研究证明，不能有效地面对现实、处理与周围环境的关系是导致心理障碍、心理疾病的重要原因，所以要面对现实，把握现实，主动适应现实。心理活动特点应符合年龄、性别特点。人的一生要经历各个不同的年龄阶段，每个年龄阶段都有该年龄阶段的特点。

（6）人际关系和谐。

它表现为：乐于与人交往，既有广泛的人际关系，又有知心朋友；在交往中保持独立而完整的人格，有自知之明，不卑不亢；能客观评价别人和自己，善取人之长补己之短；宽以待人、乐于助人；积极的交往态度多于消极态度，交往动机端正。

（7）社会适应良好。

它主要包括：个体与客观现实环境保持良好秩序；能以有效的办法应对环境中的各种困难，不退缩；根据环境的特点和自我意识的情况努力进行协调，或改革环境适应个体需要，或改造自我适应环境。

5.1.2 心理问题

心理问题等级划分从健康状态到心理疾病状态一般可分为四个等级：健康状态、不良状态、心理障碍、心理疾病。

1. 健康状态

心理健康状态与非健康状态的区分标准一直是心理学界讨论的话题，不少国内外心理学学者根据自己研究调查的结果提出了多种心理健康标准，其中有一个简捷的评价方法，即从本人评价、他人评价和社会功能状况三方面分析。

（1）本人不觉得痛苦，即在一个时间段中（如一周、一月、一季度或一年）快乐的感觉大于痛苦的感觉；

（2）他人不感觉到异常，即心理活动与周围环境相协调，不出现与周围环境格格不入的现象；

（3）社会功能良好，即能胜任家庭和社会角色，能在一般社会环境下充分发挥自身能力，利用现有条件（或创造条件）实现自我价值。

2. 不良状态

不良状态又称第三状态，是介于健康状态与疾病状态之间的状态，是正常人群组中常见的一种亚健康状态，它是由个人心理素质（如过于好胜、孤僻、敏感等）、生活事件（如工作压力大、晋升失败、被上司批评、婚恋挫折等）、身体不良状况（如长时间加班劳累、身体疾病）等因素引起的。它的特点是：

（1）时间短暂。此状态持续时间较短，一般在一周以内能得到缓解。

（2）损害轻微。此状态对其社会功能影响比较小，处于此类状态的人一般都能完成日常工作学习和生活，只是感觉到的愉快感小于痛苦感，“很累”“没劲”“不高兴”“应付”是他们常说的词汇。

（3）能自己调整。此状态者大部分通过自我调整如休息、聊天、运动、旅游、娱乐等放松方式能使自己的心理状态得到改善。小部分人若长时间得不到缓解可能形成一种相对固定的状态。这一小部分人应该去寻求心理医生的帮助，以尽快得到调整。

知识库 5-2

亚健康

亚健康即指非病非健康状态，这是一类次等健康状态，是介乎健康与疾病之间的状态，故又有“次健康”“第三状态”“中间状态”“游移状态”“灰色状态”等称谓。

亚健康是一种临界状态，处于亚健康状态的人，虽然没有明确的疾病，却出现精神活力和适应能力的下降，如果这种状态不能得到及时的纠正，非常容易引起心身疾病。

3. 心理障碍

心理障碍是因为个人及外界因素造成心理状态的某一方面（或几方面）发展的超前、停滞、延迟、退缩或偏离。它的特点是：

（1）不协调性。其心理活动的外在表现与其生理年龄不相称或反应方式与常人不同。例如，成人表现出幼稚状态（停滞、延迟、退缩），儿童出现成人行为（不均衡的超前发展），对外界刺激的反应方式异常（偏离）等。

（2）针对性。处于此类状态的人往往对障碍对象（如敏感的事、物及环境等）有强烈的心理反应（包括思维及动作行为），而对非障碍对象可能表现很正常。

（3）损害较大。此状态对其社会功能影响较大。它可能使当事人不能按常人的标准发挥某项（或某几项）社会功能。例如，社交焦虑症（又名社交恐惧症）者不能完成社交活动，尖锐恐惧症者不敢使用刀、剪，性心理障碍者难以与异性正常交往。

（4）需要求助于心理医生。此状态者大部分不能通过自我调整和非专业人员的帮助而解决根本问题。心理医生的指导是必需的。

4. 心理疾病

心理疾病是由于个人及外界因素引起的个体强烈的心理反应（思维、情感、动作行为、意志）并伴有明显的躯体不适感。它是大脑功能失调的外在表现，其特点是：

（1）强烈的心理反应。可出现思维判断上的失误，思维敏捷性的下降，记忆力下降，头脑的黏滞感、空白感，强烈的自卑感及痛苦感，缺乏精力，情绪低落以至于忧郁，紧张焦虑，行为失常（如重复动作、动作减少、退缩行为等），意志减退等。

（2）明显的躯体不适感。中枢控制系统功能失调可引起所控制人体各个系统功能的失调：影响消化系统则可出现食欲不振、腹部胀满、便秘或腹泻（或便秘、腹泻交替）等症状，影响心血管系统则可出现心慌、胸闷、头晕等症状，影响到内分泌系统可出现女性月经周期改变、男性性功能障碍等。

（3）损害大。此状态之患者不能或勉强完成其社会功能，缺乏轻松、愉快的体验，痛苦感极为强烈，“哪里都不舒服”“活着不如死了好”是他们真实的内心体验。

（4）需要心理医生的治疗。此状态之患者一般不能通过自身调整和非心理科专业医生的治疗而康复。心理医生对此类患者的治疗一般采用心理治疗和药物治疗相结合的综合治疗手段，在治疗早期通过情绪调节药物快速调整其情绪，中后期结合心理治疗解除心理障碍，通过心理训练达到社会功能的恢复，并提高其心理健康水平。

5.2　工作压力与职业枯竭

5.2.1　工作压力

1. 工作压力的概念

“压力”一词首先由坎农于1925年提出。他观察了在实验条件处于寒冷、缺氧、失血状态中的个体表现出来的战斗-逃避反应，认为此时个体处于压力之下。我们所说的压力就是人们在对付那些自己认为很难对付的情况时所产生的情绪和身体上的异常反应。它是人和环境相互作用的结果，是机体内部的焦虑、强烈的情绪和生理上的变化，以及对挫折等各种情感的反应。压力这个概念至少有三种不同的含义：

（1）压力是指那些使人感到紧张的事件或环境刺激造成的应激。从这个意义上来讲，它对于人是外部的。在本书中，我们倾向于将这种意义上的应激称为应激源（stressor）。

（2）压力指的是一种主观反应，是紧张唤醒的一种内部心理状态，它是人体内出现的解释性的、情感性的、防御性的应对过程。

（3）压力是人体对内部需要或伤害性侵入的一种生理反应。

工作压力（work stress），是指由工作或与工作直接有关的因素造成的应激，也称工作应激（job stress）、职业应激（occupational stress）、职业紧张、工作紧张。

2. 工作压力的后果

压力具有积极的和消极的两种后果，研究工作主要集中在消极后果方面。压力的消极作用主要表现在生理、心理和行为三个方面。

（1）生理方面，工作压力对身体健康有很大的不利影响。其一，工作压力使人时常感到身体不适，经受工作压力的人经常会头痛、胃痛、背痛和胸闷。其二，在重压下，人们更能感到心脏跳动加快，呼吸困难，血压随着压力而上升，胆固醇也会增加，这些因素使人易患心脏病、心肌炎之类的疾病。研究表明，长期承受较高压力的管理人员得心脏病的可能性是承受较低压力管理人员的两倍。工作压力严重影响人的生理健康。

（2）心理方面，会出现消极情绪、不满意感、敌视态度、悲观情绪、厌世情绪等。由于压力过大，以上几种反应发展至极致，就可能导致一个人无法应付压力，从而决定轻生。遗憾的是，在过去的几十年中，职业人群特别是管理人员的自杀比例明显增加。

（3）行为方面，适当的工作压力（良性压力）可以刺激员工振奋精神、努力工作。但是压力过大会造成员工的心理和生理疾病，工作冲突增加，人际关系紧张，工作满意度下降，工作效率明显下降，这些因素都会导致组织或群体的业绩下降，如图 5－1 所示。

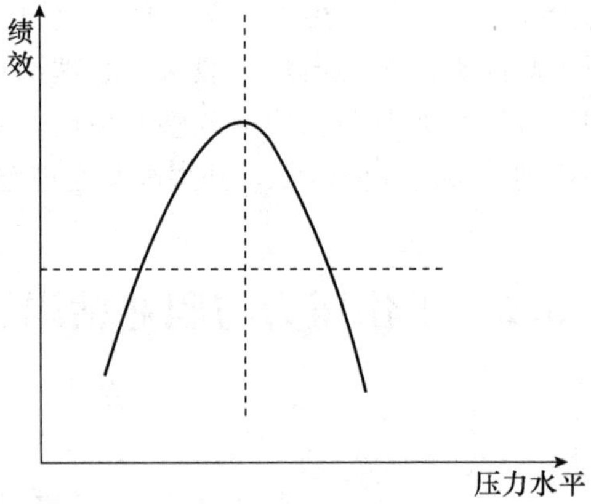

图 5－1　压力水平与绩效之间的关系

总之，高度的压力在生理、心理和行为上都会造成不良的后果，应采取有效的对策防止高度压力的产生。虽然适当的压力有助于提高工作效率，激发员工的工作热情，但是压力过大，不仅会危害身心健康、削弱工作能力，而且会降低组织绩效。所以，不论是个体还是组织都应采取各种措施消除或控制压力的消极影响。

高度的工作压力最直接的后果就是导致员工出现工作倦怠等各种身心问题，进而导致工作效率和组织绩效的降低。同时，很多研究也证实，工作压力除了可能会造成员工身心的伤害，也会对组织及其他成员产生种种不良的影响。具体而言，工作压力不仅造成员工身体上的不适，使得工作满意度下降，甚至影响生活满意度以及组织承诺，造成离职倾向以及离职率的增加。可见，降低员工不适当的工作压力，已成为企业组织不得不重视的问题。

3. 工作压力的来源

压力来源于各个方面，其中最主要的是来自外部环境、组织内部、个人因素等，如图 5-2 所示。

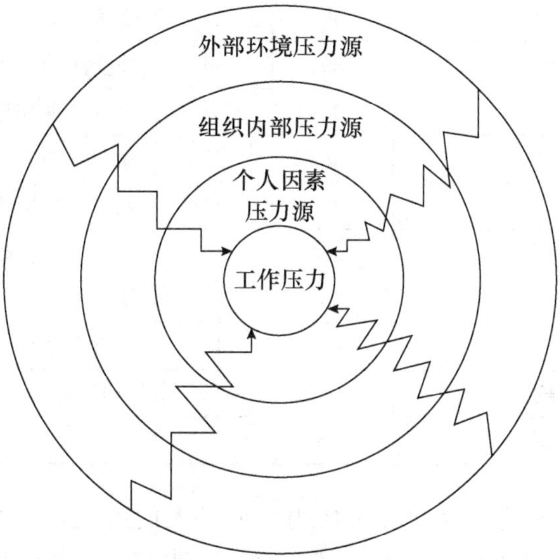

图 5-2　工作压力来源类别

（1）外部环境的压力。

第一，社会环境的压力。社会环境给人造成的压力表现在许多方面。个人生活条件和环境的改变都会给人带来或大或小的压力。1967 年，心理学家霍姆斯和瑞希编制的生活事件与压力感量表，列出了 43 项大部分人都会经历的生活事件（见表 5-1）。每项生活事件所引起的压力值成为生活变化单元（life change units，LCU）。由 400 名不同职业、收入水平、身份、年龄的人对这些事件打分，发现其中 24 项生活事件与家庭人际关系的变化有关。

表 5-1　生活事件与压力感

序号	生活事件	压力感	序号	生活事件	压力感
1	丧偶	100	23	儿女长大离家	29
2	离婚	73	24	触犯刑法	29
3	夫妻分居	65	25	取得杰出成就	28
4	坐牢	63	26	妻子开始或停止工作	26
5	直系亲属死亡	63	27	开始或结束学校教育	26
6	受伤或生病	53	28	生活条件的改变	25

续表

序号	生活事件	压力感	序号	生活事件	压力感
7	结婚	50	29	个人习惯改变	24
8	失业	47	30	与上司闹矛盾	23
9	复婚	45	31	工作时间或条件的改变	20
10	退休	45	32	迁居	20
11	家庭成员生病	44	33	转学	20
12	怀孕	40	34	娱乐方式的改变	19
13	性生活不协调	39	35	宗教活动的改变	19
14	新家庭成员诞生	39	36	社会活动的改变	18
15	调整工作	39	37	少量抵押和贷款	17
16	经济地位变化	38	38	睡眠习惯的改变	16
17	其他亲友去世	37	39	家庭成员居住条件的改变	15
18	改变工作行业	36	40	饮食习惯的改变	15
19	一般家庭纠纷	35	41	休假	13
20	借贷大笔款项	31	42	过重大节日	12
21	取消抵押或贷款	30	43	轻度违法	11
22	工作责任的改变	29			

第二，文化环境的压力。文化环境压力主要是人们进入一个新的环境，由于文化背景的改变，人们的生活习俗和生活方式都需要随之改变，人的价值观以及对工作、生活上的许多不适应会给自身带来压力。

（2）组织内部的压力。

第一，工作条件——技术与物理环境。大量研究表明，工作条件与工作压力之间存在密切关系，工作条件越差，压力越大。工作超负荷或负荷不足、工作的复杂性及技术压力、工作决策与责任、紧急或突发事件、物理危险、时间变化都会给员工带来压力，会产生生产线歇斯底里症、精疲力竭、生物钟紊乱、健康受到威胁、烦恼和紧张感增加等可能的后果。

第二，角色压力。角色压力主要产生于角色冲突与角色模糊两种情况。角色冲突是指一个人被要求同时满足两个或多个相互矛盾的角色期望，角色模糊则是指一个人对自己的工作职责、权力或期望缺乏清晰的理解。角色压力会增加员工的焦虑和紧张感，降低工作满意度与绩效，并让员工过于敏感。

第三，人际关系。社会交往和组织内部的人际关系也会给人们带来压力。如在工作单位与上司关系不好、与同事发生矛盾等，会带来精神压力和工作压力。特别是当本单位领导对员工所做的工作不满意，经常对员工进行批评和责难时，员工感受的压力就会更大。人际关系带来的压力，让一些员工变得孤独、抑郁、敏感、退缩。

第四，职业发展。职业发展带来的压力主要包括职业倦怠、个人职业发展的选择，以及适应职场变化的挑战。职业发展带来的压力过大时，会让一些员工失去自信，焦虑，工作满意度与生产力降低。

第五，组织系统。组织的结构不合理、制度不健全、存在派系争斗、员工无参与决策权等情况，都会给员工带来压力。组织系统带来的压力，导致一些员工主动性不强、生产力低下、产生挫折感，工作满意度低。

第六，家庭工作交互影响。工作一家庭关系理论认为，工作和家庭是人生的两个重要领域，它们之间存在相互影响的关系。这种关系可以是有益的，也可以是有害的。有益的工作一家庭关系可以帮助人们在工作和家庭中获得更多的满足感和幸福感，而有害的工作一家庭关系则可能导致人们将压力和不满情绪带入家庭和工作中，导致焦虑和紧张感增加、身心疲惫，从而影响身心健康和工作效率。

组织内部的压力会产生一定的后果，具体见表5-2。

表5-2 组织内部压力的主要来源及后果

压力源	主要因素	可能后果
工作条件	工作超负荷或负荷不足 工作的复杂性及技术压力 工作决策与责任 紧急或突发事件 物理危险 时间变化	生产线歇斯底里症 精疲力竭 生物钟紊乱 健康受到威胁 烦恼和紧张感增加
角色压力	角色模糊 角色冲突	焦虑和紧张感增加 低工作满意度与低绩效 过于敏感
人际关系	缺乏接纳与支持 钩心斗角，不合作 领导对员工不关心	孤独、抑郁 敏感 退缩
职业发展	升职或降职 工作安全性与稳定性 抱负受挫	失去自信 焦虑 工作满意度与生产力降低
组织系统	结构不合理，制度不健全 存在派系争斗 员工无参与决策权	主动性不强、生产力低下 产生挫折感 工作满意度低
家庭工作交互影响	引起压力的生活事件（如婚姻、家庭问题等）	焦虑和紧张感增加 身心疲惫

(3) 个体因素的压力。

第一，性格特征因素。压力还可能来自内心。同样面对一些紧张性刺激，有的人感受到巨大压力，有的人则可能无所谓。而性格懦弱、保守、意志力差、缺乏拼搏精神、行动迟缓、心理承受能力差的人在同样的情况下，就会对工作紧张的刺激十分敏感，感受到的压力就很强。

第二，经验、认知能力与态度因素。一般来说，经验丰富和认知能力较强的人，对待工作压力比较冷静，能够正确分析压力的来源与轻重，有较强的忍耐力，并能积极反馈意见，依靠群体的力量降低压力。那些确实感到不能解除工作压力，没有希望从根本上解决问题的人，会做出理性的选择，寻找新的工作单位。如果意识到所在单位已经在采取措施解决问题，就会耐心等待。

第三，身体健康状况因素。个体身体的健康与否是个体压力的来源之一。身体有疾病的人较身体健康的人更缺乏自信，对社会事物的看法较为悲观，应对社会环境因素的变化时会产生更多压力，正如身体存在缺陷可能会导致自卑一样。

4. 工作压力的管理

（1）个体对策。

一般来说，人们从遇到压力到解决问题要经过三个不同的阶段。第一阶段是冲击阶段。刺激过强过大，会使人麻木、呆板、手足无措，常常会出现“类似休克现象”。第二阶段为安定阶段。个体在经历冲击后，想努力恢复心理上的平衡，设法控制焦虑和情绪紊乱，恢复受到损伤的认知功能，运用心理防御机制或他人的帮助抵御压力。第三阶段为解决问题阶段。个体应对压力的对策有：

第一，要认清压力的来源，冷静地面对并努力寻求解决问题的办法。逆来顺受，委曲求全，故意逃避或采取简单、鲁莽的行动是不可取的；要相信任何困难都是可以克服的，要建立缓解压力的信心，积极寻求解决问题的办法。

第二，恰当进行压力反应处理。无论遇到的问题处理结果如何，处理过程产生的压力对身心都会造成明显的影响，要正确对待，注意饮食起居，放松心情，将健康放在第一位，不要因此损害了健康，否则才是最大的损失。

第三，情绪纾解。情绪的不恰当的表现常常会干扰问题的解决，甚至会使问题本身恶化。如果无法有效处理情绪，那么要做到认清问题和解决问题就更加困难。所以，个人要有效地纾解自己的情绪，在一个单独的环境中适当地宣泄自己的情感，使自己冷静下来。

第四，保持乐观态度。要认识到危机即是转机，事情到了最坏的程度，就会向好的方向转化。人们遇到困难和压力，一方面可能是自己的能力不足，处理问题的过程就是提高自己、自我成长的过程；另一方面可能是环境和他人的因素，则可以通过理性沟通加以解决。如果是个人能力不能解决的问题，就要面对实际，采取宽恕的办法回避它。

第五，生理反应的调和。要主动积极地进行一些舒缓和松弛情绪的运动，运动可以使个人由紧张状态平静下来，如深呼吸、冥想、打太极拳等，可以松弛肌肉，放松神经。

第六，行为的调和。应该避免不适当的宣泄行为，如滥用药物、酗酒、大量抽烟和涉足不良场所等。要进行正当的休闲娱乐，如与朋友聚会、登山、参加公益活动及读书、学习等。

第七，进行科学的时间管理。员工的不良生活习惯以及不会合理安排工作和生活的时间，会导致员工在紧张繁忙的工作中感受到巨大的精神压力。因此，科学管理和合理利用时间显得很重要。要克服精力分散、工作无计划、做事拖延，避免在一些不重要和鸡毛蒜皮的小事情上浪费宝贵时间。养成良好的工作和生活习惯，充分合理利用时间，能够在有限的时间内完成更多任务，自然就会使工作变得愉快起来。

（2）组织对策。

考虑到工作压力可能有不良的后果，个人和组织要在平时做出积极合理的安排，尽可能避免工作压力的持续积累。根据常见的工作压力来源，组织可以采取以下措施，预防产生过度的工作压力：

第一，识别、改变或消除压力源。对于一个群体，面对压力时要利用组织的集体力量和智慧，正确识别、分析压力的来源，改变和消除压力源。例如，改善工作条件、重新设计工作流程、重新分配工作、改变工作负荷和强度、改变工作目标和期望、重新界定角色等。总之，群体可以通过努力使工作压力逐步降低。

第二，减少压力带来的不良后果。组织的压力管理包括调节压力知觉、压力体验和压力结果，使群体在一定的工作压力下增加激情与活力，提高群体的竞争力和工作效率。在压力过大时，要帮助员工正确对待压力，组织员工进行放松训练，提供健康保障。

第三，促进工作与人的良好匹配。将各种性格、能力和态度的人合理地组合在一起，使其相互促进和互相取长补短，可以有效地减缓工作压力感。可以采取工作岗位轮换制度，把员工从一个单调的工作岗位调换到另一个岗位，从目前的压力中解脱出来。

第四，建立休假制度。合理安排员工休假，使员工从紧张的工作岗位上获得暂时的休息，脱离工作压力的环境，精神获得释放，身心得到改善，可以提高其对工作压力的承受能力。

第五，积极开展和组织健康向上的文艺体育活动，进行放松训练。各类组织要根据本单位的特点，积极组织员工开展丰富多彩的文化艺术和体育活动，使工作紧张、压力太大的员工释放精神压力，获得身心健康。

第六，建立社会支持网络，营造良好的社会心理环境和企业文化，实行员工援助计划（employee assistant program，EAP）。

知识库 5-3

员工援助计划

EAP 是现代组织管理中一种利用心理服务和法律、经济援助等方式帮助困难员工的方法。这种方式兴起于 20 世纪 50 年代，由于当时美国社会激烈变动，工作压力、家庭暴力、离婚、法律纠纷、滥用药物等问题越来越影响员工的情绪和工作表现，一些慈善机构和民间组织开始纷纷援助处于困难境地的员工。后来，EAP 在英国、加拿大和其他欧美国家都有长足的发展和广泛的应用。

EAP 是组织为员工设置的一套系统的、长期的福利与支持项目。它通过专业人员对组织的诊断、建议和对员工及其家属的指导、培训和咨询，帮助员工解决自我及其家庭成员的各种心理和行为问题，从而提高员工在企业中的工作绩效。完整的 EAP 可以分成三个部分：第一部分针对造成问题的外部压力源，即减少或消除不适当的管理和环境因素；第二部分是处理压力所造成的反应，即缓解情绪、行为及生理等方面的症状；第三部分是改变个体自身的弱点，即改变不合理的信念、行为模式和生活方式等。如今，EAP 已经发展成一种综合性的服务，其内容包括压力管理、职业心理健康、裁员心理危机、灾难性事件、职业生涯发展、健康生活方式、法律纠纷、理财问题、饮食习惯、减肥等各个方面。解决这些问题的核心目的在于使员工从纷繁复杂的个人问题中解脱出来，减轻员工压力，增进其心理健康。

第七，积极开展心理咨询活动。心理咨询是由富有经验的专业人士提供心理和生理健康指导与交流服务的活动，是一种有效的帮助心理、行为和情绪存在问题的人群的方法。

5.2.2 职业枯竭

1. 职业枯竭的定义

职业枯竭又称工作倦怠。1974年，美国精神分析学家弗罗伊登伯格首次将“职业枯竭”使用在心理健康领域。职业枯竭是心理枯竭现象中的一种，心理枯竭是个体由于持续的巨大压力无法应付外界过度要求而产生的生理、情绪、情感、行为等方面的耗竭状态。职业枯竭是一种由工作引发的心理枯竭现象，是职业人在工作的重压之下所体验到的身心俱疲、能量被耗尽的感觉。职业枯竭的特征包括：

（1）生理耗竭。主要表现为身体能量的枯竭感、持续的精力衰弱，身体对疾病的抵抗力下降。

（2）心智枯竭。表现为空虚感明显，觉得自己好似被掏空了一般，无法满足工作需要，工作热情减退，丧失理想，缺乏动机。

（3）情绪枯竭。表现为工作热情完全丧失，烦躁易怒，冷漠麻木，悲观沮丧，深感无助，迁怒于他人。

（4）价值枯竭。表现为个人成就感降低，对自己工作的意义和价值的评价下降，工作变得机械化且效率低下。

（5）去人性化。主要表现为人际关系恶化，以一种消极的、否定的、麻木不仁的态度和冷漠的情绪去对待自己周围的人。

（6）行为症状。主要表现为对他人的攻击性行为增加。

2. 职业枯竭的产生

1989年，有学者提出了资源守恒理论，这一理论有效地解释了心理枯竭现象。其理论的基本原理是：人具有努力保护和获得资源的倾向，最有价值的资源损失会使人不安。职业枯竭是工作所需的资源耗尽率大于补充率时所产生的现象。

对于一个个体来说，我们所提到的工作所需的资源是指显在资源，并不是全部资源，并不包括人的潜能部分。事实上，工作需要付出资源，例如知识、感情等，当这些最有价值的资源不断被消耗，却得不到足够的补充时，人们就会感到不安，因为每个人都有努力争取和保护资源的倾向。职业枯竭可以表现在生理、情绪、行为、才智（创意）、希望、人际关系、激情（一种状态）等方面。这些因素就好比是蓄水池中的水，是人们立足于职场的动力和源泉。职业枯竭的问题如果放任自流，轻则引起员工队伍的不稳定，重则导致企业生产无法顺利进行，从而动摇企业存在的根基。这要求企业高层决策者要就这个问题做出正确的决策和有效的安排。

职业枯竭并非一日而成，它是身心能量逐渐被耗尽的过程，会经历五个阶段：

（1）蜜月期。对工作和自己的能力颇为满意，工作热情旺盛。

（2）能量耗尽期。工作乐趣减退，精疲力竭，开始出现失眠等症状。

（3）慢性症状期。过度工作导致身体频繁不适，容易被激怒或变得抑郁。

（4）危机期。生病导致无法工作，社会关系也因工作问题而受损。

（5）受创期。生理和心理的问题更为严重，威胁职业生涯发展，甚至可能危害到生命。

长期超负荷的工作，导致员工处于身心不适、心理衰竭、情感封闭等亚健康状态，表现出疲惫不堪、烦躁易怒、心情沮丧、疑虑重重、挫折感强及悲观失望等职业枯竭症状。如果一个人每天清晨不愿走进办公室，逃避或排斥进入工作状态，无法面对将要开始的职业生活时，说明他进入职业枯竭的状态了。

3. 职业枯竭的影响因素

（1）个体因素。

职业枯竭是由工作者本身的心理因素和人口统计变量所致，主要包括个体的人格、态度、性别和年龄等方面。研究者认为易遭受职业枯竭的人总与一定的人格特质相联系，如不现实的理想和期望、较低的自我价值与判断、自信心低、对自己的优点和局限性缺乏准确的认识和客观的评价等。影响职业枯竭的人格变量有：低自尊、自我控制力低、外控型人格、防御性应对等。研究发现，通常女性对工作环境压力的应对能力相对男性较弱，面对工作和家庭的双重压力时，女性往往会压抑自己的需求，从而更容易引起职业枯竭。研究还发现，与年长的职工相比，年轻职工因缺乏技巧和经验，往往更容易产生职业枯竭。

（2）环境因素。

工作环境包括硬环境（例如灯光、噪声等）和软环境（例如组织氛围、组织文化、组织社会、职业支持等）。研究认为，工作环境与职业枯竭的产生密切相关。其中，工作压力是导致职业枯竭的主要原因，某些组织的行为和要求常常被认为是工作压力源，如角色冲突、角色超负荷、角色模糊等。

知识库 5-4

职业枯竭的测量

1. 马斯拉奇职业枯竭量表

马斯拉奇从职业枯竭的概念出发，把它视为一个多层面的建构，包括情绪衰竭、非人性化、个人成就感降低三个维度，形成了 MBI 量表。在后来的研究中，他将 MBI 量表修订为通用版 MBI 量表，并将原有理论中的三个维度调整为耗竭、疏离和无效能感。

2. BM 量表

BM 量表是由派因斯等人编制的职业枯竭量表，包括 21 个项目，描述了职业枯竭的三个成分——身体、情绪与精神三方面的耗尽。该理论仅关注马斯拉奇三维度结构中的耗竭维度，故也被称为单维度理论。

4. **职业枯竭的危害**

职业枯竭的后果表现为对个体、对组织的双重危害，主要体现在以下四个方面：

（1）导致个体亚健康状态，甚至生命的早衰。职业枯竭可能使人早衰早亡，近些年愈演愈烈的“过劳死”现象恰恰印证了这一点。心理过劳会导致身体过劳，比身体过劳更具杀伤力。因此，提前对职业枯竭有所预警，并做好准备，减少健康负债是十分重要的。

（2）导致人际冲突加剧，甚至家庭关系破裂。情绪枯竭、去人性化、攻击行为都会危及人际关系，破坏良好的工作与家庭氛围。职业枯竭的人容易对他人的行为做负面解释，对同事、配偶的言行产生多疑与敌意，攻击性行为增多，讽刺、挖苦、指责别人，甚至打骂孩子与配偶，导致家庭关系紧张或破裂。另外，一些“工作过于投入”的职业枯竭者，每日会将工作和工作烦恼带回家庭，导致社会角色不清，将职业角色与家庭角色混淆，如出现将领导角色与丈夫、父亲角色混同，将老师角色与母亲角色混同，以致家庭失去温暖，破坏家庭关系。

（3）降低工作效能，甚至转岗、离职。职业枯竭可能会使人失去工作热情，降低工作效率，甚至中断职业生涯。认知枯竭、情绪枯竭、价值衰落等都会影响工作状态，使职业人无法满足工作的要求，工作效率降低，不能胜任工作，自我和工作评价下降，甚至出现逃避工作的心态，每天早上醒来就害怕面对一天的工作，不愿上班，最后导致离职，或者因为工作效率降低、职业道德下降、做事差错不断，而被调岗、降级，甚至失业。

（4）降低工作士气，甚至破坏组织氛围。职业枯竭具有传染的特征，当领导出现职业枯竭时，会对下属员工产生负面影响；当员工出现职业枯竭时，会对同事产生消极影响，从而破坏整个职业团体的工作氛围。良好的工作氛围被破坏，就会影响大家的工作士气，瓦解团队，降低凝聚力，进而导致整体工作质量下降，危及组织的声誉与生存。

5.3 情绪劳动与情绪管理

5.3.1 情绪与情绪劳动

1. **情绪与情绪理论**

（1）情绪的概念与构成。

情绪是身体对行为成功的可能性乃至必然性在生理反应上的评价和体验。情绪和情感可统称为感情。情绪、情感和感情在日常生活中的区分并不严格。但是，作为科学概念，情绪和情感是相互区别又相互联系的。

情绪既是主观感受，又是客观生理反应，具有目的性，也是一种社会表达。情绪是多元的、复杂的综合事件。情绪构成理论认为，在情绪发生的时候，有五个基本元素必须在短时间内协调、同步进行：

第一，认知评估。注意到外界发生的事件（或人物），认知系统自动评估这件事的感情色彩，因而触发接下来的情绪反应。

第二，身体反应。它是情绪的生理构成，是指身体自动反应，使主体适应某一突发状况。

第三，感受。它是人们体验到的主观感情。

第四，表达。面部和声音变化表现出一个人的情绪，这是为了向周围的人传达情绪主体对一件事的看法和他的行动意向。

第五，行动的倾向。情绪会产生动机。例如，悲伤的时候希望找人倾诉，愤怒的时候会做一些平时不会做的事。

情绪状态主要有三种：心境、激情、应激。

第一，心境是微弱、持久、具有沉浸性的情绪状态。其主要特点是渲染性和弥散性。渲染性是指当个体处于某种心境时，他的言行举止、心理活动都会相应染上一层情绪色彩。弥散性是指心境不具有特定的对象，而是作为人的情绪的背景起作用。

第二，激情是猛烈爆发而短暂的情绪状态，具有爆发性和冲动性的特点。爆发性是指整个激情的发生过程十分迅速，大量心理能量在极短时间内喷薄而出，强度极大。冲动性是指个体处于激情状态时往往失去意志力，无法对行为进行控制。

第三，应激是在出乎意料的紧急情况下所引起的情绪状态。

（2）情绪理论。

早期的情绪研究是由哲学家、神经病学家、神经生理学家和心理学家分别进行的。这些理论对于现代情绪理论的发展有相当的影响。现代情绪理论倾向于从认知和信息加工的观点来研究情绪。在情绪研究的发展中，比较有影响的情绪理论有詹姆斯-兰格理论、坎农-巴德学说、阿诺德“评定-兴奋”说、沙克特和辛格的两因素情绪理论、拉扎勒斯的认知-评价理论、情绪的动机-分化理论。

知识库5-5

情绪理论

1. 詹姆斯-兰格理论

美国心理学家詹姆斯和丹麦生理学家兰格认为，情绪是植物性神经活动的产物，后人也称之为情绪的外周理论，即情绪就是对身体变化的知觉。对此，詹姆斯有句名言：“因为我们哭，所以愁；因为动手打，所以生气；因为发抖，所以害怕；不是愁了才哭，生气了才打，怕了才发抖。”兰格更鲜明地认为，情绪是一种内脏的反应。

2. 坎农-巴德学说

美国心理学家坎农1927年根据巴德的实验提出情绪的中枢不在外周神经系统，而在中枢神经系统的丘脑，并且强调大脑对丘脑抑制的解除，使植物性神经活跃起来，加强生理的反应，从而产生情绪。外界刺激引起感觉器官的神经冲动，传至丘脑，再由丘脑同时向大脑和植物性神经系统发出信号，从而在大脑产生情绪的主观体验，并由植物性神经系统牵引个体的生理变化。

3. 阿诺德“评定-兴奋”说

美国心理学家阿诺德认为，刺激情境并不直接决定情绪的性质，从刺激的出现到情绪的产生，要经过对刺激的估量和评价。情绪产生的基本过程是刺激情境—评估—情绪。同一刺激情境，由于对它的评估不同，会产生不同的情绪反应。情绪的产生是大脑皮层和皮下组织协同活动的结果，大脑皮层的兴奋是情绪行为最重要的条件。

4. 沙克特和辛格的两因素情绪理论

美国心理学家沙克特和辛格认为，情绪的产生有两个不可缺少的因素：一个是个体必须体验到高强度的生理唤醒，另一个是个体必须对生理状态的变化进行认知性的唤醒。情绪状态是由认知过程、生理状态、环境因素在大脑皮层中整合的结果。这可以将上述理论转化为一个工作系统，称为情绪唤醒模型。

5. 拉扎勒斯的认知-评价理论

拉扎勒斯是情绪认知理论的集大成者，他最早提出认知-评价理论。该理论认为，情绪是人与环境相互作用的产物。在情绪活动中，人不仅反映环境中的刺激事件对自己的影响，同时要调节自己对于刺激的反应。也就是说，情绪是个体对环境知觉有害或有益的反应。因此，人们需要不断地评价刺激事件与自身的关系。具体有三个层次的评价：初评价、次评价、再评价。

6. 情绪的动机-分化理论

该理论萌生于20世纪60年代，至今已成为颇具影响的情绪理论之一。汤姆金斯和伊扎德都认为情绪具有重要的动机性和适应性功能。汤姆金斯认为，情绪就是动机，他否定了把动机归结为内驱力的看法，着重指出内驱力信号需要一种能放大它的媒介才能激发有机体去行动，起这种放大作用的正是情绪；而且情绪是比内驱力更加灵活和强有力的驱动因素，它本身可以离开内驱力而独立发挥作用。伊扎德的动机论则有更复杂的内涵，他提出，情绪是一种基本的动机系统，他从整个人格系统出发建立了情绪-动机体系。伊扎德提出人格具有六个子系统：内稳态、内驱力、情绪、知觉、认知、动作。人格子系统组合成四种类型的动机结构：内驱力、情绪、情绪-认知相互作用、情绪-认知结构。在这个庞大的动机系统中，情绪是核心，无论是与内驱力相联系的情绪，或是同知觉、认知相联系的情绪，抑或是蕴含在人格结构中的情绪特质，都起重要的动机作用。伊扎德进一步指出，情绪的主观成分——体验正是起动机作用的心理因素，各种情绪体验是驱策有机体采取行动的动机力量。

2. 情绪劳动

情绪劳动（emotional labor）的概念最早由霍克希尔德于1979年提出，并在其1983年出版的著作《心灵的整饰：人类情感商业化》中进行了详细的分析。她认为，情绪劳动多存在于情感密集型职业（如护士、教师、服务员等），是指劳动者为了获得一定的报酬而对自己的情绪进行控制，以营造出公众可以观察并接收的面部和身体上的动作表现。情绪劳动强调的是对自己情绪的控制，也就是控制自然情绪，使其适合特殊岗位和工作环境的要求，因而是一种特殊形式的劳动，需要当事人付出努力以实现非自然的情绪表达。

1996年莫里斯和费尔德曼指出，情绪劳动是指人际交往中为了表达出组织所期望的情绪，员工必须进行的努力、计划和控制等活动。莫里斯和费尔德曼将情绪劳动划分为四个维度：（1）情绪表达频率，即在工作中要求表现情绪的次数。太频繁的情绪表达要求会使员工感到疲惫。（2）重视情绪表达规则。对情绪表达规则越重视，员工就会越努力地完成情绪劳动。（3）情绪的多样性，即在情绪劳动中表现出不同的情绪，如喜怒、爱憎、冷漠和同情等。（4）情绪失调。对这一维度，不同的研究者有不同的看法，有的研究者把它看成情绪劳动的维度，有的研究者把它看成情绪劳动的后果，还有的研究者把它看成一定社会环境中的张力。如果员工被要求表现他们实际上无法真正体验到的情绪，就有可能产生情绪失调。情绪失调也可被看成一种个人角色冲突。情绪失调是情绪劳动的负面结果。如果长期不能体验到应该体验到的心情，就有可能使虚伪成为一种习惯，长此以往会导致个人角色与自己的真实情感相背离，从而产生自卑和压抑。有研究者认为，可以从情绪失调程度和情绪努力程度（努力改变自己的情绪使之与组织期望的情绪相匹配）两个方面来对情绪劳动进行衡量。

医生、教师、服务员等职业的劳动者为了做好工作，在面对服务对象时，常常需要大量的感情投入。这种投入很容易使他们过度消耗自身的情感资源，表现出抱怨、精神压抑甚至人格解体，从而降低其工作满意度，甚至产生心理问题，需要劳动者以及组织采取措施进行情绪管理。

5.3.2 情绪管理

1. 情绪管理的概念

情绪管理（emotion management）是指通过研究个体和群体对自身情绪与他人情绪的认识、协调、引导、互动和控制，充分挖掘和培植个体和群体的情商、培养驾驭情绪的能力，从而确保个体和群体保持良好的情绪状态，并由此产生良好的管理效果。

2. 自我情绪管理与情商

（1）自我情绪管理。

情绪管理的第一步就是认识自己的情绪，培养情绪的自觉力。进而通过适当的方法调节自己的情绪，增强情绪的自控力。如果员工的情绪管理能力较差，那么员工情绪出现问题的概率会很大，管理者就很难帮助员工解决问题。员工的情绪管理需要具体的方法。

知识库 5-6

自我情绪管理方法

1. 合理情绪疗法

合理情绪疗法是20世纪50年代由埃利斯在美国创立的，它是认知疗法的一种，因此采用了行为治疗的一些方法，故又被称为认知行为疗法。合理情绪疗法的基本理论主要是情绪ABC理论。情绪ABC理论是由美国心理学家埃利斯创建的。该理论认为激发事件 A（activating event）只是引发情绪和行为后果 C（consequence）的间接原因，而引起 C 的直接原因则是个体对激发事件 A 的认知和评价而产生的信念 B（belief），即人的消极情绪和行为障碍结果（C）不是由某一激发事件（A）直接引发的，而是由经受这一事件的个体对它不正确的认知和评价所产生的错误信念（B）直接引起。错误信念也称为非理性信念。

2. 心理暗示法

从心理学角度讲，就是个人通过语言、形象、想象等，对自身施加影响的心理过程。这个概念最初由法国医师库埃于 1920 年提出，他的名言是“我每天在各方面都变得越来越好”。自我暗示分为消极自我暗示与积极自我暗示。积极自我暗示会在不知不觉之中对自己的意志、心理乃至生理状态产生影响，它令我们保持好的心情、乐观的情绪和自信心，从而调动人的内在因素，发挥主观能动性。心理学所讲的“皮格马利翁效应”（也称期望效应）是指积极的自我暗示。消极的自我暗示会强化我们个性中的弱点，唤醒我们潜藏在心灵深处的自卑、怯懦、嫉妒等，从而影响情绪。

3. 注意力转移法

注意力转移法，就是把注意力从引起不良情绪反应的刺激情境转移到其他事物上去，或采用从事其他活动的方法完成自我调节。当出现情绪不佳的情况时，要把注意力转移到自己感兴趣的事上去。常见的注意力转移法有消遣转移法、欢娱转移法、开阔转移法、环境转移法、繁忙转移法等。

4. 适度宣泄法

过分压抑只会使情绪困扰加重，而适度宣泄则可以把不良情绪释放出来，使紧张情绪得以缓解，从而使人感到轻松。因此，遇有不良情绪时，最简单的办法就是宣泄。宣泄一般是在私下里、在知心朋友中进行的。

5. 自我安慰法

当一个人遇到不幸或挫折时，为了避免精神上的痛苦或不安，可以找出一种合乎内心需求的理由来说明或辩解。如为失败找一个冠冕堂皇的理由以安慰自己，或强调自己已经拥有的所有的东西都是好的，以此冲淡内心的不安与痛苦。

6. 交往调节法

某些不良情绪常常是由人际关系矛盾和人际交往障碍引起的。当我们遇到不顺心、不如意的事时，主动地找亲朋好友谈心比一个人独处胡思乱想、自怨自艾要好得多。因此，在情绪不稳定的时候，找人谈一谈，具有缓和、抚慰、稳定情绪的作用。与此同时，人际交往还有助于交流思想、沟通情感，增强自己战胜不良情绪的信心和勇气，能更理智地去对待不良情绪。

7. 情绪升华法

升华是改变不为社会所接受的动机和欲望，使之符合社会规范和时代要求，是对消极情绪的一种高水平宣泄，是将消极情感引向对人、对己、对社会都有利的方向。如某同学因失恋而痛苦万分，但他没有因此消沉，而是把注意力转移到学习中，立志做生活的强者，证明自己的能力。

在上述方法都失效的情况下，仍不要灰心，在有条件的情况下，要去找心理医生进行咨询、倾诉，在心理医生的指导帮助下克服不良情绪。

（2）情商。

个体的情绪管理能力一般用情商（EQ）来表达，情商又称情绪智力，是近年来心理学家提出的与智商相对应的概念，它是指个体监控自己及他人的情绪情感，并通过识别、利用这些信息指导自己的思想和行为的能力。构成情商的五个要素分别是：自我意识（self-awareness）、自我管理（self-regulation）、激励（motivation）、同理心（empathy）及社会交往能力（social skills）。

知识库5-7

情商与“情商之父”

“情商”一词由美国心理学家约翰·梅耶和彼得·萨洛维于1990年首先提出，但当时并没有引起全球范围内的关注。直至1995年哈佛大学心理学博士、《纽约时报》科学记者丹尼尔·戈尔曼出版了《情商：为什么情商比智商更重要》一书，才引起全球性的情商研究与讨论，因此，丹尼尔·戈尔曼被誉为“情商之父”。

丹尼尔·戈尔曼认为情商是“能够感知、辨认、理解、成功管理自己和他人情绪的能力”。情绪管理能力包含五个主要方面。

（1）情绪的自我觉察能力：个体能够了解自我，监视情绪时时刻刻的变化；能够察觉某种情绪的出现，观察和审视自己的内心体验。它是情感智商的核心，只有认识自己，才能成为自己生活的主宰。

（2）情绪的自我调控能力：个体能够自我管理、调控自己的情绪，使之适时适度地表现出来。

（3）情绪的自我激励能力：能够依据活动的某种目标，调动、指挥情绪。它能够使人走出生命中的低潮，重新出发。

（4）对他人情绪的识别能力：能够通过细微的信号敏感地感受到他人的需求与欲望。它是与他人正常交往、实现顺利沟通的基础能力。

（5）处理人际关系的能力：善于调节与控制他人的情绪反应，使他人产生自己所期待的反应。

3. 组织的情绪管理策略

情绪管理在组织管理中越来越受到人们的关注。组织不仅要在看得见的“硬件”方面做改进，还要在看不见的“软件”方面下功夫，不断提高管理员工情绪的能力。

（1）在招聘、录用环节注重考察应聘者的情绪管理能力。

在招聘和录用环节通过情商测试对应聘者进行情绪管理能力考察。如让应聘者身处所设定的环境里，面对一些现实性的冲突和问题，从情绪变化、语言表情等方面的情绪反应评估其情绪管理能力等。

（2）将行业特点、工作的物理条件和员工个人能力相匹配。

行业的特点和工作的物理条件对员工的情绪会产生很大影响，在实际环境中，由于行业的性质特点无法改变，可以把工作的物理条件和行业特点、工作性质匹配起来，使物理条件尽可能地符合行业的特点和工作的性质。

（3）把提高员工的情绪管理能力列入培训内容。

目前的人力资源管理培训多是关于技能或知识的培训，针对情绪管理能力的培训较少。情绪管理能力具有后天可培养性、可塑造性，因而人力资源规划应该将员工情绪管理能力的培训作为一项重要内容。

（4）加强对员工的人文关怀。

对员工的人文关怀应包括工作中的关怀和日常生活中的关怀，给员工创造一个宽松的情感交流环境。

（5）加强组织文化建设。

组织中每个员工遇到的情绪问题和情绪管理能力是不同的，如果组织有一个能激励员工为之奋斗的目标愿景、一种能被员工认同的价值观和精神追求，也就是说组织文化是和谐的，那么这个组织就有可能激励员工超越个人情感，营造属于组织的精神力量，激励他们以高度一致的情绪去达成组织的愿景。相反，如果组织文化是冲突的，那么员工的负面情绪就会大量产生。

本章小结

本章分三小节分别介绍了心理健康与心理问题、工作压力与职业枯竭以及情绪劳动与情绪管理。

第一节主要介绍心理健康的内涵、标准与心理问题等级划分。

从广义上讲，心理健康是一种高效而满意的、持续的心理状态。从狭义上讲，心理健康是指人的基本心理活动的过程内容完整、协调一致，即认识、情感、意志、行为、人格完整和协调，能适应社会，与社会活动保持同步。

心理健康的标准有经验性标准、社会规范标准、临床诊断标准、统计学标准和心理学标准。

人的心理健康包括智力正常、情绪健康、意志健全、人格完整、自我评价正确、人际关系和谐、社会适应良好等七个方面。

心理问题等级划分从健康状态到心理疾病状态一般可分为健康状态、不良状态、心理障碍、心理疾病四个等级。

第二节阐述了工作压力与职业枯竭的具体内容。

工作压力是指由工作或与工作直接有关的因素造成的应激。

压力具有积极和消极的两种后果，研究工作主要集中在消极后果方面。压力的消极作用主要表现在生理、心理和行为三个方面。压力最主要的来源是外部环境、组织内部、个人因素等。工作压力可以从个体和组织两个层面进行管理。

职业枯竭又称工作倦怠，是一种由工作引发的心理枯竭状态，是职业人在工作的重压之下所体验到的身心俱疲、能量被耗尽的感觉。其特征包括生理耗竭、心智枯竭、情绪枯竭、价值枯竭、去人性化和行为症状等。职业枯竭的影响因素包括个体因素、环境因素。职业枯竭的后果表现为对个体、组织的双重危害。

第三节对情绪与情绪劳动、情绪管理两个方面的内容进行了阐述。

情绪是身体对行为成功的可能性乃至必然性在生理反应上的评价和体验。在情绪发生时，认知评估、身体反应、感受、表达、行动的倾向五个基本元素在短时间内协调、同步进行。情绪状态主要有心境、激情、应激三种。

较有影响的情绪理论有詹姆斯-兰格理论、坎农-巴德学说、阿诺德“评定-兴奋”说、沙克特和辛格的两因素情绪理论、拉扎勒斯的认知-评价理论、情绪的动机-分化理论。

霍克希尔德认为情绪劳动多存在于情感密集型职业（如护士、教师、服务员等），是指劳动者为了获得一定报酬而对自己的情绪进行控制，以营造出公众可以观察并接收的面部和身体上的动作表现。

情绪管理是指通过研究个体和群体对自身情绪与他人情绪的认识、协调、引导、互动和控制，充分挖掘和培植个体和群体的情商、培养驾驭情绪的能力，从而确保个体和群体保持良好的情绪状态，并由此产生良好的管理效果。

自我情绪管理方法包括合理情绪疗法、心理暗示法、注意力转移法、适度宣泄法、自我安慰法、交往调节法、情绪升华法等。

情绪管理是人力资源管理的一个重要方面，组织的情绪管理需要讲究策略。

关键术语

心理健康　亚健康　心理障碍　心理疾病　工作压力　职业枯竭　情绪劳动　情绪管理　EQ　EAP

复习思考题

（1）简述心理健康的标准。

（2）心理健康包括哪几方面的内容？

（3）心理问题等级如何划分？各个等级的具体内容是什么？

（4）工作压力会导致怎样的后果？

（5）简述工作压力的主要来源。

（6）个体和组织应如何应对压力？

（7）职业枯竭是怎样产生的？

（8）简述职业枯竭的影响因素。

（9）职业枯竭的危害有哪些？

（10）列举三种情绪理论并阐述其内容。

（11）简述自我情绪管理的主要方法。

本章阅读书目

[1] 舒尔兹．成长心理学．北京：三联书店，1988.
[2] 坎农．躯体的智慧．北京：商务印书馆，1982.
[3] 马斯拉奇，雷特尔．过劳的真相．北京：中国财政经济出版社，2004.
[4] 拉扎勒斯．简明综合心理治疗：多模式方法．北京：商务印书馆，2009.
[5] 斯托曼．情绪心理学．沈阳：辽宁人民出版社，1986.
[6] 埃利斯．别和自己过不去．北京：中信出版社，2004.
[7] 库埃．心理暗示术．天津：天津社会科学院出版社，2008.
[8] 戈尔曼．情商：为什么情商比智商更重要．北京：中信出版社，2010.
[9] 韦纳．归因动机论．北京：中国人民大学出版社，2020.
[10] 海特．象与骑象人：幸福的假设．杭州：浙江人民出版社，2012.

第 2 篇

群体心理与行为

第6章

群体心理概述

在所有组织系统中，没有一个人能够对任何后果完全承担责任，绝对必然的是一切努力都是集体的努力，所有的成就都是集体的成就。

——詹姆斯·L. 海因斯

引导案例

《乌合之众》：一部探究群体心理的旷世之作

有两个小女孩在塞纳河溺水身亡，五六个目击者言之凿凿地说，他们认出了这两个孩子。所有的证词如出一辙，不容法官再有任何怀疑，他签署了死亡证明。但就在为孩子举行葬礼时，一个偶然的事件使人们发现，本来以为死了的人仍然活着，并且她们和溺水而死的人没有多少相似之处。证人都认为自己讲了真话，而他们也确实没有说谎的动机，那么为什么会出现人们所说的事实和真相南辕北辙的情况呢？又是什么心理因素的影响导致了这种情况的出现呢？

这是《乌合之众》这本心理学著作中的一个例子。本书全名是《乌合之众：大众心理研究》，它是法国社会心理学家古斯塔夫·勒庞创作的社会心理学著作，首次出版于1895年。在这本书之前，还没有人把"群体"当作明确的研究对象来研究。在这本书中，作者第一次明确提出了"群体"的概念，并且第一次揭示了群体的心理特征。这本书提出：人一到群体中，智商就严重降低，为了获得认同，个体愿意抛弃是非，用智商去换取那份让人备感安全的归属感；群体盲目自信，敢想敢干，群体的道德容易走向两个极端；群体极易受暗示和轻信；群体很情绪化、易冲动，急于采取行动。弗洛伊德称："勒庞的这本书是当之无愧的名著，他极为精致地描述了集体心态。"

6.1　群体概述

6.1.1　群体的概念与结构

1. 群体的定义

罗宾斯给“群体”（group）下的定义是：为了实现某个特定的目标，两个或两个以上相互作用、相互依赖的个体组合成的集合体。根据这个定义，群体是一个整体，它建立在其成员相互依赖和相互作用的基础之上，并有特定目标。群体虽然介于组织与个体之间，但它并不是个体的简单集合，它是具有一定结构、一定功能的集合。

2. 群体结构

群体结构（group structure）是指群体成员的相互关系以及保证群体有序运行的特征。群体结构塑造了群体成员的特征，使我们能解释和预测群体内大部分个体的行为以及群体本身的绩效。群体结构的主要维度有领导、角色、群体规范、地位、群体规模和群体构成。这里主要讨论角色、群体规范、地位、群体规模和群体构成，与领导有关的问题将在以后的章节探讨。

(1) 角色。

角色（role）原指演员所扮演的某一特定人物，后被社会心理学家引入社会学和社会心理学。我们这里所说的角色，是指人们对在某个社会性单位中占有某个职位的人所期望的一系列行为模式。每个人都需要根据所处情境的不同而扮演不同的角色，人们的行为也会随着所扮演角色的不同而不同。所以，要理解一个人的行为，关键是要弄清楚他所扮演的角色。

一般而言，群体成员在群体中扮演的角色可以分为任务导向角色（task-oriented roles）、关系导向角色（relations-oriented roles）和自我导向角色（self-oriented roles）三类，其角色分工如表 6-1 所示。

表 6-1　群体成员角色分工

任务导向角色	关系导向角色	自我导向角色
创新者-贡献者	调和者	阻碍者
寻求信息者	折中者	寻求认可者
意见提出者	鼓励者	统治者
能量供应者	加速者	回避者

群体成员在群体中承担的角色，会影响群体的运作过程及其行为输出。群体和群体的领导者一般很难改变成员的个性特点，所以群体在运作中侧重于影响或者改变群体成员的行为角色。影响或者改变群体成员的角色行为，需要了解角色同一性、角色知觉、角色期待、角色冲突等群体角色的概念和现象。

角色同一性（role identity）是指一种角色的态度与实际角色行为的一致性。如果人们清楚地认识到环境条件需要他们做出重大改变，他们就能够迅速地改变自己所扮演的角色。比如，公司销售部门的员工经常抱怨生产部门效率低下、不能及时完成订单等。某个员工被调到生产部门工作一段时间后，他开始认识到生产部门的具体困难，态度会发生转变，开始替生产部门说话。

角色知觉（role perception）是指一个人对于自己在某种环境中应该做出什么样的行为的认知和理解。行为者做出某种行为反应，是以他们对别人希望他们怎样做的解释为基础的。事实上，组织中的每一个人都会对自己应该如何做有自己的理解和反应，即有自己的角色知觉。这些认知往往来自周围环境的多种刺激，包括书本、电影、电视、朋友等。

角色期待（role exception）是指别人认为你在一个特定的情境中应该做出什么样的行为的反应。处于某一群体中的人，其行为反应很大程度上由当时所处的情境决定。任何群体成员都会感受到来自他人的要求、限制和希冀，包括做什么和怎么做、在群体活动中被允许和禁止的范围。这些角色期待有些是明文规定的，有些则是约定俗成的。

角色冲突（role conflict）是指当个体面对多种角色期待时，满足一种角色的要求与满足另一种角色的要求相冲突的情境。在极端情况下，个体所面临的两个或更多的角色期待是相互矛盾的。

实际上，所有人都要经历角色冲突。比如，对于一个已婚的人来说，就要同时面对事业角色期待和家庭角色期待的冲突。角色冲突会增强个体内部的紧张感和挫折感，进而影响组织行为，这种影响可能是积极的，也可能是消极的，其结果要视个体对冲突的反应而定。

知识库 6-1

角色学习——津巴多模拟监狱实验

斯坦福大学心理学教授津巴多和同事曾做过一项非常著名的角色实验。他们在系办公楼地下室建了一座模拟监狱，花钱雇了24名学生参加实验。这些学生情绪稳定、身体健康、遵纪守法。实验者对这些学生随意进行角色分配，一部分人为“看守”，另一部分人为“罪犯”，并制定了实验规则，然后开始实验。

模拟实验刚开始时，“看守”与“罪犯”并没有多大差别，而且“看守”也没有受过专门训练，实验者只是告诉他们“维持监狱的法律和秩序”，不要把“罪犯”的胡言乱语当回事。为了更真实地模拟监狱生活，“罪犯”可以像真正的监狱中的罪犯一样，接受亲戚和朋友的探视。“看守”八个小时换一次班，而“罪犯”除了出来吃饭、锻炼、去厕所、办些必要的事情，要日日夜夜地待在他们的“牢房”里。

“罪犯”没用多长时间就承认了“看守”的权威地位，或者说，“看守”调整自己进入了一种权威角色之中。特别是在实验的第二天，“看守”粉碎了“罪犯”进行反抗的企图，然后“罪犯”的反应就更加消极了。不管“看守”吩咐什么，“罪犯”都唯命是从。事实上，“罪犯”开始相信，正如实验规则所说的那样，他们真的“低人一等、无法改变现状”，而且每一位“看守”在模拟实验过程中，都做出虐待“罪犯”的事情。

这次模拟实验相当成功地证明了个体学习一种新角色是多么迅速。由于参加实验的学生开始在实验中表现出病态反应，原计划两星期的实验在进行了六天之后，研究人员不得不终止了实验。

（2）群体规范。

群体规范（group norm）是指群体所确立的，并为群体成员共同接受和遵守的行为标准、准则。每个群体都有其独特的规范，它是一个群体能够保持其一致性的基本因素，是群体结构中重要的一个要素。它的形成受从众、服从等心理因素的影响，群体成员彼此通过暗示、模仿、感染等相互作用，发生一种彼此接近、趋同的类化过程，正是在此基础上形成了群体规范。

群体规范并不是规定其成员的具体行为，而是规定群体对其成员行为可以接受和不能容忍的范围。从个体角度看，群体规范意味着在某种情境下群体对一个人的行为方式的期望。群体规范有成文的即正式的规范，比如各种法律、法规以及规章制度等，也有不成文的即非正式的规范，它们是在群体的发展过程中约定俗成的，比如风俗习惯、群体舆论等。无论是正式还是非正式的规范，对群体成员都具有约束力和规范成员行为的效力。当然，群体规范对成员的约束也会有不同的情况：一种是群体成员自觉接受，认真执行；另一种是群体成员被迫接受，必须执行。

群体规范的形成是一个复杂的过程，但一般来说是在群体成员掌握了使群体有效运作的方法之后逐渐形成的。群体中的一些关键事件可能会缩短这一过程，并能强化新规范。大多数群体规范是通过以下四种方式中的一种或几种形成的：

第一，群体中某个领导或有影响力的人物所做的明确规定。比如，领导规定在什么情况下应该做什么，这些指令往往保留下来成为规范。

第二，私人友谊。它是群体内部出现的第一个行为模式，通常会为群体成员的期望定下基调。比如，学生中的友谊群体第一次上课时就会坐到一起，如果以后有人坐了“他们的”位子，他们就会感到恼火。

第三，在过去的经历中延续下来的行为。来自其他群体的成员在加入一个新的群体时，会自觉不自觉地带有原来群体中的某些行为期望。这也可以解释为什么工作群体喜欢接纳那些原来背景和经验与自己比较相近的员工。

第四，群体历史上的关键事件。这些事件往往是群体中某种重要规范形成的原因。比如，由于某个员工的泄密使组织蒙受巨大损失后，保密规范便被制定出来。

知识库 6-2

群体规范实验

美国心理学家谢里夫 1905 年的实验说明了群体规范的形成过程。

实验在暗室内进行。一个被试者坐在暗室里，面前的一段距离内出现一个光点，光点出现几分钟后熄灭。然后让被试者判断光点移动的距离。实际上，光点并没有动，但在暗室中看光点的每个人都会觉得光点在移动。这是心理学中典型的视错觉实验。

这样的实验进行几次，每个被试者都建立了个人的反应模式。有的人觉得光点向右上方移动，有的人觉得向左下方移动，有的人认为是向下移动等。每个人的反应模式都各不相同。随后，让这些被试者在暗室里一起看出现的光点，大家可以互相讨论，说出自己的判断。实验反复进行，过一段时间，大家对光点移动方向的判断逐渐趋于一致。也就是说，此时，群体的规范代替了个人的反应模式。这种规范的形成，显然受到了模仿、暗示等心理机制的影响。

实验继续进行，并出现了一个有趣的现象：当把这些被试者重新分开，让他们单独做判断时，每个人既没有恢复他原先的个人反应模式，也没有形成新的反应模式，而是仍旧一致地保持群体形成的规范。这表明群体的规范会形成一种无形的压力，以约束着人们的行为，甚至这种约束并不会被人们意识到。

（3）地位。

地位（status）是指别人对群体或群体成员的位置或层次的一种社会性界定。我们生活在一个存在等级秩序的社会里，地位观念渗透进社会的方方面面。任何群体都有自己的角色、权力以及仪式方面的规范，以便与其他群体相区别。在理解人类行为时，地位是一个很重要的因素，因为它是一个重要的激励因素。当个体认识到自己的地位认知与别人对自己的地位认知不一致时，个体就会产生行为反应。

地位可以是群体正式给予的（正式地位），比如组织通过给予某种头衔、称号等使个体获得某种正式地位；但在很多情况下，地位也可以因为教育、年龄、技能、经验等特征获得（非正式地位）。

一个人的地位高低通常可以用地位符号（status symbol）来判断，如头衔、工作环境、工作服等。地位符号可以时刻提醒群体成员他目前所处的位置，同时能激励地位低的成员努力奋斗。当然，对于那些暂时不拥有某种地位符号的个体来说，地位符号会使人产生挫败感，尤其是在晋升政策不公平时。群体中很重要的一点就是要让群体成员相信群体中的地位等级是公平的，如果群体成员认为群体中存在不公平的地位等级，就会引起群体内的不均衡，群体成员会采取各种各样的修正性行为。

个人在群体中的地位高低取决于多种因素。正式地位（formal status）主要与职权有关，非正式地位（informal status）主要与个体威望有关。影响威望的要素可能有年龄、资历、技能等。

知识库 6－3

威廉·怀特经典性饭店研究

威廉·怀特在他的经典性饭店研究中表明了地位的重要性。他认为，在一个群体中，如果行为是由地位高的人向地位低的人发起的，那么他们在一起能够合作得比较愉快；如果行为是由地位低的人最先发起的，那么在这两类群体的系统之间就会发生冲突。

他引用的一个例子是：以前，顾客的菜单由饭店侍者直接递交给结账人员，这意味着地位低的侍者在交往中占主动地位；后来，饭店把菜单夹在铝线上并挂起来，这样，结账人员觉得必要时就把菜单用钩子钩过来，结账人员就居于主动地位了。

怀特还注意到，在厨房里，服务人员把菜单交给厨师，然后把做好的菜端出去的例子，是一个低技能人员在相互作用过程中处于主动地位的例子。无论服务人员是否催促厨师“加快速度”，他们之间都会产生冲突。但是，怀特发现，有一个交菜单的人与厨师几乎没有发生过冲突，因为他先把菜单交给厨师，然后告诉厨师，菜做好后就叫他去端菜，这样厨师便处于主动地位。怀特在他的研究中还提出了一些建议，告诉饭店管理人员进行哪些方面的改进会使工作程序与人们的实际地位等级更相符，而且会极大地改善员工之间的关系和提高工作效率。

（4）群体规模。

群体规模对群体行为的影响曾被广泛地研究，主要研究结果见表 6-2。

表 6-2 群体规模的影响

维度	2～7 人	8～12 人	13～16 人
领导者需求	低	中	高
领导者的指导	少	从少到中	从中到多
对领导者指导的容忍度	从低到中	中	高
成员抵制力	低	从低到中	高
规则与程序形成	慢	从慢到中	从中到快
决策时间	从短到中	中	从中到长

第一，成员为奇数的群体一般比成员为偶数的群体更受欢迎，而且群体成员为奇数时，会避免在投票时出现僵局。

第二，在执行任务时，由 5 人或 7 人组成的群体往往是最合适的，这种规模的群体比其他规模的群体显得更为有效。由 5 人或 7 人组成的群体可以形成多数意见，允许发表各种不同意见，同时可以避免大群体的一些弊端。

第三，小群体（一般在 7 人以下）相对而言凝聚力更强，更倾向于寻求一致性。原因在于小群体成员相互联系多、关系密切，而大群体没有这样的优势。

第四，随着群体规模的扩大，成员的工作满意度会下降。主要原因在于大群体中许多成员得不到关注，参与的机会相对有限。

第五，大群体比小群体的决策速度慢。

第六，群体规模的扩大与个人绩效呈负相关。

（5）群体构成。

大多数群体活动需要多种知识和技能才能够顺利进行。因此，对于群体构成的研究往往引入性别、个性、观点、能力、视野和教育水平等变量，我们将群体成员在以上方面较为相近的群体称为同质性群体；反之，则称为异质性群体。

在同质性群体中，由于群体成员在个性、观点、能力、视野等方面都比较接近，因此容易沟通，冲突较少，但如果群体成员缺乏完成任务的相应技能与经验，绩效也可能不高。一般来说，对于较简单的工作、需要紧密合作才能完成的工作以及必须很快完成的工作，采用同质性群体效果更好。

在异质性群体中，由于群体成员在很多方面差异很大，沟通上就会存在一些潜在困难，但同时会拥有更多解决问题的信息，从而增加了群体有效完成任务所需要的特征。由于设置了多种职位，这样的群体可能冲突较多，但事实证明，异质性群体在执行任务时比同质性群体更高效。一般认为，对于复杂的工作、必须并行完成的工作、创造性的工作以及不需要很快完成的工作，采用异质性群体效果较好。组织的领导和决策层一般也应该采用异质结构，因为不同方面的意见和知识可以用来取长补短，这对做出正确的决策是有益的。

6.1.2　群体的种类

群体的种类很多，根据不同的标准，可以划分成不同的种类。较常见的主要有以下几类：

1. 大群体和小群体

根据群体规模的大小，群体可以分为大群体和小群体。

按照群体规模的大小来划分，这是一个界限模糊的划分标准，这种划分具有相对意义。从社会心理学的角度而言，大小群体划分的标准是：群体成员之间是否存在直接的、面对面的接触和联系。凡是群体成员之间存在直接的、面对面的接触和联系的，便是小群体；大群体中成员之间大多是间接接触或者彼此不认识，主要通过共同的目标同各组织结构相联系。大群体和小群体的划分是相对的。比如，某集团公司的一个分公司，相对于其内部的各部门而言是大群体，但相对于集团公司而言则是小群体。

划分大小群体的意义在于，有利于研究不同的内部联系方式对不同规模群体的行为及群体成员心理产生的不同影响。在小群体中，由于人们之间有直接的接触，成员之间存在感情和心理上的联系，因此心理因素的作用较之大群体中的作用要大得多。管理心理学所研究的群体主要是小群体，对于大群体的研究着重从社会心理学的角度进行。

2. 假设群体和实际群体

根据群体是否实际存在，群体可以划分为假设群体和实际群体。

（1）假设群体。

假设群体又称为统计群体，是指实际上并不存在、只是为了研究工作的方便和需要而划分出来的群体。根据研究的要求不同，假设群体可以按照人们的不同特征，包括民族、地区、性别、职业等来划分，以满足管理人员或研究人员某方面的研究需要。虽然假设群体客观上并不存在，但这样划分却为分析和研究问题提供了有效手段，对调控个体和群体能起到很好的作用。

（2）实际群体。

实际群体是指现实社会生活中客观存在的群体。这类群体的成员之间有着实际的直接或间接的联系，群体成员相互之间意识到对方的存在，并意识到双方都是属于同一群体的。存在于群体成员之间的共同目标，使其活动相互结合并且互相影响。管理心理学所研究的群体心理和行为主要是指实际群体的心理和行为。

3. 正式群体和非正式群体

根据构成群体的原则和方式不同，群体可以分为正式群体和非正式群体。

（1）正式群体。

正式群体（formal group）是由组织设立、结构确定、职务分配明确，旨在指导成员努力实现组织目标的群体。正式群体是组织中完成任务、实现组织目标的主要群体，也是管理者平时接触最多的群体。正式群体又可以细分为两种类型：命令型群体（command group）和任务型群体（task group）。

命令型群体是指由组织结构规定，并由直接向某个主管人员报告工作的下属组成的群体。命令型群体由正式的命令和服从关系所维系，主管人员及其下属总是具有直接上下级关系。比如，公司总经理与各部门经理之间、车间主任与所属各班（组）长之间、医院护士长与各职能护士之间所构成的群体都是命令型群体。

任务型群体是指由组织结构和组织关系决定的，为完成一项工作任务或课题而组成的群体。任务型群体并不仅仅局限于直接的上下级关系，还可能跨越直接的命令关系。比如，一个公司为了处理危机事件，由公司多个部门上、中、下各层人员组成的危机处理小组就是一个任务型群体。

应该指出，所有的命令型群体都是任务型群体，但因为任务型群体可以由来自组织各个部门、各个层次的人组成，因此，任务型群体不一定是命令型群体。

（2）非正式群体。

非正式群体（informal group）是美国哈佛大学教授梅奥在霍桑实验中首次提出的，指既没有正式结构，又不由组织确定，而是成员为了满足某些需要而自发形成的群体。非正式群体成员之间的关系带有明显的感情色彩，以个人之间的好恶为基础。按照形式、动机的不同，常见的非正式群体主要可以分为利益型群体（interest group）和友谊型群体（friendship group）。

利益型群体是指人们为了某个共同关心的特定目标而形成的群体。比如，公司中某些员工为了增加某种福利而结合在一起，就形成了一个利益型群体。

友谊型群体是指基于成员某些共同特点而形成的群体。这种群体往往是在工作情境之外形成的，该群体赖以形成的共同特点可能是年龄相近、爱好相同、毕业于同一所大学或来自同一个地方等。

非正式群体通常产生于正式群体之中，通过满足其成员的社会需要而发挥重要的作用。在某些情况下，非正式群体能够促进组织目标的实现，因为其成员会为共同认可的任务协同努力。

知识库 6-4

非正式群体的管理

现代管理者非常重视非正式群体的建立与发展，认为如果引导得当，非正式群体有利于人际关系的协调、组织文化的建立、信息的沟通、感情的交流以及组织成员心理的平衡。在现实的管理中，如何对待非正式群体已经成为衡量管理者水平高低的标准之一。

1. 正确认识非正式群体

非正式群体可以说是正式群体的孪生兄弟，正式群体一旦建立，非正式群体几乎同时产生。管理者应该对非正式群体有正确的认识，即非正式群体有其积极的作用，只要引导得当，对组织的发展会有一定的帮助。因此，管理者不应只想着取缔非正式群体，而应致力于寻找组织中正式群体和非正式群体的共同利益并加以恰当引导，使非正式群体发挥积极作用。

2. 充分利用非正式群体的特点

一般而言，非正式群体成员之间关系较为融洽，信息沟通较快，凝聚力较强，群体内压力较大。在某些情形下，正式群体完不成的任务，可以由非正式群体来承担。当时机成熟时，也可以把一些非正式群体转化为正式群体，使其更有效地为组织服务。

3. 重视非正式群体中的领袖人物

一般来说，在非正式群体中总会形成一两位领袖人物。这些人人缘较好，情商较高，能力较强，知识面较广，具有较高的威信。对于这些人，管理者应该根据不同的情况，采用不同的方法来影响并引导，从而使非正式群体的行为与组织行为相一致。

4. 区别对待各种非正式群体

在管理中，要尽可能鼓励员工参加正式的群体活动，同时也要正视正式群体中存在的多样性的非正式群体。对于不同类型的非正式群体，管理者应该区别对待。对于存在目标与组织目标一致的非正式群体应该予以鼓励和支持，使参与其中的成员体会到安全感和荣誉感；对于存在目标与组织目标相悖或不利于组织发展的非正式群体应予以适当引导，将其对组织的不利影响降到最低。对于参与其中的员工要批评教育，使其感到压力，产生焦虑感，进而退出这类群体。

总之，管理者应该坚持“鼓励积极型、转化中性型、限制消极型、瓦解破坏型”的总体管理原则，对不同类型的非正式群体采取不同的态度和对策。

6.1.3 群体的功能

由于群体是介于组织和个体之间的特殊“关系体”，因此，它的功能也表现为两个方面：一方面是组织功能，即完成组织任务；另一方面是个体心理的功能，即满足群体成员的心理需求，制约成员的行为和沟通、激励成员。

群体对于组织来说最主要的功能就是完成组织赋予的任务。一个组织要有效地达成目标，就必须通过分工合作，把任务逐层分配给相关群体去完成。为完成组织分配的任务，群体要设定工作目标，收集资料与建议，制定工作实施方案，进行有效决策。群体可以说是探索和研究具体问题的有效整体，可以做出比个人更好的决策和发明创造，而且会促进生产效率的提高。

人是社会性动物，每个人在一定的群体中生活和工作，都有一种对群体的依赖和归属感。根据马斯洛的需求层次理论，群体可以满足成员下列心理需求：

1. 获得安全感，增强自信心和力量

人具有社会性，个体在群体中可以相互依赖、互相帮助，摆脱孤独、恐惧，获得心理上的安全感，而且个体可以通过与群体成员交换意见得出一致的看法，把某些不确定的问题弄明白，从而增加自信心。

2. 满足归属的需求和社会交往的需求

群体可以使成员具有归属感，并为其成员提供与他人交往的场所。不仅使其成员的社会交往需求得到满足，而且通过彼此交往，可以使成员获得友谊、关怀和增加知识。

3. 满足责任感和成就感的需求，同时可以满足自尊的需求

一个人要在事业上获得成功，离不开他人的帮助和配合。通过群体活动，一个人不但可以体会到自己是社会的一分子，而且可以切实体会到自己在社会中的地位，增强责任感。个人在群体中的地位，无论是职务上的地位还是心理上的地位，都能满足个体自尊的需求，比如受人欢迎和尊重，承认其存在价值等。

4. 协调人际关系，促进成员之间的相互激励

群体可以有针对性地做好成员的思想工作，化解隔阂和矛盾，促进成员间思想和感情的交流，使成员相互激励，团结互助地完成组织目标。

5. 制约个体行为

心理学家研究发现，改变个体的不良行为，如果单纯从个体出发，效果往往不佳。如果要改变一个人的行为，可以借助群体的影响和压力，从外在舆论、环境方面改造人的行为。

6.1.4 群体的发展阶段模型

现实生活中，群体总是处于不断的生成、发展和变化之中，如同个人也会经历不同的发展阶段一样。管理者应该了解群体的需要，并及时采取有助于群体走向成熟与高绩效的行动。

1. 群体发展的五阶段模型

1965 年，组织行为学家塔克曼提出了群体发展的五阶段模型（见图 6－1）。塔克曼认为，群体的发展要经过五个阶段：形成、震荡、规范、执行和中止。在群体发展的每一个阶段以及在一个阶段转向另一个阶段的转折点上都面临着群体解体的危险。

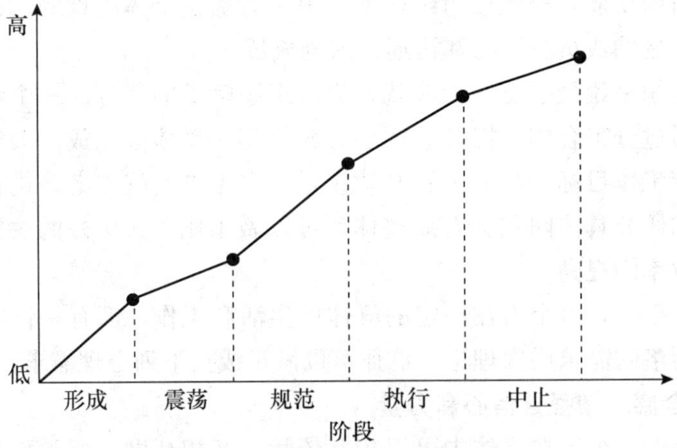

图 6－1 群体发展的五阶段模型图

第一阶段：形成（forming）。该阶段的特点是群体的目的、结构和领导等都不确定，有时甚至较为混乱。群体成员各自摸索群体可以接受的行为规范。当群体成员开始把自己看作群体的一员时，该阶段就结束了。

该阶段管理的重点是确定组织目标并制订实现目标的工作计划，创造群体成员相互接近和熟悉的机会。

第二阶段：震荡（storming）。该阶段是群体内部冲突和对抗的阶段。群体成员接受了群体的存在，但对群体强加给他们的约束仍然予以抵制，而且对于谁是这个群体的真正领导者还存在争执。如果冲突得以解决，领导者被广泛接受，领导层次相对明确，该阶段便随之结束。

该阶段管理的重点是明确群体内部的权责关系，分工设岗并建立基本的规章制度和信息沟通网络。

第三阶段：规范（norming）。在该阶段，群体内部成员之间开始形成亲密的关系，群体表现出一定的凝聚力。这时群体成员会产生强烈的群体身份感和友谊关系，当群体结构稳定下来，群体对于什么是正确的成员行为达成共识时，这个阶段就结束了。

该阶段管理的重点是进一步补充、细化和明确各种规章制度，严格规范各岗位的责权关系，鼓励合理化建议，完善沟通网络，适当调整机构和人员。

第四阶段：执行（performing）。在该阶段，群体结构已经开始充分地发挥作用，并已被群体成员完全接受。良好的成员关系和对领导者的高接受性有助于群体绩效的提高。群体成员的注意力已经从试图相互认识和理解转移到完成手头的任务。

该阶段管理的重点是形成并稳定群体的工作方式和风格，注意成员高层次需要的满足和成员个人的成长，强化评估机制，寻找新的兴奋点。

第五阶段：中止（adjourning）。对于长期性的工作群体而言，执行任务阶段是最后一个发展阶段，而对暂时性的委员会、团队、任务小组等工作群体而言，由于它们要完成的任务是有限的，所以还有一个中止阶段。在这个阶段，群体开始准备解散，高绩效不再是压倒一切的首要任务，注意力放到了群体的收尾工作上。这个阶段，群体成员的反应差异很大。有的很乐观，沉浸于群体的成就中；有的很悲观，对在工作群体中建立起来的友谊即将结束感到惋惜。

该阶段管理的重点是做好群体的收尾工作。

五阶段模型的许多解释者都带有这样的假设：随着群体从第一阶段发展到第四阶段，群体活动会变得越来越高效。虽然这种假设在一定意义上是成立的，但使群体活动高效的因素要比这个模型所涉及的因素复杂得多。某些条件下，高水平的冲突可能会导致较高的群体绩效。因此，我们也可能会发现这样的现象：群体在第二阶段的绩效超过了第三和第四阶段。同样，群体并不是明确地从一个阶段发展到下一个阶段。有时几个阶段同时进行，比如震荡阶段和执行阶段就可能同时进行。群体有时候甚至可能回归到前一阶段。因此，并不是所有的群体都会严格地按照这一模型发展。

2. 间断-平衡模型

研究人员在对十多个任务型群体进行了现场和实验室研究之后发现，群体的发展并非都经历相同顺序的发展阶段，但在群体的形成和变革运作方式的时间阶段上是高度一致的。值得指出的是，研究发现：（1）群体成员的第一次会议决定群体的发展方向；（2）第一次的群体活动依惯性进行；（3）在第一阶段结束时，群体发生一次转变，这个转变正好发生在群体生命周期的中间阶段；（4）这个转变会激起群体的重大变革；（5）在转变之后，群体的活动又会依惯性进行；（6）群体的最后一次会议的特点是，活动速度明显加快。

从图 6-2 中我们可以看到，群体成员的第一次会议决定群体的发展方向。在第一次会议上，群体成员完成其项目所要求的行为模式和假设的基本框架得以形成。这种框架在群体存在的最初几秒钟之内就可能出现。一旦这种框架确定，群体的方向就变成了白纸黑字，而且在群体生命的前半阶段不太可能重新修订。这一阶段是依惯性进行群体活动的阶段，也就是说，群体倾向于静止或者被锁定在一种固定的活动上。即使获得对初始模式和假设形成挑战的新创意，群体也不可能在第一阶段实施这些创意。

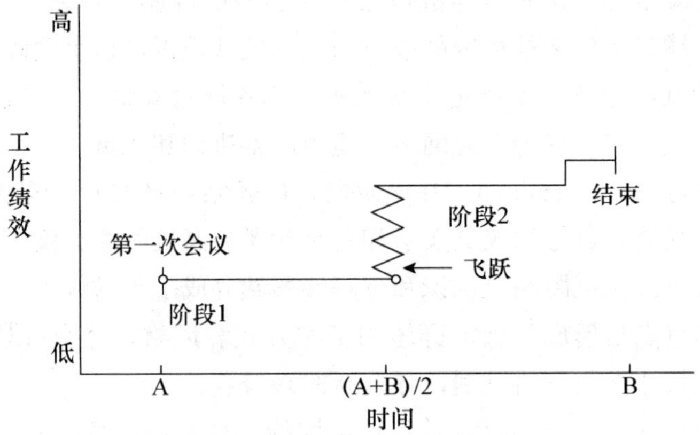

图 6-2　间断-平衡模型图

在这些研究中一个更有趣的发现是，每个群体都在其生命周期的同一时间点发生转折——正好发生在群体的第一次会议和正式结束的中间阶段。尽管有些群体完成一个项目只需要一个小时，而有些群体要用六个月，看起来好像每个群体在其存在时间的中间阶段都要经历“中年危机”。这个危机点似乎起着警钟的作用，促使群体成员认识到时间是有限的，必须迅速行动。

这个转折标志着第一阶段的结束，其特点是迅速地变革，抛弃旧的模式，采纳新的观点，并为第二阶段的发展调整方向。

第二阶段是一个新的平衡阶段。在这个阶段，群体开始实施在其转变时期创造出来的新计划。经过一段惯性运动之后，通过最后一次会议，加速了运转，提高了速度，跑步冲回终点。

总之，群体的间断-平衡模型的特点是群体在长期的依惯性运行的过程中会经历一个短暂的变革时期，这一时期的到来主要是由于群体成员意识到他们完成任务的期限，产生紧迫感而引起的。

6.2 群体心理

6.2.1 群体压力

处于群体中的个体由于受群体规范，尤其是受群体其他成员的影响，往往会表现出不同于个体独处情境下的行为反应。大量事实表明，群体能够给予成员巨大压力，使他们改变自己的态度和行为，与群体标准保持一致。群体对个体的影响主要是通过群体压力形成的，它是个体借以适应环境的方式。群体压力（group pressure）是指已经成型的群体规范对群体成员的行为产生一种无形的心理压力，促使成员与群体行为保持一致。群体对个体行为的影响主要通过群体压力起作用。

群体压力与权威命令不同，它既不是由上到下的明文规定，也不是强制个体改变自己的行为，而是通过多数人的意见形成压力影响个人行为。尽管群体压力不具有强制性，但它对个体来说是一种难以违抗的力量。

群体压力来自并存在于群体内部，不同群体会形成不同性质和不同强度的群体压力；群体压力主要来自群体规范，是由于个体违背群体规范而产生的，旨在教育其成员遵守群体规范；在群体压力的作用下，群体成员会产生从众行为。

美国心理学家莱维特通过研究提出了对群体中的异议者施加压力的几种方式：理智讨论、怀柔政策、舆论压力、心理隔离。

1. 理智讨论

理智讨论又称理智压力，就是让与会者自由发表意见，用摆事实、讲道理的方法让少数人放弃个人意见，服从多数人的意志。

2. 怀柔政策

怀柔政策又称感情上的压力，当通过讲道理已不能使少数人屈服时，可用开玩笑或“和稀泥”的方式表示群体与他个人并无原则性分歧，赞同大家的看法，对己对人都有好处。

3. 舆论压力

经好言相劝，仍然坚持个人意见而辜负大家的一片好心，这时群体则可以对“执迷不悟”者的不合作行为实行攻击，使之“四面楚歌”，造成其心理上的不安。

4. 心理隔离

经众人的多方谴责后，顽固者仍不改初衷，群体则采取与其断绝沟通的办法，使之形单影只，陷入完全被孤立的境地。若这种情况继续恶化，则可采取“铁腕”政策，如进行处分、惩罚和扣发奖金，甚至开除公职等。

群体压力是客观存在的，对群体和个体的心理行为产生巨大影响。管理者要充分利用群体压力对个体所产生的影响以发展群体的亲善性，当群体采取某种特定的行为时，个别成员受群体所迫，就会努力满足群体的需要。这样，便可去除不一致的声音，贯彻群体决策，达成群体目标。

6.2.2 从众心理

1. 从众心理的概念

从众（conformity）是社会心理学当中研究社会对人们行为的影响的一个有趣现象，指人们采纳其他群体成员的意见的倾向，是个体在群体压力下在认知、判断、信念与行为等方面自愿与群体中多数人保持一致的现象，俗称“随大流”，即个体的意见和行为与群体中的多种人相符合。

知识库 6-5

阿施从众实验

在证明从众现象方面，心理学家阿施关于线条判断的从众实验最为著名。典型的实验材料是 18 套卡片，每套两张，一张画有标准线段，另一张画有比较线条。被试者 7 人一组，其中 6 人是实验助手（假被试者），第 7 人是真正的被试者（真被试者）。被试者的任务是在每出示一套卡片时，判断三条线段中哪一条与标准线段等长。

在前几次判断中，大家都一致做出了正确的选择，从第 7 次开始，实验助手（假被试者）故意做出错误的选择，实验者开始观察真被试者的选择是独立还是从众。面对这一实验情境，真被试者在做出反应前需要考虑以下三个问题：是自己的眼睛有问题，还是别人的眼睛有问题？是相信多数人的判断，还是相信自己的判断？在确信多数人的判断是错误时，能否坚持自己的独立性？阿施从 1951 年到 1958 年多次重复了这项实验，结果发现：有 1/4～1/3 的真被试者始终保持独立性，无从众行为；约有 15%的真被试者平均做了总数 3/4 次的从众行为；所有真被试者平均做了总数 1/3 的从众行为。

2. 从众产生的原因

（1）寻求行为参照。

在许多情境中，个体由于缺乏知识或其他原因（如不熟悉情况等），必须从其他途径获得对自己行为的引导。按照费斯廷格社会比较理论的说法，在情境不确定时，其他人的行为最有参照价值。个体从众，指向多数人的行为，自然是较为可靠的参照系统。

（2）避免对偏离的恐惧。

偏离群体时，个体会面临较大的群体压力乃至制裁。任何群体均有维持一致性的倾向和执行机制。对那些与群体保持一致的成员，群体的反应是接纳、喜欢和优待，而对偏离者则倾向于厌恶、拒绝和制裁。

在社会生活中，多数人实际上已有尽量不偏离群体的习惯。个体从众性愈强，其偏离群体时产生的焦虑愈大，也就愈不容易偏离。从跨文化社会心理学的研究看，东方文化更倾向于鼓励人们的从众行为，因而也较容易产生对偏离的恐惧。

（3）群体凝聚力。

群体凝聚力是指群体对其成员的吸引水平以及成员之间的吸引水平。凝聚力强的群体中的成员，认同感较强，与群体成员有密切的情感联系，有对群体做出贡献和履行义务的要求。

由群体参照性引发的从众是真从众，由于恐惧偏离而引发的从众是权宜性从众，由群体的高凝聚力、个体期待与群体规范一致等引起的从众行为则是层次更高的从众行为。

6.2.3　服从心理

服从又称依从或者顺从（compliance），是指个体为了符合群体或他人的期望和赞许而表现出来的符合外部要求的行为。它与从众行为十分相似，二者都是由于外在群体的压力而产生的。但二者的区别就在于行为者的内心是否自愿。在群体压力的作用下，放弃自己原先的想法而去附和大家的意见，这是从众；而在群体压力的作用下依然保留自己的看法，但是为了符合群体的期望改变了自己的行为，这是服从。

知识库6－6

米尔格拉姆和权力服从研究

斯坦利·米尔格拉姆，美国著名的社会心理学家，任教于耶鲁大学，在社会心理学领域进行了大量研究，以对服从行为的研究而著名。米尔格拉姆因其对心理学的创造性贡献而获得了许多荣誉。权力服从研究的目的是测试被试者在遭遇权威者下达违背良心的命令时，人性自发的拒绝力量到底有多大。

实验者命令被试者操纵针对另一个人进行电击的仪器。实验中用于电击的仪器有30个电压档可以调节，可变范围从15伏特到45伏特，分别表示从“轻微电击”到“危险”，再到“剧烈电击”的不同等级。被电击者是经过训练的实验助手，他们在电击实验中的反应是一样的。被试者是在一场“学习实验”中完成电击的，表面上实验的目的是研究惩罚对于一个人的记忆力的影响。被试者充当权威者的角色，有权操控电压的任意一个等级，甚至是“剧烈电击”。在此过程中，被试者的心理压力会越来越大，直至他们不能承受电击他人的压力而拒绝继续参加实验。这一过程中拒绝之前的行为就被称作“服从”，拒绝继续实验的行为就叫作“不服从”。

我们从斯坦利·米尔格拉姆的权力服从研究当中可以看出，服从与权威之间有很重要的联系。受到合法权威控制的个人通常都会采取服从的态度。服从是简单和经常性的，它是社会生活中无处不在和必不可少的行为。

服从行为产生的原因在于为了获得别人的赞许。个体总是希望自己能够被别人接受和肯定，如果站在群体的对立面，难免招致冷落、排挤甚至驱逐。因此，个体只有满足群体的期望，逐渐被群体同化，才能够得到群体的认同。即使内心有所保留，个体也会赞成群体的意见，并且采取与群体一致的行为；为了实现群体的目标，个体需要依靠群体成员的共同努力，当自己的意见与群体意见不一致的时候，选择与群体一致的行为，会更有助于群体目标的实现；为了保持原有的良好的人际关系，人们往往不愿意破坏原有的人际关系，希望维护原有的人际关系或避免使他人感到难堪。因此，即便有不同的想法，还是尽力表现出符合他们期望的行为。

6.2.4 逆反心理

与从众心理相反，心理学家把逆反定义为一种保卫或者恢复自由和独立的动机，当某人威胁到我们行动自由时，逆反就发生了。

逆反心理（reversal mind）在心理学上又叫控制心理（control psychology），它是指当行为主体按照特定的标准或社会规范对人们进行引导和控制时，行为客体产生的反向心理活动。也可以说是人们由于受某个原因的影响产生对某事物（内容和形式）的敌对、抵触、反对等态度的心理状态。

逆反心理作为一种心理状态，有其独有的特性：

1. 具有明确的针对性与否定性

它总是带有对某一具体对象表示否定的思想情绪和心理状态。

2. 具有强烈的主观体验性

主观体验性是逆反心理产生的心理基础，逆反心理则是客观事物经过人的主观体验而产生的主观对客观的情感与态度。它对人对事的看法不是依据事物的客观性、事情的是非曲直去判断、表达的。

3. 具有浓厚的感情色彩

这是从逆反心理中的主观体验性派生出来的另一个显著特点。它往往以个人的感情为标准，来确定对事物的态度与情感。能满足需要、对自己有利的，就会引起肯定性的体验，产生肯定的情感，如赞成、满意等；不能满足需要、对自己不利的，就会引起否定性的体验，产生否定的情感，如反对、不满、厌恶等。逆反心理的感情色彩具有明显的否定性。

为什么会产生逆反心理呢？心理抗拒理论（theory of psychological resistance）用自由受到威胁时的保护感来解释逆反心理。

知识库 6-7

心理抗拒理论

心理抗拒理论是美国心理学家布林在专著《心理感应抗拒理论》中首次提出的。

布林认为，心理抗拒是指人们相信对自己行为拥有控制权，因此当这种控制自由受到限制时，人们往往会采取对抗的方式，以保护自己的自由。

心理抗拒的强弱是由以下因素决定的：

（1）对自由的渴望。对自由越渴望，心理抗拒越强。

（2）受剥夺自由的威胁。当自由受到威胁时，人们也会产生心理抗拒。

（3）自由的重要性。一项自由对自己越重要，当其被剥夺时，心理抗拒也就越强。

（4）对其他自由的影响程度。如果有影响，则心理抗拒会更强。

6.2.5 暗示心理

暗示是指在无对抗条件下，人们对某种信息迅速无批判地加以接受，并依此做出行为反应的过程。

知识库6-8

暗示作用实验

美国著名心理学家马丁·加德纳曾做过这样一个著名的实验：一个死囚犯被蒙上眼睛，绑在床上，身上被放了各种探测体温、血压、心电等的仪器。法官来到他床边，宣布他将被执行死刑，死刑的方法是被放血至死。随着法官的宣判，一位助手用一个小木片在他的手腕上划了一下，接着把事先准备好的一个水龙头打开，让它向床下的一个铜盆中滴水，发出叮咚的声音。伴随着由快到慢的滴水节奏，死囚心里产生了极大的恐惧感，他感到自己的血正在一点点流失。各种探测仪器显示了死囚的生理变化：出现了典型的失血症状。最后，这个囚犯晕了过去。在这一过程中，死囚并不是受了死刑，但受到一种死刑情境的暗示产生了和"放血至死"的感受相类似的结果——失血症状。

暗示是一种刺激，那些能够引起被暗示者反应的刺激才是暗示，不能引起被暗示者反应的刺激便不能称为暗示。比如，我们经过路边的广告牌时视若无睹，那么广告就没有产生暗示作用，广告牌就不是暗示；如果我们自觉不自觉地接受了广告的建议，特别注意或者购买了它所宣传的产品，广告就起到了很好的暗示作用。

暗示不是说服，无须讲道理，而是一种直接或间接的提示。暗示主要有直接暗示和间接暗示两种。直接暗示是由暗示者把某一事物的意义直接提供给被暗示者。如果管理层想推行一种新的企业制度，就大力宣传此种制度的优越性。间接暗示是暗示者以其他事物或行为为中介，被暗示者并未意识到自己的观念是由暗示形成的，所以间接暗示一般不会使被暗示者产生心理抗拒或逆反心理。

群体与权威是影响被暗示者心理的两个主要因素，它们也是直接地或间接地影响人们心理健康的重要因素。对于同一种情境，群体与权威都具有显著的暗示作用，而且权威的暗示作用较群体的暗示作用更大。

6.2.6 模仿心理

模仿的概念最初来源于班杜拉的社会学习理论（social-learning theory）。他主张儿童阶段的学习主要是通过观察和模仿来实现的，学习者是主动的个体。观察学习（observational learning）是指个体仅仅是在觉察到他人的行为被强化或被惩罚后，才在后来做出类似行为，或者抑制行为。观察学习的本质是一个榜样化的过程，小女孩模仿母亲穿高跟鞋和化妆，儿童观察明星参与模仿秀，这些都是观察学习的结果。根据社会学习理论的观点，人类的大多数行为都是通过模仿榜样习得的：个体通过观察他人行为会形成从事某些新行为的观念，并在以后用这种观念指导行动。

知识库 6－9

波波玩偶实验

波波玩偶实验是美国心理学家班杜拉于 1961 年进行的关于攻击性暴力行为研究的一个重要实验。他在 1963 年和 1965 年又对此专题继续深入研究。该实验对于班杜拉研究观察学习、创建其社会学习理论起了关键作用。波波玩偶是与儿童体形接近的一种充气玩具。在该实验中，班杜拉选用儿童作为实验对象，因为通常情况下儿童很少有社会条件反射。班杜拉试图使儿童分别受到成人榜样的攻击性行为与非攻击性行为的影响，然后将这些儿童置于没有成人榜样的新环境中，以观察他们是否模仿了成人榜样的攻击性行为与非攻击性行为。班杜拉和其他研究人员发现 88%的儿童模仿了成人榜样的攻击行为；8 个月后，40%的儿童重演了在波波玩偶实验中观察到的暴力行为。

模仿心理在管理中的启示是要重视组织当中榜样的力量。管理者可以利用电影、小说和现实生活中的典型人物，对员工进行教育，使其模仿先进行为，不模仿落后行为。

6.3　群体影响

6.3.1　社会助长与社会惰化

1. 社会助长

社会助长（social facilitation），又称社会促进，是指个体在有其他人在场的时候，工作表现比自己单独进行时更好的现象。这种现象是美国社会心理学家特里普利特在 1897 年发现的。

知识库 6－10

社会助长现象实验

心理学家特里普利特研究发现，别人在场或群体性的活动会明显提高人们的行为效率。他让被试者在三种情境下骑自行车完成 15 英里路程。第一种是单独骑行计时，平均时速为 24 英里；第二种是跑步陪同，平均时速为 31 英里；第三种是与其他骑车人同时骑行，平均时速为 32.5 英里。特里普利特在实验室条件下，让被试者完成计数和跳跃等工作，也发现了同样的社会助长现象。

2. 社会惰化

他人在场一定会出现绩效的增加吗？答案是否定的。与社会助长相反的情况是社会惰化（social loafing），是指团体中由于个体的成绩没有被单独加以评价，而是被看作一个总体时所引发的个体努力水平的下降，即导致“三个和尚没水吃”的现象。

社会惰化，也称为社会惰化作用、社会干扰、社会致弱、社会逍遥、社会懈怠，是指个人与群体其他成员一起完成某种工作，或有他人在场时，个人付出的努力往往比他单独工作时少，不如单干时效果好，并最终导致个人的活动积极性与效率下降的现象。

知识库6-11

社会惰化现象实验

1913年，法国人瑞琼曼做了一个拔河比赛的实验，他要求被试者分别在独处的与群体的情境下拔河，同时用仪器来测量他们的拉力。结果发现随着被试者人数的增加，每个被试者平均使出的力减少了。1个人拉时平均出力是63公斤，3个人时是53.5公斤，8个人时是31公斤。

这种共同完成一项任务时群体人数越多个人出力越少的现象，在后来其他人的实验中也得到了证实。这些现象不仅可以在实验室里看到，在日常生活中也很普遍。俗语"一个和尚挑水吃，两个和尚抬水吃，三个和尚没水吃"，正是对这种社会心理现象的具体形象化。

为什么会出现这种现象呢？一种原因是团队成员认为其他人没有公平付出；另一种原因是责任分散，有的个体可能成为"搭便车者"。

知识库6-12

关于社会助长与社会惰化的心理机制

（1）优势反应强化说。这种学说是由罗伯特·查荣克提出的。按照查荣克的观点，他人的存在会使人们的动机水平增加，从而强化人们的行为表现，出现促进熟练工作成绩和干扰非熟练工作成绩的现象。

（2）观众评价理论。戈夫曼最早提出了观众评价理论。一个人在成长过程中会不断受到他人的评价，并且随着自我意识和社会意识的发展会逐渐关注他人的评价，争取赢得他人对自己的认可，每个人在社会这个大舞台都想尽量扮演好自己的角色，给别人留下好印象。这种评价水平的提高主要取决于性别、年龄、个性特征对动机的影响。

怎样利用我们所学的知识优化社会助长的效果、消除社会惰化呢？当管理者要求员工完成一些相对简单的任务时，一点点的评价焦虑也许并不是件坏事——这样能提高工作绩效。如果个人努力无法得到评估，则不能将员工编排在一个团体内，因为这样会产生社会惰化效应（会降低简单任务的绩效）。当管理者要求员工完成一些相对困难、复杂的任务时，就需要减少他们的评价焦虑，可以将他们编排在团体内，这样其个人表现就不会得到评价，绩效可能会更佳（见图6-3）。

6.3.2　去个体化

1. 去个体化的定义

去个体化（deindividuation）是指个体在群体中时，被群体的行为意识和目标控制，

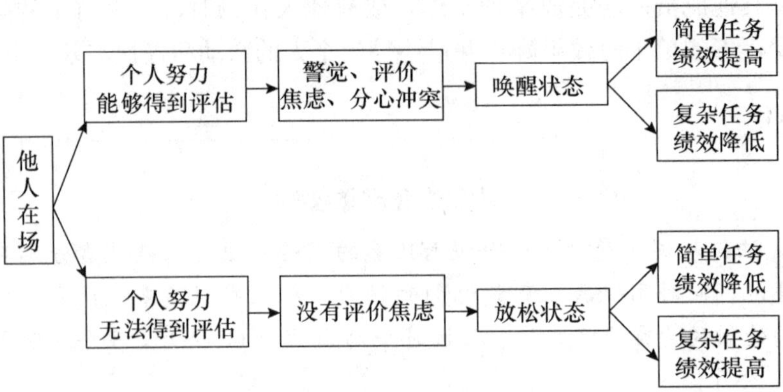

图 6－3 管理策略

失去大部分的自我意识和评价，难以意识到自己的价值与行为，自我控制能力严重下降，从而表现出群体中情绪化的、冲动的行为的现象。也就是说，在一个较大规模的群体中，个体往往受身旁事物的影响，他们无法以自己内在的价值标准和态度支配自己的行为，而是根据别人的反应来反应。

对此现象的研究最早源于法国社会学家勒庞，他发现激动的群众倾向于有相同的感受和行为，因为个体的情绪可以传染给群体。在这种情况下，即使一个成员做了一件大部分人反对的事情，其他人也会倾向于仿效它。勒庞把这种现象叫作“社会传染”（social contagion）。勒庞把社会传染解释为正常控制机制的崩溃，即道德意识、价值系统以及社会规范不再能够约束人们的行为，自私、侵犯及性冲动随便发泄，从而导致非道德化的行为。社会心理学家费斯廷格、津巴多把这种想法转换成了一个更现代的名词——去个体化：在某些情境中，个体的自我认同被团体认同取代，个体越来越难以意识到自己的价值与行为，而是集中注意力于团体情境之上。去个体化包括个体责任感的丧失，以及对团体行为敏感度的增加。

案例 6－1

新媒体中的去个体化——信谣传谣

2011 年 3 月 11 日，日本东海岸发生 9.0 级地震，地震造成日本福岛第一核电站发生核泄漏事故，谁也没想到这起严重的核事故竟然在中国引起了一场令人咋舌的抢盐风波。从 3 月 16 日开始，中国部分地区居民开始疯狂抢购食盐，许多地区的食盐在一天之内被抢光，其间，更有商家趁机抬价，市场秩序一片混乱。引起抢盐风波的是两条消息：(1) 食盐中的碘可以防核辐射；(2) 受日本核辐射影响，国内盐产量将下降。

经查，3 月 15 日中午，浙江省杭州市某数码市场的一位网名为“渔翁”的普通员工在 QQ 群里发出消息：“据有价值信息，日本核电站爆炸对山东海域有影响，并不断造成污染，请转告周边的家人储备些盐、干海带，在一年内不要吃海产品。”随后这条消息被广泛转发。16 日，北京、广东、浙江、江苏等地发生抢购食盐的现象，造成了一场全国范围内的辐射恐慌和抢盐风波。3 月 17 日，国家发展改革委发出紧急通知强调，我国食用盐等日常消费品库存充裕，供应完全有保障，希望广大消费者理性消费、合理购买，不信谣、不传谣、不抢购。同时，国家协调各部门组织货源，保障食用盐等商品的市场供应。18日，各地盐价逐渐恢复正常，谣言告破。3月21日，杭州市公安局西湖分局发布消息称，已查到谣言的信息源头，并对始作俑者“渔翁”做出行政拘留10天、罚款500元的处罚。

2. 去个体化现象产生的原因

去个体化现象对我们理解群众性的反社会行为有很大的帮助。心理学家认为去个体化的原因主要有以下三个方面：

（1）匿名性。

匿名性是引起此现象的关键，团体成员越隐匿，他们就越会觉得不需要对自己的行为负责。在一群暴民中，大部分人觉得他们不代表自己，而是混杂于群众中，也就是说没有自我认同。相反，如果他们具有某种程度的自我认同，并且保持着独处时的感觉，就不会出现不负责任的行为。

知识库6-13

匿名性导致去个体化的研究

津巴多的实验对此提供了生动的描述。在实验中，由4名被试者组成的团体参与对陌生人实施电击。在一些组中，4名被试者彼此以姓名相称，并且胸前挂着名牌，极易辨认；在另一些组中，4名被试者则穿着宽大的衣服，围着头巾，极难辨认。结果发现后者电击他人的可能性是前者的2倍多。显然匿名性使侵犯行为急剧增加，结果支持了“去个体化是导致团体中存在暴力及反社会行为的原因”的说法。

1976年，迪纳等人对儿童偷窃行为的实验也证明了这一点。在实验开始的时候，他们问了一部分儿童的名字并记下，对另一些儿童则没有这么做。实验的情境是当大人不在场时，儿童有机会偷拿额外的糖果，结果也支持了匿名性的效果：比起没被问及姓名的儿童，那些被问及姓名的儿童不大会去多拿糖果，即使他们知道自己不会被抓住，他们也不去做这样的事情。

（2）个体自我意识功能的下降。

去个体化现象产生与个体自我意识功能的下降有关。迪纳认为，引发去个体化行为的最主要认知因素是缺乏自我意识，人们的行为通常受道德意识、价值系统以及所习得的社会规范的控制。但在某些情境中，个体的自我意识会失去这些控制功能。比如在群体中个体认为自己的行为是群体的一部分，这使得人们觉得没有必要对自己的行为负责，也不顾及行为的严重后果，从而做出不道德与反社会的行为。比如在知识库6-13讲到的第二个实验中，迪纳对实验情境做了小小的改变：在一些组中，他在儿童拿糖果的盒子旁边放了一面镜子。结果正如我们讲过的那样，镜子使被试者的内在自我意识提高，从而对自己的行为标准也有了更清醒的认识，违规行为的比例下降，只有12%。而其他组儿童违规行为的比例为34%。实际上，大多数的去个体化都是自我意识的能动作用的丧失引起的。

（3）责任分散效应。

责任分散效应，也称为旁观者效应，是指在事件现场旁观者的数量影响了突发事件中亲社会反应的可能性。当旁观者的数量增加时，任何一个旁观者提供帮助的可能性减少了，即使他们采取反应，反应的时间也延长了。比如，老人摔倒了，尽管周围有很多人在场，却没有人帮忙。

6.3.3 群体凝聚力

1. 群体凝聚力的概念

群体凝聚力（group cohesiveness）又称群体内聚力，是指群体成员之间互相吸引、接纳，同时愿意留在群体中的程度，也就是群体对成员的内在吸引力。这种吸引力包括群体对其成员的吸引力以及群体成员之间的相互吸引力两个方面。群体凝聚力可划分为以下几部分：

（1）自然凝聚力。

人有社会属性，不能脱离群体而单独生活，每一个人都需要别人，这就是团结的自然凝聚力。

（2）工作凝聚力。

群体所承担的任务和通过工作所要达到的目标，都会对群体成员产生强烈的吸引力。

（3）领导凝聚力。

成功而有威望的领导者本身就是一种吸引力，在一个群体中，领导经常和群体成员发生着各种各样的关系，群体所承担的任务，需要领导去组织、指挥，需要成员来执行、完成，因此，领导者的行为直接影响群体的凝聚力。

（4）情感凝聚力。

群体成员之间、员工与领导之间、领导与领导之间彼此了解，就可能建立融洽、接纳的人际关系，群体就有一种吸引力。显然，这种吸引力是以情感为基础产生的情感凝聚力。

2. 群体凝聚力的影响因素

什么因素可以决定群体成员之间是否会相互吸引呢？群体凝聚力主要受到下列因素的影响：

（1）成员素质。

主要包括群体成员的性别构成、群体成员的依赖性、群体成员在一起的时间等因素。

第一，群体成员的性别构成。研究发现，女性的凝聚力量要高于男性。为何如此，目前尚不清楚，但一个比较合理的假设是，与男性相比，女性与自己的同事、朋友、伙伴竞争较少而合作较多，这样就有助于增强女性群体的凝聚力。

第二，群体成员的依赖性。个人加入某个群体是因为他们觉得这个群体有助于满足他的物质和精神方面的各种需求。一般来说，群体对成员各种需要的满足程度越高，群体对成员就越有吸引力，群体的凝聚力也就越大。

第三，群体成员在一起的时间。如果人们在一起的时间比较多，他们就会更加友好，会自然而然地相互交谈、做出反应，并进行其他交往活动。而这些相互作用通常又会使他们发现大家共同的兴趣，增强相互之间的吸引力。

（2）内部关系。

主要包括加入群体的难度、群体的内部一致性、群体的领导方式、群体内部的奖励方式、工作任务和目标结构、信息的沟通等要素。

第一，加入群体的难度。一般来说，加入一个群体越困难，该群体的凝聚力可能越强。进入这个群体的成员在进入过程中都经历了激烈的竞争，使他们具有一些共同的经历，比如考试、面试等，一旦他们进入该群体，这些共同的经历会增强他们之间的凝聚力。相反，如果加入一个群体非常容易，则该群体往往不会产生很强的凝聚力。

第二，群体的内部一致性。群体成员若具有相同的目标、利益、兴趣和爱好，或共同的背景、信念和价值观等，则共同性较高，凝聚力一般来说也更强。其中，共同的利益和目标是最关键的因素。

第三，群体的领导方式。群体的领导班子团结与否，会直接影响群体的凝聚力。实践表明，领导班子不团结，群体便会失去核心，凝聚力则降低。反之，领导班子团结一致，主要领导者有较强的人格魅力，成员就会紧密地团结在领导班子周围，产生较强的凝聚力。此外，不同的领导方式对凝聚力有不同的影响。1939 年心理学家勒温等人的经典实验比较了民主、专制和放任三种领导方式下的群体气氛和工作效率，发现民主型领导方式的群体比其他群体成员之间更友爱，群体中思想更活跃、情绪更积极，群体凝聚力更强。

第四，群体内部的奖励方式。许多管理心理学家研究比较了个人奖励和群体奖励两种方式的作用，发现不同的奖励方式确实会影响群体成员的情感和期望，进而影响群体的凝聚力。西方管理心理学的研究一般认为集体奖励方式可能增强群体的凝聚力，而个人奖励方式可能增强群体成员之间的竞争力。我国的研究表明，个人奖励和群体奖励相结合的方式有利于增强群体的凝聚力。

第五，工作任务和目标结构。工作任务和目标结构也会影响群体的凝聚力。如果把个人目标和群体目标有机结合起来，则群体中每一个成员的任务都是为着同一个目标，这样群体的凝聚力会增强。

第六，信息的沟通。一般来说，在信息畅通的群体中，成员具有较高的共同性或相似性，相互间隔阂和矛盾较少，凝聚力较强；反之，沟通不畅的群体，成员之间意见交流较少，易产生疏远和隔阂，凝聚力相对较差。

（3）外部关系。

主要包括群体规模、群体地位、外部压力。

第一，群体规模。群体规模越大，其凝聚力会越差。因为随着群体规模的扩大，群体成员之间的互动变得更加困难，群体保持共同目标的能力相应减弱，而且随着群体规模的扩大，群体内部产生小集团的可能性也相应提高。群体内部再产生小集团通常会降低群体的整体凝聚力。

第二，群体地位。如果群体一贯有成功的表现，具有较高的社会地位，它就容易建立起群体合作精神来吸引和团结群体成员，而且群体成员由于其所在群体的高地位也会有一种自豪感。一般来说，与不成功的企业相比，成功的企业更容易吸引和招聘到新员工。

第三，外部压力。大多数研究表明，如果群体受到外部攻击，群体的凝聚力就会增强。但是这种现象并不是无条件的。如果全体成员认为他们的群体无力应付外部攻击，群体作为安全之源的重要性就会降低，群体凝聚力也就很难提高。另外，如果群体成员认为外部攻击仅仅是群体的存在引起的，只要群体放弃或解体就能终止外部攻击，群体凝聚力就可能降低。

3. 群体凝聚力与生产效率

（1）群体凝聚力的计算方式。

一个群体的凝聚力可以用心理测量的方法进行测量。可以用心理量表，让群体每一成员用评级的方法评定自己对其他成员的感情，然后把这些评定加在一起。

另外，心理学家多伊奇提出了群体凝聚力公式：

$$群体凝聚力=\frac{成员之间相互选择的数目}{群体中可能相互选择的总数目}$$

（2）群体凝聚力与生产效率的关系。

群体凝聚力高的群体不一定有高的绩效。关于群体凝聚力与生产效率的关系，社会心理学家沙克特做出了详尽的研究。

知识库 6-14

沙克特的群体凝聚力与生产效率关系研究

社会心理学家沙克特通过实验研究过团体凝聚力与生产效率之间的关系。经过大量研究发现，群体凝聚力与生产效率的关系，既取决于管理者的诱导方向，又取决于群体的态度及其与组织目标的一致性程度。从群体与组织目标的一致程度而言，凝聚力与生产效率的关系存在着四种不同的情况，如图 6-4 所示。

（1）低凝聚力、低一致性，即群体的态度与组织目标不一致，同时群体的凝聚力也低，凝聚力与生产效率没有什么关系。

（2）低凝聚力、高一致性，即群体的态度支持组织目标，此时就算凝聚力很低，生产效率依然能够提高。

（3）高凝聚力、低一致性，即群体的态度不支持组织目标，生产效率与凝聚力成反比，凝聚力越高，生产效率越低。

（4）高凝聚力、高一致性，即群体的态度与组织目标保持高度一致性，生产效率与凝聚力成正比，凝聚力越高，生产效率也越高。

可见，在一个高凝聚力的群体，个体服从群体的倾向较强，内部成员较遵循群体的规范和标准，群体行为总是表现出高度的一致性，在这样的群体内，管理者如果善于因势利导，将组织目标与群体目标很好地结合，让成员能够看到或感到自己努力的结果可以给个人及群体带来的利益，群体就会倾向于努力工作，生产效率就能大大提高。反过

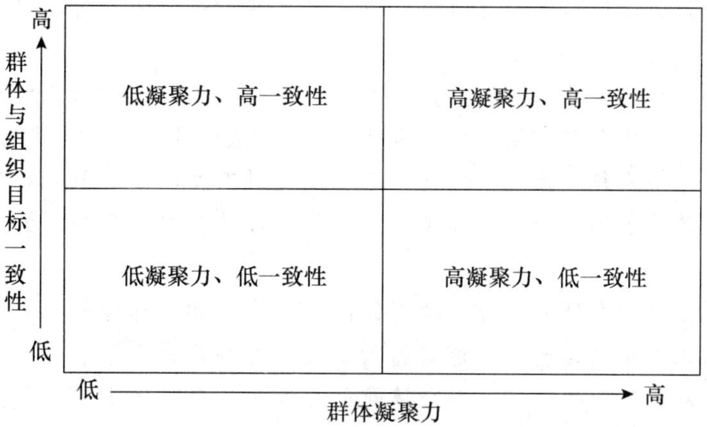

图6-4 凝聚力与生产效率的关系

来，倘若管理者没有把组织目标与群体目标结合起来，二者处于一种相背离的状态，那么，这时的凝聚力是与生产效率成反比的，凝聚力越强，反而越容易滋生群体的本位主义和小团体思想，会限制生产力，导致生产效率的降低。所以，处理好这其中关系的最好办法，便是使成员看到个人利益、群体利益与企业利益之间存在的一致性。

本章小结

本章分三小节分别阐释了群体概述、群体心理以及群体影响。

第一节主要介绍群体的概念与结构、群体的种类、群体的功能、群体的发展阶段模型。

群体是为了实现某个特定的目标，两个或两个以上相互作用、相互依赖的个体组合而成的集合体。群体结构的主要维度有领导、角色、群体规范、地位、群体规模和群体构成。

群体可以划分成大群体和小群体、假设群体和实际群体、正式群体和非正式群体。

群体功能表现为组织功能和在个体心理上的功能。

群体的发展阶段模型主要有塔克曼的群体发展的五阶段模型、间断-平衡模型。

第二节阐述了群体压力、从众心理、服从心理、逆反心理、暗示心理、模仿心理的基本内容。

群体压力是指已经成型的群体规范对群体成员的行为产生一种无形的心理压力，促使成员与群体行为保持一致。

从众是指人们采纳其他群体成员的意见的倾向，是个体在群体压力下在认知、判断、信念与行为等方面自愿与群体中的多数人保持一致的现象。

服从是指个体为了符合群体或他人的期望和赞许而表现出来的符合外部要求的行为。

逆反是一种保卫或者恢复自由和独立的动机。

暗示是指在无对抗条件下，人们对某种信息迅速无批判地加以接受，并依此而做出行为反应的过程。

模仿是指个体通过观察他人行为会形成从事某些新行为的观念，并在以后用这种观念指导行动。

第三节对社会助长与社会惰化、去个体化、群体凝聚力的内容进行了阐述。

社会助长是指个体在有其他人在场的时候，工作表现比自己单独进行时好的现象。

社会惰化是指个人与群体其他成员一起完成某种工作，或有他人在场时，个人付出的努力往往比他单独工作时少，不如单干时效果好，并最终导致个人的活动积极性与效率下降的现象。

去个体化是指个体在群体中时，被群体的行为意识和目标控制，失去大部分的自我意识和评价，难以意识到自己的价值与行为，自我控制能力严重下降，从而表现出群体中情绪化的、冲动的行为的现象。去个体化的原因主要来自匿名性、个体自我意识功能的下降两个方面。

群体凝聚力是指群体成员之间互相吸引、接纳，同时愿意留在群体中的程度，也就是群体对成员的内在吸引力。群体凝聚力可划分为自然凝聚力、工作凝聚力、领导凝聚力、情感凝聚力，主要受成员素质、内部关系、外部关系因素的影响。

关键术语

群体　角色　角色同一性　角色知觉　角色期待　角色冲突　地位　群体压力　从众　服从　逆反　暗示　社会助长　社会惰化　去个体化　社会凝聚力

复习思考题

(1) 简述群体结构的主要维度及其具体内容。
(2) 何谓非正式群体？对非正式群体应采取何种管理方法？
(3) 群体可以满足其成员什么样的心理需求？
(4) 简述塔克曼的群体发展的五阶段模型的主要内容。
(5) 简析从众心理产生的原因。
(6) 从众与服从有何区别？
(7) 管理实践中应如何优化社会助长的效果、消除社会隋化？
(8) 简述去个体化现象产生的原因。
(9) 群体凝聚力的主要影响因素有哪些？
(10) 简述群体凝聚力与生产效率的关系。

本章阅读书目

[1] 罗宾斯．组织行为学．北京：中国人民大学出版社，2005.
[2] 津巴多，约翰逊，韦伯．普通心理学．北京：中国人民大学出版社，2008.

［3］李维特．管理心理学．台北：远流出版事业股份有限公司，1986.

［4］米尔格拉姆．对权威的服从：一次逼近人性真相的心理学实验．北京：新华出版社，2013.

［5］班杜拉．思想和行动的社会基础：社会认知论（上下册）．上海：华东师范大学出版社，2001.

［6］戈夫曼．日常生活中的自我呈现．杭州：浙江人民出版社，1989.

第7章

群体沟通与冲突

我们希望人们勇于表达反对的意见，呈现出所有的事实面，并尊重不同的观点。这是我们化解矛盾的方法。良好的沟通就是让每个人对事实都有相同的意见，其目的在于创造一致性①。

——杰克·韦尔奇

引导案例

杰克·韦尔奇的沟通技巧

在杰克·韦尔奇带领通用电气公司（GE）走出困境、重塑辉煌的过程中，有效沟通发挥了重要作用。

杰克·韦尔奇将他一半的时间用在他所称的“人的问题”上。他在GE这样庞大的公司中创造了一种少有的非正式沟通和共享的方式。他从来没有给任何人发过正式的信件、备忘录，几乎所有的信息都是依靠个人便条、打电话或面对面直接沟通传递的。

担任GE执行总裁近20年的杰克·韦尔奇，每天必做的事情之一就是亲自动笔给各级主管、普通员工乃至员工家属写便条，或征求对公司决策的意见，或询问业务进展，或表示关心、关注。写这些便条的目的是鼓励、激发和要求行动。杰克·韦尔奇通过便条表明他对员工的关怀，使员工感到他们之间已从单纯的管理者与下属的关系升华为人与人之间的关系。而杰克·韦尔奇知道，从他手中发出的只言片语都很有影响力，它们比任何长篇大论的演说都更能拉近和员工的距离，而且这也是他向下属们有效地传达重要观念的最佳方式，所以他乐此不疲。久而久之，“韦尔奇便条”便演变、升华为一种非正式沟通的氛围，一条“通心路”，一种凝聚力、亲和力。员工们则把收到和答

① 韦尔奇．杰克·韦尔奇自传．北京：中信出版社，2005.

复杰克·韦尔奇的便条作为荣耀和情谊，倍感幸运、倍加珍视。不仅如此，每个星期，杰克·韦尔奇都会不事先通知地造访某些工厂和办公室，临时安排与下属共进午餐，工作人员还会从传真机上找到杰克·韦尔奇手书的便条，上面是他既遒劲有力又干净利落的字体。

杰克·韦尔奇每年都要为公司设置年度议程，为优秀员工进行庆贺活动，为来自不同事业部的经理和他们的同行创造交换思想的机会。这些非正式的聊天通常会持续到午夜两三点钟，杰克·韦尔奇每次都会亲自参加。在活动将结束时，他会发表一次精心策划的讲话，讲话被摄制下来，翻译成八种语言，然后传递到GE在世界各地的分公司。分公司的经理们用这段录像与自己所属的团队商讨来年所要应对的问题。

其他正式的沟通还有每季度召开的企业执行官理事会，在那里GE的30名高级官员相互交换意见。执行官们把这种会议誉为利益共享、人人有份，因为不管是好的还是坏的信息都是公开、共享的。

杰克·韦尔奇通过写便条、打电话，以及面对面会议而不是给职工发送正式的信件及备忘录的方式，使自己获得了真实的第一手资料，为其做出正确的决策打下了基础。

7.1 群体沟通

7.1.1 沟通的概念、功能与类型

1. 沟通的概念

沟通（communication）一词含有告知、散布消息的意思，其词源为“commue”，意为“共同化”，故本质上沟通就是信息的交流和分享，是人们思想、观点、情感、态度等信息的相互交换和传递。不同学科领域对沟通的研究视角是不同的，管理心理学是研究组织内的个人、群体以及作为整体的组织的心理及行为规律的学科。因此，管理心理学研究的沟通，是指为了设定的目标，人们在互动过程中，发送者通过一定渠道（也称媒介或通道），以语言、文字、符号等表现形式为载体，与接收者进行信息（包括知识和情报）、思想和情感等交流、传递和交换，并寻求反馈以达到相互理解的过程。

这里的沟通已经超越了单个个体的范围，上升到了多个人组成的群体层面。因此，从沟通行为的主体多元化出发，我们完全可以认为沟通和群体沟通具有相同的意义。显然，从组织层面来看，群体沟通包括了组织内的个人与个人、个人与群体以及群体与群体之间的沟通。

沟通不同于一般的信息交流，它具有社会性、选择性、主动性、互动性、符号性以及干扰性等特征。

（1）社会性。

沟通是在社会环境中产生和发展的，沟通行为本身就是一种社会性行为，沟通双方

不仅仅交流信息，而且彼此交换内心状态，表达各自对同一事物的看法和感情。

（2）选择性。

沟通的选择性体现在发送者必须正确选择传递的内容、通道、方式、时机、归宿即接收者等，才能达到预期的目的。接收者则根据自己的知识、经验、个性等对传递来的信息做出选择性理解等。

（3）主动性。

沟通过程中的每一个参与者都是积极的主体，这就要求沟通的双方都具有积极性，而不能将其中的一方看作被动的客体，因而一方在向对方发送信息时，必须判定其情况或分析其动机、目的等。

（4）互动性。

沟通是一个双向、互动的反馈过程，沟通所产生的影响是沟通中的一方为了改变对方的行为而对对方的心理发生作用。也就是说，沟通不仅是为了传递信息，而且在于唤起或影响接收者特定的反应或行为，从而得到彼此相互了解、相互认知以及相互影响的效果。

（5）符号性。

沟通双方的任何信息交流都是通过符号形式（比如语言、文字、图片、手势等）来进行的。当沟通双方都认识这些符号并理解其所表达的意义时，沟通才能有效地进行。只有统一的意义体系才能够保证沟通双方相互理解。

（6）干扰性。

一般而言，仅有一次沟通并不能顺利地完全实现沟通双方的最初意愿，这是因为在沟通的过程中存在多种干扰，从而影响了沟通的有效性。

2. 沟通的功能

在群体或组织中，沟通有四种主要功能：控制功能、激励功能、情绪表达功能和信息传递功能。

（1）控制功能。

沟通可以通过几种方式来控制员工的行为。员工们必须遵守组织中的权力等级和正式指导方针。比如，他们要首先与直接上级交流工作方面的不满和抱怨，要按照工作说明书工作，要遵守公司的规章制度等，通过沟通可以实现这种控制功能。另外，非正式沟通也控制着行为。比如，当工作群体中的某个人工作十分勤奋，并使其他成员相形见绌时，其他人会通过非正式沟通的方式控制该成员的行为。

（2）激励功能。

沟通通过下面的途径来激励员工：明确告诉员工做什么、如何来做，以及在没有达到标准时应如何改进。具体目标的设置、实现目标过程中的持续反馈以及对理想行为的强化等，都有激励作用，而这些过程又都需要沟通。

（3）情绪表达功能。

对很多员工来说，工作群体是主要的社交场所，员工通过群体内的沟通来表达自己的挫折感和满意度。因此，沟通提供了一种释放情感的情绪表达机制，并满足了员工的社交需要。

（4）信息传递功能。

沟通的信息传递功能与决策角色有关，它为个体和群体提供决策的必要信息，使决策者能够确定并评估各种备选方案。

这四种功能无轻重之分。要使群体运转良好，就需要在一定程度上控制员工、激励员工，提供情绪表达的手段，并最终做出决策。在群体或组织中几乎每一次沟通都能实现这四种功能之中的一种或几种。

3. 群体的沟通类型

群体沟通的类型有很多种，一般是从沟通的组织、沟通的方式、沟通的互动性以及沟通的信息流动方向四个角度对沟通进行分类。

（1）正式沟通和非正式沟通。

按沟通的组织或渠道划分，可以有正式沟通和非正式沟通两种方式。

正式沟通是指通过组织明文规定的渠道进行的与工作相关的信息传递和交流。比如，定期或不定期的会议制度、组织与组织之间的公函往来、上级的指示按组织系统逐级向下传达或下级的情况逐级向上反映等。

莱维特研究了五人群体的几种典型的正式沟通网络（见图 7 - 1），分别表示为轮式、链式、Y 式、环式全通道式，各式的集中化程度不同，信息交流的自由度也不一样。

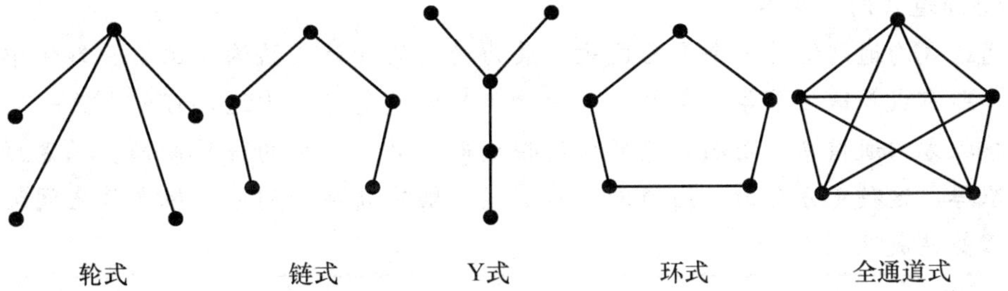

图 7 - 1　五种正式沟通网络图

每种正式沟通网络都有其优缺点，其有效性取决于所关注的因变量是什么，没有一种网络在任何情况下都是最好的。总体来说，正式沟通的优点在于：沟通效果好、易于保密、具有较强的约束力、可以使信息保持权威性。重要的信息通常都会采用这种方式传达。其缺点在于：由于需要依靠组织系统层层传递，因此沟通速度缓慢，过于刻板，容易延误时间，造成信息的失真或扭曲。

知识库 7 - 1

五种正式沟通网络

1. 轮式沟通网络

在轮式沟通网络中只有一个核心成员是各种信息的汇集点和传递中心，其他成员之间没有沟通，只能与核心成员沟通。通常，该网络的核心成员由该群体的领导者担任。在组织中，大体相当于一个主管领导管理几个部门的权威控制系统。轮式沟通集权化程度高，解决问题速度快，但其他成员的沟通需求无法得到满足，导致员工总体满意度低、士气低落。

2. 链式沟通网络

在链式沟通网络中居于两端的人只能与内侧相邻的一个成员进行联络，中间的人则可与两侧相邻的人沟通信息。该网络严格遵循正式的命令系统，往往以逐级传递的方式进行。在组织中，最常见的应用就是直线式上下级间的信息传递。此网络信息传递的通路十分清晰，但信息层层传递、层层筛选，容易失真。

3. Y 式沟通网络

Y 式沟通网络兼有链式和轮式的特点，其中只有一个成员位于沟通的中心，成为沟通的媒介，起着信息枢纽的作用。在组织中相当于组织领导、秘书再到下级管理人员或一般成员的纵向关系。该网络适用于管理人员任务繁重，需要有人选择信息、提供决策依据，对组织实行有效控制的情形。

4. 环式沟通网络

环式沟通网络可以看成是一个封闭式控制网络，所有成员都仅与相邻的两人保持沟通。它的最大特点就是沟通网络中成员的平等性，成员的平均满意度与士气都较高。为了完成群体目标，需要每个成员都有高昂的士气，环式沟通是一种良好的沟通方式。但对于非相邻的成员的沟通，必须经过多级的中转，传送的速度以及信息的可靠性都会随之降低，因而沟通效率不高，尤其是在群体成员众多的情境下沟通效率更低。

5. 全通道式沟通网络

全通道式沟通网络是一个最为民主、最为畅通的开放式的沟通网络。群体中没有核心人物，所有成员地位平等，都可以自由地与其他成员进行沟通，可以在第一时间直接与目标接收方沟通信息，因而信息的传递快速而有效，成员的士气高昂、满意度高、合作气氛浓厚。这种充分自由的沟通网络特别适于解决复杂的问题，但成员之间沟通途径太多，容易造成混乱。

非正式沟通是指在正式沟通渠道之外进行的信息传递和交流，是与组织内部明确的规章制度无关的沟通方式。非正式沟通可以自由地向任何方向运动，并跳过权力等级。在促进任务完成的同时，非正式沟通能够带来群体成员社会需求的满足。

美国心理学家戴维斯曾在一家皮革制品公司专门对 67 名管理人员进行调查研究，发现四种非正式沟通网络（见图 7－2）。

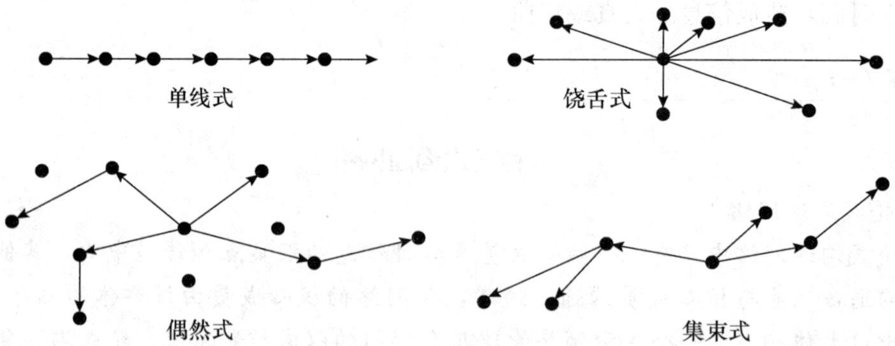

图 7－2 四种非正式沟通网络图

知识库7-2

四种非正式沟通网络

（1）单线式：以串联方式把消息传播给最终接收者。

（2）集束式：在沟通渠道中有几个中心人物，由他们转告其他人。

（3）偶然式：以随机的方式传递信息，并无中心人物或者选择。

（4）饶舌式：由一个关键人物告知其他所有人。

有关研究发现，小道消息是非正式沟通最典型的表现形式。它是组织内信息传播的重要方式，也是导致流言滋生的重要原因。非正式沟通方式灵活、速度快，容易及时提供正式沟通难以提供的内幕信息，但有的时候信息容易失真，难以控制，会出现以讹传讹、混淆视听的现象，管理者应予以重视。

知识库7-3

赫尔希对小道消息的调查

在群体中传播小道消息往往会带来不良的影响。赫尔希曾对6家公司的30条小道消息做出调查，其中只有6条属实，16条全无根据（占一半以上），另有8条的某些根据有歪曲。他认为改善的办法是使正式沟通渠道畅通，用正式消息驱除小道消息。小道消息盛行，正是正式沟通渠道不畅通的结果。提高领导的透明度，及时通过各种正式沟通渠道把消息传给群众，是防止小道消息传播的有效措施。同时，非正式沟通网络有辅助正式沟通网络的作用，管理者要注意甄别。

（2）语言沟通和非语言沟通。

按沟通的方式划分，可以有语言沟通和非语言沟通两种方式。

语言沟通是指使用正式语言符号系统所进行的沟通，包括口头沟通和书面沟通。口头沟通是指运用口头表达的方式进行的信息传递和交流，比如会议、讨论、演说等。这种沟通的最大优点是传达信息者能够立即得到反馈，能了解所传达的信息是否被准确理解。口头沟通是一种双向沟通，它使得参加沟通的双方既是发送者又是接收者。口头沟通的缺点在于没有书面沟通准备的充分，也没有信息交流的记录，而且信息传递的人数越多，信息失真的可能性就越大。书面沟通是指以书面形式进行的沟通，包括通知、刊物、传真等。书面沟通具有全面直观、逻辑性强、语言清晰等优点，而且信息可以长期保存、随时核实，不易出现被曲解的情况。然而，书面沟通需要的时间较长，获得反馈不及时，不便于随时修改。

非语言沟通是指用语言以外的即非语言符号系统所进行的沟通，包括身体语言沟通、辅助语言沟通等，比如声调、音量、手势、体态、脸色、动作等。语言沟通必定伴随影响巨大的非语言成分，一些研究表明，人们的沟通至少有2/3是通过非语言的方式进行的。语言沟通的信息约有55%来自脸部表情和身体动作，38%来自音调，只有7%来自实际使用的语言词汇。反应取决于说话的方式，而非说话的内容。肢体语言信息是潜意识的外在表现，最接近真实内心。肢体语言信息在沟通中具有重要作用。肢体语言信息传递的正确性决定了口头沟通的有效性。一些肢体语言的行为含义如下：柔和的手势表示友好、商量，强硬的手势则意味着“我是对的，你必须听我的”；面部表情微笑表示友善、礼貌，皱眉表示怀疑和不满；眼神一直盯着看意味着不礼貌，但也可能是表达兴趣、寻求支持；双臂环抱表示防御；开会时独坐一隅意味着傲慢或不感兴趣；演说时抑扬顿挫表明热情，突然停顿是为了制造悬念，吸引注意力。

知识库 7-4

非语言沟通中的性别差异

两性在非语言沟通上的差异一直被关注。从个人空间方面来看，女性所占空间一般比男性少，其身体行为较男性更受限制和约束，这通常与服从相关。男性倾向于控制更多的领地和个人空间，这与支配的地位有关。

从身体位置和姿势看，身体位置和姿势携带有人际关系的信息。男性更多的是采用放松姿势，而女性更多的是比较拘束的姿势。男性更多的是双脚分开站或坐，双手放于身体两侧，而女性更多把两手交叉抱于胸前。女性喜欢和另一位女性坐得很近；而男性和另一位男性距离较远，离一位女性倒有可能更近。与男性相比，女性的动作和手势会更多。

从目光接触看，女性比男性更多地有社会性目光接触，女性对对方的注视比男性多。在身体接触方面，男性更多。这种身体接触有友谊和亲密的意思，也有支配的含义。拥有接触他人自由的人可能有更高的地位和更大的权力。此外，女性对非语言符号有更强的洞察力，女性比男性更善于用非语言符号表达自己的情绪和感受。

（3）单向沟通和双向沟通。

按沟通的互动性划分，可以有单向沟通和双向沟通两种方式。

单向沟通是指在沟通过程中，发送者与接收者之间地位不变，信息单向流动的沟通方式，比如演讲、报告、指示等。单向沟通具有信息传递速度快，并易于保持传出信息的权威性等优点，较适用于任务急、工作简单、无须反馈的情形，但其准确性较差，且较难把握沟通的实际效果。

双向沟通是指在沟通过程中，发送者与接收者之间的地位不断变化，信息双向流动的沟通方式，比如谈判、协商、讨论等。双向沟通中，信息的传递有反馈，准确性高，参与感强，然而发送者随时可能受到接收者的批评与挑剔，因而发送者心理压力较大，同时信息传递速度慢，易受干扰且缺乏条理。

（4）上行沟通、下行沟通和平行沟通。

沟通按信息流动方向分类，可分为上行沟通、平行沟通和下行沟通三种。

上行沟通是指下级的意见向上级反映，即自下而上的沟通。目的就是开通一条让管理者听取员工意见、想法和建议的渠道。同时，上行沟通又可以达到管理控制的目的。

下行沟通是指信息的流动是由组织层次的较高处流向较低处，通常下行沟通的目的是控制、指示、激励及评估。其形式包括管理政策宣示、备忘录、任务指派、下达指示等。

平行沟通是指流动于组织机构中具有相对等同职权地位的人之间的沟通。它可以使办事程序、手续简化，节省时间，提高工作效率；使组织各个部门之间相互了解，有助于培养整体观念和合作精神，克服本位主义倾向；增加员工之间的互谅互让，培养员工之间的友谊，满足员工的社会需要，使员工提高工作兴趣，改善工作态度。

知识库7-5

沟通的位差效应

沟通的位差效应是美国加利福尼亚州立大学对组织内部沟通进行研究后得出的重要成果。他们发现，来自领导层的信息只有20%～25%被下级知道并正确理解，而从下到上反馈的信息不超过10%，平行沟通的效率则可达到90%以上。进一步的研究发现，平行沟通的效率之所以如此高，是因为平行沟通是一种以平等为基础的交流。为实验平等沟通在企业内部实施的可行性，他们试着在整个企业内部建立一种平等沟通的机制。结果发现，与建立这种机制前相比，在企业内建立平等的沟通渠道，可以大大增强领导者与下属之间的协调沟通能力，使他们在价值观、道德观、经营哲学等方面很快地达成一致；可以使上下级之间、各个部门之间的信息形成较为对称的流动，业务流、信息流、制度流也更为通畅，信息在执行过程中发生变形的情况也会大大减少。这样，他们得出了一个结论：平等交流是企业有效沟通的保证。

知识库7-6

群体沟通的新模式——电子沟通

由计算机技术与电子通信技术组合而产生的以信息交流技术为基础的沟通称为电子沟通（又称E沟通）。电子沟通的技术工具包括图文传真机、便携式移动电话、语言信箱及各类计算机和手掌型个人通信装置。互联网是电子沟通中最为关键的技术。互联网提供了丰富多彩的信息服务手段：社交媒体、电子邮件、文件传输、新闻论坛、网络论坛（BBS）、电子会议以及万维网等。

与传统的沟通模式相比，电子沟通具有下述特点：

（1）从表现方式上看，电子沟通主要采用视频会议、电子报纸、互联网及组织内部网等进行沟通，它使组织内的电子化书面沟通形式多于口头沟通形式。全面引进信息技术后，通过以显示器代替备忘录，使用电子邮件、BBS等下达公告、通知等手段，实现组织的无纸化办公。

（2）从信息传递速度上看，电子沟通加强了组织即时输出和即时收回信息的能力，实现了书面信息能以面对面或电话式的口头信息一样的快捷速度传递。同时电子沟通的即时反馈功能弥补了传统书面沟通反馈的局限。

（3）从沟通的范围来看，电子沟通实现了远距离、跨地域的即时沟通，方便了跨国公司、集团公司的沟通运作，并大大降低了成本。比如，一家总部位于某中心城市的零售商可以随时监控其全国各地连锁店的销售情况。

(4) 从沟通的网络来看，电子沟通使员工在组织内可跨越纵向层级工作，从而实现了在组织内全通道开放式的沟通网络，模糊了组织内的地位等级界限，对中层管理人员的地位造成挑战。

(5) 从沟通造成的影响看，电子沟通使员工可以在家里或其他地方工作，并使员工可以方便地与其他组织的员工交流。因此，电子沟通的引进也改变了员工的工作形式以及组织的结构，出现了各类虚拟组织，使组织形式及工作结构更为灵活。

(6) 从组织的传统口头沟通来看，由网络技术和视频技术相结合而产生的视频会议将代替传统的会议，从而实现随时随地进行跨地域空间的口头沟通。组织内网络化导致的网上信息交流将减少面对面口头沟通的次数，虽然便于沟通，但使情感交流和亲切感减少。

电子沟通对组织行为具有很大的影响。从电子沟通对组织劳动生产效率的影响看，它对提高组织效能具有较积极的作用。电子沟通改变了组织内信息流动的速度，极大地提高了组织内的信息效率，实现了高效、快捷和跨时空的便利性。同时信息技术导致的开放式沟通网络为全员参与管理提供了技术保证，实现了组织内各系统间信息、知识的共享，快速反馈系统也使组织与组织外环境之间能进行及时的信息资源的交流。但是，电子沟通也存在潜在的不利影响。

7.1.2 沟通过程及影响因素

我们可以把沟通简要地看作一个信息传递的过程或流程。信息的传递一般包括四个要素，即信息的发送者、信息的内容、传递的通道和信息的接收者。概括地说，各种各样的沟通过程都可以用如图 7－3 所示的沟通模型来反映，这一模型包括七个组成部分：信息源、编码、信息、通道、解码、接收者和反馈。

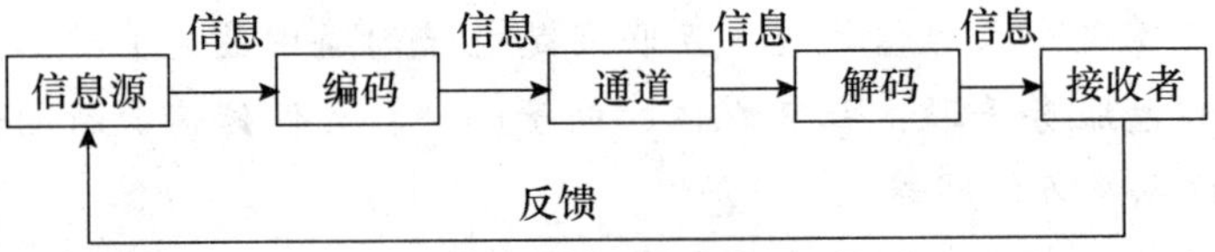

图 7－3 沟通模型

根据这一模型，一个完整的沟通过程可以分为以下五个阶段：

1. 创造有价值的信息

一旦信息发送者准备将某种信息传送出去，这种信息应该是其认真思考的产物，是相对完整的信息。如果信息源发出的是毫无价值的信息，那么整个沟通过程将失去意义。

2. 对信息进行编码

信息事实上是经过信息源编码的物理产品。信息源把头脑中的想法进行编码而生成了信息，被编码的信息受到四个条件的影响：技能、态度、知识以及社会-文化系统。对于编码过程，良好的听、说、读、写以及逻辑推理能力对于成功的沟通显然是重要的，对一个问题预先持有的态度、拥有的相关知识背景，同样会影响到沟通的效果，作为社会、文化的一部分，个体所持有的信仰和价值观也会影响到沟通。

3．选择信息传递通道

通道是指传送信息的媒介物，它由信息源选择。信息源必须确定何种通道是正式的，何种通道是非正式的。正式通道由组织建立，它传递那些与工作相关的活动信息，并遵循着组织中的权力网络。一些信息，如个人或社会的信息，在组织中通过非正式通道传送。

4．信息接收者理解或阐释信息

接收者是信息指向的客体。在信息被接收之前，接收者必须先将通道中加载的信息翻译成他理解的形式，这就是对信息的解码。与编码者相同，接收者同样受到自己的技能、态度、知识和社会-文化系统的限制。因此，接收者所理解的信息的含义不一定与发送者所要表达的真正意图相吻合。

5．信息接收者做出反应

接收者对所接收的信息加以理解和判断后，会有不同的行为反应，这些反应对于信息发送者来说就是信息反馈。通过反馈可以对信息的传送是否成功以及传送的信息是否符合原本意图进行核实，可以确定信息是否被理解，可以对沟通效果进行评价。反馈是沟通持续发生的保证，通过反馈沟通成为一个双向或多向的动态过程。为了实现有效沟通，信息接收者应及时、准确、主动地向发送者反馈自己的想法和对信息的理解。

值得注意的是，沟通过程中的大部分因素都有造成信息失真的可能性，并使完美精确的沟通目标受到冲击。这就容易造成被接收者解码的信息很少与发送者的原本意图完全一致。

如果编码不认真，发送者发送的信息就会失真。信息因素本身也可能导致失真，如信号的选择不当以及信息内容的混淆等。如果通道选择不利或噪声过高，也会使沟通失真。另外，个人的知识水平、偏见、知觉技能、注意广度、解码的认真程度等因素都在一定程度上使接收者对信息的解释与发送者有所差距。

7.1.3　沟通分析理论

沟通分析（transactional analysis，TA）理论，又称为相互作用分析理论、人格结构分析理论、人际关系心理分析理论，由埃里克·伯恩于1964年在《人们玩的游戏》（*The Game People Play*）一书中提出。到20世纪60年代末期，TA理论基本成型；70年代，TA理论风靡欧美；80年代，TA理论在日本得到大力推广；至今，TA理论不断得到发展和传播，不仅被用于心理治疗，而且被广泛应用于咨询、企业管理、教育等领域。

在创立之初，TA实际上是从心理治疗实践中发展起来的一种心理治疗方法，这种心理治疗方法的最主要目的是促进个人的成长与改变，但很快人们就发现由于TA理论通俗易懂、形象生动，也能用于指导人们的日常交往，因此TA理论在西方国家得到了广泛传播。

学习和掌握TA理论，一方面可以帮助人们更好地了解自我的状态，增进人们的“自知”；另一方面可以帮助人们更深刻地了解人们之间是如何进行交往的，帮助人们改进沟通方式，避免人与人沟通中的矛盾和冲突，有利于建立健康、和谐的人际关系。

1. 结构型自我状态

TA理论认为，每个人都存在P（parent，父母）、A（adult，成人）、C（child，儿童）三种不同的自我状态，可以用图7-4表示。

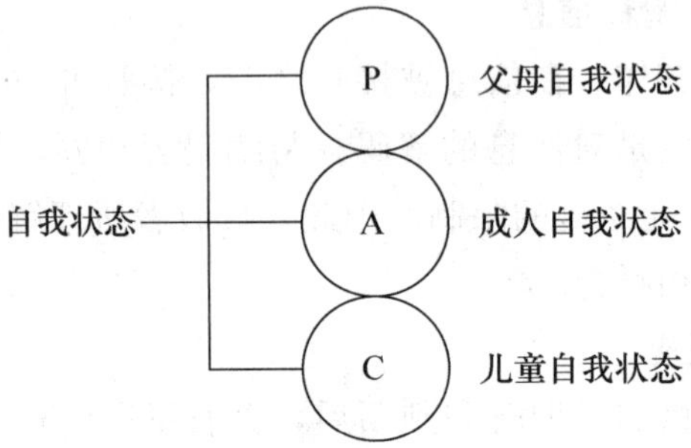

图7-4 PAC人格三成分

P：父母自我状态是一个人从父母（或是其他具有父母般影响力的人）那里学习得来并整合到自己人格的部分。当一个人在父母自我状态时，不仅外显行为会表现得像自己的父母，内在的想法和感觉也是这样。

A：当一个人行为、思考、感觉的方式是完全利用自己的能力对此时此地发生的事件做出反应时，这个人就处在成人自我状态。成人自我状态表现出理性、精于计算、尊重事实和非感性的行为，试图通过寻找事实、处理数据、估计可能性、展开针对事实的讨论等进行决策。

C：儿童自我状态是一种个体以自己过去特别是幼时的方式来思考、感觉并表现的状态。当人在哭、笑、生气或是进行幻想、创造发明时，就是处在这种状态。

对PAC人格三成分的具体分析如表7-1所示。

表7-1 对PAC人格三成分的分析

人格结构	父母自我状态（P）	成人自我状态（A）	儿童自我状态（C）
生活概念	教育习得的生活概念：“如何做”的列表、对的和错的事物、迅速评估判断来源	思考获得的生活概念：数据处理、可能性估计和决策的中心	感觉到的生活概念：情感场所和源泉
基本考虑	追求做正确的事、走正确的道路	渴望成为能干的、被认为是出色的决策者	追求被喜爱
特殊属性	存储了大量的社会规范和情感规范，由“应该”和“不应该”的列表组成“良心”	强调“此时此刻”，意识到成功有不确定性	要求立刻得到结果，获得保证和确定性，并且即刻得到满足——要求得到远胜过付出

2. 功能型自我状态

继伯恩之后，美国精神病学家和沟通分析心理学家约翰·杜塞于 1972 年依据自我状态在不同情况下的适应功能，对应 PAC 人格，提出了五种不同的功能型自我状态（见图 7－5）。

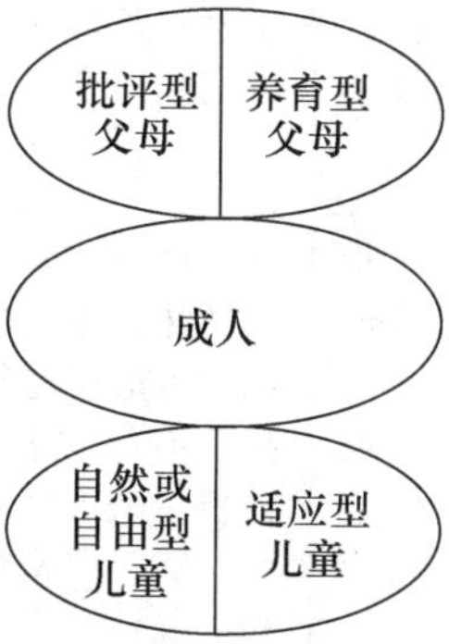

图 7－5　五种不同的功能型自我状态

（1）父母（P）人格。

人格的父母自我状态包含了父母与权威人物所持的指导性、态度与行为。这个自我状态反映了幼时父母对个人的告诫、命令、惩罚及鼓励等经验的记忆。父母会依不同的情境，表现两种不同的态度：

第一，“养育型父母”（nurturing parent），主要涵盖了养育或协助的行为。

第二，“批评型父母”（critical parent），提供了评论、控制及惩罚等行为与信息。

父母自我状态会促使个人表现过去养育者的行为，包括养育及批评两方面的行为。同时，父母自我状态指导儿童形成他独有的价值观、性别意识与行为决策。

（2）成人（A）人格。

人格的成人自我状态提供了有关现实测试及“电脑”取向的客观信息，并以高逻辑性、无情绪性的方式运作。成人自我状态如电脑的决策历程一般，是精密而无情绪的。成人自我状态以现实为基础，并以成熟、客观、逻辑及理性思考的态度来告知个人：“这就是成功的原因。”这个自我状态与年龄无关，即使是一个孩子也能够依据这种状态收集事实并秉持电脑般的客观性来处理现实。

（3）儿童（C）人格。

伯恩发现人格的儿童自我状态，比如像孩童般的冲动，是人皆有之的事。儿童自我状态是人格中很重要的部分，因为它促进了人们的快乐、创造、自发、直觉、愉悦及享受等。儿童自我状态有两个部分：

第一，“适应型儿童”（adaptive child），是顺服权威人物的结果，“被动”是它的特征。

第二，“自然或自由型儿童”（natural or free child），表现为儿童冲动的、未经训练的、自爱的及寻求快乐的部分。

功能型自我状态如表 7－2 所示。

表 7-2　功能型自我状态

表现	批评型父母	养育型父母	成人	自然或自由型儿童	适应型儿童
好的一面	志向远大、信念坚定、道德观念强、有责任心、领导能力强、爱憎分明、遵守纪律等	亲切、友善、和蔼、仁慈、助人为乐、富有爱心、体谅他人、具有自我牺牲精神等	聪明能干、善于思考、实事求是、客观冷静、做事有条理、考虑问题周全等	开朗、活泼、爽快、勇敢、热情、兴趣广泛、好奇心强、富有想象力和创造力、思维开阔等	老实淳朴、协调性强、适应能力强、遵守纪律、服从领导、谦虚诚实、有毅力等
不好的一面	好高骛远、固执己见、对人苛刻、排挤甚至攻击他人、缺乏远大的理想、缺乏责任心、容易妥协、软弱无力、优柔寡断等	过分干涉、唠叨、溺爱孩子、感情用事、冷漠、不体谅他人、不关心他人、自私、人缘不好等	斤斤计较、缺乏人情味、生活单调、考虑问题机械、不善于思考分析、缺乏客观性、缺乏严密性和准确性、做事无计划、得过且过、敷衍了事等	喜怒无常、任性、顽皮、以自我为中心、好出风头、缺乏毅力和耐力、缺乏激情和热情、没有朝气、生活单调乏味等	缺乏积极性和主动性、没有主见、依赖性强、沉默寡言、害羞、缺乏挑战精神、争强好胜、不服从领导和管教、不听劝、协调性差等

3. 沟通分析

1964 年，伯恩提出了人际沟通的“交互作用”观，是指一个人发出某种刺激，另一个人给予一定反应的过程，即一种简单的沟通。简单的沟通一般只涉及两个自我状态，而复杂的沟通涉及多个自我状态（见图 7-6）。

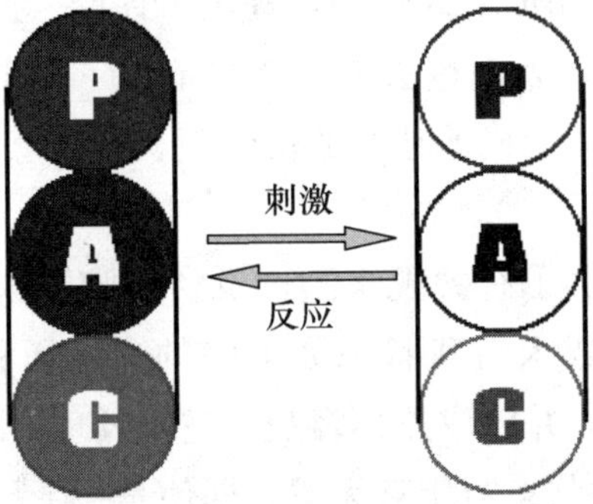

图 7-6　沟通的刺激-反应模式

TA 理论认为，人们在彼此交往时，除了互相交流语言信息，还在互相交流着当前所处的自我状态。当一个人发出刺激或做出反应时，他不断调整自己的自我状态与对方形成三种类型的“交互作用”，即互补沟通、交叉沟通、隐性沟通。

（1）互补沟通。

互补沟通在 P—A—C 图中呈平行线状。沟通中，双方对彼此的期望都给予了很好的回应。互补沟通只要保持互补就可以永远继续下去，直到不想继续该话题为止（见图 7-7）。

（2）交叉沟通。

交叉沟通在 P—A—C 图中呈交叉状，但有时也呈平行状。在交叉沟通中，刺激产生

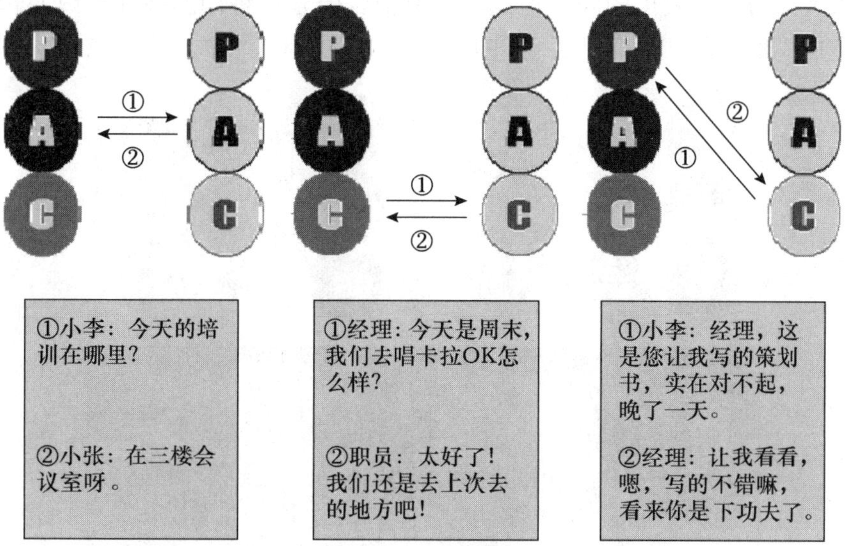

图 7－7　互补沟通

非预期的效果，可引发不适的自我状态，使沟通中断。此时，人们可能选择退缩，逃避对方或者转换沟通方式（见图 7－8）。

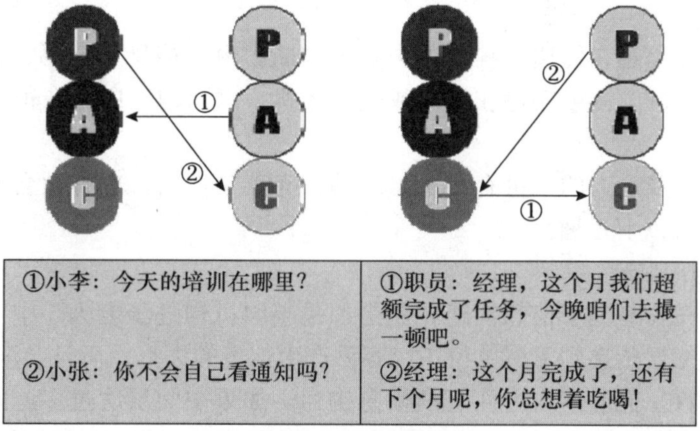

图 7－8　交叉沟通

（3）隐性沟通。

隐性沟通包含了两个以上的自我状态，信息同时从一个或两个自我传达到其他两个自我。其传达的信息包括一个公开的、社会层次的信息，以及另一个隐藏的、心理层次的信息。隐性沟通的结果是由心理层次的内容而非口头的社会层次信息决定的。

在隐性沟通中，社会层次的信息通常通过语言来传达，而心理层次的信息通常通过非语言的暗示来传达，如语气、声调、手势、姿势和脸部表情等。这些非语言暗示也可以由呼吸的快慢、肌肉紧张状态、脉搏频率、瞳孔扩散程度、流汗程度等来表达。

事实上，每一个沟通行为都包含社会层次和心理层次的信息。但是在隐性沟通中，这两种信息并不相符，通过语言传达的信息与经由非语言传达的信息不一致。这种不一致经常会导致心理游戏与负面感觉的产生。隐性沟通的结果取决于心理层次的信息。往往只有当事人才对他所发出的隐性信息心里有数，但是这种沟通往往导致心理游戏的产生，并且造成不愉快的结局（见图7-9）。

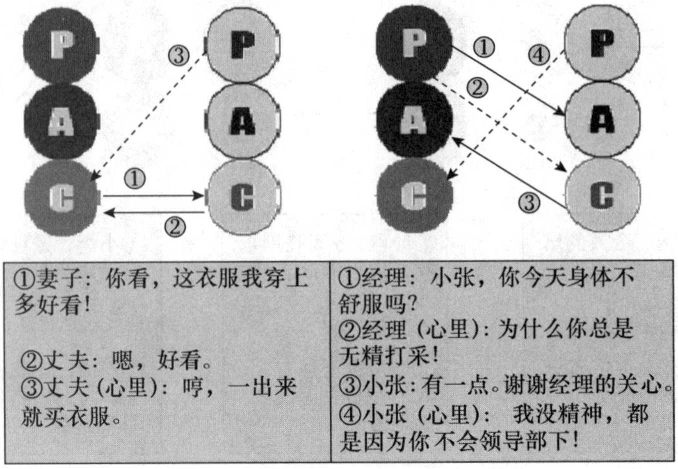

图7-9 隐性沟通

7.1.4 沟通障碍

沟通障碍是指信息在传递过程中的失真或中断。由于信息从编码、发送、接收、解码到反馈，每一个环节都可能存在噪声或受到干扰，因而沟通中存在很多影响沟通效果的障碍。

沟通障碍有涉及个人的，也有涉及组织的；有工具性的，也有社会文化性的。常见的沟通障碍主要有以下几种：

1. 沟通的组织障碍

合理的组织机构有利于信息沟通，但是如果组织机构过于庞大，中间层次太多，那么信息从最高决策层传递到下属单位不仅容易产生信息的失真，而且会浪费大量的时间，影响信息的及时性。同时，自上而下的信息沟通，如果中间层次过多，同样也会浪费时间，影响效率。有研究者统计，如果一条信息在高层管理者那里的正确性是100%，到了信息的接收者那里其正确性可能只剩20%。这是因为在进行沟通的过程中，各级主管部门都会花时间对接收到的信息进行自我甄别、层层过滤，很有可能将断章取义的信息传下去。另外，在甄选过程中，还掺杂了大量的主观因素，尤其是当发送的信息涉及传递者本身时，往往会由于心理方面的原因造成信息失真。所以，如果组织机构臃肿，机构设置不合理，各部门之间职责不清、分工不明，存在多头领导或因人设岗的情况，就会给沟通双方造成一定的心理压力，影响沟通的有效进行。

2. 沟通的个人障碍

个人障碍是指沟通双方在社会经济地位、情感、价值观、教育程度、种族、性别、经验以及其他方面的差异引起的沟通障碍。沟通双方的差异会导致其对同一件事情的看法不同，尤其是当一些风俗习惯、规范或禁忌有很大差异时，如果不加注意就很容易引起误解。相反，如果沟通双方的知觉比较接近，沟通就更为有效。个人障碍还包括由于沟通者的个性特征、理解能力、情绪、不良倾听习惯等产生的沟通障碍。

3. 沟通的符号语义障碍

符号语义障碍是指因沟通双方对所使用的符号（如语言、文字、图片、手势等）含义有不同理解，或符号自身带有局限性而引起的沟通障碍。在大多数的沟通中，都是使用特定含义的符号来实现符号沟通，即发送者编码符号，接收者解码和阐释符号。然而符号通常都具有多种含义，沟通时双方不得不从中选择一种含义。由于知识、能力、经验等的不同，有时双方会选择错误或有偏差的含义，从而产生误解，甚至产生情感障碍，使沟通更加困难。比如，符号系统中的语言是沟通过程中最重要的载体，但语言又是极为复杂的。不同语系、语族的语言存在不同程度的差异，即使同一语族也会存在地方方言。因而，由于语言方面的原因所引起的沟通障碍经常可见。而且，当具有不同文化背景的人进行沟通时，语义障碍就更为严重。双方不仅要理解字面含义，还需要就特定的情境解释词句以及它们的表达方式，如语音、语调以及相应的非语义姿势等。

不同的人语言修养不同，表达能力也有高有低，即使是对同一事物、同一思想观念，表达起来也有所不同，难免造成歧义。

4. 沟通的传递障碍

传递障碍是指信息在传递过程中经过多个环节时被曲解，或增加、删减了某些细节，使信息失真并引起的沟通障碍。一般来说，信息在传递过程中，所经过的环节越多越容易失真，单向沟通比双向沟通更容易失真，口头沟通比书面沟通更容易失真。

相关研究表明，在逐级口头表达时，每传递一次信息丢失30%左右。另外，在信息传递的过程中，人们在发送与接收信息时的选择性也会造成传递障碍。有的时候，人们会有意识地选择接收信息，也会根据发送对象的特点有意识地进行信息选择，常说的“报喜不报忧”就是典型的由选择性引起的传递障碍。

知识库7-7

沟通漏斗原则

沟通中有一个漏斗原则，一般我们心里所想的可能是100%，嘴上说出来的可能是80%，而别人听到的最多有60%，听懂的也只有40%，而一个人根据我们所说的事情去行动时就只剩20%了。因此自己心里所想的和最后对方按照我们的想法去行动的差别很大。

5. 沟通的物理障碍

物理障碍是指在人们沟通环境中存在的障碍，包括刺耳的噪声、身体距离等。当物理障碍出现时，人们通常会意识到并会采取措施予以补救。信息发送者可以通过改变沟通环境从而影响沟通者的感受和行为，使物理障碍转换为积极的因素，比如整洁的环境、优雅的场所等都会正面影响沟通者的知觉。

7.1.5 有效沟通的技巧

针对沟通中的各种障碍，人们进行了大量的研究和探索，提出了许多改进措施，总结起来主要有以下几个方面：

1. 个体沟通的改善

（1）提高沟通的清晰度。

要明确沟通的问题和所要传递的信息，保持行动和语言的一致性，用最简明的语言表达最主要的信息。

（2）与沟通者进行换位思考。

也就是说要考虑接收者的立场和观点，能够进行换位思考，站在接收者的立场、以接收者的观点和视野来考虑问题。如果接收者拒绝发送者的意见和观点的话，那么发送者必须耐心、持续地做工作，改变接收者的态度和想法，发送者甚至可以反思自己的观点是否准确。

（3）善于倾听。

倾听是沟通改善的一个重要方面，它与计划、组织、领导以及控制等管理环节紧密相连。要使口头沟通融洽有效，善于倾听以及学会倾听是非常必要的。

（4）及时获得和注意沟通的反馈信息。

要检验沟通是否已经达到了目标，信息发送者只有通过获得接收者的反馈才能确定，如提问、聆听、观察以及感受等。

（5）言行一致。

言语上说明意图只不过是沟通的开始，只有化为行动，才能真正提高沟通的效果，达到沟通的目的。如果口头说的是一回事，具体做的是另外一回事，"言行不一"，那么沟通无法真正达到交流的目的。

（6）避免一味说教。

有效沟通是沟通双方心与心的交流，如果试图用说教的方式与人交往则违背了这个原则。如果信息的发送者只专注于自身所要传达的信息，而忽视信息接收者的感受和反响而做出反应，很可能会引发接收者的反感。

（7）提高信任程度。

在沟通时，信息的发送者是否值得接收者信任以及信任程度如何，对于改善沟通具有重要的作用。如果接收者对发送者丧失了信任，那么发送者的信息再正确也会让接收者怀疑，甚至拒绝接受，从而导致发送者的任何沟通都会失灵。

知识库 7－8

四种类型的沟通风格

沟通风格包括驾驭型（driver）、表现型（expressive）、平易型（amiable）和分析型（analytical）四种。

1. 驾驭型

具有这种沟通风格的人比较注重实效，具有非常明确的目标与个人愿望，不达目标誓不罢休，当机立断，独立而坦率，常常会根据情境的变化而改变自己的决定。他们往往以事为中心，要求沟通对象具有一定的专业水准和深度。在与人沟通中，他们精力旺

盛，节奏迅速，说话直截了当，动作非常有力，表情严肃，但是有时过于直率而显得咄咄逼人，如果一味关注自我观点，可能会忽略他人的情感。

2. 表现型

具有这种沟通风格的人显得外向，热情，生气勃勃，魅力四射，喜欢扮演主角；他们干劲十足，不断进取，总喜欢与人打交道并愿意与人合作；具有丰富的想象力，对未来充满憧憬与幻想，也会将自己的热情传递给他人。他们富有情趣，面部表情丰富，动作多，节奏快，幅度大，善用肢体语言传情达意，往往情绪波动大，易陷入情感的旋涡，可能会给自己及身边的人带来麻烦。

3. 平易型

这种类型的人具有协作精神，支持他人，喜欢与人合作并常常助人为乐；他们富有同情心，擅长外交，对人真诚，对公司或顾客忠诚，为了搞好人际关系，不惜牺牲自己的时间与精力，珍视已拥有的东西。这种类型的人做事非常有耐心，肢体语言比较克制，面部表情单纯，往往愿意扮演和事佬的角色，对于工作中涉及的敏感问题，往往会采取回避的态度。

4. 分析型

具有这种沟通风格的人擅长推理，一丝不苟，具有完美主义倾向，严于律己，对人挑剔，做事按部就班，严谨且循序渐进，对数据与情报的要求特别高；他们不愿抛头露面，认为与其与人合作，不如单枪匹马工作，因而他们往往沉默寡言，不大表露情感，动作少，节奏慢，面部表情单一。有时为了息事宁人，他们采取绕道迂回的对策，反而错失良机。

知识库7-9

“良好沟通的十戒”与“良好沟通的十益”

对于建立组织中的良好沟通，国外许多行为学家都提出了不少准则，其中较著名的是美国管理协会提出的“良好沟通的十戒”与“良好沟通的十益”。

1. 良好沟通的十戒

对谈话对方所谈的主题没有兴趣；被谈话对方的态度吸引，而忽略了对方所讲的内容；当听到与自己意见不同的地方，就过分激动，以致不愿再听下去，其余信息也就此被抹杀了；仅注意事实，而不注意原则和推论；过分重视条理，而对欠缺条理的人讲话不够重视；过多注意造作掩饰，而不重视真情实质；分心于别的事情，心不在焉；对较难理解的言辞不求甚解；当对方的言辞带有感情时，则注意力分散；在听别人讲话时还思考别的问题，顾此失彼。

2. 良好沟通的十益

沟通前要澄清概念；认真考虑沟通的真正目的；考虑沟通时的一切环境，包括自然的和社会的；计划沟通内容时，尽可能听取别人的意见；沟通时既要注意沟通的内容，又要注意沟通的语调；要善于利用机会传递对倾听者有益的信息；应有必要的反馈跟踪；

沟通时不应仅着眼于现在，也应着眼于未来；要注意言行一致；要做一个善于倾听的“好观众”。

2. 组织沟通的改善

目前组织沟通方面确实存在许多问题。一些组织的内部沟通渠道单一或不完善，缺乏灵活性，进而内部的信息传递进程缓慢，严重影响了运作进程和决策效率；另一些组织虽沟通渠道较为完善，但信息沟通反馈机制不健全，内部的沟通发起者根本无从了解信息的传递进程和决策的执行程度；更有一些组织，之所以会在沟通中存在问题，在于它们组织内的沟通者缺乏一定的沟通技能。针对这些实际情况，要有效改善组织沟通应从以下几方面入手：

（1）组织应重视沟通者自身沟通技能的提高。

提高组织沟通者自身的沟通技能是改善组织沟通的根本途径。因为沟通者自身就是组织沟通的行为主体，他们的文化知识水平、知识专业背景、语言表达能力和组织角色认识等因素直接影响（制约）沟通的进行。

（2）有目的地健全组织的沟通渠道。

沟通渠道对组织沟通效率的提高具有重要的决定意义。作为一个组织，要充分考虑组织的行业特点和人员心理结构，结合正式沟通渠道和非正式沟通渠道的优缺点，设计一套包含正式沟通和非正式沟通的沟通渠道，以使组织内各种需求的沟通都能够准确及时有效地实现。

（3）注重组织沟通反馈机制的建立。

没有反馈的沟通不是一个完整的沟通，完整的沟通必然具备完善的反馈机制，否则，沟通的效果会大打折扣。信息发送者应积极接受接收者的反馈信息，使得组织沟通成为真正意义上的双向沟通。

（4）注重组织沟通环境的改善。

不难理解，组织沟通总是在一定环境中进行的，沟通的环境是影响组织沟通的一个重要因素。这种环境包括组织的整体状况、组织中人际关系的和谐程度、组织文化氛围和民主气氛、领导者的行为风格等。

7.2 群体冲突

7.2.1 冲突的概念与观念发展

1. 冲突的概念

冲突是一种普遍存在的社会现象，其形式也是多种多样的，如政治冲突、文化冲突、人际冲突、角色冲突等。冲突的形式虽不同，在人们的生活、学习、工作中却都起着双刃剑的作用。因此，冲突到底是什么以及如何尽可能地发挥其积极作用而减少其消极作

用，成为人们关心的焦点。

人们对冲突的定义莫衷一是，很难达成统一的认识。社会冲突理论的主要代表人物科塞给“冲突”下了这样的定义：“冲突是关于价值以及对稀有的地位、权力、资源的要求之斗争。在这种斗争中，对立双方的目的是要压制、破坏以至消灭对方。”1970 年，雷文认为冲突是“由于实际的或希望的反应的互不兼容性而产生的两个或多个社会成员之间的紧张程度”。1976 年，琼斯认为冲突是一个人被驱动去做两个或更多互不兼容的反应时所处的状态。1976 年，托马斯认为冲突是参与者觉察到他人侵害或准备侵害自身利益的一个过程。1985 年，李普塞特认为基本的社会冲突是阶层集团之间的利益冲突，不同的学术派别、意识形态、价值观念等的差别和分歧都是这种冲突的表现。

我们可以这样理解，冲突是一种对抗性交往的过程，这种过程始于一方（包括个体、群体或组织）感觉到另一方对自己关心的事情正在或将要产生消极的影响。冲突具有三个特点：冲突必须是双方都能感知的，是否存在冲突是一个知觉问题，如果人们没有意识到冲突，那么常常会认为冲突不存在；冲突是一种潜在的或公开的确定性行为过程，一方会努力去抵消另一方的行为，因为这种行为将妨碍他达到目标或损害他的利益；冲突是客观的、不可避免的。

2. 冲突的观念发展

随着社会的发展和认识的提高，人们对冲突的看法有一个变迁的过程，迄今为止，概括起来主要可以分为三种：传统观点、人际关系观点和相互作用观点。

（1）传统观点。

20 世纪 30 年代至 40 年代中期，冲突的传统观点占优势地位，它代表了大多数人的态度，认为所有的冲突都是消极的、不良的，是有害无益的，必须避免冲突，冲突是群体内功能失调的结果。

（2）人际关系观点。

20 世纪 40 年代末至 70 年代中期，冲突的人际关系观点在冲突理论中占统治地位。人际关系观点认为，对于所有的群体和组织来说，冲突都是与生俱来的，不可避免地客观存在着。人际关系学派建议接纳冲突，使它的存在合理化，认为冲突不可能被彻底消除，有时它还会对群体的工作绩效有益，应该适当地控制和利用冲突。

（3）相互作用观点。

20 世纪 80 年代以后，产生了相互作用的观点。冲突的人际关系观点接纳冲突，而冲突的相互作用观点则鼓励冲突。这一理论观点认为，融洽、和平、安宁、合作的组织容易对变革的需要表现出静止、冷漠和迟钝。因此，它的主要贡献在于鼓励管理者维持一种冲突的最低水平，这能够使群体保持旺盛的生命力，善于自我批评和不断创新。

从相互作用的观点可以看出，认为冲突都是好的或都是坏的的看法是不恰当也不成熟的，冲突的好坏取决于冲突的类型。

知识库 7 - 10

冲突的双重性

冲突的双重性，是指冲突具有建设性和破坏性这两个特性。

（1）冲突的建设性表现为：可以帮助群体改进工作、促进创新、使群体具有活力；可消除分裂因素，有利于群体内部重新形成团结的气氛；可能产生新的领导；使旧的不合适的目标修改为新的合适的目标；有利于建立必要的制度，提高管理水平；有利于促进意见的交流沟通；可以增加完成任务的干劲，增强凝聚力。

（2）冲突的破坏性表现为：恶化群体中的人际关系，阻碍群体目标的实现；给某些人造成情绪压力，影响精神健康；常会造成错误决策，带来损失；使组织系统处于不正常的状态。

7.2.2 冲突的类型

冲突的表现层次、水平、起因等不同，则相应的冲突类型迥异。

布雷克和凯利区分了三个层次的冲突。第一个层次是特定行为（specific behaviors）上的冲突，第二个层次是关系规则（relational rules）或角色上的冲突，第三个层次是个人性格与态度（personal characteristics and attitudes）上的冲突。

20 世纪 30 年代，勒温按接近（approach）和回避（avoidance）两种倾向划分个人内心冲突的不同类型：接近-接近型的冲突；回避-回避型的冲突；接近-回避型的冲突；双重接近-回避型的冲突。

行为科学家杜布林又将冲突分成有益的和有害的、实质的和个人的，并形成二维空间的四种类型。

著名学者多伊奇区分了五种类型的冲突，包括平行的冲突（parallel conflict）、错位的冲突（displaced conflict）、错误归因的冲突（misattributed conflict）、潜在的冲突（latent conflict）、虚假的冲突（false conflict）。

从广义上讲，冲突涉及个体、群体心理活动的各个方面，归纳起来可以分为以下几种类型：

（1）按照主体划分，可以分为个体内部的冲突、个体之间的冲突、个体与群体之间的冲突、群体与群体之间的冲突等。

（2）按照冲突的心理活动划分，可以分为认知冲突、情感冲突、需要冲突等，这些冲突是个体心理活动不协调产生的结果。

（3）按照冲突的社会行为划分，可以分为社会化冲突、行为与目标冲突等，该类冲突大多具有外显的特点，更多地与个体的角色和个体与社会环境的关系有关。

（4）按照冲突的发生情况划分，可以分为主观冲突与客观冲突，前者只在人的心理上产生，后者则在现实中发生。

7.2.3 冲突的过程

罗宾斯将冲突过程划分为四个阶段：潜在的对立、认知和个性化、行为、结果（见图 7－10）。

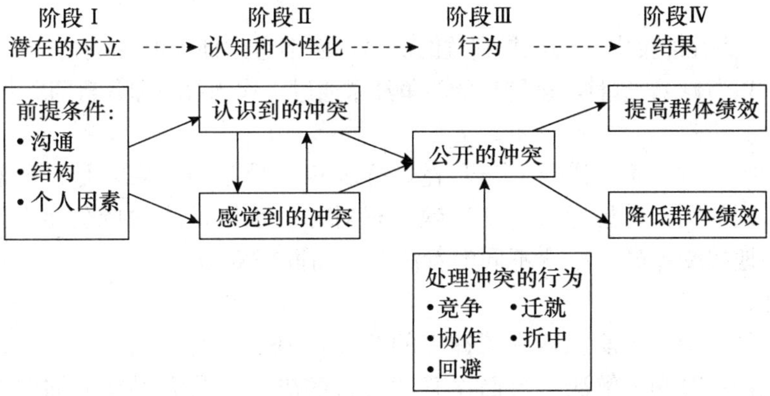

图7-10 冲突过程

1. 阶段Ⅰ：潜在的对立

冲突过程的第一步，存在着可能产生冲突的条件。这些条件可以概括为三类：沟通、结构和个人因素。

（1）沟通。

主要是指由于人们在情绪、价值观、教育、种族、性别、社会经济地位等方面的差异造成的沟通中的误解、语义理解的困难以及沟通渠道中的各种噪声，形成冲突中的潜在条件。研究表明，过多或过少的沟通都会增加冲突的可能性，因此沟通应该维持在一个充分而合理的水平。另外，人们在传递信息时会对接收到的信息进行自我甄别，一层一层地过滤，然后可能将断章取义的信息传递下去。因此，沟通渠道中的沟通偏差，也提供了冲突产生的潜在条件。

（2）结构。

研究表明，以下情况的出现，会增加冲突的可能性：群体规模较大、任务较专业化；群体成员都十分年轻，且群体流动率很高；领导风格的专制和群体成员的高度参与；一方利益的获得以另一方利益的牺牲为代价等。

（3）个人因素。

最重要的个人因素包括个人的不同价值观体系和个性特征。人们有不同的信仰以及遵从不同的价值观体系，他们不同的人生观和道德价值观使他们朝着不同的方向发展，他们对许多重要问题（比如自由、幸福、勤奋工作、自尊、诚实、服从和平等）的看法也不同，这使得争论更加难以解决。

2. 阶段Ⅱ：认知和个性化

如果阶段Ⅰ中产生的对立和不一致并不影响个人的情绪和情感，它将不会影响群体和个人的行为。如果阶段Ⅰ中的对立和不一致被双方认识和认知，并投入个人感情，冲突各方都体验到焦虑、紧张、挫折和敌对，此时，冲突就会发生。

3. 阶段Ⅲ：行为

当一个人采取行动去阻止别人达到目标或损害他人的利益时，就进入冲突过程的第三个阶段。此时，双方冲突公开化，同时也是双方处理冲突的开始。一般来讲，处理冲突主要有五种方法：竞争、协作、回避、迁就、折中。

（1）竞争。

竞争是一个人在冲突中寻求自我利益的满足，而不考虑他人的影响，是一种坚决不合作的行为。在正式群体中，这种不赢即输的斗争经常通过正式的权威和各自的资源赢得胜利。

（2）协作。

协作是冲突双方均希望满足双方利益，寻求相互受益的结果，是一种双赢策略。如果双方具有共同的利益，想通过达到一致获得对方的承诺，建立持久而良好的关系，双方就能够坦率地接受差异，融合不同的看法，从而取得双赢。

（3）回避。

回避指的是一个人可能意识到了冲突的存在，但希望逃避或抑制它。如果问题不是很严重，不值得花时间去解决，自己没有能力去解决，以及觉得冲突的解决不能满足自己利益时，都可能采取回避的方式。

（4）迁就。

迁就是一种不自私、屈从他人愿望、追求长远利益的冲突解决方式。一般来说，群体采用迁就方式，是为了维持相互关系和今后的合作而做出的暂时的自我牺牲。有时也是群体的自我反省，即认为错在自己，为了心理平衡而做出的让步。

（5）折中。

当冲突双方都放弃某些东西而共同分享利益时，则会带来折中的结果。在折中过程中，没有明显的赢家和输家。他们愿意共同面对冲突，并接受一种双方都不会彻底满足的解决办法，因而折中的显著特点是：双方都倾向于放弃一些东西，获得中等水平的满足。

除了以上处理方式，冲突双方还可以把问题交给一个中立而独立的第三方进行调解、斡旋和仲裁。

4. 阶段Ⅳ：结果

冲突双方的行为会导致最后的结果。这些结果可能是功能正常的，即提高了群体的工作绩效；也可能是功能失调的，即降低了群体的工作绩效。

知识库 7－11

拉美尔的冲突生命圈模式

1976 年，拉美尔把冲突过程看成一种追求平衡的行为过程，即均衡与非均衡相互转化的过程。拉美尔的冲突过程模型可以用冲突生命圈模式来表示（见图 7－11），在这一模式中，冲突是一个螺旋式上升的过程。

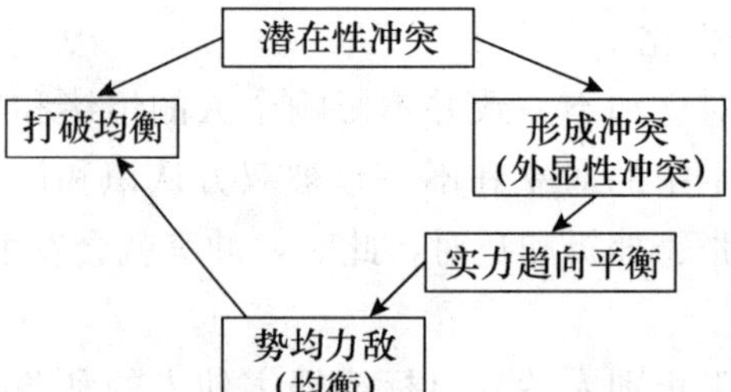

图 7－11　拉美尔的冲突生命圈模式

7.2.4　冲突的管理

冲突在组织中的存在是很难避免的，又因为冲突本身具有双重属性，所以一味地排斥或鼓励冲突都不是对待冲突的正确方式，关键在于如何通过对冲突的管理发挥冲突的正功能，避免冲突的负功能，并力争在冲突处理的过程中争取主动地位。不同的冲突管理方式会对冲突双方的态度和行为产生不同作用，积极的冲突管理方式能为个人和组织带来积极的影响，消极的冲突管理方式则会给个人和组织带来消极后果。这就要求管理者在组织内部预防不利的冲突，鼓励有利的冲突，同时要在新的时代背景下学会处理组织外部冲突的谈判策略。

1. 冲突管理的风格

在处理冲突时，每个人都有其特有的途径或风格。根据托马斯和基尔曼的观点，这些不同的风格可以归纳为五种不同的类型。

（1）合作型。

合作者对待冲突的方式是通过维持人际关系和确保谈判中冲突各方都能够实现他们的个人目标来实施管理。这一对待冲突的方式基于这样一种认识，即个人活动不仅应有益于自身的利益，而且同样应有益于对方的利益。认识到冲突存在的事实，合作者应该利用适当的冲突管理方法去管理这种情况。这是一种要求双方采取双赢态度的合作方式，它同样需要时间、精力和创造性。

（2）折中型。

这种方式假设双赢结果是不可能实现的。折中者采取各方得失都比较小的谈判姿态，双方都重视或关注目标和相互关系，采用说服方式巧妙处理冲突，其目标是找到某些部分满足双方的、权宜的、彼此能接受的解决方案。折中姿态意味着各方接受“少赢少失”的状态。

（3）通融型。

通融者对待冲突的方式包括不惜一切代价维持人际关系，而较少甚至不关心冲突各方涉及的个人目标。让步、迁就和回避冲突被视作维持关系的方法。这是一种屈服或“放弃胜利”的态度。以这种态度，通融者在处理冲突时倾向于牺牲自己的利益而让对方有所得。

（4）控制型。

控制者对待冲突的方式是：采取必要的步骤以确保个人目标的实现，而不论人际关系的成本是什么。冲突被视作一种有关胜负的事情，因为胜利在某种程度上等同于地位与能力。这是一种权力主导型方法。因此，无论用什么权力去捍卫你认为正确的立场或者仅仅试图获得胜利，似乎都是合理的。

（5）回避型。

回避者把冲突看作要不惜一切代价去躲避的东西。这种风格的中心思想是逃避，其结果导致涉及的各方都受到很大程度的挫败。个人目标通常难以实现，同样人际关系也难以维持。这种方式可能采取的对策包括拖延时间等待时机，或者简单地从威胁状态下退缩。这是一种脱离或“放弃胜利”的态度，回避者以脱离、放弃的态度，让对方得益。

2. 冲突管理的策略

（1）布朗的冲突处理策略。

心理学家布朗在1979年所著的《团体冲突的处理》一书中提出要把冲突保持在适当水平，并从团体态度、团体行为、组织结构三个方面提出了处理调节冲突的策略（见表7-3）。

表7-3 团体冲突的处理

着眼点	要解决的问题	冲突过多时采取的策略	冲突过少时采取的策略
团体态度	（1）明确团体之间彼此的异同 （2）增进对团体间关系的了解 （3）改变感情和感觉	（1）强调团体之间的相互依赖 （2）明确冲突升级的动态和造成的损失 （3）培养共同的感觉，消除成见	（1）强调团体间的利害冲突 （2）明确勾结、排他的危害 （3）增强团体界限意识
团体行为	（1）改变团体内部的行为 （2）提高团体代表的工作能力 （3）监视团体之间的行为	（1）增进团体内部分歧的表现化 （2）提高与他人合作共事的才能 （3）第三方调解	（1）增进团体内部的团结和意见一致 （2）提高坚定性和谈判才能 （3）第三方参与协商
组织结构	（1）借助上级或更大团体的干预 （2）建立调节制 （3）建立新的接触体制 （4）重新明确团体的职责范围和目标	（1）按照通常的等级处理 （2）建立规章明确关系限制冲突 （3）设置统一领导各团体的人员 （4）重新设计组织结构，突出工作任务	（1）上级施加压力要求改进工作 （2）削减导致冲突的规章 （3）设置专事听取意见的人员 （4）明确团体的职责和目标，增加彼此的差别

（2）韦克斯利等人的冲突处理策略。

韦克斯利、尤克、德思勒等人提出的解决组织冲突的八项建议，具有一定的参考价值。

一是建立规范攻击性行为的准则和程序，确定公正处理冲突的原则。

二是预先处理可能导致冲突的事件，消除潜在性冲突。

三是明确工作职责和权限。

四是以合作与竞争并重的激励措施取代过分强调竞争的做法。

五是明确共同的组织目标。

六是专设仲裁、调解冲突的机构或人员。

七是提供训练以提高管理者处理冲突的能力。

八是建立投诉系统。

（3）托马斯的冲突处理策略。

以前的管理心理学都用一维空间描述冲突行为，这一维空间是从竞争到合作。这种观点认为，有的人倾向于合作，有的人倾向于竞争，而有的人则倾向于两者之间。现在许多管理心理学家和组织行为学家开始意识到一维空间不足以描述冲突行为。社会心理学家托马斯便是其中的代表，托马斯及其同事提出了处理冲突的二维模式。该模式包括六种处理冲突的方式：回避、正视、平滑、强迫、妥协与合作。

一是回避。回避是指在冲突中采取退缩或中立的倾向。有回避倾向的管理者不仅要求回避冲突，而且通常扮演冲突双方的沟通角色。

二是正视。正视被真正看作一种解决冲突的方式，因为这种方法提出了所涉及的双方的基本差异，并最终通过创造性地解决问题消除了这些差异。

三是平滑。平滑是指在冲突的情况下尽量弱化冲突双方的差异，更强调双方的共同利益。采取这一方式的主要目的是降低冲突的紧张程度，因而着眼于冲突的感情面，而不是解决冲突的实际面，所以这种方式成效有限。

四是强迫。强迫是指利用奖惩的权力来支配他人，迫使他人遵从管理者的决定。在一般情况下，强迫的方式只能使冲突的一方满意。

五是妥协。妥协是指在冲突双方互相让步的条件中达成协议的局面。

六是合作。合作是指冲突双方愿意共同了解冲突的内在原则，分享双方的信息，共同寻求对双方都有利的方案。

知识库7-12

人际冲突处理方法

常见的人际冲突处理方法主要有以下几种：

1. 妥协

妥协是指要求冲突双方各退一步，以达到双方都可以接受的目标的一种方法。这是解决冲突的常用方法。当各个群体为了资源分配发生冲突时，上层领导常常充当仲裁人，采取妥协的办法，让每一方都得到部分的满足。多数管理者也许会满足于各方所达成的妥协条件。然而，对整个组织来说，其效果不是最好的。但有时妥协能够起到十分重要的作用。

2. 拖延

所谓拖延，是指面对冲突不予处理，并等待其自然缓解或消除的一种方法。这是解决冲突的一种微妙而又常常没有结果的办法。冲突的双方都不去寻求解决问题的办法，而是拖延时间，任其发展，以期等待环境的变化来解决分歧。

3. 教育

教育冲突双方了解冲突所带来的有害结果，讨论冲突的得失，帮助他们改变思想和行为，或者教育某一方顾大体、识大局，宽恕对方，取得对方的合作，解决冲突。

4. 第三方仲裁

所谓第三方仲裁，就是由权威人士来判断冲突双方谁是谁非的一种方法。权威人士可以是双方的上级，或是有关机构工作人员，或是双方都认可的其他人士。这种做法的最佳结果是双方服从仲裁。在仲裁后要注意输方可能会产生挫败心理，要给予适当的安慰以预防不良反应。

5. 不予理睬

这是“拖延”办法的变种。按照心理学的观点，不做决定比拒绝别人引起冲突的可能性更小。所以，有些人就采用回避问题、不予理睬的办法，事实上这种办法不但不能解决问题，有时还会加剧冲突。

6. 和平共处

和平共处是指冲突双方求同存异，避免把矛盾公开化、加剧化的一种方法。一般而言，没有重大原则差异的冲突可以用和平共处的方法来解决。管理者可以协助冲突双方分析各自的观点与立场，以及产生冲突的原因，然后协助冲突双方指出共同的地方加以肯定。找出小差异的地方，通过协商来解决；找出大差异的地方，暂时拖延一下，但要避免公开化和加剧化。和平共处是解决冲突较好的方法。

7. 重组

重组是指解散原有群体，重新建立新的群体。一般来讲，当一个群体内部冲突甚烈而又长期解决不了，影响效率发挥，处于瘫痪状态时，可以选择重组这一方法。

8. 转移目标

所谓转移目标，是指寻找一个外部竞争者，把冲突双方的注意力转向外部竞争者来缓解或消除冲突的一种方法。运用这种方法时，要注意消除冲突双方固有的冲突因素，否则外部竞争消失后，冲突双方的冲突因素又会成为主要矛盾，管理者还是要回过头去解决这些问题。

9. 压制冲突

压制冲突是指由上级用行政命令来限制冲突的一种方法。由于压制冲突并没有真正消除冲突的根源，虽然冲突双方会由于上级的权势而暂时停止冲突，但一旦时机成熟，冲突又会爆发。另外，即使不再爆发冲突，冲突的一方或双方也会觉得处理不公平，积极性受挫，进而影响工作。因此，这种方法应该尽量少用，一旦作为权宜之计用了，以后还要想办法找到并消除冲突的根源。

本章小结

本章分两小节分别阐释了群体沟通与群体冲突。

第一节主要介绍沟通的概念、功能与类型，沟通过程及影响因素，沟通分析理论，沟通障碍，有效沟通的技巧。

管理心理学研究的沟通，是指为了设定的目标，人们在互动过程中，发送者通过一定渠道（也称媒介或通道），以语言、文字、符号等表现形式为载体，与接收者进行信息（包括知识和情报）、思想和情感等交流、传递和交换，并寻求反馈以达到相互理解的过程。

沟通具有社会性、选择性、主动性、互动性、符号性以及干扰性等特性。

沟通有四种主要功能：控制功能、激励功能、情绪表达功能和信息传递功能。

群体沟通按沟通的组织或渠道分为正式沟通和非正式沟通；按沟通的方式分为语言

沟通和非语言沟通；按沟通的互动性分为单向沟通和双向沟通；按信息流动方向可分为上行沟通、平行沟通和下行沟通。

把沟通简要地看作一个信息传递的过程或流程，则包括信息的发送者、信息的内容、传递的通道和信息的接收者四个要素。沟通过程包括七个组成部分：信息源、编码、信息、通道、解码、接收者和反馈。

沟通分析理论部分阐释了结构型自我状态、功能型自我状态和沟通分析的基本内容。

沟通障碍是指信息在传递过程中的失真或中断。常见的主要有沟通的组织障碍、沟通的个人障碍、沟通的符号语义障碍、沟通的传递障碍和沟通的物理障碍。

有效沟通的技巧包括个体和组织沟通的改善。

第二节阐述了冲突的概念和观念发展、冲突的类型、冲突的过程、冲突的管理。

冲突是一种对抗性交往的过程，这种过程始于一方（包括个体、群体或组织）感觉到另一方对自己关心的事情正在或将要产生消极的影响。

人们对冲突的看法主要有传统观点、人际关系观点和相互作用观点。

罗宾斯将冲突过程划分为四个阶段：潜在的对立、认知和个性化、行为、结果。

冲突管理的风格包括合作型、折中型、通融型、控制型和回避型。

冲突管理的策略部分主要介绍了布朗的冲突处理策略、韦克斯利等人的冲突处理策略和托马斯的冲突处理策略。

关键术语

沟通　　正式沟通　　非正式沟通　　沟通障碍　　冲突

复习思考题

(1) 简述群体沟通的功能。
(2) 群体的沟通类型可以如何划分?
(3) 列举三种正式沟通网络。
(4) 何谓沟通的位差效应?
(5) 简述沟通过程及影响因素。
(6) 简述沟通分析理论的基本内容。
(7) 简述群体沟通的障碍及其改善技巧。
(8) 简述群体冲突的类型。
(9) 列举两种冲突管理的策略并简述其主要内容。

本章阅读书目

[1] 韦尔奇．杰克·韦尔奇自传．北京：中信出版社，2005.
[2] 卢格，赫尔希．生活心理学．哈尔滨：黑龙江人民出版社，1988.

［3］伯恩．人间游戏：人际关系心理学．北京：中国轻工业出版社，2006.

［4］杜塞．人的写照．上海：同济大学出版社，1989.

［5］赫尔雷格尔，斯洛克姆，伍德曼．组织行为学（上下册）．上海：华东师范大学出版社，2001.

［6］勒温．拓扑心理学原理．北京：北京大学出版社，2011.

第8章
群体决策

> 群体决策也不一定总是正确的：多数人也会跟少数人一样犯错误。
>
> ——约翰·德莱顿

引导案例

“挑战者”号决策的团体迷思

1986年1月28日，美国卡纳维拉尔角上空万里无云。“挑战者”号航天飞机在顺利上升7秒钟时，发生翻转。16秒钟时，机身背向地面，机腹朝天完成角度转变。24秒时，主发动机推力降至预定功率的94%。42秒时，主发动机按计划再降低到预定功率的65%，以避免航天飞机穿过高空时由于外壳过热而解体。这时，一切正常，航速已达每秒677米，高度8 000米。50秒钟时，地面有人发现航天飞机右侧固体助推器侧部冒出一丝丝黑烟，这个现象没有引起人们的重视。52秒时，地面指挥中心通知机长斯克比将发动机恢复全速。59秒时，高度10 000米，主发动机已全速工作，助推器已燃烧了近450吨固体燃料。此时，地面控制中心和航天飞机上的计算机显示的各种数据未见任何异常。65秒时，斯克比向地面报告“主发动机功率已加大”。“明白，全速前进”是地面测控中心收听到的最后一句报告词。73秒时，高度16 600米，航天飞机突然闪出一团亮光，外挂燃料箱凌空爆炸，航天飞机被炸得粉碎，与地面的通信猝然中断，监控中心屏幕上的数据全部消失。“挑战者”号变成了一团大火，“挑战者”号失事了！爆炸后的碎片在其发射东南方30公里处散落了1小时之久，价值12亿美元的航天飞机顷刻化为乌有，7名机组人员全部遇难。全世界为此震惊，各国领导人纷纷致电表示哀悼。

其实这场事故本是可以避免的。在发射前13小时，一位工程师与公司上级通了电话，指出上次发射时“挑战者”号由于助推器O形环失效差点毁灭，但上级由于急着完成此项任务，便忽视了这一提醒，坚持按原计划发射。在发射前 30 分钟，一架波音 757 客机报告了强气流的存在，但发射中心也没有注意。

“挑战者”号失事的真正原因是在决策上。不论是发射前的准备还是发射的过程，以至发射后对问题的分析，决策都存在严重的问题。

在早期的飞行实验中，一些工程师开始注意到 O 形环腐蚀的影响，但是他们并没有从宇航局和萨科尔公司那里得到任何支持。甚至在解决 O 形环腐蚀问题的会议上，宇航局高级官员科尔斯特认为这是一次毫无意义的会议。正是由于领导有限的知识和经历，他们在估计事件发生的概率、探寻行为产生的原因以及估量情况的风险大小时出现失误，导致了他们做出的判断和策略过于简单。

人们总是倾向于在获取好处时避免冒险，在回避损失时则较甘于冒险。在“挑战者”号发射的前 6 个月，萨科尔公司和宇航局曾对航天飞机重新改造做了一次预算，然而其飞行实验仍在继续进行。尽管风险指数在增加，每个人却还在冒险进行实验，工程师们提出的相关建议也没有明确的指向。对于这些消极因素，他们采取了忽视的态度，进一步将问题扩大化了。

再加上成功的先例与经验主义错误的引导，人们产生了骄傲的情绪，这给实验带来了更大的潜在危险。在做出发射“挑战者”号决策时，宇航局安全办工作人员甚至没有一个人参加，做出这样失败的决策的确在所难免。由此可知，正是决策的失误导致了悲剧的酿成。任何一项问题的决策都不是轻而易举产生的，每一项工程、每一个项目的完成都离不开正确的决策。影响决策的因素有很多，包括群体规模、成员对群体的依赖、信息的沟通以及领导的要求和压力等，甚至社会从众心理、权威主义等消极影响都会制约和影响决策的做出。

8.1 群体决策概述

8.1.1 群体决策的概念

群体决策就是为了达到和实现组织目标，在领导者的主持下，根据主客观条件，通过集体讨论从若干备择方案中做出最佳选择与决定的过程。决策是行动的基础，没有决策就没有合乎理性的行动，群体的关键职能之一就是进行决策。在管理民主化的今天，群体决策是一种十分重要且日益普遍的决策方式，组织中越来越多的决策由群体做出，但这并不意味着群体决策一定比个人独自决策优越，其中涉及诸多因素。在某些情况下，群体决策是无法代替个人决策的。群体决策和个人决策各有利弊，在不同的管理情境下可以发挥各自不同的作用。

8.1.2 群体决策与个人决策的比较

1. 群体决策与个人决策的绩效比较

组织行为学家韦伯就群体决策和个人决策的效率做过实验，其结论如表8-1所示。

表8-1 群体决策与个人决策的绩效实验结果

项目	个人（n_1=240人）	群体（n_2=48组）
完成字汇测验所花费的平均时间（分）	4.5	6.8
平均成绩（25个问题中答对数目）（个）	13.2	17.5
平均错误（答错数）	11.8	7.5
平均效率（答对数/每分钟）	3.0	2.6

研究发现，当决策的正确性比决策的速度重要时，群体决策较优越。因为群体决策有多人参加，能产生较多可供选择的方案，而且有错误校正的机制，因而群体决策较正确。

一般而言，个人决策具有较高的创造性，而群体决策由于受相互不同意见与论点的约束，以及害怕被人视为愚蠢、被人讥笑等心理因素制约，不易产生较高的创造性。因此，一般个人决策适于工作结构不明确、需要创造性的工作，而群体决策则适于任务结构明确、有固定的执行程序的工作。

2. 群体决策与个人决策的风险性比较

许多人特别是企业管理人员认为，群体决策可以抑制大胆冒进的风险，在选择较多或较少风险性的两种行动时，将趋向于保守的决策。

组织行为学家的研究则得出了相反的结论，认为群体决策具有冒更大风险的倾向，其原因在于：个体在群体面前不甘示弱，易隐蔽自己的意见而附和众议，且由于责任由群体承担，成员易滋生不负责任的倾向。

另外一些研究则表明，群体决策过程中，会出现保守或冒险两个极端的倾向，它主要取决于占优势的群体气氛。若群体中大多数成员（特别是领导人）较保守，则群体决策更趋保守；反之，若群体中大多数成员（特别是领导人）敢冒风险，则群体会做出更具风险的决策。这一现象称为群体决策的极化。勒温和怀特还认为，若群体成员在过去和将来都一起共事，彼此形成了一种地位差距，这种关系将影响他们对决策的深思熟虑。

3. 群体决策与个人决策的其他优缺点比较

群体决策与个人决策相比，除了上面所论述的具有更高的决策质量和更高的风险承担性的特点，还具有如下优缺点：

（1）群体决策的优点。

第一，决策的可接受性更高。当群体成员对于实施决策所带来的变革感到不安时，让那些会受到决策影响和将来要执行决策的人都参与到决策过程中，可以使他们更加理解和支持决策，而不至于产生抗拒。这样，决策就能获得更多支持，执行人员的满意度也会相应提高。

第二，决策的合法性更高。群体决策过程被认为比个人决策更合乎法律要求。如果个人决策者在进行决策之前没有征求其他人的意见，决策者的权力可能会被看成独断专行，这往往会影响到决策的实施。

第三，决策的一贯性更强。个人决策常是一种下意识的自然的思维活动，不一定依照科学的决策程序进行，往往变化无常甚至前后矛盾。然而，群体决策一般采用比较合理的决策程序，相对理性，决策的一贯性相对较强。

（2）群体决策的缺点。

第一，决策速度慢。一般来说，群体决策通常比个人决策要花费更多的时间，在紧要关头往往不易及时达成共识，容易错过时机。

第二，少数人控制。群体在进行决策时，可能会被领导者或少数有影响者控制。群体成员常常由于惧怕权威或为了避免冲突而放弃自己的观点。在这种情况下，群体决策就无法发挥集体决策的作用，从而成为控制者的一种伪装。如果控制者的水平较低，就会对群体的运行效率产生消极的影响。

第三，从众压力大。由于群体压力的存在，群体成员出于希望被群体接受和重视的愿望，可能会做出从众行为，从而使其不同意见被压制，在决策时追求观点的统一。

第四，责任不清。对于个人决策而言，责任者是很明确的。但群体决策往往造成责任分散，甚至出现决策风险无人承担的结果，尤其是在决策失误或失败时。因此，群体决策往往会出现“有人拍板、无人负责”的局面。对于群体决策，任何一个成员的责任都会减少。

第五，折中方案。群体决策时，由于各个成员常常对于某些问题有着不同的看法，为了找到一致的解决问题的办法，经常需要采用某种妥协或折中方案来使各方认可并执行。从某种意义上来讲，这样就降低了决策的质量，从最佳或最合理方案下降到“退而求其次”的折中方案。

8.1.3 影响群体决策的因素

群体决策当中无法达成共识，找到解决问题的最优方案，这叫过程损失（process loss）。我们找出造成过程损失的原因，也就找到了影响群体决策的因素。

1. 主观因素

决策的主体是人，人的认知水平、素质、修养、能力、个性特征等，对于决策会产生的影响巨大。在群体决策过程中，个人的价值取向、认知风格以及风险偏好不同，往往会对群体中的其他成员产生影响，特别是那些在群体中具有一定影响力的权威。决策的过程需要个体的诸多能力，一般有：

（1）逻辑判断能力。善于根据各种错综复杂的意见得出合乎逻辑的结论。

（2）创新能力。能提出各种不同的解决方案，不满足于现成的答案和做法。

（3）分析问题能力。在含混不清、信息不足或有矛盾的情况下，能适当地做出判断。

（4）决断能力。有魄力，敢冒有必要的风险，能承受错误和失败的后果。

（5）组织团队的决策能力。

（6）直觉判断能力。这种判断能力建立在决策者丰富的经验之上。

2. 客观因素

决策者在群体中做决策，肯定会受群体环境的影响，这种群体环境包括群体本身提供给决策者的信息，群体中成员的团体规范和内外压力，所要解决问题本身的性质和难易程度，以及解决问题的条件与时机是否成熟。这些都会影响决策及其效果。

3. 文化因素

这是主客观统一而形成的影响决策的重要因素。比如西方人和东方人在决策方式上存在着非常大的差异。我国传统的管理观念强调团结和谐、内外统一、服从权威和经验主义，而西方决策理论强调内在满足、单独决策、个人效用、建立在“经济人”假设之上的决策自我利益最大化、当前问题的特殊性、备选方案拟订，以及不确定性分析等。

8.2 群体决策的心理问题

8.2.1 群体决策的团体迷思问题

1. 团体迷思的研究

团体迷思是一种与群体规范有关的心理症状，它主要是指群体成员由于受到多数人的压力，难以将那些不寻常的、少数人的观点充分表达出来，群体又不能对其做出客观评价的情况。

意大利哲学家安东尼奥·葛兰西最早提出了团体迷思（group think）的概念。1972年，美国心理学家欧文·贾尼斯利用“团体迷思”一词形容团体做出不合理决定的决策过程。贾尼斯对“团体迷思”的原定义为“一种思考模式，团体成员为维护团体的凝聚力、追求团体的和谐共识，而不能现实地评估其他可行办法”。后于1982年，贾尼斯再次探究美国入侵猪湾事件、偷袭珍珠港事件、朝鲜战争、越南战争、古巴导弹危机、马歇尔计划等美国政府历年外交决策事件，参照各个事件的环境、决策过程、决策结果，归纳出团体迷思的模型。

贾尼斯提出了团体迷思的理论分析模型（见图8-1），概括分析了团体迷思从原因到后果的各个环节。该理论分析模型的大体框架是：首先，导致团体迷思发生的是一系列前提条件。当这些前提条件全部或者是部分出现时，群体就会表现出寻求一致的倾向。当群体表现出寻求一致的倾向时，团体迷思就发生了，并且有很多种表现形式。具有这些表现形式的群体在决策过程中就容易产生失误，相应地有一些标志可以判断群体决策是否发生了失误。贾尼斯关于团体迷思的定义及其理论分析模型为团体迷思的研究奠定了基础。随后的研究基本上都是围绕着这个定义和理论分析模型进行的。

2. 团体迷思的前提

根据贾尼斯团体迷思的理论分析模型，引起团体迷思的前提条件有五种：高凝聚力、群体与外界隔离、缺乏有条理的探索和评价程序、命令式的领导方式、现存方法已被有

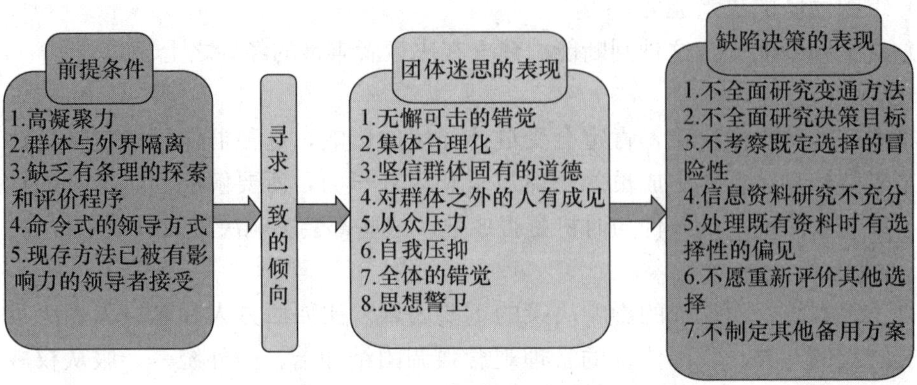

图 8-1　贾尼斯团体迷思的理论分析模型

影响力的领导接受。在后来的修正模型中，补充了团体迷思的另外三个前提条件：群体成员背景和价值观的相似性、外部压力、刚刚经历的失败使群体处于一种很低的自尊水平。以上八点共同构成了团体迷思的前提条件。

贾尼斯指出，对团体迷思的产生起至关重要作用的前提条件是群体凝聚力。当一个群体内的成员表现出高度的友善和团队精神，并且群体成员对其群体身份有着很高的评价时，群体成员一般都愿意继续维持群体身份，群体所呈现出的这样一种状态就被称为群体凝聚力。群体凝聚力是由群体成员间的人际吸引、执行群体任务的意愿、群体声誉和威望对个人的吸引组成的。当高水平的群体凝聚力和其他前提条件交互作用时，很容易引起团体迷思，这种交互作用是以群体的外部需求为代价来换取对群体及其内部过程的过分关注。

结合管理实践，可以发现，团体迷思的诱发性因素是多维的，包括科层制下的等级森严、家长制的"一言堂"领导作风、决策团队的内部思维趋同、管理系统的开放性不足、决策团队承受决策压力、成员的自我效能感不足、集体思维惰性、决策评判标准不科学。

3. 团体迷思的表现

团体迷思是伤害许多群体的一种"思想疾病"，它往往是渗透到一个群体中的人们的一种思想作风，会严重损害群体绩效。在这个群体中，群体成员认为追求思想一致比现实地评价各种可能的行动方案更为重要。在这种群体中，多数人在群体压力下往往会选择屈从、退缩或修改自己的真实观点。根据贾尼斯团体迷思的理论分析模型，团体迷思有如下症状表现：

（1）无懈可击的错觉，即群体对自身过于自信和盲目乐观，不认为自己面临潜在的危险。这种过分的乐观主义使群体看不到外来的警告，意识不到决策的危险性。

（2）集体合理化，即群体成员把他们所做出假设的任何反对意见合理化。不管客观事实与主观假设的反差有多大，成员的行为都是继续强化这种假设。

（3）坚信群体固有的道德，即相信群体所做出的决策是正义的，不存在伦理道德问题，不理会其他人从道德上提出的挑战。

（4）对群体之外的人有成见。群体成员一旦卷入团体迷思，就会有倾向地认为他们不屑与任何反对他们的人或者群体争论，或者认为这些人或群体过于软弱、愚蠢、不能够保护自己，而群体既定的方案则会获胜。

（5）从众压力。那些持有怀疑或不同观点的人，往往保持沉默，表示顺从，甚至通过降低自己观点的重要性来尽量避免与群体观点不一致。

（6）自我压抑。由于不同的意见会显示出与群体的不一致，破坏群体的统一，因而群体成员会避免提出与群体不同的看法和意见，压抑自己对决策的疑惑，甚至怀疑自己的担忧是否多余。

（7）全体的错觉。从众压力和自我压抑的结果，使群体的意见看起来是一致的，并由此造成群体统一的错觉。盲目乐观，相信群体无所不能。这种群体往往高估自己的实力，认为一切都取决于他们的行动，可结果却往往适得其反。表面的一致性又会使群体决策合理化，这种由于缺乏不同意见造成的统一的错觉，甚至可以使很多荒谬、罪恶的行动合理化。

（8）思想警卫。思想警卫（mind guard）的说法是相对于身体安全警卫提出来的。群体决策一旦形成，某些成员会有意地扣留或者隐藏那些不利于群体决策的信息和资料，或者是限制成员提出不同的意见，以此来保护决策的合法性和影响力。

总之，这些表现能够使群体维持那种表面上“和谐统一”的感觉，在决策过程中使群体更像一个人一样地行动。

4. 缺陷决策的表现

在群体决策过程中一旦出现了团体迷思，决策将不能够按照理性的程序进行，而且会直接导致出现很多的过程缺陷，这些缺陷包括：

（1）不全面研究变通方法。

（2）不全面研究决策目标。

（3）不考察既定选择的冒险性。

（4）信息资料研究不充分。

（5）处理既有资料时有选择性的偏见。

（6）不愿重新评价其他选择。

（7）不制定其他备用方案。

案例 8-1

猪湾事件中的团体迷思现象

猪湾事件（猪猡湾事件）是1961年4月17日，在美国的协助下，逃亡美国的古巴人在古巴西南海岸猪湾，向菲德尔·卡斯特罗领导的古巴革命政府发动的一次失败的入侵。1961年4月17日，这支由1 500多人组成的美国雇佣军突袭古巴，他们在美国飞机和军舰的直接掩护下在古巴中部拉斯维利亚斯省南部登陆，占领了长滩和吉隆滩，并继续向北推进。古巴军队和民兵与入侵的美国雇佣军展开了殊死搏斗，当年只有34岁的卡斯特罗在吉隆滩附近一座制糖厂临时改成的指挥部坐镇指挥，他下令：“击沉所有船只！”他对亲密战友切·格瓦拉说：“现在我们真的在战斗了，胜利属于我们！”古巴军民经过72小时的战斗，全歼了被包围在吉隆滩的美国雇佣军，共有90名雇佣军被古巴军队击毙，其余1 000余人被俘获。在最初的计划中，古巴逃亡者的唯一任务是在古巴用武力保卫一个临时机场，直到在迈阿密的古巴流亡政府得以飞往古巴后向美国发电求救。

猪湾似乎是实施这个计划的一个理想的地点，中央情报局使用的情报来自想要推翻古巴政府的反政府人士，他们夸张了古巴国内的反政府情绪，同时也夸大了埃斯坎布雷山中的武装力量的实力。中央情报局本身也试图夸大他们的报告，向当时刚刚上任的肯尼迪总统保证这个行动肯定会成功。肯尼迪决策团队的成员存在着严重的、共同的、错误的认识：第一，决策团体的成员普遍认为其他各国会相信中央情报局编造的舆论谎言，没人会知道美国参与了这次入侵。第二，古巴政权不稳定，军队士气不高、装备陈旧，整体不堪一击；反观受训的古巴逃亡者，士气高昂、装备先进，外有美军的暗中支持，还会引发古巴国内反动力量的呼应，里应外合，可以说这次入侵十拿九稳。第三，即使这次入侵失败，古巴逃亡者还可以按照计划撤退到附近的埃斯坎布雷山中，加入反对古巴政权的阵营，开展游击作战。但实际表明，这些想法不过是决策团队自以为是的幻觉，于是肯尼迪政府的首个重大决策以失败收场。

8.2.2 群体决策的群体转移问题

群体转移（group shift）又称群体决策的风险转移现象，有时候又称作群体极化（group polarization），是指在讨论可供选择的方案、进行决策的过程中，群体成员倾向于夸大自己最初的立场或观点的决策心理现象。在某些情况下，谨慎态度占上风，形成保守转移。但是，在大多数情况下，群体更容易向冒险转移。

事实上，群体转移可以看作群体思维的一种特殊形式。群体的决策结果反映了在群体讨论过程中形成的占主导地位的决策规范，群体决策结果是变得更加保守还是激进，往往取决于在群体讨论之前占主导地位的决策倾向。

案例 8-2

“饭圈”文化与群体极化

“饭圈”是指粉丝群体基于共同的偶像崇拜诉求集聚形成的圈子。“饭圈”文化以对偶像的热忱和追捧为核心，形成了一种特殊的粉丝文化，近年来在社交媒体平台迅速流行。“饭圈”文化中的粉丝屡屡形成固化的群体，形成了“我们”与“他们”的对立，将“饭圈”一步步推向同质声音不断强化的“信息茧房”，带来了大量失范行为，这些行为主要表现为：对偶像过度追捧、极端崇拜；对其他偶像持有敌意，进行攻击和诋毁；追踪和侵犯偶像的隐私；在网络上散布谣言；为了偶像的“咖位”，不断投入超过正常范围的人力、物力、财力；“饭圈”内部动辄进行“除你粉籍”的站队清查行为；采取刷量控评、攻击谩骂、造谣诽谤、“人肉”搜索、肆意举报等极端行为等。近年来，“饭圈”还呈现出低龄化趋势，青少年因狂热追星荒废学业、离家出走甚至触犯法律的新闻时有出现。这种群体极化的思维模式容易导致社会公德的缺失、网络暴力的出现。“饭圈”文化甚至通过“回音壁效应”（echo chamber）和“极化游戏效应”（polarization game）推动群体极化扩大为公众极化。

造成群体转移现象的原因主要有：

1. 群体成员的关系

一般而言，群体成员之间越熟悉，关系越融洽，他们就会变得越勇敢和大胆。

2. 关键人物的影响

群体中的少数领导或关键人物往往会影响群体的决策，这些人倾向于保守或冒险，会直接或间接地影响群体转移倾向。

3. 文化背景的影响

群体成员的行为往往会受到社会文化或组织文化的影响，而这也将体现在群体决策之中。保守的文化或者崇尚冒险的文化都会对群体决策产生影响，从而产生群体转移。

4. 群体决策的责任分散

群体决策由群体做出，个体的责任相对减少，风险相对分散，加上群体决策的责任往往不够明晰，于是，决策参与者往往倾向于做出风险相对较大的决策。

群体转移有两种内在的模型：信息影响模型和社会比较模型。信息影响模型认为群体成员能为决策提供不同的信息。社会比较模型认为群体成员极力将群体的观念表达得比群体真实的感受还要极端，以获得同伴的关注。如果群体里的每一个人都试图以同样的方式来获得群体的尊重和关注，那么群体转移就不可避免。

8.3 群体决策管理

8.3.1 心理学角度的群体决策理论

1. 完全理性决策理论

完全理性决策理论又称“经典决策理论”，大部分内容是由统计学家、经济学家提出来的。“经济人”假设起源于亚当·斯密的劳动交换理论。亚当·斯密认为，人的本性是懒惰的，必须加以鞭策，人的行为动机源于经济和权力维持员工的效力和服从。在“经济人”假设基础上提出的早期决策理论被称为“经典决策理论”，这些理论假设决策者了解所有可能的选择以及这些选择可能带来的后果；对各个选项之间的差别无限关注，无论这种差别多小，决策者都能分辨其差别；在确定选择哪个选项时完全理性，选择总是实现利益最大化。

2. 有限理性决策理论

20世纪50年代，赫伯特·西蒙对经济学中简单追求利润最大化假设的“经济人”假设提出了挑战，过去的管理学和经济学理论都认为，个人的学识和思维可以帮助人们做出利益最大化的选择，但是事实上由于目标和子目标的多重性，尤其是大公司复杂的内部结构，这种理性决策在现实生活中是不可能实现的，人们做出的决策达到满意就可以了，这就是西蒙的有限理性决策理论。

西蒙认为，在现实世界中，只存在有限理性的“管理人”。管理人在做出选择之前，由于信息、时间、认知能力、处理能力等各方面的限制，他们只能考虑少数几个最攸关、最关键的情境要素，只要满足了管理人的期望水平，他们就做出选择。因此西蒙认为经营企业的管理者应该是一心解决问题的决策者，而不是一心谋利的企业家。

知识库 8-1

心理学家西蒙

西蒙，当代著名的心理学家和经济学家，也是著名的多学科专家，其研究涉及政治学、经济学、心理学、管理学、社会学、运筹学、计算机科学等众多领域，并且在这些领域均做出了重大的贡献，这可以从他获得的奖项看出：除 1975 年和 1978 年先后获得图灵奖和诺贝尔奖两项大奖，还曾获得不同领域的 10 项最高水平奖。他在心理学方面的奖项有：美国心理学会杰出科学贡献奖（1969 年）、美国心理学基金会心理科学终身成就奖（1988 年）、美国心理学会终身贡献奖（1993 年）。2002 年，在美国广受欢迎的心理学期刊《普通心理学评论》刊登的一项调查结果显示，在 20 世纪心理学家知名度排名中，西蒙名列第 37 位。西蒙的心理学思想主要体现在管理决策和信息加工心理学上。

3. 非理性决策理论

非理性决策理论代表人物有奥地利心理学家弗洛伊德和意大利社会学家帕累托等。该理论的基点既不是人的理性，也不是人所面临的现实，而是人的情欲。他们认为人的行为在很大程度上受潜意识支配，许多决策行为往往表现出不自觉、不理性的情欲，表现为决策者在处理问题时常常感情用事，从而做出不明智的安排。

8.3.2 群体决策心理障碍的调适

从目前一些群体决策的实践来看，由于群体成员存有这样那样的心理障碍，以至于在群体决策中的作用发挥不好，整体效能不高，群体领导得不到充分体现，不仅直接影响着群体议事质量和决策水平的高低，也影响着决策科学化、民主化的进程。因此，应当高度重视并努力克服群体决策中的各种心理障碍，以逐步适应群体决策科学化、民主化的要求。

1. 自负心理障碍及其调适

（1）自负心理障碍。

自负心理障碍是一种消极的心理状态。它直接影响群体决策的科学化和民主化。自负心理障碍在群体成员中都有可能存在，在群体资格比较老的成员身上更容易产生。有人常常自大清高，对人对事总是自以为是，过高地估计自己的威信，夸大自己的能力水平，久而久之，便养成唯我独尊的“家长”作风。在筹划决策时，他们常常自恃高明，总以为自己“走过的桥比别人走的路还多”，自己的主张都是“宏图大略”，其他人的意见则是“一孔之见”。因此，在群体决策前常常不征求其他成员的意见；对群体议题事先不预告，致使其他成员毫无准备；决策中，往往不以群体平等一员的身份参与群体决策，而以领导的身份出现，自以为情况熟、经验丰富、比其他成员强，搞家长式的“一言堂”，凭经验决策，凭感情决策，主观臆断、感情用事、妄自决断，一旦自己的意见受到质疑和反对，他就怒发冲冠、大发雷霆；决策后，落实群体决议大打折扣，符合自己意愿的就执行，不符合自己意愿的就搞变通或不执行。

（2）自负心理的调适。

调适自负心理，首先要牢固树立群体内部人人平等的意识。群体成员尤其是资历较老、能力较强的成员，要正确认识自己的地位和作用，摆正自己在群体中的位置；正确看待与评价自己和他人，克服看自己“一枝花”、看别人“豆腐渣”的片面心理；虚心向其他成员学习，严于律己、宽以待人、谦虚谨慎，切不可以家长的身份出现在群体议事决策之中。其次要强化群体决策的程序观念，要坚决破除“个人说了算才有魄力”“群体议事费时费力”等认识，并通过严格的决策程序来确保充分发挥群体决策的优势。

2. 自卑心理障碍及其调适

（1）自卑心理障碍。

自卑是一种不能自助和软弱的复杂情感。有自卑感的人轻视自己，认为无法赶上别人。阿德勒对自卑感有特殊的解释，称其为“自卑情结”。在群体成员中，由于职务、资历、能力、年龄等方面的“落差”，通过群体讨论决定重大问题时，往往存在职务低的成员依赖职务高的成员，资历浅、年轻的成员依赖资历深、年龄大的成员，加入群体时间短的成员依赖任职时间长的成员等现象。一些职务相对低、资历浅的基层成员，由于对自己的能力和智力估计过低，遇事犹豫不决，不敢果断决策，怕承担责任，总认为自己工作经验少，工作能力不如他人而很容易产生自卑心理。主要表现为：决策前不敢大胆谋事，甘愿当局外人；决策中不敢充分行使议事权，不敢掏真心、吐真言；有的成员即使有很好的意见，生怕说不到点子上不被重视和采纳，干脆不说。

（2）自卑心理的调适。

矫正自卑心理的关键在于每一个群体成员要努力保持心理平衡，能够客观、正确地评价自己，理智地表现自己，努力克服职务低、权力小、担子轻、责任小的无所作为心理，树立起认真负责、敢于负责的精神，积极参与议事决策，并在议事决策中学习，在议事决策中提高。在尊重和学习其他成员决策思维和决策方法的同时，大胆锻炼、大胆发言，毫无保留地对研究议题发表意见和看法；即使自己的观点有不完善的地方，或者与多数成员的观点不一致，也应充分发表见解，以便启发大家辩证思考，为群体做出正确的决策提供全方位的信息和多角度的分析。同时，群体中资历老、年龄大、任职时间长的成员要充分发扬民主作风，始终注意以平等的、普通一员的身份参与群体讨论，用实际行动引导群体的基层成员和新成员。

3. 从众心理障碍及其调适

（1）从众心理障碍。

所谓从众心理，是指在群体明显或内隐的压力下，个人在观点和行为上努力与多数人保持一致的心理倾向。从众心理有积极和消极之分。积极的从众心理有助于群体的团结一致，达到共同追求的目标，从而做出正确的决策；消极的从众心理则对群体决策的民主化和科学性有极大的危害。

（2）从众心理的调适。

矫正从众心理，一是强化群体成员的“角色”意识。群体领导的“角色”意识增强了，才会自觉把自己的“上位”心态调整到与其他成员平等的位置上，主动放下架子，认真听取其他成员的意见，并以平等的言行消除群体成员的心理压力。对于其他成员，强化“角色”意识，能够帮助他们克服“下位”心态，找准自己的位置，追回失去的自信，以主人翁姿态参与议事决策。二是强化群体成员科学决策的素质和能力。这样，才能在群体决策中面对深层次的复杂问题进行多角度思考、多方法论证和全面性决策，防止消极从众心理的出现，确保群体决策的民主化、科学化。

4．逆反心理障碍及其调适

（1）逆反心理障碍。

逆反心理是一种与大多数人对立的、和常态性质相反的逆向反应的情绪体验和行为倾向。在决策过程中，当一些群体成员提出意见和建议，特别是针对自己负责的工作拿出意见提交群体研究，却多次遭到异议和反对时，很容易产生逆反心理。具体表现为：平时对一切都持有消极态度，看一切事物都不顺眼，与周围的环境格格不入；对人，只见别人的缺点，不见别人的优点和成绩；对事，处处挑毛病，故意对着干；群体决策中，对提交群体讨论的预案不管正确与否，一律持反对态度。拥有逆反心理的群体成员虽是极个别的，但若不能及时纠正，长此以往，对群体决策十分不利，而且极容易发展为心理疾病。

（2）逆反心理的调适。

矫正逆反心理，一是要承认它的客观存在，正视其对群体决策和决策者自身的危害；二是注意信息反馈，教育引导群体成员客观公正地评价自己，做到有自知之明；三是教育群体成员虚心听取别人的意见，在对待他人的批评和意见时，多用善意和信任去理解，少用恶意和猜测去曲解；四是对逆反心理较重的成员，及时给予帮助和纠正，必要时需通过适当的形式“猛击一掌”，以促使其心理恢复正常。

5．侥幸心理障碍及其调适

（1）侥幸心理障碍。

侥幸心理是导致一些群体违规、做出失误决策的一个重要原因。如常常把“集体研究决定”作为违反政策规定和落实政策的“挡箭牌”。这些问题的出现，除了政治思想方面的原因，就是侥幸心理作祟，使人误以为是群体研究，将板子打在群体上，个人压力不大。

（2）侥幸心理的调适。

矫正群体决策中的侥幸心理，一是严格按照程序决策，真正做到群体讨论决定重大问题；二是加强对群体决策的全程监督。

6．投入升级障碍及其调适

（1）投入升级障碍。

投入升级主要表现在：群体决策中的决策者为了证明其最初决策的正确性，进一步向已经证明失败的地方增加新的投资，希望能够弥补过去的损失，并最终获得盈利。投入升级实际上是人们对未来获取高额收益的期望和即使在低概率条件下运气也会改变的信念相结合的产物。当进行资源配置、制定投资决策、在职业生涯中做出重要选择以及制定对其他人有可观影响的政策时，极容易引起投入升级的问题。

（2）投入升级的调适。

为了避免投入升级，第一，要积极采纳外界意见，并将注意力集中于未来的事情，减少过去的失败和损失的影响，如立即停止在原来的地方增加投入，尝试一些别的做法，或者更换人员、改变资源配置的责任，这样，当损失发生后，造成损失的人可以不承担必须弥补过去错误的责任。第二，要鼓励实验并允许失败。由于决策都是由人做出的，而人难免会犯错误，所以应该鼓励进行多种实验，并允许失败。这样，在一定程度上减少对一致性的强调，可以减少必须成功和证明决策能力的压力。

群体成员在群体决策中的心理偏差还有不少，比如，群体的领导会不团结，会因意见明显分歧带来群体成员的“徘徊心理”，会因同职级的能力、声望、机遇好于自己而产生的“嫉妒心理”等。只要高度重视群体决策心理障碍的研究，有效加以克服和纠正，就能促进群体决策的科学化和民主化。

8.3.3　群体决策技术

群体决策的最常见形式发生在面对面的互动群体中，但我们在前面讨论群体思维时已经指出，互动群体会对群体成员个人形成压力，迫使他们做出从众行为。为了减少传统的互动群体法固有的问题与弊端，专家们提出各种方法来提高群体决策的质量。

1. 头脑风暴法

头脑风暴法（brain storming），又称脑力激荡法，由美国 BBDO 广告公司的创立者奥斯本于 1939 年提出，是一种为了发挥集体智慧而编排的会议形式。20 世纪 50 年代，头脑风暴法作为一种创造性思维方法在专家会议预测形式中得到广泛应用并日趋普及。

头脑风暴原是精神病理学的一个术语，是指精神病人在失控状态下的胡思乱想，奥斯本借用它来形容创造性思维自由奔放，打破常规特征，形容创新设想如暴风骤雨般激烈涌出。借助该方法，从事创新的人员的大脑在较短时间内，就一个或两个命题思考出大量创新方案，特别是在技术创新过程中，在遇到不易解决的技术难题时，这种方法往往可以出其不意地解决问题。

在典型的头脑风暴法讨论中，6～12 个人围坐在一张桌子旁，群体领导用清晰明了的方式把问题说明白，让每个人都了解。然后，在给定的时间内，大家就可以自由发言，尽可能地想出各种解决问题的方案，在这段时间，任何人都不得对发言者加以评论。无论是受到别人启发的观点还是稀奇古怪的观点，都不许任何人做评价。所有方案都记录在案，最后允许群体成员来分析这些建议和方案。

头脑风暴法可以把群体压力降到最低，最大限度地发挥小组成员的创造力，并能促进群体成员间相互理解，但它也存在某些群体成员可能迫于群体压力等情况而不会吐露内心真实想法的缺陷。

要使头脑风暴法达到预想的效果，应该遵循自由畅想原则、严禁批评原则、谋求数量原则和借题发挥原则。但头脑风暴法只是创造观念的一种程序，以下三种方法更容易得到最后的方案。

2. 德尔菲法

德尔菲法（Delphi technique）是在 20 世纪 40 年代由赫尔姆和达尔克首创，经过戈尔登和兰德公司进一步发展的方法。1946 年，兰德公司首次用这种方法来进行决策预测，后来这种方法迅速被广泛采用。

德尔菲法依据系统的程序，采用匿名发表意见的方式，群体成员之间不得互相讨论，不发生横向联系，只能与调查人员发生联系，通过多轮次调查群体成员对问题的看法，经过反复征询、归纳、修改，最后汇总成群体成员基本一致的看法，将其作为预测的结果。这种方法具有广泛的代表性，比较可靠。德尔菲法的具体实施步骤是：

（1）在问题明确之后，要求群体成员通过填写精心设计的问卷来提出可能解决问题的方案。

（2）每个群体成员匿名并独立完成第一份问卷。

（3）把第一次问卷调查的结果在另一个中心地点整理出来。

（4）把整理和调查的结果分发给每个人。

（5）在群体成员看完整理结果之后，要求他们再次提出解决问题的方案。结果通常是启发新的解决办法，或使原有方案得到改善。

（6）如有必要，重复步骤（4）和步骤（5），直至找到大家意见一致的解决办法。

总体来说，德尔菲法可以使人际冲突趋于最小；能够充分发挥专家的作用，集思广益，准确性高；能够把专家意见的分歧点表达出来，取各家之长，避各家之短；可以避免权威人士的意见影响他人的意见；可以避免有些专家碍于情面，不愿意发表与其他人不同观点的情况；可以避免出于自尊心不愿意修改自己原来不全面的意见的做法。德尔菲法虽然具有以上优点，但其过程比较复杂，花费时间长，如果需要快速做出决策，德尔菲法就不适用了。

3. 名义群体法

名义群体法（nominal group technique）是指在决策过程中对群体成员的讨论或人际沟通加以限制，即像召开传统会议一样，群体成员都出席会议，但群体成员首先进行个体决策。具体方法是，在问题提出之后，采取以下几个步骤：

（1）群体成员聚在一起，但在进行讨论前，每个群体成员写下自己对于解决这个问题的看法或观点，时间为 10～20 分钟。

（2）在这个安静阶段过后，每个群体成员都要向群体中其他人说明自己的一种观点，一个接着一个进行，每次表达一种观点，直到所表达的观点都被记录下来，通常使用记录纸或记录板。将所有的观点都记录下来以后再进行讨论。

（3）群体开始讨论每个人的观点，并进一步澄清和评价这些观点。

（4）然后每个群体成员独自对这些观点进行排序。最终决策结果是排序最靠前、选择最集中的那个观点。

相对于前面两种决策方法，名义群体法是比较折中的一种方法。其主要优点在于，允许群体成员正式地聚在一起，但是又不像互动群体那样限制个体思维，可以使每个与会者都获得平等的发言机会，不易产生个别人控制会议的弊端。同时，名义群体法也不像德尔菲法那样会耗费大量时间。

4. 电子会议法

电子会议法（electronic meeting technique）是一种将名义群体法与复杂的计算机技术相结合，可以较快地处理各种观点的群体决策方法。其一般做法是，50人左右围坐在马蹄形的桌子旁，面前除了一台计算机终端，别无他物。问题通过大屏幕呈现给参与者，要求他们把自己的意见输入计算机终端。个人的意见和投票结果都显示在会议室中的投影屏幕上。

电子会议法的主要优点是：匿名、可靠、迅速。与会者可以采取匿名形式把自己想表达的想法表达出来，避免群体压力的影响；参与者一旦把自己的想法输入电脑，所有的人都可以在屏幕上看到；与会者可以表现自己的真实态度，而不用担心受到惩罚。因为没有闲聊，讨论不会离开主题，因此这种方法决策迅速；大家在同一时间可以互不妨碍地相互“交谈”而不会打断别人，因此提高了效率。

据调查，电子会议法比传统的面对面的会议节省大约55%的时间。但这种方法也有缺点，比如那些打字速度快的人，与口才好但打字速度慢的人相比，能够更好地表达自己的观点；想出最好建议的人得不到应有的奖励；不如面对面的沟通所能得到的信息丰富。虽然这种方法还处于初期阶段，但未来的群体决策很可能会广泛地采用电子会议法。

关于以上几种群体决策技术的效果评价见表8-2。

表8-2 群体决策技术的效果评价

维度	决策技术			
	头脑风暴法	德尔菲法	名义群体法	电子会议法
观点的数量	中等	多	多	多
观点的质量	中等	高	高	高
社会压力	小	小	中等	小
财务成本	低	低	低	高
决策速度	中等	慢	中等	快
任务导向	强	强	强	强
潜在的人际冲突	少	少	中等	少
成就感	高	中等	高	高
对决策结果的承诺	弱	弱	中等	中等
群体凝聚力	强	弱	中等	强

本章小结

本章分三小节，分别为群体决策概述、群体决策的心理问题和群体决策管理。

第一节主要介绍群体决策的概念、群体决策与个人决策的比较、影响群体决策的因素。

群体决策是为了达到和实现组织目标，在领导者的主持下，根据主客观条件，通过集体讨论从若干备择方案中做出最佳选择与决定的过程。

影响群体决策的因素主要有主观因素、客观因素和文化因素。

第二节阐述了群体决策的团体迷思问题和群体决策的群体转移问题。

团体迷思是一种与群体规范有关的心理症状，它主要是指群体成员由于受到多数人的压力，难以将那些不寻常的、少数人的观点充分表达出来，群体又不能对其做出客观评价的情况。

群体转移是指在讨论可供选择的方案、进行决策的过程中，群体成员倾向于夸大自己最初的立场或观点的决策心理现象。造成群体转移现象的原因主要有群体成员的关系、关键人物的影响、文化背景的影响及群体决策的责任分散。

第三节阐述了心理学角度的群体决策理论、群体决策心理障碍的调适以及群体决策技术。

心理学角度的群体决策理论主要包括完全理性决策理论、有限理性决策理论、非理性决策理论。

群体决策心理障碍的调适介绍了自负心理、自卑心理、从众心理、逆反心理、侥幸心理、投入升级等心理障碍及其调适方法。

提高群体决策质量的方法主要有头脑风暴法、德尔菲法、名义群体法和电子会议法。

关键术语

群体决策　团体迷思　思想警卫　群体转移　完全理性决策理论　有限理性决策理论　非理性决策理论　逆反心理　投入升级　头脑风暴法　德尔菲法　名义群体法　电子会议法

复习思考题

(1) 群体决策较之个人决策有何特点?
(2) 简述群体决策的优缺点。
(3) 影响群体决策的因素有哪些?
(4) 团体迷思的前提和表现是什么?
(5) 简述群体转移现象产生的原因。
(6) 试列举三种角度的群体决策理论。
(7) 简述群体决策心理障碍及其调适方法。
(8) 简述群体决策技术。

本章阅读书目

[1] 葛兰西．狱中札记．北京：中国社会科学出版社，2000.

[2] 斯密．国富论．南京：译林出版社，2011.
[3] 西蒙．现代决策理论的基石：有限理性说．北京：北京经济学院出版社，1989.
[4] 帕累托．普通社会学纲要．北京：三联书店，2001.
[5] 阿德勒．自卑与超越．北京：光明日报出版社，2006.
[6] 克莱格．即时头脑风暴．北京：经济管理出版社，2002.

第9章

团队建设

> 原来沙这种东西，没有约束时不可收拾，一经约束，就有伟大的能力。
>
> ——丰子恺

引导案例

华为的“狼性”团队精神

狼与虎、豹不一样，是一种群居动物。它们狩猎的时候靠团体的力量，既有明确的分工，又有密切的协作，齐心协力战胜比自己强大的对手。狼群一旦确定攻击目标，就会群起而攻之。头狼号令之前，群狼各就其位，嚎声起伏而互相呼应，攻击号令发出以后，群狼各司其职，默契配合，有序不乱。

华为是全球领先的信息与通信技术（ICT）基础设施和智能终端提供商。在过去的几十年中，华为以其强大的研发实力和出色的市场策略，成功地占据了全球科技市场的一席之地，成为一家世界科技巨头。截至2022年底，华为全球员工总数已经达20.7万人，其中研发员工约11.4万人，占总数的55%。

面对如此庞大而又高素质的群体，华为需要一种精神将其团结起来，使企业充满活力。华为采用的就是“狼性”团队精神。任正非称其中包含的是三种精神：敏感性、团队性、不屈不挠性。华为非常强调团队协作，“狼性”团队精神为华为全球团队注入了强大的凝聚力与战斗力。在华为，团结一致的文化意味着所有员工都以共同的目标为导向，共同努力完成企业的使命。“狼性”团队精神提高了华为的竞争力和市场地位。

9.1 团队概述

传统的组织设计强调个人、部门之间的分工和工作效率，而忽视了个人、部门之间的合作与协调。现代组织强调团队管理组织模式、弘扬团队协作精神。随着组织工作的复杂性日益增强，很多工作实难靠个人独立完成，必须有赖于团队合作才能完成，所以团队管理有时代需求性。因此，组织善用团队管理，能够激发成员潜能、协助问题解决、增进成员组织认同、提升组织效率与效能。

9.1.1 团队的概念

1. 团队的定义

团队是现代组织中广泛采用的一种组织结构，这种组织结构在多变的环境下，能够快速地组合、配置、重新定位和解散。相比传统的部门结构，团队组织结构更加灵活，反应也更加迅速，它已成为组织提高其竞争力的一种基本手段。团队是指在工作中拥有共同目标并紧密协作、相互负责的正式群体。

2. 团队的特征

团队以其成员的高度互补性、知识技能的跨职能性和信息的差异性为特征，具体表现为：

（1）成员的高度互补性。

团队成员之间有高度的相互依赖性，往往处于复杂的互动之中。

（2）知识技能的跨职能性。

一个团队内应该有承担不同职能的成员，从而使这个团队成为跨职能的群体。

（3）信息的差异性。

由于成员间在背景、训练、能力、所接近的资源等方面的差异，一个团队的成员在知识、技能、专长以及信息的分配上是不平均的。

3. 团队的构成要素

团队是一个共同体，要合理利用每一个成员的知识和技能协同工作，解决问题，达到共同目标，其构成要素可以总结为“5P”。

（1）目标（purpose）。

团队应有一个共同的既定目标为团队成员导航，如果没有这个共同目标，这个团队就没有存在的价值。

（2）人（people）。

人是构成团队最核心的力量。三个及以上的人就可以构成一个团队。

（3）团队定位（place）。

团队定位包含两层意思：团队自身的定位，即团队在企业中处于什么位置，由谁选择和决定团队的成员，团队最终应对谁负责，团队采取什么方式激励下属；团队个体的定位，即作为成员在团队中扮演什么角色，是订计划还是具体实施或评估等。

（4）权限（power）。

团队当中领导人的权力大小与团队的发展阶段有关。一般而言，团队越成熟，团队的领导者所拥有的权力就越小，在团队发展的初期阶段领导权是相对比较集中的。

（5）计划（plan）。

计划有两层含义：一是目标最终的实现需要一系列具体的行动方案，可以把计划理解成目标的具体工作程序；二是提前按计划行事可以保证团队目标的顺利实现。只有遵循计划操作，团队才会一步一步地贴近目标，从而最终实现目标。

9.1.2 团队的类型

团队的分类表明团队是多样化的，是适应工作需要而形成的，我们不能说哪种团队类型最佳，我们只能说哪种团队更适合组织。根据团队存在的目的，可以将团队分为多种类型，最常见的主要有三种：问题解决型团队、自我管理型团队和多功能型团队。此外，随着信息技术的发展和组织的扁平化，又出现了虚拟团队。

1. 问题解决型团队

问题解决型团队（problem-solving team）一般由来自同一部门的5～12名员工组成，他们每周会有几个小时的时间聚在一起，讨论如何提高产品质量、生产效率和改进工作环境等问题。但他们几乎没有权力根据这些建议单方面采取行动。其中应用较广泛的一种问题解决型团队是“质量圈”。这种团队由职责范围部分重叠的员工及主管人员组成，定期聚会并讨论他们面临的质量问题，调查问题的原因，提出解决问题的建议，并采取有效的行动（见图9-1）。

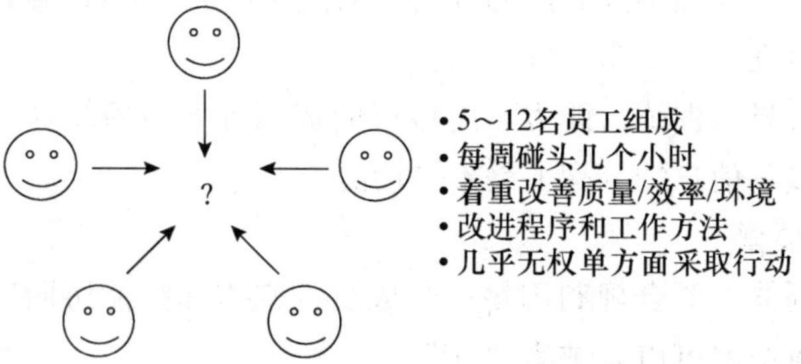

图9-1 问题解决型团队示意图

2. 自我管理型团队

问题解决型团队的做法虽然行之有效，但是在调动员工参与决策过程的积极性方面稍显不足。这种欠缺致使企业努力建立新型团队，即一种真正独立自主的团队。它们不仅注意问题的解决，而且执行问题解决方案，并对工作结果承担全部责任，自我管理型团队（self-managed team）由此而出现。这种团队通常由10～15人组成，他们承担着以前自己的上级所承担的一些责任。一般而言，他们的职责范围包括控制工作节奏、决定工作任务的分配以及安排工间休息等。完全的自我管理型团体可以挑选自己的成员，并让成员相互进行绩效评估，这样主管人员的重要性就大大下降了，有时候甚至被取消（见图 9－2）。

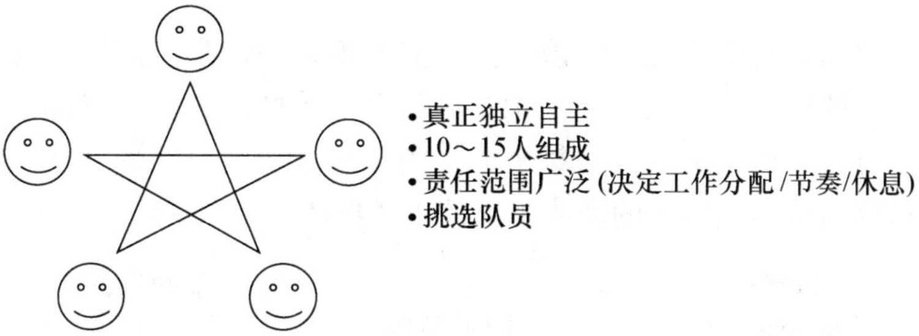

图 9－2　自我管理型团队示意图

许多组织成功地运用了自我管理型团队，但也不是都尽如人意。对自我管理型团队的总体研究表明，实行这种团队形式并不一定能带来积极效果。比如在这种团队中，员工的满意度有所提高，但是员工的缺勤率和流动率却偏高。

3．多功能型团队

多功能型团队（cross-functional team）是为了完成一项共同的任务，而由来自同一等级、不同工作领域的员工组成的团队（见图 9－3）。这种团队兴盛于 20 世纪 80 年代末，当时所有主要的汽车制造公司都采用了多功能型团队来协调完成复杂的项目。多功能型团队是一种有效的方式，它能使组织内甚至组织之间不同领域的员工之间交换信息，激发出新的观念，解决面临的问题，协调复杂的项目。当然，多功能型团队在其形成的早期阶段往往要消耗大量的时间，因为团队成员要学会处理复杂多样的任务。在成员之间，尤其是在那些背景、经历和观念不同的成员之间建立信任和真正的合作，也需要一定的时间。

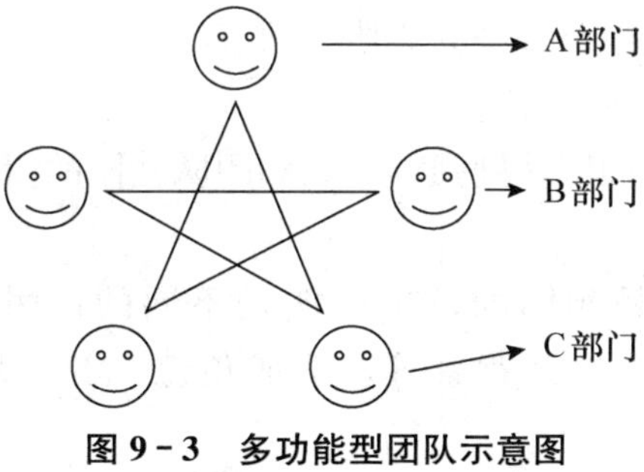

图 9－3　多功能型团队示意图

4．虚拟团队

虚拟团队（virtual team）是指跨越空间、时间和组织界限，成员之间主要通过现代信息技术进行沟通的跨功能团队。随着互联网日益普及，以信息、创意和智慧为代表的网络经济使虚拟团队成为组织发展的新趋势和管理层关注的焦点。信息技术的发展，以及以知识为基础的工作使虚拟团队变得可能，而全球化、知识分享和团队工作的成效使其变得更为必要。有效的虚拟团队要综合使用电子邮件、视频会议、虚拟现实以及其他新兴信息技术沟通手段以满足其需要。

9.1.3 团队与群体的关系

一般人经常把团队与群体混为一谈，但它们并不是一回事。群体是为了实现某个特定的目标，两个或两个以上相互作用、相互依赖的个体的组合。在群体中，成员通过相互作用来共享信息，做出决策，帮助每个成员更好地承担起自己的责任。团队则是一种为了实现某一目标而由相互协作的个体组成的正式群体（见图 9-4）。

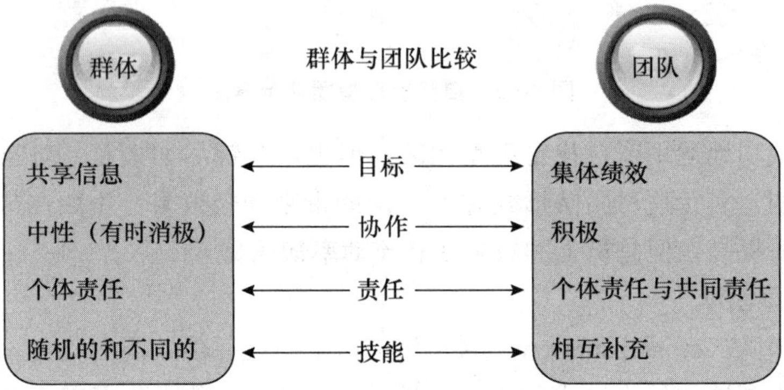

图 9-4 群体与团队的比较

可以说，所有的团队都是群体，但只有正式群体才有可能成为团队。团队和群体的具体差别主要在于以下几个方面：

1. 目标

群体目标可以说是个人目标的总和，而团队只具有共同的、特定的整体目标。

2. 协作

协作性是群体和团队最根本的差异。群体的协作性可能是中等程度的，有时成员还有些消极甚至对立，而团队中是一种齐心协力的气氛。

3. 责任

群体强调个体的责任，而团队则强调个人和团队共同的责任，尤其突出团队的责任。

4. 技能

群体成员的技能可能是相同的，也可能是不同的；团队成员的技能是互补的，他们具有不同的知识、技能以及背景等，形成角色互补，从而达到整个团队的有效组合。

问题的关键在于，由于团队具有积极的协同作用，因此，它们的工作绩效确实超越了传统的工作群体，呈现出整体大于部分之和的效果。团队与群体的这些区别解释了为什么现在许多组织围绕团队重新组织工作过程。管理人员这样做的目的是通过团队的积极协同作用，提高组织绩效。团队的广泛应用为组织创造了一种发展潜力，能够使组织在不增加投入的情况下，提高产出水平。

团队虽然在组织建设和管理中有着无法估量的作用，但是，应该认识到建立团队并不是万能的。不是仅仅把群体简单地换个称呼，改成团队就能够保证产生积极的协同作用，也不能自动地提高组织绩效。只有具备了一定的特征，群体才能成为真正意义上的团队，才有助于组织绩效的提高。

9.2 高效团队及建设

9.2.1 高效团队的特征

高效的团队具有的特征如图 9-5 所示。

图 9-5 高效团队的特征

1. 清晰的目标

高效的团队对所要达到的目标有清楚的了解，并坚信这一目标包含着重大的意义和价值，而且这种目标的重要性还激励着团队成员把自己的个人目标升华为团队目标。在高效团队中，成员愿意为团队目标做出承诺，清楚地知道团队希望他们做什么，以及他们怎样共同工作以完成任务。

2. 相关的技能

高效的团队是由一群有能力的成员组成的。他们具备实现理想目标所需要的技术和能力，而且相互之间有能够良好合作的个性品质，从而出色地完成任务。后者常常被人们忽视，却尤为重要。有精湛技术的人不一定就有合作技巧，高效团队的成员往往兼而有之。

3. 相互的信任

成员间相互信任是高效团队的显著特征。组织文化和管理层的行为对形成相互信任的群体氛围有很大影响。如果组织崇尚开放、诚实、协作的办事原则，同时鼓励员工的参与和自主性，它就比较容易形成相互信任的环境，从而帮助管理者建立和维持信任。

知识库 9-1

构建信任的六条建议

(1) 沟通。向团队成员和其他下属解释有关决策和政策，使他们知晓；能够及时提供反馈；坦率地承认自己的缺点和不足。

（2）支持下属。对团队成员和蔼可亲，平易近人，鼓励和支持他们的意见与建议。

（3）尊重下属。真正授权给团队成员，认真倾听他们的想法。

（4）公正无偏。恪守信用，在绩效评估时能做到客观公正，能予以表扬的尽量表扬。

（5）易于预测。处理日常事务应具有一贯性，明确承诺并能及时兑现。

（6）展示能力。通过展示自己的工作技术、办事能力和良好的职业意识，培养下属对自己的钦佩与尊敬。

---

4. 一致的承诺

高效团队的成员对团队表现出高度的忠诚，为了能使团队获得成功，他们愿意去做任何事情，我们把这种忠诚和奉献称为一致的承诺。

对高效团队的研究发现，团队成员对他们的群体具有认同感，他们把自己属于该群体的身份看作自我的一个主要方面。因此，承诺一致的特征表现为对群体目标的奉献精神，愿意为实现这一目标而调动和发挥自己最大的潜能。

5. 良好的沟通

良好的沟通是高效团队必不可少的一个特点。团队成员通过畅通的渠道交流信息，包括各种语言和非语言信息。此外，管理层与团队成员之间健康的信息反馈也是良好沟通的重要特征，它有助于管理层指导团队成员的行为，消除误解。

6. 角色的多变

以个体为基础进行工作设计时，员工的角色由工作说明、工作程序、工作纪律以及其他一些正式文件明确规定。但对于高效团队来说，其成员角色具有灵活多变性，总在不断地进行调整。这就要求成员有充分的准备，持续面对和应付团队中时常变化的关系和问题。

7. 恰当的领导

有效的领导者能够让团队跟随自己共同度过最艰难的时期，因为他能为团队指明前途所在。他们向成员阐明变革的可能性，增强团队成员的信心，帮助他们更充分地了解自己的潜力。

高效团队的领导者往往扮演的是教练和后盾的角色，他们对团队提供指导和支持，但并不试图去控制它。这不仅适用于自我管理型团队，当授权给小组成员时，它也适用于任务小组、交叉职能型团队。对于那些习惯于传统方式的管理者来说，这种从上司到后盾的角色变换，即从发号施令到为团队服务，是一种困难的转变。

8. 内部支持和外部支持

要成为高效团队的最后一个必要条件就是环境支持。从内部条件来看，团队应该拥有一个合理的基础结构。这包括：适当的培训，一套易于理解的用以评估员工总体绩效的测量系统，以及一个起支持作用的人力资源系统。恰当的基础结构能支持并强化成员行为，以取得高绩效水平。从外部条件来看，管理层应给团队提供完成工作所必需的各种资源。

知识库 9-2

建立高效团队的五项措施

罗布·戈菲和加雷斯·琼斯在他们的文章《什么使现代企业团结一致?》里写道："管理人员几乎不愿意在一个低度和睦交往、低度团结一致的分裂型组织中工作。"他们还指出，管理人员可以实施以下五项措施形成团队的和睦关系：

(1) 招聘容易和他人相处的人。安排应聘者与几位员工一起共进午餐，观察他的人际交往能力。

(2) 组织比较随意的聚会活动，增加员工之间的接触。最初员工可能不习惯参加这种活动，管理者可以将聚会的时间安排在工作时间，使参加活动成为一种必须履行的义务。这种活动应该是愉快的，最终促使员工自己主动参加这种活动。

(3) 减少员工之间交往的繁文缛节。管理者可以鼓励员工穿着随意一些，将办公室布置得人性化，或者指定一个午餐室，让员工可以在这里轻松自在地相处。

(4) 缩小等级差别。比如，重新设计组织架构图，去掉一些层次和等级。

(5) 管理者要关心有困难的员工，树立随和可亲的形象。

9.2.2　高效团队的影响因素

1. 团队的规模

一般来说，高效的工作团队规模比较小。研究认为，如果团队成员多于12人，他们就很难顺利开展工作。他们在相互交流时会遇到很多障碍，也很难在讨论问题时达成一致。一般来说，如果团队成员过多，就难以形成凝聚力、忠诚感和相互信赖感，而这些是高效团队不可缺少的。所以，管理人员要塑造富有成效的团队，就应该把团队成员人数控制在12人之内。如果一个自然组织本身较大，同时希望达到团队的效果，那么可以考虑把一个大的工作群体分化成几个小的工作群体。

2. 成员的能力

一个团队要想有效地运作，就需要有三种不同技能类型的人。第一，需要具有技术专长的成员；第二，需要具有解决问题能力和决策能力的成员；第三，需要若干善于聆听、反馈、解决冲突以及协调人际关系的成员。

如果一个团队不具备以上三类成员，就不可能充分发挥其绩效潜能。对具备不同技能的人进行合理搭配是极其重要的。一个类型的人过多，另外两种类型的人自然就少，团队绩效就会降低。但在团队形成之初，并不必须要求以上三方面的成员全部具备。在必要时，一个或多个成员可以去学习团队缺乏的某种技能，从而使团队充分发挥潜能。

因此，一个高效的团队需要通过持续的培训发展成为一个高凝聚力的组织，建立明确的学习曲线，使团队成员学会团队工作的基础，有效地进行团队决策，追求团队的目标。

3. 团队角色及其匹配

人们的人格特质各不相同，如果员工的工作性质与其人格特点相匹配，其绩效水平就容易提高。就工作团队内的位置分配而言同样如此。团队有不同的需求，挑选团队成员时，应该以员工的人格特点和个人偏好为基础。

高效团队能够给员工适当地分配不同的角色。比如，成功的球队需要具有多种技能的球员，一个优秀的教练能够在了解球员技能和爱好的基础上，把他们配置到最合适的位置上。

知识库 9-3

九种潜在的团队角色

相关研究证明，在团队中人们常常扮演以下九种潜在的团队角色：

（1）创造者（革新者）。一般来说，这种人富有想象力，善于提出新观点或新概念，他们独立性较强，喜欢自己安排工作时间，按照自己的方式、节奏进行工作。

（2）探索者（倡导者）。他们乐意接受、支持新观念。在创造者（革新者）提出新创意之后，他们善于利用这些新创意，并找到资源来支持新创意。他们的主要弱点是，不一定总是有耐心、有能力让别人追随新创意。

（3）评价者（开发者）。他们有很高超的分析技能。在决策前，如果让他们去评估、分析几种不同方案的优劣，再合适不过了。

（4）推动者（组织者）。他们喜欢制定操作程序，以使新创意成为现实。他会设定目标，制订计划，组织人力，建立起种种制度，以保证按时完成任务。

（5）总结者（生产者）。与推动者（组织者）相似，他们也关心活动成果。但他们的着眼点主要在于坚持按时完成任务，保证所有的承诺都能兑现。他们引以为荣的事情是自己生产的产品符合标准。

（6）控制者（核查者）。这种人最关心的事情是规章制度的建立和贯彻执行，他们善于核查细节，并避免出现任何错误。他们希望核查所有事实和数据。

（7）支持者（维护者）。这种人对做事的方式有强烈的信念。他们在支持团队内部成员的同时会积极地保护团队不受外来者的侵害。他们能够增强团队的稳定性，因此他们对团队而言非常重要。

（8）汇报者（建议者）。他们是很好的听众，而且不愿意把自己的观点强加于人。他们愿意在做出决策之前得到更多的信息。因此，他们在鼓励团队做出决策之前充分收集信息，而不是匆忙决策。

（9）联络者。这一角色与其他角色有所重叠，上述八种角色中的任何一种都可以扮演这种角色。联络者倾向于了解所有人的看法，他们是协调者，是调查研究者。他们不喜欢走极端，而是尽力在所有团队成员之间建立合作关系。他们认识到，其他团队成员可以为提高团队绩效做出各种不同的贡献，尽管可能存在差异，他们会努力把人和活动整合在一起。

如果强迫人们去扮演以上各种角色，大多数人能够扮演任何一种角色，但人们非常愿意或适合承担的通常只有两三种。管理人员有必要了解个体能够给团队带来贡献的个人优势，根据这一原则来选择团队成员，并使工作任务分配与团队成员的偏好和风格一致。

4. 团队精神

团队精神是团队成员共同认可的一种集体意识，是团队成员的工作心理状态和士气、共同价值观和理想信念的体现，是凝聚团队、推动团队发展的精神力量和共同意愿。一个团队所确立的团队精神，可以是以团队内部关系为导向的，可以是以服务对象为导向的，也可以是二者兼有的。

一个高效的团队必然具有一种良好的团队精神，一般而言，影响和促进团队精神的因素主要有：

(1) 团队成员对团队目标的认同，它是影响团队精神作用发挥的基本因素。

(2) 合理的经济报酬，它有时是团队对其成员的地位、成就、贡献等的一种衡量和肯定。

(3) 团队成员对工作的满意度。

(4) 优秀的领导者、团队的作风，对团队精神的发挥和团队成员的工作心态具有很大影响。

(5) 团队成员之间的和谐。

(6) 良好的意见沟通。它既可以保证成员参与团队的决策，也可以得到来自团队领导的表扬。一旦成员的意见被接纳，就会极大地激发成员维护团队目标和集体意识的责任感与荣誉感。

5. 共同愿景

彼得·圣吉在其著名的《第五项修炼：学习型组织的艺术与实务》一书中，对共同愿景做了较为详细的论述。他认为，共同愿景是一股令人深受感召的力量。共同愿景刚开始时可能只是被一个想法激发，然而一旦发展成感召一群人的力量，它就不再是个抽象的东西，人们开始把它看成具体存在。在人类群体活动中，很少有其他东西像共同愿景一样能够激发出这样强大的力量。

共同愿景也是组织中人们共同拥有的意象或景象，它创造出众人是一体的感觉，并遍布组织的全面活动，使各种不同的活动融合起来。当人们真正共有愿景时，这个共同的愿景会将他们紧紧结合起来。个人愿景的力量源自一个人对愿景的深度关切，而共同愿景的力量源自共同的关切。事实上，我们逐渐相信，人们寻求建立共同愿景的理由之一，就是他们内心渴望能够归属于一项重要的任务、事业或使命。共同愿景能够创造巨大的凝聚力。

高效的团队需要有一个大家共同追求的、有意义的愿景，它能够为团队成员指引方向、提供动力，让团队成员愿意为它贡献力量。

成功团队的成员通常会用大量的时间与精力来讨论、修改和完善一个在集体层次以及个人层次都被大家接受的愿景。这种共同的愿景一旦为团队所接受，无论在何种情况下，都能起到指引方向的作用。

6. 具体目标

成功的团队会把他们的共同目的转化成具体的、可以衡量的、现实可行的绩效目标。目标会使个体提高绩效水平，也能使群体充满活力。具体的目标可以促进明确的沟通，还有助于团队把自己的精力放在达成有效的结果上。

7. 领导与团队结构

目标决定了团队最终要达成的结果，但高效团队还需要选择适当的领导与结构来提供方向和焦点。比如，确定一种大家认同的方式，就能保证团队在达到目标的手段方面团结一致。

在团队中，对于谁做什么和保证所有的成员承担相同的工作负荷问题，团队成员必须取得一致的意见。另外，团队需要决定的问题还有：如何安排工作日程、需要开发什么技能、如何解决冲突、如何做出和修改决策等。决定成员具体的工作任务内容，并使工作任务适合团队成员个人的技能水平，所有这些都需要团队的领导和团队结构发挥作用。有时，这些事情可以由管理人员直接来做，也可以由团队成员通过扮演探索者（倡导者）、推动者（组织者）、总结者（生产者）、支持者（维护者）、联络者等角色自己来做。

8. 个体的社会惰化

如果个体对群体的贡献无法直接衡量，那么就有可能发生个体的社会惰化现象。高效团队能够通过使其成员在集体层次和个人层次都承担责任来消除这种倾向。高效团队能够使其成员各自和共同为团队的目的、目标和行为方式承担责任。团队成员很清楚哪些是个人的责任，哪些是大家共同的责任。

9. 成员的责任心

如何才能使团队成员在集体和个人两个层次都具有责任心呢？传统的以个人导向为基础的评估与奖酬体系必须有所变革，才能充分地衡量团队绩效。

个人绩效评估、固定的计时工资、个人激励等与高绩效团队的目标要求是不一致的。因此，除了根据个人的贡献进行评估和奖励，管理人员还应该考虑以群体为基础进行绩效评估、利润分享、群体技能以及其他方面的变革，来强化团队的合作精神和组织承诺。

10. 成员间的相互信任

高效团队的一个特点是团队成员之间相互高度信任。也就是说，团队成员彼此相信各自的正直、个性特点以及工作能力。但是，从日常的人际关系中我们体会到，信任是脆弱的，它需要很长时间才能建立起来，却又很容易被破坏，破坏之后要恢复又很困难。因此，要维持一种信任关系，就需要管理人员处处留意。

9.2.3 高效团队的创建和管理

1. 团队建设的心理基础

（1）归属感。

建立团队最重要的是在认知上形成一种强烈的、积极的归属感。因为，虽然每个个体都是一个独立的生物和社会实体，但个体不能孤立地存在，他必须依靠外在的环境才能生存和发展。人除了具有自然属性，更重要的是具有社会属性，每个人也只有在相互依存的群体中才能健康成长。

因此，团队成员互相认同，把自己所在的团队看成自己的归属之地，这种归属感也是由人类的本性决定的。团队建设也正是依靠了人的这种心理基础。团队建设也就是创造一种特殊的环境，这种环境使其中的成员都得到了认同，使成员把这种环境当成自己的环境。如果其中的成员没有认同这一环境，而到其他群体中去寻找自己的社会身份，那么，这个团队就名存实亡了。

（2）认同感。

这里的认同感主要是指情绪认同。乌曼斯基曾通过实验证明，群体情绪认同是群体中人际关系发展水平的标志，而且有效的群体情绪认同可以改变成员的行为。在集体中，成员把自己与其他成员视为同一，体验他人的心情如同体验自己的心情一样。这种有效的情绪认同便可以改变他们的行为。

真正团队的特点是在成功与失败时团队成员有共同的感受，有情绪上的温暖和同情，为每一个人的成功而自豪和高兴，相信自己的团队是名副其实的集体。有效的情绪认同取决于个人把自己与其他成员视为同一的程度，取决于个人对待群体中任何成员的态度积极的程度。

（3）共识度。

虽然在团队中，每个成员都会有自己的观点、看法和信念，但他们在长期稳定的工作群体中，还是会拥有许多共同的信念和看法。也就是说，他们还是有很多达成共识的地方。这种共识可以成为人们决定采取行动或不采取行动的有利因素，它常常服务于一种功能，使大家能够调整自己的爱好和行为，并使其理性化。是否达成共识，更多的是以行动而不是用语言表现的，有些共识是含蓄的、隐蔽的、无须说出来的。

那么究竟什么样的共识才有利于团队管理呢？一般认为，首要的一个共识便是互相尊重，包括管理人员对团队成员的尊重、信任和重视以及对团队工作的尊重，还包括团队成员之间的互相尊重：既尊重彼此的意见和观点，又尊重彼此对团队任务所做出的贡献。当然，共识的达成并不是一件容易的事，它涉及观念的转变等多个方面的问题。共识是团队建设必要的心理基础。

（4）参与度。

研究表明，参与管理在团队管理中的效果是比较明显的，而且群体参与的效果又要远远优于个人参与，因为个人参与提出的建议即使是很有价值的，但在没有得到群体的认可之前，很难确定下来并贯彻执行。因此，团队管理中的团队工作方式，就体现着对团队成员参与的重视。团队尤其是自我管理型团队的工作基础之一就是成员的参与。

2. 高效团队创建

如何创建一个高效的团队可能是大多数组织管理者最为关心的问题，在此简要介绍高效团队创建的一般策略。

（1）认识成员。

在团队活动开始之前，领导者非正式地与每位成员见面，交换彼此的背景以及对团队的感受，并且了解成员的动机是否有助于团队目标的实现。

（2）确定团队的目标。

领导者说明对团队的期望，并且检查时间表、预算和各种限制。让每一位成员参与预先设定议程的讨论，以明确团队的任务和目标。

（3）明确角色。

使每个人都清楚团队对自己的期望，对自己的角色有一个正确的定位。

（4）建立标准。

鼓励团队发展共同工作的标准，比如所有会议必须全员参加，重视承诺，允许不一致的意见，保守机密等。

（5）描绘计划。

发展目标与行动计划，包括任务与完成期限等。

（6）鼓励提出问题。

意见不一致是很自然的事，领导者应该鼓励成员对现状的质疑，接受不同意见。

（7）维持均衡。

高效团队能够在不同风格的成员间有良好的均衡。均衡并不代表每一风格一律平均利用，而是指在必要时适当引用每一种风格。

（8）分享荣誉。

每个成员贡献的多少与团队的成就如何，都由领导者决定，而且领导者也要负责将喜悦与外界交流。

（9）强调参与。

让每一位成员参与团队的工作，并且让每一个人都得到分派的任务。对于重要的决策，应设法达成共识。

（10）庆祝成就。

庆祝每个阶段的成就与其他重要的事件。

（11）评估团队的有效程度。

领导者应负责推行至少每年一次的自我评估，包括团队的实力、进展情形，还有任务的实效性、有效性，对工作品质的满足程度，以及必要的改变等。

3. 团队管理的方法

当团队创建好以后，怎样才能管理好团队，使之能够在一段时间内处于一种高效的运转当中？团队管理的方法有很多，至于具体选择哪一种方法，需要根据团队所处的具体环境、团队成员的特点以及团队所要完成的任务等因素确定。这里主要介绍三种常用的方法。

（1）任务导向法。

这种方法的出发点是通过团队的任务，以及每个人能够对这项任务做出的贡献建设团队。首先是确立目标，团队把目标分成长期目标和短期目标，并分别确定完成它们的时间。同时，这些目标还应与系统的反馈形式和对团队的评估相结合。其次，团队成员对在实现目标过程中出现的问题进行尝试性的解决训练。比如，团队成员可以参加一些模拟训练，对模拟中出现的问题，团队成员应该全力以赴，寻找解决方案。在这样一次次的训练中，在完成任务、解决问题、迎接挑战、克服障碍的过程中，团队成员获得了新的技术和能力。

（2）角色协调法。

角色协调法是团队建设的主要方法之一。这种方法要求每个成员坦率地对自己的工作条件进行评估，并列出他们对其他成员的要求，列出其他人应做得更多和更好的事情，列出他们应该做的更少或停止去做的事情，列出他们应该继续做下去的事情。然后，这些成员讨论他们列出的事情，并且相互之间达成协议，以书面的形式达成一种共识。如果有人没有遵守协议，那么他就可以自由地退出协议。

（3）人际关系训练法。

这种方法主要是以小组的形式进行训练，目的是让小组成员在感情上更加接近和减少交往中的障碍。这种技术应用于团队建设，目的是培养一个人在团队中工作的人际交往技能。比如，团队成员可以在空闲的时间一起出去，并有目的地参加增强人际关系感受性的训练。

这种方法的基本原则是：公开、坦诚地讨论群体内部的关系和冲突，形成相互信任的气氛；了解团队成员的经历，更好地理解每个人的个性；对团队成员进行肯定性评价；学会倾听和有效交流的方法。

知识库 9-4

高效团队建设“5W1H”方法

企业团队建设在实际运行过程中虽不是一件轻松的事情，但也不像大多数人认为的那样是一件非常困难的事情，常常感觉无从下手。通常我们可以借助一些常见的管理工具来简化团队建设工作。这里介绍一种大家都非常熟悉的“5W1H”方法来建设高效团队。

高效团队建设中的“5W1H”是指：我们是谁（who）、我们在哪里（where）、我们要成为什么（what）、我们什么时候采取行动（when）、我们怎样行动（how）、我们为什么如此行动（why）。通过明确这几个方面的问题可以建立高效团队。

我们是谁，即团队成员对自我的深入认识。明确团队成员具有的优势和劣势、对工作的喜好、处理问题的方式、基本价值观差异等，通过这些分析，在团队成员之间形成共同信念和一致的对团队目的的看法，以建立起团队运行的游戏规则。

我们在哪里，即每一个团队都有其优势和劣势，而团队要取得成功又必须面对外部的威胁与机会，通过分析团队所处的环境来评估团队的综合能力，找出团队目前的综合能力与达到团队目的所需能力之间的差距，以明确团队如何发挥优势、回避威胁、提高迎接挑战的能力。

我们要成为什么，即以团队的任务为导向，使每个团队成员明确团队目标、行动计划。为了能够激发团队成员的激情，应树立阶段性里程碑，使团队对任务目标看得见、摸得着，创造令成员兴奋的共同想象。

我们什么时候采取行动，即在合适的时机采取合适的行动是团队成功的关键。团队任务的启动，团队遇到困难或障碍时把握时机进行分析与解决，团队面对内、外部冲突时把握时机进行舒缓或消除，并取得相应的资源支持等，都必须因势利导。

我们怎样行动，即团队运行问题，指团队内部如何进行分工，不同的团队角色应承担的职责、履行的权力、协调与沟通等。因此，团队内部各个成员之间也应有明确的岗位职责描述和说明，以建立团队成员的工作标准。

我们为什么如此行动，即为什么要加入团队这个问题，目前在很多企业团队建设中都容易被忽视，这可能也是导致团队运行效率低下的原因之一。团队要高效运作，必须要让团队成员清楚地知道他们为什么要加入这个团队，这个团队运行成功与失败给他们带来的正面和负面的影响是什么，以增强团队成员的责任感和使命感。还要将我们常常讲的激励机制引入团队建设，如团队荣誉、薪酬或福利的增加以及职位的晋升等。

本章小结

本章分两小节，分别为团队概述、高效团队及建设。

第一节主要介绍团队的概念、团队的类型、团队与群体的关系。

团队是指在工作中拥有共同目标并紧密协作、相互负责的正式群体。团队有目标、人、团队定位、权限以及计划五个组成要素。

团队可分为问题解决型团队、自我管理型团队、多功能型团队和虚拟团队。

在群体中，成员通过相互作用来共享信息，做出决策，帮助每个成员更好地承担起自己的责任。团队则是一种为了实现某一目标而由相互协作的个体组成的正式群体。所有的团队都是群体，但只有正式群体才有可能成为团队。

第二节阐述了高效团队的特征、影响因素、创建和管理。

高效团队具有以下几个特征：清晰的目标、相关的技能、相互的信任、一致的承诺、良好的沟通、角色的多变、恰当的领导、内部支持和外部支持。

高效团队的影响因素主要有：团队的规模、成员的能力、团队角色及其匹配、团队精神、共同愿景、具体目标、领导与团队结构、个体的社会惰化、成员的责任心以及成员间的相互信任。

团队建设的心理基础主要有归属感、认同感、共识度以及参与度。团队管理的方法可以根据团队所处的具体环境、团队成员的特点以及团队所要完成的任务等因素确定。

常用的团队管理的方法有任务导向法、角色协调法、人际关系训练法。

关键术语

团队　　虚拟团队　　团队精神　　共同愿景

复习思考题

(1) 简述团队的类型。
(2) 简述团队的特征及构成要素。
(3) 简述团队与群体的关系。
(4) 简述团队建设的心理基础。
(5) 简述高效团队的影响因素。
(6) 简述高效团队的创建策略。

本章阅读书目

[1] 戈菲，等．人员管理．北京：中国人民大学出版社，2000.
[2] 圣吉．第五项修炼：学习型组织的艺术与实务．上海：上海三联书店，1998.
[3] 波克拉斯．团队快速开发：团队建设学习方案．昆明：云南人民出版社，2003.
[4] 坦纳．团队建设与员工管理．北京：机械工业出版社，2010.
[5] 卡拉西洛．团队建设．上海：上海远东出版社，2002.

第 3 篇

组织心理与行为

第 10 章

组织结构与设计

> 当组织要完成超出任何单个人领域之外的复杂任务系统时，完成组织目标所必需的任务或活动就变成了如何进行组织设计。
>
> ——德博福夫·安科拉

引导案例

海尔的组织结构演变

海尔创立于 1984 年，是在海内外享有较高美誉度的大型国际化企业集团。海尔在发展进程中，一直通过组织结构的调整来激活员工的“创新因子”。

海尔最早的组织结构是直线职能制，它的好处就是容易控制到终端。随着企业规模的扩大，这种组织结构限制了海尔对市场的反应速度。到了 1996 年，海尔开始实行事业部制，采取“联合舰队”的运作机制。集团总部作为“旗舰”，协调下属企业。下属企业对外是独立法人，独立经营，但在企业文化、人事调配、项目投资、财务预决算、技术开发等方面必须由集团统一协调。随着规模的壮大，海尔染上了“大企业病”，反应迟钝、效率低下。1999 年 3 月，海尔把金字塔式的直线结构转变为矩阵式结构，把所有的事业部分成若干项目小组，成立专门的组织结构调整小组，管理分散在各事业部的业务。但在运行中问题突出，仅仅试运行几个月的矩阵制被废除了。1999 年 8 月，海尔开始进行业务流程优化，建立超事业部结构，开始了组织结构的深度变革，对原来的事业部进行重新设计，把原来的职能型结构转变为流程型的网络体系结构。

2005 年 9 月，海尔首次提出“人单合一”管理模式。“人单合一”管理模式以薪酬驱动的方式根本性地变革了企业组织，带来了企业平台化、员工创客化、用户个性化的颠覆式变化。2014 年，海尔开始实施“小微模式”的战略变革，让小微企业自主组织为生态链小微群（链群）。海尔转型成为自组织、自驱动、自进化的生态圈组织。

当前，海尔正推动“全员参与、全员共治”，发挥每个人的企业家精神，推动“创业再出发”。

10.1　组织的类型及理论

10.1.1　组织的定义与特征

1. 组织的定义

关于组织的定义是多种多样的，既有传统的看法，也有现代的观念。

（1）传统的看法。

传统的看法认为，组织是为了达到特定的共同目标，经由各部门分工合作以及不同层次的权力和责任制度合理地协调一群人的活动。可以从三个方面把握组织的内涵：

第一，组织有一个共同的目标。

第二，组织包括不同层次的分工与合作，而劳动的分工由不同的权力和责任制度来加以保证。

第三，组织的功能在于协调人们为达到共同目标而进行的活动，包括各组织层以内的层次之间的协调。

（2）现代的观念。

现代的观念认为，组织是一个开放的社会技术系统。这种看法也包含三个层次：

第一，组织是一个开放的系统，组织不断地与外部系统进行材料、能源和信息的交换，进而不断改革和发展。

第二，组织是一个社会技术系统，既包括结构和技术方面的，也包括心理、社会和管理方面的。

第三，组织是一个整合的系统，组织建立在各个子系统之间的相互依存关系之上，也离不开与环境的相互作用，因此组织整合了各子系统与环境的关系。组织要恰当地协调与整合各子系统，使其所投入的人力、物力与财力有效而经济地转变为产品。

20世纪80年代，技术革命潮流席卷全球，社会环境和社会组织发生巨大变化。人们在对组织的研究中又发现了一些新的规律和特点，提出了一些新观点，例如：

其一，组织不仅是一个社会技术系统，而且是一个有机的生物体。这种灵活的生物体应当能够依照内外部环境的不断变化而自动地调整和适应。例如，美国3M公司为保持事业部高度的独立性和灵活性，采取一旦人员超过300人就立即分化出去的策略，使事业部由大变小。如果某项产品畅销于市场，生产该产品的部门就自动升为独立性较高的事业部。

其二，组织不仅是权力的分配系统，而且是一种“文化载体”。它有自己的共同价值观、传统惯例和行为准则，以及制度、文化等，从而形成了组织特殊的个性和行为。组织文化一旦形成，它对于组织行为和效率就有着巨大的制约作用，组织文化成为现代组织理论不可分割的一部分。

其三，组织应当是尊重人、培养人、充分发挥人的作用的“平等生产者的联合体”。组织是成员按照自己特定的地位，扮演一定角色并由此构成的角色体系的人际关系网络。成员之间目标一致、平等相处、团结互助。在组织中，人的价值和创造力得到承认和尊重，人的能力得到培养和充分发挥，从而使个人目标同组织目标达到一致。

总之，无论怎样具体地下定义，组织一定包含共同的目标、不同层次的职能分工与合作、明确的责任制度。为达到组织目标，组织还应当是一个开放的系统，它不断与环境进行交流，并随着环境的变化而不断进行改革。

2. 组织的特征

（1）组织的可变性、易变性。

组织是人、财、物、技术、信息等多种因素的集合体，而组织的每一构成要素和组织的内外部环境却是不断变化发展的，因此，从物质到制度，甚至是组织系统本身都处于不断变化和发展中。

（2）组织的繁杂性。

组织是由若干个人和集体组成的，个人与个人之间、集体与集体之间在能力、知识、技术等方面充满差异，而这些差异正是组织形成或分裂的直接原因。怎样理顺个人之间、组织与组织之间以及个人与组织之间的利益与权力的竞争与合作关系，建立一个合作、高效的集体，取决于领导者的能力。另外，组织还要有一个权力层级体系，并有严格的规章制度等。这些都是纷繁复杂的。

（3）组织的整合性。

组织是为了实现特定的目标，经过人员分工及职能分化，运用不同层次的权力和职责，合理地协调人们的活动，从而去达到目标。所以说，组织是人力、物力、财力、技术与信息的综合机构，是一个集体实现目标的工具，是提供环境、决定目标、分配工作、完成目标的整体性的人群体系。

（4）组织的实用性。

随着生产的社会化程度越来越高，借助组织的力量最终实现每个人的目标已成为必然的趋势，依靠组织，发挥组织的综合能力，才能适应外界客观环境的变化。所以，组织是社会化生产的产物，是有效实现组织目标的手段。

（5）组织的界定性。

组织与周围环境联系紧密，同时能与环境区分开来，就在于它有一定的界定性。组织从外部获取资源，通过生产加工过程向外部环境提供产品和服务，实现这一过程的前提就在于组织是区别于环境的一个实体，它包含了人、财、物、信息等诸多要素。

10.1.2　组织的分类

组织根据不同的标准可以分为不同的类型。

1. 根据正式与非正式的标准分类

组织可以分为正式组织和非正式组织，而这也是管理心理学中最常见的分类。

（1）正式组织。

经过规划，有明确目标，制定严格的规章制度并给个人分配明确的任务的组织即正式组织。它有绝对的权威性，下级必须服从上级的命令，同时人们之间的关系具有阶层性。

（2）非正式组织。

非正式组织是指以情感、爱好、兴趣为纽带形成的组织结构。成员之间的关系是一种自然的人际关系，并不是刻意安排，而是由于日常接触、感情交融、情趣相投或其他原因而建立联系。与正式组织相对应，非正式组织的基本特征有自发性、内聚性和不稳定性。

2. 按照组织的目标和活动内容分类

组织可分为以下五种类型：

（1）经济组织。

直接参与社会经济活动，生产经济性产品和劳动服务的组织叫作经济组织，包括从事物质生产的企业组织，从事商品交换和货币流通的商业组织、金融组织，向社会输出劳务的中介等服务组织。

（2）政治组织。

政治组织是指为使整个社会达到某种目标而进行权力的分配、社会内部各种关系的调整和社会秩序的维系，以进行政治活动的组织。政治组织包括各级政权组织、公安司法组织、军队组织及政党的外围组织等。

（3）文化组织。

为了满足人们的各种文化需求，以文化活动为基础内容的社会组织叫作文化组织，如学校、教育机构、图书馆、博物馆、艺术团体、俱乐部以及文娱协会。

（4）群众组织。

人们自发形成的、具有一定社会影响的组织叫作群众组织，如绿色和平组织、中国关心下一代工作委员会以及各种社会慈善机构等。

（5）宗教组织。

以某种宗教信仰为宗旨，从事宗教活动的组织叫作宗教组织。如基督教、佛教、伊斯兰教等宗教协会、教会等。

10.1.3 关于组织的理论

1. 古典组织理论

古典组织理论是在 20 世纪初，资本主义企业有了一定的发展，积累了初步的管理经验的基础上产生的。具有代表性的有泰勒的科学管理组织理论、法约尔的古典组织理论和韦伯的行政组织理论。

美国工程师泰勒于 1911 年出版了《科学管理原理》，创立了科学管理组织理论，着重在企业的操作层探求提高工人劳动生产效率，针对管理组织提出了工时定额、标准化操作方法、超额奖励工资制，提出制订工作计划同执行工作分开，实行计划室与职能等级制。

法国的法约尔于 1916 年在《工业管理与一般管理》一书中比较完整地阐释了古典组织理论的基本内容。法约尔把管理职能概括为 5 个方面：计划、组织、指挥、协调和控制，并提出 14 条组织管理原则：劳动分工、权力与责任、纪律、统一指挥、统一领导、个别利益服从整体利益、报酬、集权化、等级制度、秩序、公平、人员的稳定、主动性、集体精神。这些原则对后来的组织结构和模式的发展产生了深刻的影响。

德国社会学家韦伯在 1910 创立了行政组织理论。行政组织和科层组织的英文为"bureaucracy"，意谓"官僚主义"，现代人多将其用于贬义，但韦伯当年使用这个词仅指超越人事因素，强调组织观念，严格按照行政手续办事的组织体制，并无丝毫贬义。这是一种冲破封建关系束缚，提高企业组织生产效率的体制。它的基础是理性——法律权力。行政组织有如下特点：有明确的权责，专业性强，规章制度明确，不受个人情感因素的影响，职工要合理选择和提升。

泰勒的科学管理组织理论、法约尔的古典组织理论和韦伯的行政组织理论第一次系统地研究了组织问题。古典组织理论的主要贡献在于第一次运用科学的方法将组织问题系统化、理论化与科学化。然而，这种模式是一种以牺牲个人目标、抑制创造性为代价的模式，其决策分配和信息传递方式过分依赖严格的等级关系，这就势必导致组织决策和信息传递过程缓慢，难以适应市场的频繁变化，难以解决组织与个人目标的冲突。总之，这是一种机械化的组织模式，只能适用于组织运行环境相对稳定的情况。

2. 行为科学组织理论（新古典组织理论）

从 20 世纪 30 年代起，组织理论的研究逐渐引入行为科学，形成了行为科学组织理论，又称新古典组织理论。主要有以梅奥为代表的人际关系组织理论、以西蒙为代表的决策过程理论。

我们从以下两个方面认识行为科学组织理论：

(1) 对古典组织理论的创新与发展。

在专业化和劳动分工方面，古典组织理论提倡分工和专业化。它具有操作简单、易于掌握、有利于实现机械化、培训费用低等优点。但是随着专业化的发展，它的弊病也日益暴露，早期工业心理学就曾对专业化引起的疲劳和单调感进行了研究。后来，新古典组织理论受霍桑实验的启示，发展出有关激励、协调和新型领导的一系列理论和观点，补充和发展了古典组织理论。

在组织结构方面，古典组织理论主张组织结构内部权责划分清晰，但实践过程中也出现了不少问题。新古典组织理论一方面继承和接受古典组织理论的一些基本原则，另一方面对结构中不同职能之间产生的摩擦进行了研究，并提出了一系列消除冲突的方法和措施，例如参与管理、初级董事会、联合委员会、承认人的尊严以及良好的人际交往等，试图在古典组织理论的组织结构中形成一种和谐的关系。

在管理幅度和组织类型方面，新古典组织理论反对"精确地减少幅度"和"单一的应用 1∶6 比例"的主张，认为管理幅度的确定要受到管理能力、监督职能、人的品格和交往的有效程度等许多因素的制约。与此相联系，关于组织类型是管理幅度小的高纵型好，还是管理幅度大的扁平型好，哪个更有利于建立良好的人际关系和提高职工士气的问题，回答是“要看情况”。小的管理幅度可能导致严格控制，而大的管理幅度则要求授权和放松管理。虽然人们有一种偏爱组织宽松管理的倾向，但是由于组织所处情景不同、具备的条件不同，不能一概而论。有时扁平型较有利，有时则高纵型更好些。

（2）对非正式组织的研究。

新古典组织理论不同于古典组织理论的又一特点是它系统地研究了非正式组织。与正式组织不同，非正式组织是人们的自然联合方式。地理上相邻、职业上相似，或者利益相同等，都可能使人们自发形成非正式组织。那种为了特殊问题而自愿联合起来的非正式组织比较短暂，一旦问题解决了，组织也就随之解体。

新古典组织理论的特点就是注重人在组织中的重要作用。在集权与分权的关系上，相对地主张分权，主张使组织成员更多地参与决策以提高积极性；从组织形式看，倾向于扁平型的组织结构，主张部门化，并强调社会集团对组织效率的重要性。新古典组织理论中具有代表性的理论成果包括：马斯洛的需求层次理论、赫茨伯格的双因素理论、麦克利兰的成就需要理论、麦格雷戈的“X－Y理论”、波特和劳勒合作提出的波特-劳勒综合激励理论。

新古典组织理论的支持者认为，它为组织理论提供了有价值的知识和学问。批评者认为它“不比经验性、描述性的信息更好”。应该看到同古典组织理论一样，新古典组织理论也有不完善的方面和缺点。

3. 系统学派组织理论

系统学派的主要观点是：研究组织必须采用系统论的方法，组织是一个开放的适合技术的系统，组织是由诸多系统结合而成的有机系统。20世纪60年代，随着系统理论的发展，组织理论也开始走上了系统分析的道路。系统学派组织理论严格来说并不是一个单一的理论，而是几个理论学派的总称，这些学派包括社会系统学派与社会技术学派。

（1）社会系统学派。

巴纳德在1938年发表的《经理人员的职能》一书被称为管理文献中的经典，开创了社会系统学派。他在组织理论方面的主要贡献为：第一，他首次用组织理论来解释工作中个人行为及其变化；第二，强调金钱和非金钱的诱因；第三，提出新的组织结构理论，把组织看作一个协作系统。荷曼斯的社会系统模式有五个关键因素：活动、相互作用、情感、所要求的行为、新的行为。荷曼斯认为，活动、相互作用和感情这三方面是相互依赖的。其中一个因素发生变化，其他两个因素也相应地发生变化。例如，人们彼此之间交往越频繁，联系越密切，感情就会越亲密。同时，随着人们交往的增加，不会产生新的情感，而是会产生新的行为规范、新的态度以及新的活动方式。

（2）社会技术学派。

社会技术学派是第二次世界大战后在社会系统学派的基础上进一步发展形成的，其创始人是特里司特及其在英国塔维斯托克研究所中的同事。他们发现许多矛盾的产生是由于只把组织看成一个社会系统，而没有看到它同时又是一个技术系统，而技术系统对社会系统有很大的影响；个人态度和群体行为都受到技术系统的重大影响。社会技术学派主张，为了更好地提高生产效率与优化管理效果，企业需要对社会系统和技术系统进行有效的协调。当二者之间发生冲突时，通常应在技术系统中做出某些变革以适应社会系统。

4. **权变学派组织理论**

权变学派的主要观点和贡献是：认为组织不存在一成不变的、最佳的结构模式，不同的组织在不同的情境下，都应当根据当时的具体情况灵活地设计组织结构；强调外部环境对组织结构设计的影响；从组织结构设计的角度，研究企业的分类和主要因素，并试图在此基础上找出不同类型企业所适用的一般性组织结构模式。他们在研究中涉及的主要因素有企业的工艺技术复杂程度、企业规模、外部环境等。权变学派组织理论的代表人物较多，主要有汤姆·伯恩斯、琼·伍德沃德、保罗·劳伦斯和杰伊·洛希等人。

伯恩斯等人经过研究把适用于不同环境的不同组织结构划分为两类：机械的和有机的（见图 10-1）。

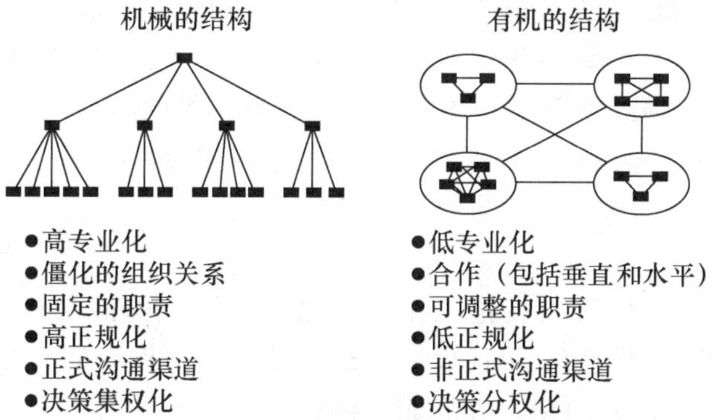

图 10-1　机械的结构与有机的结构的对比

在实际生活中，机械的和有机的常常是一个连续体的两端，而处于两个极端的情况是较少的。应根据环境的不同变化和组织的特点选取适合的组织结构类型，才能取得良好的效果。

权变学派组织理论认为一个组织与其他组织的关系以及与环境的关系依赖于具体的情境，拒绝接受古典组织理论关于“全能”原则与结构的观点，认为组织是约定俗成的，并且具有一定的适应性。

5. **经验学派组织理论**

经验学派也是现代管理理论的一个重要派别，它更多地考虑现代社会经济环境中管理组织的有效运行问题。该理论的一个突出特征是推崇分权的等级式决策结构即事业部制，并认为建立这种决策结构的基础是目标管理体系。这种决策结构应当允许横向和交叉传递信息，以冲破层次式信息结构中几乎完全单一的纵向传递方式的束缚。在动力结构上，它把目标管理和自我控制作为基本的动力类型和刺激方式。

经验学派组织理论的主要代表人物有德鲁克、戴尔、斯隆等人。古典组织理论以工作任务为中心来设计组织结构，而人际关系组织理论以人为中心，在组织设计时考虑工作轮换、工作丰富化及人的素质要求等。经验学派的任务就在于根据企业的实际经验，把这两方面的内容结合起来。

经验学派总结出一些适合高层管理和创新工作的组织结构。德鲁克把当下企业中出现的各种组织结构概括为五种基本类型：集权的职能型结构、分权的“联邦式”结构、模拟分权结构、矩阵结构、系统结构，并分析了这些结构的特点、优点及适用条件。

10.2 组织结构与组织设计

10.2.1 组织结构的基本要素

组织结构是指组织内关于职务与权力关系的一套形式化系统，它阐明该如何分配、该谁负责及内部协调的机制。组织内各成员的互动模式，例如合作、竞争和冲突等，在一定程度上受组织结构的影响。

合理的组织结构可以清楚界定每个组织成员的权责角色，再加上适当的协调与控制，组织的工作效率将会提高，组织的整体表现也会较出色。相反，当组织的结构与管理之间脱节时，将导致决策延误、失误、成本高涨及士气低落等问题。

管理者在进行组织结构设计时，必须考虑六个关键因素，即工作专门化、部门化、命令链、管理幅度与管理层次、集权与分权、正规化。

1. 工作专门化

20 世纪 50 年代以前，管理人员把工作专门化（work specialization）看作提高生产效率的不竭之源，到了 20 世纪 60 年代以后，越来越多的证据表明，在某些领域，达到了这样一个顶点：由于工作专门化，人的非经济性因素的影响（表现为厌烦情绪、疲劳感、压力感、低生产效率、缺勤率、流动率上升等）超过了其经济性因素的影响。在这种情况下，通过扩大而不是缩小工作活动的范围，可以提高生产效率。另外，许多公司发现，通过丰富员工的工作内容，允许他们做完整的工作，让他们加入需要相互交换工作技能的团队中，他们的产出会大大提高，工作满意度也会提高（见图 10-2）。

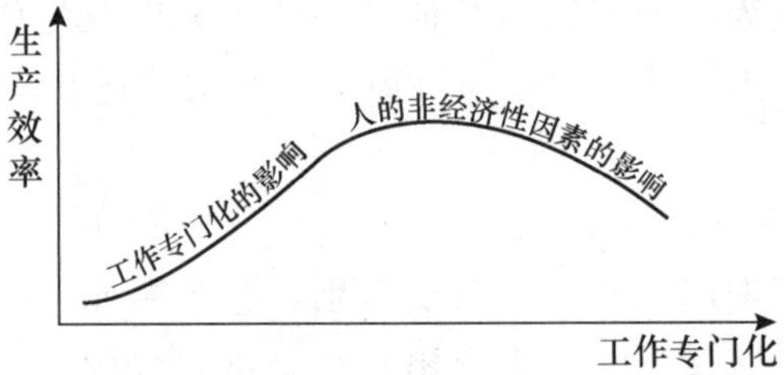

图 10-2 工作专门化和人的非经济性因素的影响

2. 部门化

一旦通过工作专门化完成任务划分之后，就要按照类别对它们进行分组，以便协调工作。它的主要优点在于：把同类人员集中在一起，以提高工作效率。部门化的方法是多种多样的：可以根据组织生产的产品类型划分部门；可以依据地域划分部门；可以根据生产过程划分部门，该方法为在生产过程中进行同类活动的归并提供了基础；还可以根据顾客的类型划分部门。

20 世纪 80 年代以来有两个倾向较为明显。一是以顾客为基础的部门化越来越受到青睐。为了更好地掌握顾客的需求，有效地对顾客需求的变化做出反应，许多企业更多地强调以顾客为基础划分部门。二是固定的职能性部门由跨越传统部门界限的工作团队替代。随着工作内容日益复杂、所需技术日趋多样化，管理人员将注意力转向多功能型团队。

3．命令链

命令链（chain of command）是一种不间断的权力路线，它能够回答员工提出的这种问题："我对谁负责？"从组织最高层扩展到最基层："我有问题时去找谁？"

在讨论命令链之前，应先讨论两个辅助性概念：职权和命令统一性。职权是指管理职位所固有的发布命令并期望命令被执行的权力。为了促进协作，每个管理职位在命令链中都有自己的位置。每位管理者为了完成自己的职责任务，都要被授予一定的职权。命令统一性原则有助于保持职权链条的连续性。它意味着一个人应该对一个主管，且只对一个主管直接负责。如果命令链的统一性遭到破坏，一个下属可能不得不穷于应付多个主管不同命令之间的冲突或优先次序的选择。随着互联网技术的发展和受到给下属充分授权的潮流的冲击，命令链、职权、命令统一性等概念的重要性已大大降低。互联网技术的发展使组织中任何位置的员工能同任何人进行交流，而正式渠道、职权和命令链的维持越来越无关紧要，因为过去只能由管理层做出的决策现在已授权给员工自己做决策。除此之外，随着自我管理团队、多功能团队和新型组织设计思想的盛行，命令统一性的概念已越来越无关紧要了。当然，仍有不少组织坚持认为通过强化命令链可以使组织的生产效率提高，但这种组织今后只会越来越少。

4．管理幅度与管理层次

管理幅度（span of management）是指一个领导者直接指挥和监督的部属人数。管理幅度少则三四人，多则十余人甚至更多。管理幅度的大小受到行业特点、人员素质、工作性质、环境特征等多项因素的影响。

管理层次（administrative level）是指组织中从最高主管到一般工作人员之间的不同管理层级。有多少等级层次，就有多少管理层次。管理层次的多少，受到组织的任务量与组织规模大小的影响。

管理幅度与管理层次呈反比关系。这种反比关系决定了组织具有扁平结构和锥形结构两种基本的组织结构形态。扁平结构形态的管理幅度较大，管理层次较少。锥形结构形态的管理幅度较小，管理层次较多。

5．集权与分权

集权化（centralization）是组织中的决策权集中于一点的程度。这个概念只针对正式职权，也就是说，是针对某个职位固有的权力。一般来讲，如果组织的高层管理者不考虑或很少考虑基层人员的意见，而是由少数高层管理者决定组织的主要事宜，则这个组织的集权化程度较高。相反，基层人员参与度越高，或他们做出决策的自主性越强，则组织的分权化（decentralization）程度就越高。

集权式与分权式组织在本质上是异向的。在分权式组织中，解决问题的速度较快，这与组织更加灵活和主动地做出反应的管理思想是一致的。

6．正规化

正规化（formalization）是指组织中的工作标准化的程度，如果一种工作的正规化程度较高，做这项工作的人对工作内容、工作时间、工作手段就比较没有自主权。人们总是期望员工以同样的方式投入工作，能够保证稳定一致的产出结果。高度正规化的组织有明确的工作说明书，有复杂的组织规章制度，对于工作过程制定了详尽的规定。相对来说，在正规化程度较低的组织中，工作执行者及其日程安排就不是那么僵硬，员工对自己工作的处理权限比较宽。由于个人权限与组织对员工行为的规定成反比，因此，工作标准化程度越高，员工决定自己工作方式的权力就越小，工作标准化不仅减少了员工选择工作方式的可能性，而且员工也无须考虑其他行为选择。

10.2.2 组织结构的形式

组织设计的直接结果是设计和选择合适的组织结构形式。组织结构形式合理，可以节省管理费用，并能增强组织结构的灵活性和应变能力，为提高管理工作效率创造有利条件。组织结构形式与组织规模大小和工作复杂程度等因素密切相关。因此，选择和设计组织结构形式，应根据组织的具体情况进行。

1. 直线制

直线制又称单线制，是工业发展初期的一种最简单的组织结构形式。它的特点是：

（1）各级领导人承担全部管理职能（不设职能机构）。

（2）自上而下执行单一命令。

（3）主要管理人员通晓必备的各种专业知识，亲自处理各种业务。

（4）机构简单、权责分明、沟通快捷。

（5）管理费用低。

（6）适用于人数较少、规模较小、生产过程不太复杂、生产技术比较简单的企业。

（7）在企业规模扩大、产品多、业务杂、技术要求高的情况下，个人的知识、能力有限，势必影响企业的进一步发展。

直线制的优点是组织机构形式简单明了，指挥命令统一严明，信息沟通快捷，责权分明，主管人员有可能按照自己的判断采取灵活的应对措施。其缺点是由于缺乏管理分工，企业行政负责人必须是通晓多方面管理业务知识和技能的全能管理者，必须亲自处理各种具体业务，这容易使企业领导者陷入日常行政事务中，不利于集中精力思考和研究组织的重大问题。因此，直线制只适用于生产规模较小、生产过程不太复杂、生产技术比较简单的企业，或适用于现场作业管理。直线制组织结构模型如图 10-3 所示。

2. 职能制

职能制由科学管理组织理论的奠基人泰勒首先提出，并在米德维尔钢铁公司以职能工长制的形式加以试行。它的主要特征是在各级行政领导者之下，按专业的分工设置管理职能部门，各职能部门在其业务范围内有权向下级发布命令和下达指标，下级要同时听取上级领导和上级职能部门的指挥。

职能制的优点是能适应现代组织活动比较复杂、管理工作分工细的要求，充分发挥职能部门专业管理的作用和专业管理人员的专长，减轻了组织领导人的工作负担，使其有可能集中精力解决企业重大的、方向性的问题。尽管如此，职能制的不足还是比较突

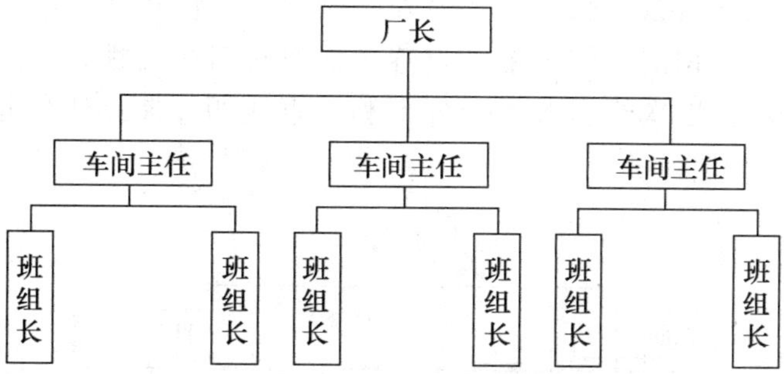

图 10-3 直线制组织结构模型

出的，具体表现在：它排斥了必要的集中领导和统一指挥，容易形成多头领导，造成管理上的混乱；直线领导与职能机构的职责和权限划分不清；各职能部门之间缺乏横向的联系和配合，不利于有效地实施综合管理。职能制适用的条件是组织必须拥有较高的综合平衡能力，各职能部门按照综合平衡的结果，围绕一个共同的目标进行专业管理，否则不宜采取职能制。职能制组织结构模型如图 10-4 所示。

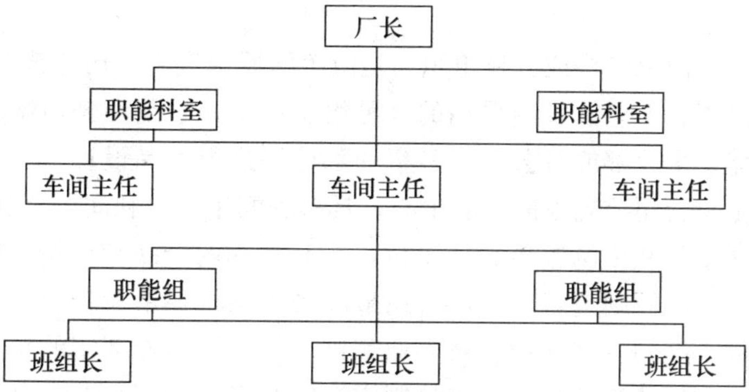

图 10-4 职能制组织结构模型

3. 直线职能制

直线职能制是当前我国各类组织中最常采用的一种组织结构形式，它适用于企业、学校、医院和政府机关等各类组织。这是一种将直线制与职能制结合起来的组织形式。这种组织形式是在各级直线领导者之下，按照分工的不同设置相应的职能机构，从事各种专业管理。各职能机构没有对下级的行政指挥权，只对直线领导起助手和参谋作用。这种组织形式将整个管理系统中的管理人员分为两类：一类是直线领导者，从上到下实行直线领导，从而保证统一指挥；另一类是职能管理者，他们是直线领导在业务方面的参谋和助手，以适应业务活动越来越复杂的发展形势。

直线职能制具有许多明显的优点。首先，这种结构分工细致、任务明确、职能职责界限清晰，便于建立岗位责任制；其次，各级领导者都有相应的职能机构做参谋和助手，因而可以弥补领导者个人知识范围有限的弱点，使管理组织能够适应组织活动日趋复杂化的特点；最后，这种结构能够提高组织的效率，增强了组织对外部环境条件的适应能力。直线职能制也存在一定的缺点，因为它按职能划分部门，各部门分管的业务工作不同，观察和处理问题的角度就会不一致，这样就容易在职能部门之间产生一些矛盾和摩擦，协调工作就会比较困难。另外，这种组织形式往往容易使管理人员仅重视与自己有关的业务知识的学习和能力培养，而忽视对全局性、关键性问题的处理能力的培养，这对培养高层次管理人才十分不利。直线职能制组织结构模型如图 10－5 所示。

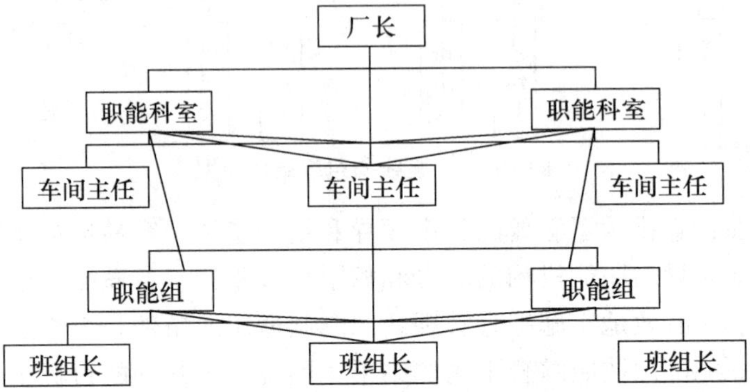

图 10－5　直线职能制组织结构模型

4．事业部制

事业部制又称部门化结构或分权组织，是由美国通用汽车公司总裁斯隆于 1924 年提出，目前欧美、日本各大企业普遍采用的一种组织形式。它是在公司统一领导下，按产品、地区或市场建立事业部或分公司，各事业部分别进行产品设计、采购、生产和销售活动。事业部既是总公司控制下的利润中心，具有利润生产、利润核算和利润管理职能，又是产品生产责任单位和市场销售责任单位，具有独立的产品和市场。事业部按照“集中决策、分散经营”的原则进行管理，公司最高管理结构保留投资决策、资金统一调度和监督检查等大权，并利用利润指标对事业部进行控制。事业部制的领导者则具有对本部门相对独立的生产经营管理权。由于将制定政策和日常管理分开，事业部制使得公司最高领导摆脱日常行政事务，致力于公司的战略决策和长远规划；决策权不完全集中于公司最高管理层，而是分授给各事业部，有利于增强事业部领导者的责任感，使之能根据市场需求结构的变化及时调整生产方向，以增强公司的适应性；有利于组织专业化生产和实现事业部内部的协作；有利于锻炼和培养管理人员。

事业部制的不足之处主要表现在两个方面：一是容易产生本位主义，各自为政。由于允许事业部之间进行竞争，各事业部往往只考虑本部门或本单位的利益，影响相互间的协作，特别容易给人员、科学技术及管理方法的交流带来困难。二是由于各事业部均设置相应的职能部门，势必造成管理层次和管理人员增多，管理机构重叠，管理成本上升。

事业部制适用于经营规模大、产品种类较多、生产工艺差别较大、市场分布较广且变化较快的大型企业。事业部制组织结构模型如图 10－6 所示。

5．矩阵制

这是一种二维组织结构，是在原有的纵向垂直领导系统的基础上建立一种横向的领导系统，两种领导系统结合起来组成一个矩阵。矩阵制中的人员在执行任务时，主要服从横向领导，行政上仍属原单位成员，任务完成后，回归原单位。完成任务时所需要的一切人力、物力和财力等由横向领导统一管理，全力支持。纵向系统的主要任务就是为

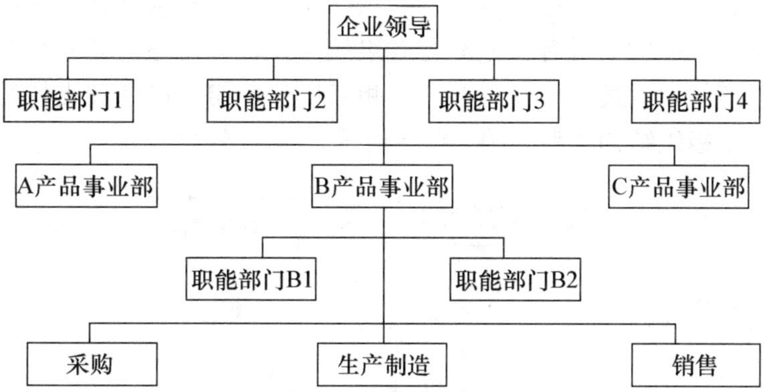

图 10-6 事业部制组织结构模型

横向系统创造完成任务的必要条件。

矩阵制的最大特点是打破一个职工只有一个部门领导的原则，使一个职工从属于两个或两个以上的部门或领导。其优点是：横向关系在组织形式上得到了保证，去除了一般组织中横向结构的弊端；横向结构的确立，加强了各部门之间的协调，便于集中各种专业知识和技能，迅速完成任务。这不仅大大提高了组织的灵活性，而且为杜绝人、财、物的浪费，尤其是为合理使用人才开辟了一条新路子；有利于培养和锻炼专业管理人才。矩阵制尤其适合于大型或超大型企业的组织设计，如核弹工程、运载火箭、登月飞行、巨型计算机的研制工程。

这种组织形式的缺点是：纵向部门和横向系统的关系处理不当，容易产生矛盾，出现多头指挥的情况，组织中成员容易产生临时思想，影响工作的认真性和严肃性。因此，中小型管理组织一般不宜采用这种组织形式。矩阵制组织结构模型如图 10-7 所示。

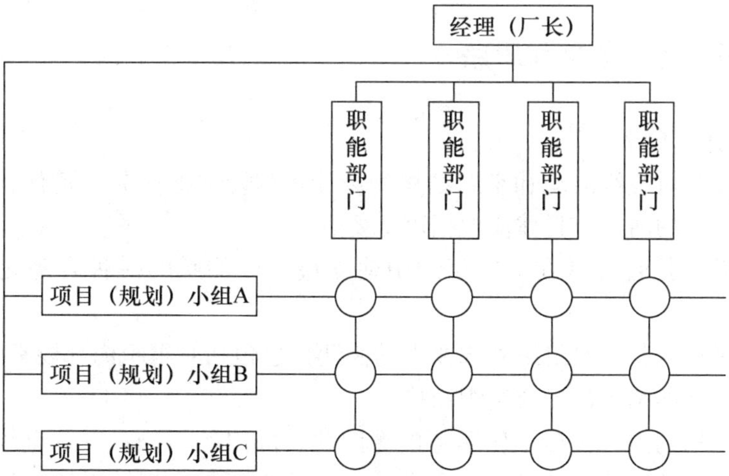

图 10-7 矩阵制组织结构模型

6. 网络型

网络型组织结构是目前正在流行的一种新形式的组织结构，它使管理当局对新技术、新潮流，或者来自海外的低成本竞争具有更强的适应性和应变能力。网络型组织结构是一种以精干的中心机构为核心，以契约关系的建立和维持为基础，依靠外部机构进行制造、销售或组织其他重要业务经营活动的组织结构形式。被联结在这一结构中的各经营单位之间并没有正式的资本所有关系和行政隶属关系，只是通过相对松散的契约（正式的协议契约书）纽带，通过一种互惠互利、相互协作、相互信任和支持的机制来进行密切地合作。网络型组织结构模型如图 10－8 所示。

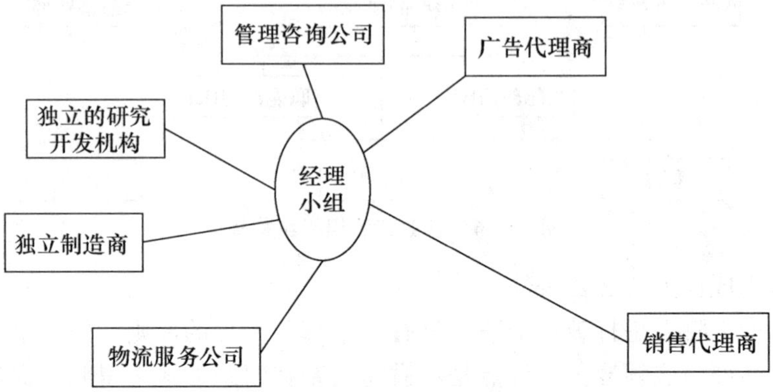

图 10－8 网络型组织结构模型

7. 多维立体制

这是直线职能制、矩阵制、事业部制和地区、时间结合在一起的复合机构形态。其特征是在综合上述各种形态的基础上，与地区、时间等方面取得协调，适用于跨国经营的巨型企业。这种组织结构包括三类管理机构：一是按产品划分的事业部，是产品利润中心；二是按职能划分的专业参谋机构，是专业成本中心；三是按地区划分的管理机构，是地区利润中心。多维立体制能把产品事业部、地区管理机构和公司专业参谋机构三者的管理较好地统一协调起来（见图 10－9）。

10.2.3 组织设计的含义和思路

1. 组织设计的含义

组织设计就是对组织活动和组织结构的设计过程，是把任务、责任、权力和利益进行有效组合和协调的活动。具体应包括以下要点：

（1）组织设计是管理者在一定组织中建立最有效关系的一种合理化的、有意识的过程。

（2）这个过程既包括对组织外部要素的协调，也包括对组织内部要素的协调。

（3）组织设计的结果是形成组织结构。

（4）组织结构的内容包括工作职务的专门化、部门的划分，以及直线指挥系统与职能参谋系统的相互关系等方面的工作任务组合；建立职权、指挥系统、控制和集权分权等人与人相互影响的机制；开发有效的协商手段等。组织设计的着眼点和基本问题是确定人员在组织中的位置，即机构设置和人员配置。所谓“适当的位置用适当的人”，应做到“因事设人，人得其位；各尽所能，扬长避短”。若位置不当，则难免出现大材小用或者用人不当的情形。

组织设计对提高组织活动绩效、获得最大的经济效益起着重大的作用。有效的组织

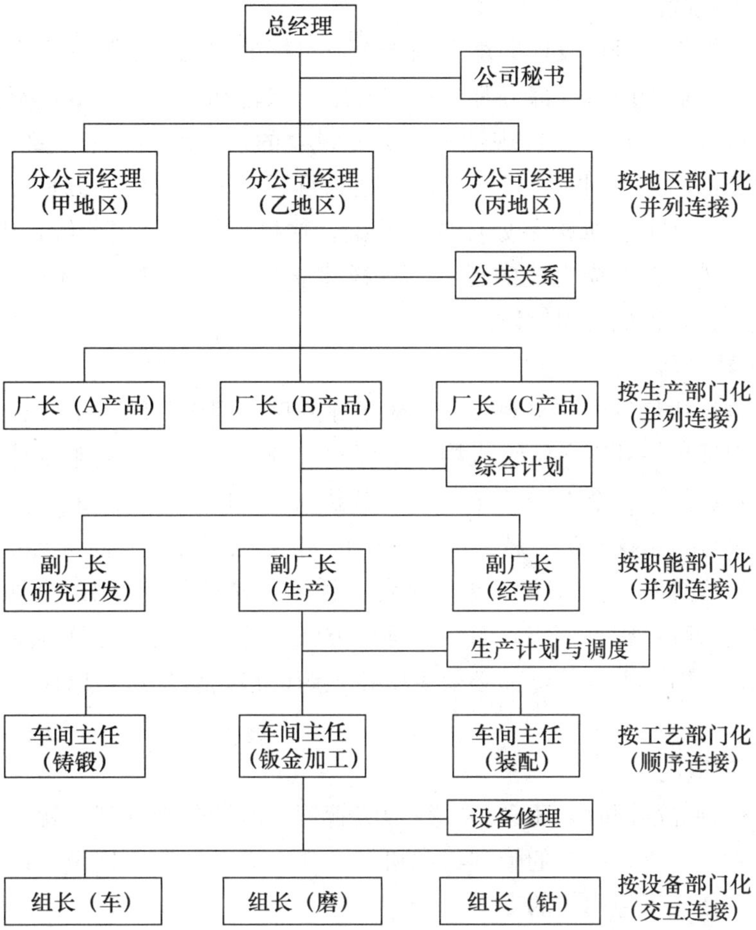

图 10－9 多维立体制组织结构模型

设计能够为组织活动提供明确的指令，有助于组织内部人员之间的合作，使组织活动更具秩序性和预见性；及时总结组织活动的成功经验和失败教训，有助于保持组织活动的连续性，也有助于正确确定组织活动的范围及劳动的合理分工与协作，全面提高工作与生产绩效。

2. 组织设计的思路

组织设计的思路就是要做到“因事设人，以人成事”，依据“目的-手段分析”理论，形成组织设计思路。也就是说，必须明确组织目标并确定相应的基本职能，再以职能细分和归类为依据，设置相应的机构和相关职务，进而以必要的职位与各种职务相对应，按职位配置人员。循此思路，即为“因事设人”。反之，以人员定职位，又以职位定职务，再以职务设机构，然后才是职能、目标，即为“因人设事”。显然，“因事设人”通常是更加合理的，然而在实际工作中，组织活动往往陷入“因人设事”的误区。

10.2.4 组织设计原则

一般来说，设计正式的组织机构应遵循以下几项主要原则：

1. 目标一致原则

这一原则要求组织机构设计必须有利于企业目标的实现。任何一个企业都有其宗旨和目标，因而，企业中的每一部分都应该与既定的宗旨和目标相关联，否则就没有存在的意义。组织机构一般包括为实现这一目标而设立的计划部门、采购部门、生产部门、销售部门、财务部门等。同时，每一部门根据总目标制定本部门的分目标，而这些分目标又成为该机构向其下属机构细分任务的基础。这样目标被层层分解，机构层层建立，直至每一个人都了解自己应完成的任务。这样建立起来的组织机构才是一个有机整体，才能为总目标的实现提供有力保证。

2. 统一领导原则

统一领导是现代化生产的客观要求，对于建立健全组织、统一组织行动、协调组织至关重要。要保证统一领导，组织机构一定要按照统一领导的原则来设计。根据这个原则，任何下级只能接受一个上级的领导，不得受到一个以上的上级的直接指挥。上级不得越过直属下级进行指挥（但可越级检查工作），下级也不得越过直属上级接受更高一级领导的指令（但可越级反映情况）。要保证统一领导，应该将有关组织全局的重要权力集中在组织的最高管理机构。例如，组织目标、方针、计划、主要规章制度的制定和修改权，组织的人事、财务大权等，都必须集中在组织的最高管理层，以保证整个组织活动的协调一致。

3. 分级管理原则

在实行统一领导的同时，还必须实行分级管理。所谓分级管理，就是在保证集中统一领导的前提下，建立多层次的管理组织机构，自上而下地逐级授予下级行政领导适当的管理权力，并使其承担相应的责任。

4. 相互协调原则

为了确保组织目标的实现，组织的各部门之间以及各部门的内部，都必须相互配合、相互协调地开展工作，这样才能保证整个组织活动的步调一致，否则，组织的职能将受到严重影响，目标就难以完成。

5. 权责对等原则

权是指管理的职权，即职务范围内的管理权限。责是指管理上的职责，即当管理者占有某职位、担任某职务时所应履行的义务。职责不像职权那样直接授予下属，它作为一种应该履行的义务，是不可以授予其他人的。职权应与职责相符，职责不可大于也不可小于所授予的职权。职权、职责和职务是对等的，如同一个等边三角形三边等值一样，一定的职务必有一定的职权和职责与之相对应。

6. 组织有效原则

组织有效原则要求组织机构和组织活动必须富有成效。

（1）组织机构设计要合理。要基于管理目标的需要，因事设机构、按职务匹配人员，人与事要高度符合，反对离开目标、因人设职、因职找事。

（2）组织内的信息要畅通。由于企业组织机构的复杂性和相互之间关系的纵横交错，往往易发生信息阻塞，这将导致企业管理的混乱，因而信息管理一要准确，二要迅速，三要及时反馈。只有这样组织才不至于决策失误，才能了解命令执行情况，下属也才能及时得到上级明确的答复，使问题得到尽快解决。

（3）主管领导者要能够对下属实施有效的管理。为此，必须规定各种明确的制度，使主管领导者能对整个组织进行有效的指挥和控制。只有明确了规章制度，才能保证和巩固组织内各层次和人员之间关系的协调一致。

知识库 10－1

成功企业的组织设计原则

美国全国工业协会根据对部分有代表性的企业的调查，概括出成功企业组织设计的 12 项原则：

（1）从最高层到最低层单位之间，应订立明确的权限及协调合作流程。

（2）各级主管人员的责任与权限应以明确的方式规定。

（3）责任与权限必须相对等。

（4）责任不能因授权而减少。

（5）权限应尽量授予下属，使之能够快速决策。

（6）组织的阶层数在合理限度下越少越好。

（7）直线业务单位与幕僚单位应明白划分，以避免冲突。

（8）管理幅度不要过大。

（9）配合产品市场营销的特性，设立各种责任制度。

（10）具有充分的激励性及挑战性。

（11）尽量简易。

（12）成本不要超过可能的效益。

10.2.5　组织设计的权变理论

许多年来，组织理论与组织实践的研究者试图找出规范的组织设计方法，找出控制管理幅度与深度、集权与分权的最佳点的固定算法和模式，然而结果却是，这种算法或模式是不存在的，不能用单一的模型解决所有组织设计问题，只能提出在特定情况下有最大成功可能性的方案。关于影响组织设计的权变因素，西方管理学家各持己见，较有影响力的是麦肯锡公司提出的 7S 框架理论。该理论认为，影响组织设计的因素有七个，即战略（strategy）、结构（structure）、技能（skill）、制度（system）、作风（style）、人员（staff）和共同价值观（shared value）。

有效的组织结构依赖于组织所处的环境、组织的策略、所使用的技术，这就是权变理论。

1. 环境与结构

伯恩斯和斯托克发现有两种管理系统——机械的和有机的，处于稳定环境中的组织结构多是机械的，处于急剧变动环境中的组织结构多是有机的。

2. **策略与结构**

钱德勒通过对美国 70 多家大企业的调查提出了组织结构和组织策略的关系原则，认为组织结构要符合组织的发展策略。新的策略将导致内部结构的变革，否则策略将归于无效。

3. **技术与结构**

技术是把材料转变成最终产品或服务的机械或智力的转换过程。技术受环境的影响，同时又影响组织；一定的生产过程要由一定的自制结构来保证，因此组织结构必须要适应技术。

本章小结

本章分两小节分别阐释了组织的类型及理论、组织结构与组织设计。

第一节主要介绍组织的定义与特征、组织的分类、关于组织的理论。

组织包含共同的目标、不同层次的分工与合作、不同的责任制度。它是一个开放的系统，不断地与环境进行交流，并随着环境的变化而不断改革和发展。

组织具有可变性、易变性、繁杂性、整合性、实用性和界定性的特征。

组织可以分为正式组织和非正式组织，也可按照组织的目标和活动内容分为经济组织、政治组织、文化组织、群众组织和宗教组织。

关于组织的理论主要有古典组织理论、行为科学组织理论、系统学派组织理论、权变学派组织理论和经验学派组织理论。

第二节阐述了组织结构的基本要素、组织结构的形式、组织设计的含义和思路、组织设计原则和组织设计的权变理论。

组织结构是指组织内关于职务与权力关系的一套形式化系统。

管理者在进行组织结构设计时，必须考虑六个关键因素，即工作专门化、部门化、命令链、管理幅度与管理层次、集权与分权、正规化。

组织结构的形式主要包括直线制、职能制、直线职能制、事业部制、矩阵制、网络型、多维立体制。

组织设计就是对组织活动和组织结构的设计过程，是把任务、责任、权力和利益进行有效组合和协调的活动。

组织设计的思路就是要做到“因事设人，以人成事”，依据“目的-手段分析”理论，形成组织设计思路。

设计正式的组织机构应遵循目标一致、统一领导、分级管理、相互协调、权责对等和组织有效原则。

有效的组织结构依赖于组织所处的环境、组织的策略、所使用的技术，这就是权变理论。

关键术语

组织　　组织结构　　命令链　　管理幅度　　组织设计　　7S 框架

复习思考题

(1) 简述组织的特征。
(2) 简述组织的分类。
(3) 关于组织的理论有哪些？其主要内容是什么？
(4) 简述组织结构的基本要素。
(5) 简述组织结构的形式。
(6) 简述组织设计原则。
(7) 描述你所在学校或单位的组织结构。

本章阅读书目

[1] 泰勒．科学管理原理．上海：上海科学技术出版社，1982.
[2] 法约尔．工业管理与一般管理．北京：机械工业出版社，2007.
[3] 韦伯．经济与社会：第 2 卷．上海：上海人民出版社，2010.
[4] 巴纳德．经理人员的职能．北京：中国社会科学出版社，1997.
[5] 荷曼斯．社会科学的本质．台北：桂冠图书公司，1991.
[6] 卡斯特，罗森茨韦克．组织与管理：系统方法与权变方法．北京：中国社会科学出版社，2000.
[7] 德鲁克．卓有成效的管理者．北京：机械工业出版社，2009.
[8] 怀特赫斯特．开放式组织：面向未来的组织管理新范式．北京：机械工业出版社，2016.
[9] 卡内，盖茨．自由企业：释放员工　收获卓越．北京：中译出版社，2017.

第 11 章

组织文化

> 文化是一种强大的力量。当我们在发动一场变革时，我们必须考虑到文化，因为它会影响企业接受和推进这一变革的方式。
>
> ——杰克琳·谢瑞顿

引导案例

迪士尼的组织文化

迪士尼是全球最大的娱乐公司之一，是娱乐业的领头羊，是什么促使它发展成今天这样的规模？是什么力量使其经久不衰？归根结底，是优秀的企业文化造就了今天令世人瞩目的迪士尼。

首先，要从它的招聘培训和市场定位进行分析。对于新员工，迪士尼有自己的一套培训“宝典”。经过一系列的精心安排，通过层层选拔的新员工在进入公司之前就会基本了解迪士尼的企业文化。在此基础上，迪士尼还对这些新员工进行精心培训，它要求每一个新员工都要接受迪士尼大学教授的新员工企业文化训练课，以便让他们认识迪士尼的历史传统、成就、经营宗旨与方法、管理理念和风格。

其次，它的市场定位也十分精确。迪士尼为自己的企业进行了准确、清晰的市场定位，即表演公司。它为游客观众提供最满意的娱乐和消遣，给游客带来欢乐。迪士尼的目标就是：不惜一切确保每位工作人员都明白自己角色的重要性，原因是角色扮演已成为迪士尼乐园营造快乐氛围的重要手段。在迪士尼乐园，员工得到的不仅是一项工作，更是一种角色，是为顾客带来欢笑的角色。在入职培训时，新员工会学习迪士尼的信条：顾客是“贵宾”，群众是“演员”，上班是“表演”。

最后，迪士尼将服务视为企业文化的重要方面。作为娱乐业巨头的迪士尼之所以有今天的规模，必然有其特色，那就是“SCSE”，即安全（safe）、礼貌（civility）、表演

(show)、效率 (efficiency)。其内涵可以理解为：首先保证客人舒适安全，其次保证职工彬彬有礼，再次是保证演出充满神奇，最后是在满足以上三项准则的前提下保证工作具有高效率。

市场定位、招聘培训固然体现了迪士尼优秀的企业文化，但“优质、高效、细致的服务”和“庞大、严谨的营销策略”才是迪士尼企业文化的核心所在。

11.1　组织文化概述

11.1.1　组织文化的概念

学界对组织文化大致有两种看法。第一种是狭义的，认为组织文化是意识范畴的，仅仅包括组织的思想、意识、习惯、感情。第二种是广义的，认为组织文化是指组织在创业和发展的过程中形成的物质文明和精神文明的总和，包括组织管理中的硬件与软件、外显文化和隐形文化（或表层文化和深层文化）两部分。希恩于 1984 年给组织文化下的定义是：“组织文化是特定组织在恰当处理外部环境和内部环境整合过程中出现的种种问题时所发明、发现或发展起来的基本假说、规范。这些规范运行良好，相当有效，因此被用作教导新成员观察、思考和感受有关问题的正确方式。”

而我们在此把组织文化定义为组织中的成员所共有的价值观念、信仰、道德规范、行为方式等精神与物质财富的总和。它往往是该组织所特有的，在较长的一段时间里处于比较稳定的状态，它确定了该组织的风气和人们的行为准则，也影响着计划、组织、用人、领导和控制等各个管理职能的实施方式。

11.1.2　组织文化的内容与基本要素

1. 组织文化的内容

管理学家对企业文化或组织文化进行了相当广泛的研究，综合起来主要有以下内容：

（1）人们在企业、组织中进行相互作用时被观察到的行为准则，包括使用的语言、为了表达敬意和态度时所采用的一些仪式性做法等。

（2）群体规范，如霍桑实验中所揭示的工作群体的规范。

（3）主导性价值观，指产品质量、价格领导者等组织中所信奉的核心价值观。

（4）正式的哲学，包括处理组织和其利益相关者如股东、员工、顾客关系时应该信奉的意识形态，以及为组织提供各种政策指导的一种哲学。

（5）游戏规则。为了在组织中生存而学习的游戏规则，例如一个新成员必须学会这种规则才能被接受。

（6）组织气候，指组织成员在与外部人员进行接触的过程中所传达的组织内部的风气和感情。

(7) 牢固树立的技巧，包括组织成员在完成任务时的特殊能力，不凭借文字和其他艺术品就能由一代人向另一代人传递的处理主要问题的能力等。

(8) 思维习惯、心智模式（mental model）、语言模式，包括组织成员共享的思维框架。

(9) 共享的意识。组织成员在相互作用过程中所创造的自然发生的一种理解。

(10) 一致性符号，包括创意、感觉和想象等组织发展的特性，这些可能不被完全认同，但是它们会体现在组织的建筑物、宣传册、会议文件以及组织其他的物质层面。

埃德加·沙因认为，文化是一个特定组织在处理外部适应和内部融合问题中所学习到的，由组织自身所发明和创造并且发展起来的一些基本的假定类型，这些基本假定类型能够发挥很好的作用，并被认为是有效的，由此被新的成员接受。以上列举的内容不过是文化的表象，真正的文化隐含在组织成员的潜意识当中，而且文化和领导者如一枚硬币的两面，一个领导者在创造了一个组织或群体的同时也创造了文化。

知识库 11-1

沙因的文化层次

(1) 物质层，可以观察到的组织结构和组织过程等。

(2) 支持性价值观，包括战略、目标、质量意识、指导哲学等。

(3) 基本的潜意识假定，指潜意识里的一些信仰、知觉、思想、感觉等。

2. 组织文化的基本要素

从现代系统论的观点看，组织文化的结构层次有三个：表层文化、中介文化、深层文化（见图 11-1）。它的表现形态有物化文化、制度文化、管理文化、生活文化、观念文化。

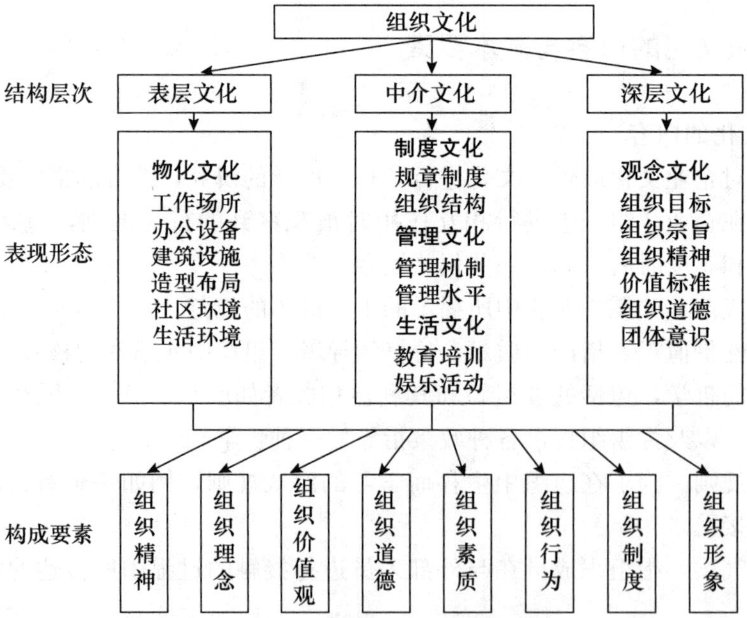

图 11-1 组织文化基本要素图

如果从最能体现组织文化特征的角度看，组织文化的基本要素包括：

（1）组织精神。

如同人类和民族具有精神一样，组织作为有机体也是有精神的。正如美国管理学家劳伦斯·米勒所说："一个组织很像一个有机体，它的机能和构造更像它的身体，坚持固定信念、追求崇高的目标而非短期的利益是它的灵魂。"

作为组织灵魂的组织精神，一般是指经过精心培养而逐步形成并为全体组织成员所认同的思想境界、价值取向和主导意识。它反映了组织成员对本组织的特征、地位、形象和风气的理解和认同，也蕴含着对本组织的发展、命运和未来抱有的理想与希望，折射出一个组织的整体素质和精神风格，成为凝聚组织成员的无形力量。

（2）组织价值观。

组织价值观是指组织评判事物和指导行为的基本信念、总体观点和方针。它具有以下特征：

第一，调节性。组织价值观以鲜明的感召力和强大的凝聚力，有效地协调、组合、规范、影响和调整组织的各种实践活动。

第二，评判性。组织价值观一旦成为人们的固定的思维模式，人们就会对现实事物和社会生活做出好坏优劣的衡量评判，或者肯定与否定的取舍选择。

第三，驱动性。组织价值观可以持久地促使组织去追求某种价值目标，这种由强烈的欲望形成的内在驱动力往往构成组织的动力机制和激励机制。

组织价值观具有不同的层次和类型，而优秀的组织总会追求崇高的目标、高尚的社会责任和卓越创新的信念。如美国百事可乐公司认为"顺利是最重要的"，日本三菱公司主张"顾客第一"，日本 TDK 生产厂则坚持"为世界文化产业做贡献"。

（3）组织形象。

组织形象是指社会公众和组织成员对组织、组织行为与组织各种活动成果的总体印象和总体评价，反映的是社会公众对组织的承认程度，体现了组织的声誉和知名度。

组织形象包括人员素质、组织风格、人文环境、发展战略、文化氛围、服务设施、工作场合和组织外貌等内容。对组织形象影响较大的因素有五个：

第一，服务（产品）形象。对于组织来说，社会公众是通过产品和服务来了解组织的，是在使用产品和享用服务的过程中形成对组织的感性化和形象化的认识。因此，那些能够提供品质优良、造型美观的产品和优质服务的企业，总是能够树立良好的社会形象。

第二，环境形象。这主要指组织的工作场所、办公环境、组织外貌和社区环境等，它反映了整个组织的管理水平、经济实力和精神风貌。因为整洁、舒适的环境条件不仅能够保证组织工作效率的有效提高，而且有助于提高组织的知名度和可信赖度。

第三，成员形象。这是指组织的成员在职业道德、价值观念、文化修养、精神风貌、举止言谈、装束仪表和服务态度等方面的综合表现，是组织形象人格化的体现。一般而言，组织成员整洁美观的仪容、优雅良好的气质、热情服务的态度，再加上统一鲜明的衣帽服装，既反映了个人的不俗风貌，也反映了组织的高雅素质，有利于在社会公众之中树立良好的组织形象。

第四，组织领导者形象。这是指组织领导者在领导行为、待人接物、决策规划、指导监督、人际交往中体现出的文化素质、敬业精神、战略眼光、指挥能力。那些富有领导能力、公正可靠、气度恢宏、勇于创新、正直成熟、忠诚勤奋的组织领导者不仅能以无形的示范魅力潜移默化地影响组织中的每个成员，而且会在社会公众中争取到对组织的信赖和支持，以不断扩大和巩固组织的知名度。

第五，社会形象。这是指组织对公众负责和对社会作出贡献的表现。组织要树立良好的社会形象，一方面有赖于与社会广泛地交往和沟通，实事求是地宣扬自己的社会形象；另一方面要在力所能及的条件下积极参与社会公益活动，如支持公益事业，支援受灾地区，开展社区文明共建活动等。这样，良好的社会形象就会使组织在社会公众的心目中更加完美，增加公众对组织的认同。

11.1.3 组织文化的特征

1. 独特性

每个组织都有自己的历史、类型、性质、规模、心理背景、人员素质等内在因素。这些内在因素各不相同，因此在组织运行和发展过程中必然会形成具有本组织特色的价值观、行为准则、作风、道德规范、发展目标等，在一定条件下，这种独特性越明显，其内聚力就越强。因此，在建设组织文化的过程中，一定要形成组织的个性特征。

2. 可塑性

组织文化的形成虽然受到组织传统因素的影响，但也受到现实的管理环境和管理过程的影响，而且，只要充分发挥能动性、创造性，积极倡导新准则、新精神、新道德和新作风，就能够对传统因素择优汰劣，从而形成新的组织文化。而组织文化成形以后，就会深入组织成员的内心深处，并改变组织成员的行为习惯，逐渐形成相对稳定的组织文化。

3. 融合性

组织文化包括价值观念、行为准则、道德规范、传统作风等精神因素，这些因素不是单纯地在组织内发挥作用，而是经过综合、系统的分析、加工，使其融合成为一个有机的整体，形成整体的文化意识。

4. 实践性

每个组织的文化都不是凭空产生的，它是在人们的社会实践过程中通过有目的地培养而形成的；同时，组织文化又反过来指导、影响着人们的实践活动。因此，离开了实践过程，企图靠提几个口号或短期的教育来建设组织文化是不可能的。由于组织及其所处环境在不断变化，组织文化也会随着组织的变革与发展而不断变化。

11.1.4 组织文化的功能

组织文化的功能是指组织系统影响和改变其他系统、抵抗与承受其他系统的影响和作用的能力，同时也是系统从其他系统中取得物质、能量、信息而发展自身的能力。组织文化作为一种自组织系统，也具有许多独特的功能。

1. 自我内聚功能

组织文化通过培育组织成员的认同感和归属感，建立起成员与组织之间的相互依存关系，使个人的行为、思想、感情、信念、习惯与整个组织有机地统一起来，形成相对稳固的文化氛围，凝聚成一种无形的合力与整体趋向，以此激发出组织成员的主观能动性，为组织的共同目标努力。正是组织文化这种自我凝聚、自我向心、自我激励的作用，构成了组织生存发展的基础和不断成功的动力。从这个意义上说，任何组织若想取得非凡的成功，背后无不以强大的组织文化为其坚强后盾。但是，要指出的是，这种内聚力量不是盲目的、无原则的、完全牺牲个人的绝对服从，而是在充分尊重个人价值、承认个人利益、有利于发挥个人才干的基础上凝聚的群体意识。

2. 自我改造功能

组织文化能从根本上改变员工的旧有价值观念，建立起新的价值观念，使之适应组织正常实践活动的需要。尤其对于刚刚进入组织的员工来说，为了减少他们个人带有的在家庭、学校、社会所养成的心理习惯、思维方式、行为方式与整个组织的不和谐或者矛盾冲突，就必须使其接受组织文化的改造、教化和约束，使他们的行为与组织保持一致。一旦组织文化所提倡的价值观念和行为规范被成员接受和认同，成员就会做出符合组织要求的行为选择，倘若违反了组织规范，就会感到内疚、不安或者自责，会自动修正自己的行为。从这个意义上说，组织文化具有某种程度的强制性和改造性。

3. 自我调控功能

组织文化作为团体共同价值观，并不对组织成员具有明文规定的具体硬性要求，而只是一种软性的理智约束，它通过组织的共同价值观不断地向个人价值观渗透和内化，使组织自动地生成一套自我调控机制，以“软约束”操纵着组织的管理行为。这种以尊重个人思想、感情为基础的无形的非正式控制，会使组织目标自动地转化为个体成员的自觉行动，实现个人目标与组织目标在较高层次的统一。组织文化具有的这种软性约束和自我协调的控制机制，往往比正式的硬性规定有着更强的控制力和持久力。

4. 自我完善功能

组织在不断发展的过程中所形成的文化积淀，通过无数次的辐射、反馈和强化，会不断地随着实践的发展而更新和优化，推动组织文化从一个高度向另一个高度迈进。也就是说，组织文化不断深化和完善的过程一旦形成良性循环，就会持续地推动组织本身上升发展。反过来，组织的进步和提高又会促进组织文化的丰富、完善和升华。国内外成功组织和企业的事实表明，组织的兴旺发达总是与组织文化的自我完善分不开。

5. 自我延续功能

组织文化的形成是一个复杂的过程，往往会受到社会环境、人文环境和自然环境等诸多因素的影响。因此，它的形成和塑造必须经过长期的精心培育以及不断地实践、总结、提炼、完善、充实、提高和升华。同时，正如任何文化都有历史继承性一样，组织文化一旦形成，就会积淀为企业或组织的传统，并且不会因为组织领导层的变化而消失。如英特尔公司的领导人虽然历经数次变动，但是其培育出来的创新精神仍然存在，并成为公司不断开拓进取、追求卓越的信条。

组织文化对员工行为产生的影响是很难判定的。有些研究表明，组织文化与员工绩效呈正相关。组织内部通过文化达成的共识应该促成更大程度的合作、对决策和控制的接受、沟通、对雇主的承诺。就像酵母是做面包的关键成分一样，创造性文化是组织成功的关键因素。

11.1.5 组织文化的类型

1. 按照组织文化的内在特征分类

美国埃默里大学的索南菲尔德提出的标签理论，把组织文化分为四种类型：学院型、俱乐部型、棒球型和堡垒型。

（1）学院型组织文化。

具有学院型文化的组织喜欢雇用刚刚毕业的大学生，组织通过提供大量的专门培训，指导他们从事许多专业化的工作，从而成为各部门的行家能手。在这类公司，组织成员成长速度较快，并能提供组织所看重的连续性服务。可口可乐、IBM 等大公司就拥有学院型组织文化。

（2）俱乐部型组织文化。

具有俱乐部型文化的组织非常重视成员的忠诚度和诚信，同时也很重视年龄和资历，并提供稳定的、有保障的工作。这类公司倾向于把管理人员培养成通才，并按照资历逐步提高职位。公立性质的企业往往奉行这种组织文化。

（3）棒球型组织文化。

具有棒球型文化的组织倾向于吸引革新者和冒险家。组织十分看重发明创造，并根据绩效提供报酬，绩效高的高级人才常常能获得丰厚的回报，因此成员的积极性很高。但在这类组织中，工作风险很高，挑战性也很大，没有长期的保障。一般来说，高科技企业、咨询公司、广告公司等组织拥有棒球型组织文化。

（4）堡垒型组织文化。

具有堡垒型文化的组织主要将工作重心放在组织的生存方面，这类组织以前大多拥有学院型、俱乐部型或棒球型组织文化，由于衰退等原因希望保存实力而转化为堡垒型。因为它的组织目标就是生存，所以员工工作没有保障，高效未必高报酬。大型零售企业、林业产品公司等拥有这种企业文化。

2. 按照组织文化对其成员影响力的大小分类

哈佛商学院的两位著名教授科特和赫斯克特依据组织文化与组织长期经营之间的关系，将组织文化分为以下三类：

（1）强力型组织文化。

在具有强力型组织文化的公司中，员工方向明确，步调一致，组织成员有共同的价值观念和行为方式，所以他们愿意为企业自愿工作或献身，而这种心态又使得员工更加努力。强力型组织文化提供了必要的企业组织机构和管理机制，从而避免了组织对那些常见的、减少组织活力和抑制改革思想的官僚们的依赖，因此，它促进了组织业绩的提升。

（2）策略合理型组织文化。

具有这种组织文化的企业，不存在抽象的、好的组织文化内涵，也不存在任何放之四海而皆准、适合所有企业的“克敌制胜”的组织文化。只有当组织文化“适应”企业环境时，这种文化才是好的、有效的。不同的组织，需要不同的组织文化，文化只有适合组织，才能发挥最大的功能，改善企业经营状况。

（3）灵活适应型组织文化。

市场适应度高的组织文化必须具有同时在公司员工个人生活中和公司企业生活中提升信心和信赖感、不畏风险、注重行为方式等特点，员工之间相互支持，勇于发现问题、解决问题。员工有高度的工作热情，愿意为组织牺牲一切。

3. 按照组织文化所涵盖的范围分类

组织作为一个系统，是由各种子系统构成的，各个子系统又是由单个的具有文化创造力的个体组成。在一个组织中，除了整个组织作为一个整体，各种正式的、有严格划分的子系统或非正式群体，相对于组织来说也都能够作为一个小整体。从这个角度来说，组织文化又可以划分为以下两类：

（1）主文化。

主文化（dominant culture）体现的是一种核心价值观，它为组织大多数成员所认可。当我们说组织文化时，一般就是指组织的主文化。正是这种宏观角度的文化，使组织具有独特的个性。

（2）亚文化。

亚文化（subculture），又称小文化或副文化，是某一社会主流文化中一个较小的组成部分。在组织中，主文化虽然为大多数成员所接受，但是，它不能包含组织所有的文化。组织中有各种小整体，在认同组织主文化的前提下，它们也有自己独特的亚文化。亚文化或是对组织的主文化更好的补充，或者是与主文化相悖的，又或者虽然与主文化有区别，但对组织来说是无害的，在一定条件下又有可能替代组织的主文化。

4. 按照权力的集中或分散分类

卡特赖特和库珀于 1992 年提出四种文化类型。这四种文化类型的区别在于权力是集中的还是分散的，以及政治过程以关键人物还是以要完成的职能或人物为中心。

（1）权力型组织文化。

权力型组织文化，也叫独裁文化，由一个人或一个很小的群体领导这个组织。组织往往以企业家为中心，不太看重组织中的正式结构和工作程序。随着组织规模的逐渐扩大，成员会感到很难适应权力型组织文化，组织开始分崩离析。

（2）作用型组织文化。

作用型组织文化，也叫角色型组织文化。在这样的组织里，你是谁并不重要，你有多大能力也不重要，重要的是你在什么位置、你和什么人的位置比较近，做每件事情都有固定的程序和规矩，人们喜欢的是稳重、长期和忠诚，甚至是效忠。这种文化看起来安全稳定，但是当组织需要变革的时候，这种文化则会受到较大的冲击。

（3）使命型组织文化。

使命型组织文化，也叫任务文化。在这种文化中，团队的目标就是要完成设定的任务。成员之间的地位是平等的，这里没有领导者，唯一的老板就是任务或者使命本身。有人认为这是最理想的组织模型之一，但这种文化要求公平竞争，而且当不同群体争夺重要的资源或特别有利的项目时，很容易产生恶性的政治紊乱。

（4）个性型组织文化。

个性型组织文化是一种既以人为导向，又强调平等的文化。这种文化富有创造性，孕育着新的观点，允许每个人按照自己的兴趣工作，同时保持互惠互利的关系。在这样的组织里，个人的意愿虽然服从于组织，但是组织很容易被个人左右。

5. 按照工作重心分类

也有人以工作重心为标准将组织文化分为以下四种类型：

（1）功能型组织文化。

直到20世纪80年代末，组织的结构基本上属于单一的功能型结构。其核心是制度化，强调稳定性和可靠性。许多传统的产业，如钢铁企业、汽车制造业都具有较强的功能型组织文化特征。

（2）流程型组织文化。

近年来，许多大中型企业为了消除部门间的壁垒，以最快的速度为客户提供优质服务和产品，开始强调部门间的合作和团队合作，于是就出现了以客户为导向的、强调团队精神的流程型组织文化。它的最大特点是使客户满意度最大化，强调客户满意和稳定的回报。

（3）时间型组织文化。

20世纪90年代以来，出现了一批基于时间型组织文化的企业，它们不仅仅满足于产品质量和客户满意，还想办法以最快的速度将新产品和服务推向市场。因此，对于组织来讲，速度是第一位的，其次才是产品和服务。其主要特点是强调高增长和新市场进入。

（4）网络型组织文化。

这种类型的组织内部没有严格的层级关系，它承认个人的特殊性贡献，强调以合伙方式为共同目标服务。其主要特点是以合伙方式分配权力，特点是敢冒风险，擅于捕捉机会，关注对市场的开拓与渗透。

6. 按照组织实践和价值分类

弗恩斯·特朗皮纳斯根据他的组织文化维度将组织文化分为四种类型：家族型、保育器型、导弹型、埃菲尔铁塔型。

（1）家族型组织文化。

家族文化可能是最古老的一种文化，它与人相关，而不以任务为导向。在这种文化中，组织的领导者就像是组织中的“父亲”，有较高的权威和较大的权力。组织更倾向于凭借直觉而不是理性学习，更重视组织成员的发展而不是利用员工。当组织出现危机时，通常不会被公布出来。所以尽管在组织内部呈现出温暖、亲密和友好的关系，但这种内部一体化是以较差的外部适应性为代价的，组织极可能在成员相互“抱团取暖”中破产倒闭。拥有这一类型组织文化的国家有日本、巴西、土耳其、巴基斯坦、西班牙、意大利、菲律宾等。

（2）保育器型组织文化。

这是一种既以人为导向，又强调平等的文化，富于创造性，孕育着新观点。由于强调平等，这种文化的组织结构是最精简的，等级也是最少的。在这样的文化中，组织成员共同承担责任并寻求解决办法。这种文化典型的代表就是硅谷。

（3）导弹型组织文化。

这是一种平等的、以任务为导向的文化。在这种文化中，任务通常都是由小组或者项目团队完成的，但是这种小组都是临时性的，任务完成，小组就会解散。成员所做的工作都不是预先设定好的，当有需要完成的任务时，便必须去做。拥有这一类型组织文化的国家有美国、英国、挪威、爱尔兰等。

（4）埃菲尔铁塔型组织文化。

之所以称为埃菲尔铁塔型文化，是因为具有这种类型文化的组织的结构看起来很像埃菲尔铁塔，等级较多，且底层员工较多，越往高层人数越少。每一层之间都有清晰的责任划分，所以组织员工都是小心谨慎的。员工对组织的任何不满都要通过一定的程序和调查确证才有可能反映给高层管理者。在这种组织文化中，组织成员都相信需要必需的技能才能保住现有职位，也需要更进一步的技能才能获得升迁。拥有这一类型组织文化的国家有德国、法国、澳大利亚、加拿大等。

11.2　组织文化理论

11.2.1　组织文化的 7S 框架

7S 框架的雏形最先出现于畅销书《日本的管理艺术》（*The Art of Japanese Management*），作者是理查德·帕斯卡尔和安东尼·艾索斯，他们写作这本书的动机是调查什么原因让日本企业如此成功。几乎与此同时，托马斯·彼得斯和罗伯特·沃特曼二人亦在进行一项卓越企业成功因素的调查研究。1978 年，四位作者共同提出了 7S 框架。后来这一框架也出现在了彼得斯和沃特曼的畅销书《追求卓越》（*In Search of Excellence*）中，并成为全球著名的管理咨询公司麦肯锡的一种最基本的管理咨询工具。从那以后，7S 框架逐渐广为人知。麦肯锡的 7S 框架提出了全面、高效运作公司事务的七个要素：共同价值观、战略、结构、制度、人员、作风、技能（见图11－2）。

1. 共同价值观

在组织文化的架构要素之中，共同价值观被认为是其中最重要、最核心的要素，是组织的软性核心竞争力，它包括使命、愿景和核心价值观等文化部分。使命、愿景和核心价值观是组织文化最具魅力的部分，也是组织个性的核心体现。

任何一个组织的发展过程都必然有自己鲜明的特点，必定有支撑组织发展的个性，它外化为组织个性的活动方式、行为准则和品牌特征，所以文化建设首先要解析组织的个性基因。价值标准正成为许多组织的正式政策或非正式文化的一部分，它是联结组织其他要素的纽带。

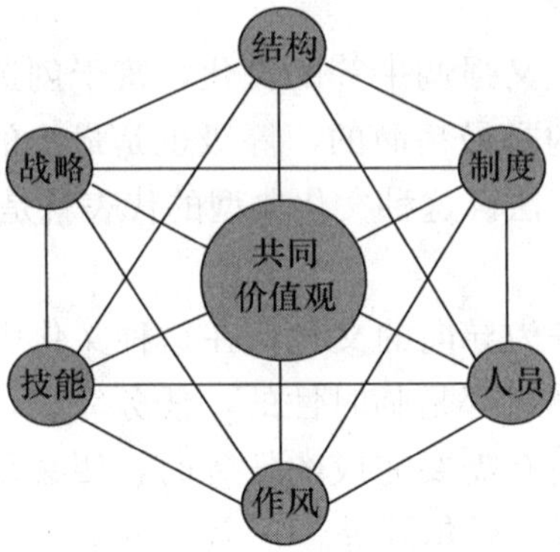

图 11-2 7S 框架图

2. 战略

战略是企业根据内外环境及可取得资源的情况，为求得企业生存和长期稳定的发展，对企业发展目标、达到目标的途径和手段所做的总体谋划，它是企业经营思想的集中体现，是一系列战略决策的结果，同时是制定企业规划和计划的基础。企业战略这一管理理论是 20 世纪 50—60 年代由发达国家的企业经营者在社会经济、技术、产品和市场竞争的推动下，在总结自己的经营管理实践经验的基础上建立起来的。

3. 结构

结构是指一个组织内部各部门的联系形式，包括集中化形式、功能化形式（自上而下）、去中心化形式、矩阵形式、网络化形式等。战略需要健全的组织结构来保证实施，组织结构是企业的组织意义和组织机制赖以生存的基础，是企业组织的构成形式，即企业的目标、协同、人员、职位、相互关系、信息等组织要素的有效排列组合方式。就是将企业的目标任务分解到职位，再把职位综合到部门，由众多的部门组成垂直的权力系统和水平分工协作系统的一个有机的整体，组织结构是为战略实施服务的，不同的战略需要有不同的组织结构与之相对应，组织结构必须与战略相协调，它是企业战略贯彻实施的组织保证。

4. 制度

制度是指组织各项任务的运作流程与操作程序，包括财务系统，招聘、晋升及绩效评估系统，信息系统等。企业的发展和战略实施需要完善的制度作为保证，而实际上各项制度又是企业精神和战略思想的具体体现。所以，在战略实施过程中，应制定与战略思想相一致的制度体系，要防止制度的不配套、不协调，更要避免背离战略的制度出现。

5. 人员

人员包括组织内部的员工数量、员工类型。战略实施还需要充分的人力准备，有时战略实施的成败确系于有无适合的人员去实施。实践证明，人力准备是战略实施的关键。所以，企业在做好组织设计的同时，应注意配备符合战略思想需要的员工队伍，将他们培训好，分配给他们适当的工作，并加强宣传教育，使企业各层次人员都树立起与企业的战略相适应的思想观念和工作作风。人力配备和培训是一项庞大、复杂和艰巨的组织工作。

6. 作风

作风是指组织的文化风格（cultural style）以及管理人员的工作风格。杰出企业都呈现出宽严并济的管理风格。一方面它们让生产部门和产品开发部门最大限度地自主，另一方面又保守地遵循着几种流传久远的价值观。

7. 技能

技能（才能）是指员工的个人能力或组织作为整体所反映出来的独特能力。在执行公司战略时，需要员工掌握一定的技能，这有赖于严格、系统的培训。譬如在运动场上大显身手的健将们，他们惊人的体质和技术不是凭空而来的，是长期在生理和精神上进行严格训练的结果。如果不接受训练，一个人即使有非常好的天赋资质，也可能无从发挥。

知识库 11-2

新7S框架理论

麦肯锡公司的7S框架理论认为，竞争的优势在于根据组织的关键特性建立一套适当的“组合”，并将这些特性集中于一个目标或使命。7S是在企业内各个方面之间创造静态的战略搭配。美国企业竞争理论研究者达·维尼提出了新7S框架理论，强调动态的战略互动。新7S框架理论包括以下内容：

（1）企业利益关系人的高满意度。

（2）战略预见。

（3）瞄准速度的定位策略。

（4）瞄准出其不意的部位。

（5）使竞争规则不利于竞争对手。

（6）表明战略意图。

（7）同时发起一系列的战略攻击。

11.2.2 组织文化的Z理论

威廉·大内从1973年开始专门研究日本企业管理，在调查比较日美两国管理经验的基础上，提出了Z理论。

威廉·大内认为，一个公司的文化由其传统和风气构成。此外，文化还包含一个公司的价值观，如进取心、守时、灵活性，是确定活动、意见和行动模式的价值观。管理者从雇员的典型事例中提炼出这种价值观，并加以传承。

Z理论描述了一种独特的价值观，其中包括长期雇佣、建立信任以及亲密的个人关系等。一家Z型公司的所有领域都与这种价值观关联，其产品也是由这种价值观决定的。人性化的Z理论的影响还会扩展到公司以外。

Z理论认为，任何雇员的生活都是一个整体，而不是分裂的，不是上午9点到下午5点是机器，而在其他时间才能是鲜活的人。Z理论认为，人性化的工作条件不仅能提高劳动生产效率，为公司增加利润，也能提升雇员的尊严感。心情舒畅能使每一个人更加高效地进行工作。美国的经理们一直都认为使劳动生产效率提高的因素是生产技术，而Z理论则认为是人。所以，Z理论要求在公司的事务中重新重视人的作用。正是由于这个原因，Z型组织取得了成功，它给雇员提供了一个稳定的工作环境，并更好地平衡他们生活中的其他部分。

威廉·大内提倡的Z型公司能在社会关系和生产效率之间取得平衡，因为这两者本来是密切相关的：社会和经济代表着一个国家的两方面。如果社会机体不能和谐地进行工作，经济机体就会受到影响。一个经济组织不只是经济的产物，同时也是社会的产物。正如任何一种社会系统一样，一个工作组织包含着人们之间的一种微妙的协作形式。Z型公司并不要求雇员或管理者中的任何一方干更多的苦活，而是要求两者把双方的关系调节得更加恰当，这对于提高他们共同的生产效率是至关重要的。Z理论融合了一些儒家的和谐、平衡的思想，这使得Z理论在日本以及东亚其他地区流传甚广。

11.2.3 卓越企业文化论

在竞争日益激烈的今天，卓越精神与文化日益成为公司长期稳定发展的基础，卓越企业文化论对此提出了重要的观点，即卓越理念、卓越使命。卓越理念是以客户和市场为中心，最大限度地为客户创造价值。卓越使命则是通过与客户分享实战经验和传播先进的经营理念帮助客户获得创新的、快速的、持续的发展。它要求企业做到：

（1）对市场需求准确把握，以最犀利的方法洞察。

（2）对市场走势敏锐判断，以最精准的方法锁定。

（3）对项目优点不断探索，以最深入的方法挖掘。

（4）对方案执行完美保证，以最实效的方法达成。

研究发现，卓越的企业文化必须具备三个条件：

第一，能够高瞻远瞩，使企业具有强大而持久的前进动力，即内在的推动力，使从领导到员工的每一个人都能不断前进。时代变了，即便事业达到顶峰还会向前走，这种内在动力只有文化能够提供。

第二，能够落到实处，使企业日常的行为规范有精神可依循。企业的规章制度体现的是一种理念，通过精神上的追求指引大家该怎样做；企业文化则体现了企业的核心价值，并能转化为具体行动，看得见、摸得着，大家都能体验得到。

第三，能够持之以恒，使企业历经沧桑而不衰。不能坚持的不是文化，只有坚持才能成为习惯意识、习惯行为，也就能很自然地传承下去，沉淀为文化。这是最重要的。

11.2.4 丹尼森组织文化模型

瑞士洛桑国际管理学院著名教授丹尼森在对1 500多家样本公司进行研究后指出：参与性（involvement）、一致性（consistency）、使命（mission）、适应性（adaptability）这四大文化特征对一个组织的经营发展具有重大影响。

在此基础上，丹尼森又将每一种文化特征细分为 3 个考察维度：从授权、团队导向与能力发展三个维度考察参与性；从核心价值观、配合、协调与整合考察一致性；从愿景、目标、战略导向与意图来考察使命；从组织学习、顾客至上、创造变革来考察适应性（见图 11－3）。利用这些考察维度，能够比较准确地确定某一组织的文化特征。

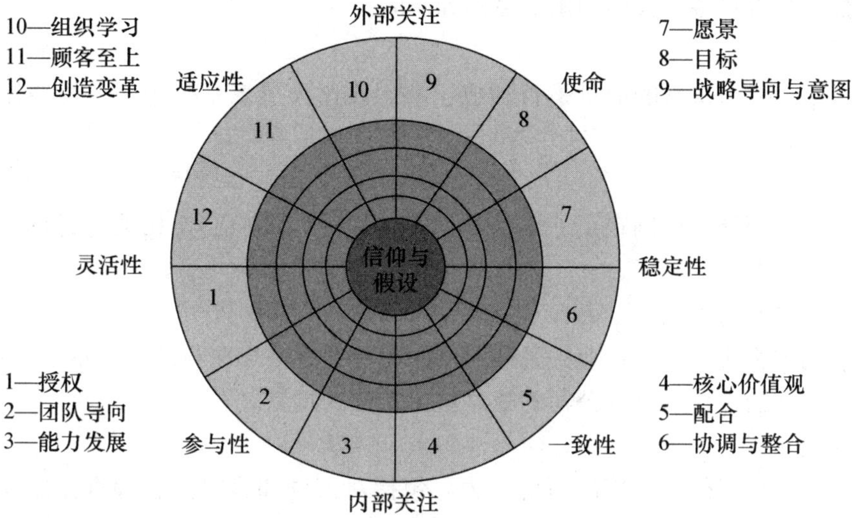

图 11－3　丹尼森组织文化模型

1. 参与性

对参与性的考察与测量主要涉及员工的工作能力、主人翁精神和责任感。一家公司在这一文化特征上的得分高低，可以反映出该公司在员工培养、上下级沟通、员工参与管理程度与途径等方面的情况。

（1）授权。

考察员工是否真正被授权并承担责任、是否具有主人翁意识，工作积极性如何等。

（2）团队导向。

考察公司是否重视并鼓励员工相互合作以实现共同目标，员工在工作中是否依靠团队力量。

（3）能力发展。

考察公司是否不断投入资源培训员工使他们不断成长，公司对员工学习和成长需求的满足程度。

2. 一致性

衡量公司的凝聚力和向心力的情况。

（1）核心价值观。

考察公司是否存在着大家共同信奉的价值观，从而使公司员工产生强烈的认同感，并对未来抱有明确的期望。

（2）配合。

考察领导者是否具备足够的能力让大家达成高度的一致，在关键的问题上是否有促成一致意见的能力。

（3）协调与整合。

考察公司中各职能部门和业务单位是否能够密切合作，部门或团队的界限会不会变成合作的障碍。

3. 使命

判断公司是否具备远大而明确的目标和志向。

（1）愿景。

考察员工对公司未来的愿景是否达成了共识，这种愿景是否得到公司全体员工的理解和认同。

（2）目标。

考察公司是否周详地制定了一系列与使命、愿景和战略密切相关的目标，可以让每个员工在工作时参考。

（3）战略导向与意图。

考察公司是否希望在本行业中脱颖而出。明确的战略导向与意图展示了公司的决心，并使所有人都知道应该如何为公司的战略做出自己的贡献。

4. 适应性

主要反映公司对外部环境的适应能力，包括对市场和客户的各种直接或间接信号的捕捉能力和反应速度。

（1）组织学习。

考察公司能否将外界信号视为创新和汲取新知识的良机。

（2）顾客至上。

善于适应环境的公司会凡事都从客户的角度出发，考察公司是否了解自己的客户，使他们感到满意，并能预计客户未来的需求。

（3）创造变革。

公司是否惧怕承担因变革而产生的风险；公司是否学会仔细观察外部环境，预见相关流程及变化步骤，并及时实施变革。

在丹尼森的组织文化模型中，适应性与参与性强调的是组织的灵活性和变革欲望与能力；使命和一致性则强调组织保持可预测性与稳定性的能力，两者构成了一对矛盾主体。适应性与使命强调的是组织对于外部环境的适应能力，参与性与一致性强调的是一个组织的内部和谐能力，这又构成了组织文化建设中的另一对矛盾主体。

两对矛盾也是一个组织在文化建设中所要平衡和解决的主要冲突，对这两对矛盾的解决程度，决定了一个组织文化建设的成败。

11.3 组织文化的构建和完善

11.3.1 组织文化的构建

如何构建新的组织文化，管理者应当从以下几个方面考虑：

1．选择组织价值观的标准

由于组织价值观是整个组织文化的核心和灵魂，因此，选择正确的组织价值观是塑造组织文化的首要战略问题。选择组织价值观有两个前提：一是要立足于本组织的具体特点。不同的组织有不同的目的、环境、习惯和组成方式，由此形成千差万别的组织类型，因此必须准确地把握本组织的特点，选择适合自身发展的组织文化，否则就不会得到广大员工和社会公众的认同与理解。二是要把握住组织价值观与组织文化各要素之间的相互协调，因为各要素只有经过科学的组合与匹配才能实现系统整体优化。

在此基础上，选择组织价值观要抓住四个标准：

（1）组织价值观要正确、明晰、科学，具有鲜明特点。

（2）组织价值观和组织文化要体现组织的宗旨、管理战略和发展方向。

（3）要切实调查本组织员工对价值观的认可程度和接纳程度，使其与本组织员工的基本素质相契合，过高或过低的标准都很难奏效。

（4）要坚持走群众路线，充分发挥群众的首创精神。

2．组织文化宣传

选择和确立组织价值观与组织文化之后，就应通过一定的教育、宣传方式，使这些被认可的方案深入人心。

（1）积极宣传。

积极宣传组织文化的内容和要求，使人人皆知，以创造浓厚的文化氛围。

（2）树立典型。

典型、榜样是组织精神和组织文化的人格化身与形象缩影，能够以其特有的感染力、影响力和号召力为组织成员提供可以仿效的对象，而组织成员也可以从英雄人物和典型榜样的精神风貌、价值追求、工作态度和言行表现之中深刻理解组织文化的实质和意义。尤其是在组织发展的关键时刻，组织成员总是以榜样人物的言行来确立（调整）自己的行为导向。

（3）培训与教育。

有目的的培训与教育，能够使组织成员系统接受和强化认同组织所倡导的组织精神和组织文化。培训与教育的形式可以多种多样，当前，在健康有益的娱乐活动中恰如其分地融入组织文化的基本内容和价值准则，不失为一种有效的教育方法。具体做法包括：充分利用一切宣传工具和手段，宣传组织文化的内容和要求，使之家喻户晓，以创造浓厚的文化氛围。

（4）提炼定格。

一是精心分析。在群众性的初步认同实践之后，应当将反馈意见加以剖析和评价，详细分析实践结果与规划方案的差距，必要时可采纳有关专家和员工的合理意见。

二是全面归纳。在系统分析的基础上，进行综合的整理、归纳、总结和反思，采取去粗取精、去伪存真、由此及彼、由表及里的方法，删除那些落后的、不为员工所认可的内容与形式，保留那些进步的、卓有成效的、为广大员工所接受的内容与形式。

三是精练定格。把经过科学论证和实践检验的组织精神、组织价值观、组织文化予以条理化、完善化、格式化，并进行必要的理论加工和文字处理，用简练的语言表述出来。

（5）巩固落实。

一是建立必要的制度。在组织文化演变为全体员工的习惯行为之前，要让每一位成员都能自觉主动地按照组织文化和组织精神的标准去行事几乎是不可能的。即使在组织文化业已成熟的组织中，个别成员背离组织宗旨的行为也时常出现。因此，建立某种奖优罚劣的规章制度是十分必要的。

二是领导率先垂范。组织领导者在塑造组织文化的过程中起着决定性的作用，他本人的模范行为就是一种无声的号召和导向，会对广大员工产生强大的示范效应。任何一个组织如果没有组织领导者的以身作则，要想培育和巩固优秀的组织文化是非常困难的。这就要求组织领导者观念与时俱进，作风正派，率先垂范，真正肩负起带领组织成员共建优秀组织文化的历史重任。

（6）丰富发展。

任何一种组织文化都是特定历史的产物，所以当组织的内外部条件发生变化时，需要不失时机地调整、更新、丰富和发展组织文化的内容和形式。这既是一个不断淘汰旧文化、生成新文化的过程，又是一个认识与实践不断深化的过程，以此循环往复，达到更高的层次。

11.3.2 组织文化建设的不断完善

对于组织来讲，组织文化建设是一项长期、系统和不断完善的工程，把建设组织文化当成组织每时每刻要做的工作，才能将组织文化做到实处，也才能对组织经营产生真正长期的贡献。

1. 组织文化战略规划

凡事预则立，不预则废。组织文化工作也是这样，应该由组织文化部门根据组织内外部环境及组织的实际需求来制定组织文化战略及计划。

2. 组织文化运作管理

组织文化建设是一项长期持续的工作，并且组织文化建设还应落实到组织的每一项经营管理活动中去，组织文化部门应对整个组织的组织文化工作进行有效的管理与控制，并根据运作的实际情况对组织文化战略做出调整。

3. 组织文化创新

在成熟的组织中，组织极容易因为组织文化的滞后而影响战略的实施，甚至导致其制定的经营战略出现失误。所以，应根据环境的变化对组织文化进行不断的创新和变革。

4. 组织理念的完善和更新

组织环境在变化，所以组织的理念也应随之不断完善和更新，否则就会出现经营危机。由于组织文化系统与环境水乳交融，其对环境变化的敏感度要比企业战略及管理系统高，因此，组织文化系统要先于战略系统对环境变化做出判断，进而通过自身的变革来促进战略和管理的变革，使企业长期处于主动和有利的位置，其实这也是企业持续经营的关键。

11.3.3　组织文化变革的策略

组织文化是由相对稳定和持久的因素构成的，这一事实往往导致组织文化的变革具有相当大的阻力。一种文化需要很长一段时间才能形成，而一旦形成，它又常常会成为牢固和不易更改的习惯。像美国通用汽车公司这样具有强大文化的组织，之所以存在特别大的变革阻力，就是因为其组织文化已经在组织成员中根深蒂固。然而随着时间的推移，如果某种特定的文化变得对组织不再适宜，它就成了管理的绊脚石。这时，管理者很少能做些什么来改变它，从短期来看更是如此。即使是在最有利的条件之下，组织文化的变革也需要经历多年时间，而不是几周或几个月就能看出变化。

1. 组织文化变革的条件

哪些有利条件可以促进组织文化的变革？经验表明文化变革最可能在具有如下全部或绝大部分条件的情境下发生：

（1）大规模危机出现。

这可以成为动摇现状的一个震源，促使人们对现有文化的适应性产生怀疑。

（2）领导职位易人。

高层领导可能被认为对危机具有更强的反应能力，而新领导往往会给组织带来一种不同的价值观。这里，高层领导既可以是首席执行官，也可能包括所有的资深经理。

（3）组织新而小。

新成立组织的文化渗透力较弱，因此管理者也更容易传播新的价值观。

（4）组织文化弱。

一种组织文化愈是广泛渗透并且成员对总价值观高度认同，组织文化就愈难被改变。相反，较弱的文化比较强的文化具有更高的可变性。

2. 实现组织文化变革的策略

如果情境条件适宜，管理者应当推行组织文化变革。组织文化变革需要有一个全面协调的战略。

（1）变革的最佳着眼点是进行组织文化分析。

这包括进行文化审核以评估现有的文化，将现有文化与预期的文化做比较，进行差距评价以确定哪些文化要素特别需要加以变革。

（2）大规模危机可作为瓦解根深蒂固的组织文化的一种手段。

危机并不能被组织的所有成员注意到，因此，管理者有必要使人们更清楚地看到组织的危机，让组织的每个人都清楚组织的生存正在受到致命的威胁。如果员工没有意识到变革的紧迫性，就很难对文化变革的号召做出回应、对变革的努力做出反应。

（3）任命新的高层管理人员。

这可能预示着一场重大的变革。新的高层管理人员可能展现一种新的角色模式，并产生一套新的行为标准。不过，新的高层管理人员需要尽快将新观念注入组织中，并将关键管理职位的人员调换成支持这一观念的人。

（4）启动一次组织重组。

设立一些新单位，或者将某些单位合并或取消，这些都以显而易见的方式传递着管理者下定决心将组织引入新方向的信息。

（5）新的领导者尽快创造出新的组织故事和仪式。

新的领导者尽快创造出新的组织故事和仪式，以此来取代原先的仪式，向员工传播组织新的主体价值观。耽搁这一进程，只会使新的领导者与现有文化为伍，从而关闭推行变革的大门。

11.4 组织中的文化互动

11.4.1 心理契约

1. 心理契约的含义

心理契约（psychological contract），又称作组织归属感、组织忠诚等，是20世纪60年代由阿吉里斯提出的。阿吉里斯在《理解组织行为》中用“心理的工作契约”来说明工人与工头之间的关系。他通过对一家制造工厂的研究指出：“工人和工头之间有可能形成这样一种关系，我们称之为‘心理的工作契约’。”而莱文森等人通过对美国一家工厂的多名员工的访谈，在《工人、管理和心理健康》（*Men, Management and Mental Health*）一书中明确提出心理契约是“组织与员工之间隐含的、未公开说明的相互期望的总和”。

1980年，沙因将契约定义为：“在组织中，每个成员和不同的管理者以及其他人之间，在任何时候都存在的没有明文规定的一整套期望。”他认为心理契约的本质是对无形的心理内容的期望。沙因指出“虽然它（心理契约）并没有写明，心理契约却是组织中行为的强有力的决定因素”。

卢梭和鲁滨孙一起提出了一个更具体的心理契约定义。他们认为，心理契约不仅有期望的性质，也有“对义务的承诺与互惠”。虽然这两个概念看起来有一定的联系，但卢梭认为对义务的知觉比期望更强。因此，当这些义务被打破时，它们所产生的情绪和极端的反应比那些较弱的期望被打破时所做出的反应要强得多。打破期望产生失望的感觉，而打破义务则产生愤怒的情绪，并使人们重新评价个人与组织的关系。心理契约强调的是个人与组织之间的“关系”，而不是他们之间的“交换”。

目前比较集中的观点认为，心理契约是在组织与员工互动的情境中，员工对于他们和组织之间的责任与义务的信念系统。这一概念强调员工对于组织责任和自身责任的认知。心理契约分为两个方面，一是员工心理契约，二是组织心理契约。由于组织心理契约的存在主体难以确定，因此迄今为止的心理契约研究主要从员工角度进行。人们在一个组织中工作的时间越长，心理契约所涵盖的范围就越广，在雇员和组织的关系中，期望和义务所隐含的内容就越多。

卢梭和帕克斯认为，心理契约基本上分为两大类：交易型心理契约和关系型心理契约。交易型心理契约是双方以追求对经济的、外在需求的满足为基础的心理契约；关系型心理契约是双方以追求对社会情感方面的需求的满足为基础的心理契约。

近年来一些研究者根据时间结构和绩效要求两个维度，将心理契约划分为四种类型：交易型、变动型、平衡型、关系型。其中，时间结构维度指的是雇佣关系的持久程度，绩效要求维度指的是作为雇佣条件的绩效描述的清晰程度。

2. 心理契约的特点

（1）心理契约的主观性。

心理契约是个体水平上的认知，受到人脑信息加工过程的限制。人脑加工过程并不是一种完全理性、客观的过程，并且即使契约条款是客观存在的，人们对它的解释和理解也是由大脑来进行的，因此心理契约具有主观性。

（2）心理契约的自愿性。

心理契约不是强制性的，要是个体不愿意履行心理契约，那么心理契约便会失效。所以，心理契约具有自愿性。

（3）心理契约的互惠性。

互惠性是心理契约的重要层面。从根本上说，心理契约是一种隐含交易，即一方提供的某种东西与另一方提供的某种东西进行交换。若一方向另一方赠送礼品，受赠方只接受却并无回报，则不构成心理契约。但如果受赠方感到有义务回报对方，则产生互动过程。当礼物的互动过程成为双方之间一种稳定、反复发生的行为范式时，心理契约便建立起来。

（4）心理契约的动态性。

正式的雇佣契约一般是稳定的，很少发生改变。但心理契约处于一种随着时间和条件而不断变更与修订的状态。任何有关组织工作方式的变更，不论是社会性的还是组织内部的，都会对心理契约产生影响。

（5）心理契约的过程性。

心理契约与经济契约不同，经济契约更强调内容，心理契约更强调过程。波特·马金等人概括出两种契约的差异（见表11-1）。

表11-1 心理契约与经济契约的差异

	心理契约	经济契约
员工关注的内容	体谅	金钱
组织关注的内容	品德	工作

3. 心理契约的作用

在新时代的经济环境下，员工与组织关系不仅是雇用与被雇用的简单关系，更是合作伙伴的关系，因此，心理契约在组织员工关系中也体现出重要作用：

（1）心理契约可以加深员工间的了解。研究者认为，心理契约不仅存在于组织与员工之间，还存在于员工与员工之间。良好的心理契约不仅可以避免由于信息缺失引起的沟通障碍，还可以加深员工之间的相互了解。

（2）心理契约可以引起组织和员工双方对相互期望的重视。心理契约是联系员工与组织的心理纽带，也是影响员工行为和态度的重要因素，会影响到员工的工作绩效和工作满意度等。

（3）心理契约可以提高组织的凝聚力。员工自我价值的实现与组织的发展是相互促进的，良好的心理契约一方面可以提高员工的工作满意度，另一方面会促进组织发展。这种相互促进会使组织形成一种强大的凝聚力。

11.4.2 组织承诺

1. 组织承诺的含义

组织承诺是组织行为学的一个概念，作为一种重要的态度变量，它可以预测员工绩效、工作满意度、离职行为和缺勤等。最早提出组织承诺这一概念的是美国社会学家贝克尔，1960 年贝克尔将组织承诺定义为“由单边投入产生的维持活动一致性的倾向，是一种甘愿全身心参与组织的各项活动的感情，反映个体与组织之间的心理默契”。加拿大学者迈耶和艾伦将组织承诺定义为“体现员工和组织之间关系的一种心理状态，它隐含了员工对于是否留在该组织的决定”。因此，组织承诺可以定义为：员工接受特定组织价值观和目标，并愿意付出较多努力以成为该组织成员的一种状态。

组织承诺表现为：

（1）希望加入组织。

（2）愿意保留组织的成员资格。

（3）认同组织的价值观并接受组织目标。

（4）愿意为组织的利益做出自己的贡献。

组织承诺的影响因素包括组织因素和个人因素两类。组织因素包括岗位认同、组织发展前景、人际关系等。个人因素包括性别、年龄、学历、专业知识及个性特征等。

知识库 11-3

组织承诺与心理契约的差异

组织承诺是指员工随着对组织的单方面投入的增加，产生的一种心甘情愿地参与组织各项活动的感情；组织承诺的内容是单维的，只是员工对于组织的感情。

心理契约指的是一种员工对于个体与组织之间相互责任与义务的信念系统；心理契约是一种双向的关系，即员工对自己应承担的责任的信念，以及员工对组织应承担的责任的信念。

2. 组织承诺的种类

目前，研究者已经区分出了三种不同的组织承诺，即持续承诺、情感承诺和规范承诺。

（1）持续承诺。

现实生活中，一些人仅仅因为烦于寻找新的工作而一直从事同一份工作。持续承诺（continuance commitment）就是指这种由于个人认为离开某一组织付出的代价太大而在这一组织供职的意愿的强度。

（2）情感承诺。

情感承诺（affective commitment）是指员工由于认同组织的目标和价值而持续为组织工作的强烈愿望。情感承诺水平高的员工留在组织中是因为认同组织的一切，并愿意协助组织达到目标，当组织面临变革时，员工会对他们的个人价值是否仍能与组织价值保持一致产生怀疑。出现这样的情况时，他们可能会问自己是否仍然属于这个组织，如果他们认为自己不再属于变革后的组织，就会选择辞职。

（3）规范承诺。

规范承诺（normative commitment）反映的是员工对继续留在组织的义务感，它是员工由于长期受组织影响而产生的愿意留在组织内的承诺。规范承诺水平较高的员工非常关注自己离职后其他员工的想法，他们不愿意让老板失望，担心同事会由于他们的离职看不起他们。

3. 组织承诺的价值

（1）提高组织承诺水平能够降低离职率。

组织承诺水平高的员工更能坚守岗位。员工的组织承诺水平越高，他们就越不可能辞职或缺勤。组织承诺让员工能坚守自己的工作岗位，并珍惜自己的工作时间。

（2）提高组织承诺水平能够增强员工的责任感。

组织承诺水平高的员工更愿意为组织做出牺牲。除了能坚守岗位，组织承诺水平高的员工还愿意为组织的生存和发展做出牺牲。

4. 提高组织承诺水平的途径

近年来，一些研究者提出了提高组织承诺水平的思路。

（1）严守员工第一的价值观。雇用合适的管理者，做到知人善用，实践员工第一的价值观。

（2）明确管理者的任务并传达任务。管理者应明确自己的任务和思想体系，实行基于价值观的雇佣政策。

（3）确保组织公正。建立系统的投诉程序，提供双向沟通途径。

（4）重视互助作用、交叉利用和团队合作。

（5）支持员工发展，并坚持付诸实践。

11.4.3　工作满意度

1. 工作满意度的概念

工作满意度的研究最早可以追溯到霍桑实验，它提出影响生产力最主要的因素是在工作中发展起来的人际关系，并且提出一个新的管理哲学：一个工业组织应该获得具有高生产效率和工作满意度的劳动力，从而生存和发展。

工作满意度最早由霍波克于 1935 年提出，他认为工作满意度是工作者心理与生理环境因素的满足感觉。此概念只是对工作的整体感受，并没有针对工作内容本身。杨真龙提出工作满意度是员工工作态度的整体反映，是员工对工作所具有的总的积极情感，是一名员工对其工作的不同维度的平均态度或总的态度，而不是指对某一维度的态度。

综合各类学者的研究，我们可以把工作满意度理解为个体对他所从事的工作的态度，也就是他通过完成自己的工作能够获得满足的程度。

2. 工作满意度的影响因素

霍波克认为，可能影响工作满意度的因素包括疲劳、工作条件、工作单调和领导方式等。他更多的是从物质条件来定义员工工作满意度的影响因素，这种观点在之后的研究中获得了进一步的补充和改进。

罗宾斯认为，决定工作满意度的因素主要包括五个方面：具有挑战性的工作、公平的奖酬、支持性的工作环境、融洽的同事关系以及适合个人性格的工作。

普赖斯将影响工作满意度的因素归纳为收入水平、融合性、基础交流、正规交流、企业的集权等。

综合各类学者的研究，工作满意度的影响因素有以下几种：

（1）工作内容。

工作内容在决定员工的工作满意度中起着很重要的作用，主要包括工作活动的多样性、对工作方法和工作速度的自主权、工作的挑战性、工作对个体的吸引力、工作能够带来的成功机会和学习机会。

一般情况下，工作的适度变化能提高员工的工作满意度。太多的变化使人精神紧张和身体疲劳，而太少的变化则让人感到乏味、厌倦。拥有对工作方法和工作速度的自主权也能提高工作满意度，而对工作方法和工作进度的严密监督则会降低工作满意度。能激发人的兴趣、具有挑战性的工作，可以使人们在努力完成任务的过程中得到满足并体验积极的情感。

（2）报酬。

报酬能满足员工的基本生存和发展需要，也能满足员工的成就需要，它是对员工工作的最直接、最明确的物质肯定方式，是自己的工作得到别人认可的象征。因此，报酬与工作满意度密切相关。报酬必须与员工的职位、能力、所承担责任的大小相适应，同时在福利待遇方面应充分考虑员工的个体差异。总之，员工希望组织的薪酬制度公平、公正，且与他们的期望一致。

（3）工作条件。

工作条件包括很多内容，如工作场所的温度、湿度、光线、噪声、清洁度、通风情况、空间宽敞度、休息时间长短等。每个人都向往安全、舒适的工作环境，它会使人在工作时感到高兴和愉快。此外，工作条件和环境还会影响工作以外的生活质量。

（4）人际关系。

工作中的人际关系是工作满意度的重要影响因素。每个人都有友谊、关爱、归属的需要，这些需要只能在人际交往中得到满足。如果员工在工作中与同事（包括领导和下属）具有良好的关系，则能产生较高的工作满意度。良好的人际关系主要指员工与同事间相互支持等。有研究发现，如果员工的直接上级善解人意，对下级态度友好，能倾听员工的意见和建议，并经常表扬下属，则员工的工作满意度就会提高。对于那些单调乏味的工作，良好的人际关系更为重要。高度的自尊、同事的合作、上级的支持、下级的配合等都会提高工作满意度。

（5）个人特点。

个人的价值观、工作技巧、工作经验和能力等也是影响工作满意度的因素。个人的工作态度取决于该工作对于人的意义的大小。由于不同的人具有不同的价值观，因此，人们对于某种工作意义的理解是不同的。一个人只要认为一种工作有意义，他就会持积极肯定的态度。一种工作是否让人感到满意，也同该工作是否与从事这份工作的人的性格、能力相适合有关。此外，过去的成功或失败的经验对工作满意度也有重要影响。因此，管理者一定要根据员工的性格特点、能力特点和经验等，对员工的工作进行合理安排，这样才能促进员工工作满意度的提高。

3．工作满意度对工作行为的影响

（1）缺勤。

研究表明，工作满意度同员工的缺勤行为有稳定的负相关关系，即员工工作满意程度越低，越容易经常旷工，工作满意度较高的员工缺勤率较低。

（2）离职。

它是指自愿离开组织的行为。在很多研究当中，这个工作行为用“流动率”来衡量。对工作不满意的人更可能离职，离开自己不满意的工作，去寻找更满意的工作。

（3）组织公民行为。

员工的工作满意度是影响组织公民行为的重要因素。如果员工在组织当中感受到公平的待遇，就会产生对组织的信任感，会更自觉地完成正式要求之外的工作。但是当员工感受到组织程序的不公正、报酬的不公平时，员工工作满意度会下降，组织公民行为也会减少。

知识库 11－4

组织公民行为

组织公民行为是指由员工自发进行的，在组织正式的薪酬体系中尚未得到明确的或直接的承认，但就整体而言有益于组织运作的功能和效率的行为。主要表现为：即使不是自己的职责，也不会受到规则的奖励，但是员工还是热心地帮助同事，努力地节约组织的资源，提出合理化的建议，为组织分忧解难，这些都是常见的组织公民行为。

（4）绩效。

绩效是组织和管理者最关注的变量，绩效高就意味着员工的产出更多，为组织带来更大的利益。任何组织的生存和发展都是以所有员工的高绩效为主要基础的。员工的绩效是员工积极、努力工作的结果。一般认为，员工的工作满意度高，工作绩效就会高，即满意导致高绩效。

4．提高工作满意度的主要手段

（1）提供公平的报酬和晋升机会。

员工通过获得组织提供的工作报酬来购买食物、衣服、房屋，并发展自己的业余兴趣，丰富生活。报酬高低和工作满意度密切相关。组织提供的报酬也是对员工工作最直接、最明确的肯定方式。员工对自己的努力和绩效有着自我评价，因此对报酬也有着一定的预期。当组织的报酬体系建立在工作条件、个人技能、行业和地区水平、工作绩效基础上时，员工会感到公平。晋升意味着员工可以获得较高的社会地位和声望，也常常意味着更多的物质报酬、更好的工作条件。晋升意味着组织对个人能力的认可，意味着组织愿意让员工承担更重的责任。如果员工感到获得的报酬和组织当中的晋升机会是符合他们预期的、公平的，那么员工将获得比较高的工作满意度。

（2）改善工作性质。

如果工作能够提供更多的学习机会，工作内容变化多样，工作具有适度的挑战性且员工有更高的自主权，那么员工的工作满意度会得到提高。组织改善工作性质的手段有提供工作轮换、鼓励员工参与决策、设立较有挑战性的目标、提供能力培训、在分配岗位时照顾员工个人的兴趣和志向等。

（3）注意培养和谐的人际关系。

每个人都有友谊、关爱、归属的需要，人们需要人际交往。在现代社会中，很多员工在组织中工作的时间甚至比和家人相处的时间还要长，工作场所的人际关系对于员工的重要性不言而喻。如果员工在工作中与领导、下属、同级都保持着良好的关系，则对其保持较高的工作满意度有积极意义。在工作中，良好的人际关系的主要表现就是同事之间态度友好、相互支持。对于那些单调乏味的工作来说，良好的人际关系更为重要。

组织的文化和氛围对维持组织中的良好人际关系有着重要的影响。组织可以通过组织文化活动鼓励员工相互交往、增加理解；可以通过培养共同价值观来协调员工的思维模式；可以对各级管理人员进行领导方式的培训，因为如果员工的直接上级能够善解人意、态度友好，员工对人际关系的感受会得到较大的改善。

（4）提供良好的工作条件。

工作场所的物理条件也能影响员工的工作满意度。良好的工作条件应该具有合理的温度、湿度、光线、噪声、清洁度、通风情况、空间宽敞度；办公场所的装修质量、设备好坏、装饰颜色也会给人强烈的心理感受。另外，工作时间安排、休息时间长短等也是工作条件的重要组成部分。好的工作条件会给员工带来生理上的舒适感，并提升其对于组织的认同感。因此，组织应该在条件允许的范围内尽量给员工创造较好的工作条件。

本章小结

本章分四个小节分别阐释了组织文化概述、组织文化理论、组织文化的构建和完善，以及组织中的文化互动。

第一节主要介绍组织文化的概念、组织文化的内容与基本要素、组织文化的特征、组织文化的功能、组织文化的类型。

组织文化是指组织中的成员所共有的价值观念、信仰、道德规范、行为方式等精神与物质财富的总和。

组织文化的基本要素包括组织精神、组织价值观和组织形象。

组织文化具有独特性、可塑性、融合性和实践性特征。

组织文化具有自我内聚功能、自我改造功能、自我调控功能、自我完善功能、自我延续功能。

组织文化按照组织文化的内在特征、组织文化对其成员影响力的大小、组织文化所涵盖的范围、权力的集中或分散、工作重心、组织实践和价值等，可分为不同的类型。

第二节阐述了组织文化的7S框架、组织文化的Z理论、卓越企业文化论、丹尼森组织文化模型的具体内容。

7S框架包括七个要素：共同价值观、战略、结构、制度、人员、作风、技能。

Z理论认为一个公司的文化由其传统和风气构成，还包含一个公司的价值观。

卓越企业文化论提出卓越理念是以客户和市场为中心，最大限度地为客户创造价值。卓越使命则是通过与客户分享实战经验和传播先进的经营理念帮助客户获得创新的、快速的、持续的发展。

丹尼森组织文化模型指出，参与性、一致性、使命、适应性这四大文化特征对一个组织的经营发展具有重大影响。

第三节的内容包括组织文化的构建、组织文化建设的不断完善、组织文化变革的策略。

构建新的组织文化，需要选择组织价值观的标准和组织文化宣传。

不断完善组织文化建设，需要组织文化战略规划、组织文化运作管理、组织文化创新以及组织理念的完善和更新。

第四节主要阐述了心理契约、组织承诺、工作满意度等内容。

心理契约是在组织与员工互动的情境中，员工对于他们和组织之间责任与义务的信念系统。心理契约具有主观性、自愿性、互惠性、动态性和过程性的特点。心理契约可以加深员工之间的相互了解，引起组织和员工双方对相互期望的重视，提高组织的凝聚力。

组织承诺是指员工接受特定组织价值观和目标，并愿意付出较多努力以成为该组织成员的一种状态，包括持续承诺、情感承诺和规范承诺三类。提高组织承诺水平能够降低离职率并增强员工的责任感。

工作满意度是指个体对他所从事的工作的态度，也就是他通过完成自己的工作能够获得满足的程度。工作满意度的影响因素有工作内容、报酬、工作条件、人际关系和个人特点。工作满意度与缺勤、离职、组织公民行为和绩效等直接相关。提高工作满意度的主要手段包括提供公平的报酬和晋升机会、改善工作性质、注意培养和谐的人际关系以及提供良好的工作条件。

关键术语

组织文化　　组织精神　　组织价值观　　组织形象　　亚文化　　心理契约
组织承诺　　工作满意度

复习思考题

(1) 简述组织文化的内容与基本要素。
(2) 组织文化具有哪些特征?
(3) 简述组织文化的功能。
(4) 按照组织文化的内在特征分类，组织文化可以分为哪些类型?
(5) 试述组织文化的7S框架的基本内容。
(6) 试述丹尼森组织文化模型的考察维度。
(7) 如何构建和完善组织文化?
(8) 心理契约的特点有哪些?
(9) 简述组织承诺的种类。
(10) 从工作满意度的影响因素出发论述提高工作满意度的途径。

本章阅读书目

[1] 沙因．组织文化与领导力．北京：中国人民大学出版社，2011.
[2] 卡梅隆，奎因．组织文化诊断与变革．北京：中国人民大学出版社，2006.
[3] 米勒．美国企业精神．北京：中国友谊出版社，1985.
[4] 科特，赫斯克特．企业文化与经营业绩．北京：华夏出版社，1997.
[5] 特朗皮纳斯，特纳．跨文化人员管理．北京：经济管理出版社，2011.
[6] 彼得斯，沃特曼．追求卓越．北京：中信出版社，2009.
[7] 帕斯卡尔，阿索斯．日本的管理艺术．北京：科学技术文献出版社，1987.

第12章
组织领导行为

> 管理通过强行地将人们置于正确的方向来实现其控制；领导则通过满足人们的基本需要来进行激励。
>
> ——约翰·科特

引导案例

任正非的领导力

任正非是华为的创始人和领导者。他出生于贵州安顺地区镇宁县的小村庄。他在43岁时创立华为技术有限公司，寓意“中华有为”。华为起初只是一家销售电信设备的小公司。然而，凭借着任正非的远见卓识和卓越领导力，华为迅速崛起。20世纪末，面对国外垄断产品技术给中国企业带来的压力，他高度重视研发投入，努力通过自主创新掌握自有技术和自有品牌。通过持续的科技创新，华为屡次突破外国技术封锁，市场地位不断提升，成为全球通信领域的引领者。

任正非还致力于推动企业管理创新，实行全员持股模式，建立完善的激励机制，形成广泛的利益共同体，推动企业持续健康发展。他深知企业发展的风险和挑战，曾多次表示，“华为没有成功，只有成长”，并强调要保持谦虚、谨慎、务实的精神。在面对全球贸易战、技术封锁等严峻挑战时，在他的带领下，华为始终保持冷静和坚定，积极应对各种风险和挑战。除了企业经营方面的成就，任正非还非常注重企业文化和社会责任。他倡导“以客户为中心、以奋斗者为本、持续健康发展、共享成功”的企业价值观，并积极推动企业履行社会责任，投身于公益事业和教育事业。

任正非用实际行动重新定义了中国企业家精神。他的创业故事激励着无数企业家拼搏奋斗。他和他缔造的企业一样沉稳低调，历经沉浮坎坷，最终披荆斩棘，登上了时代的巅峰。他的故事告诉人们，一个企业家不能只满足于眼前的利益，而应该具有宽大的胸怀和远见卓识。

12.1 领导与领导者

12.1.1 领导

在现实生活中，人们往往将“领导”与“领导者”混为一谈。实际上，“领导”与“领导者”是两个不同的概念。在英语中这两个词之间的区别非常明显。“领导”的英文是“leadership”，“领导者”的英文是“leader”。在汉语中，这两个词之间既有区别又有联系。它们之间的联系表现在：在特定的语言环境里，当“领导”被看作名词时，与“领导者”可以通用；区别表现在：大多数情况下，“领导”是动词，而“领导者”是名词。当“领导”被看作动词时，领导是一种影响过程，致力于实现这种影响过程的人就是“领导者”，接受影响的人就是被领导者。也就是说，“领导”就是“领导者”通过自己的活动对被领导者施加影响从而实现某种目标的过程。

1. 领导的内涵

美国管理学家孔茨、奥唐奈和韦里奇给领导下的定义最具代表性。他们认为，领导是一种影响力，是对人们施加影响的艺术或过程，从而使人们心甘情愿地、热心地为实现组织或群体的目标而努力。在这个定义中有三个要点：

首先，它揭示了领导的本质，即影响力。正是靠着影响力，领导者在组织或群体中实施领导行为；靠着影响力，领导者把组织或群体中的人吸引到他的周围来；靠着影响力，领导者获取组织或群体成员的信任；也正是靠着影响力，组织或群体中的成员心甘情愿地追随领导者。因此，拥有影响力的人才称得上是一位真正的领导者。

其次，这个定义明确指出了领导是一个过程，是对人们施加影响的过程；同时提出，领导不只是一个过程，亦是一种艺术。领导者面临千变万化的组织或群体的内外环境，特别是面对各种各样的人，他们的身份不同，有着各种不同的教育、文化背景和经历，他们进入组织或群体的目的和需要各不相同，而且人们的需要、目的等都处在动态的变化之中。因此，对人的领导与其说是一个过程，不如说是一种艺术。越是高层次的领导行为，因其面对因素的复杂性和不确定性，艺术的成分就越多。

最后，这个定义指出了领导的目的。领导是一项目的性非常强的行为，它的目的在于使人们心甘情愿地、热心地为实现组织或群体的目标而努力。领导使人们情愿地而非无奈地、热情地而非勉强地为组织或群体的目标努力，这体现了领导工作的水平，也是领导者追求的目标。

在领导工作中，领导者是领导行为的主体，但千万不要把领导者同被领导者对立起来。实际上领导者与被领导者是各以对方的存在而存在的，没有被领导者当然也就没有领导者。在领导的过程中，领导者当然要对被领导者施加影响，但此时被领导者也同样在对领导者施加影响，可见影响是相互的。因此，领导并不仅仅是单向的，即由领导者对被领导者产生影响，实际上，领导是一种双向的动态过程，即除了领导者通过指导、激励等影响被领导者，被领导者也给领导者以信息来修正领导者现在和未来的行动。人们的能力、感受与心态是不断演变的，领导者与被领导者的关系也必须不断修正，行动必须持续调节，因此领导是一种动态的过程。

2. 领导与管理的联系与区别

应该说，领导与管理既相互联系又相互区别。二者的联系表现为：领导具有管理的计划、组织、控制的一般属性，对人力、财力、物力和其他资源的处理过程有相同之处。在实现组织目标方面，领导与管理具有同样重要的作用，二者不可或缺。二者具有互补性、相容性与复合性。领导与管理的区别表现为：领导具有全局性、超前性、超脱性特征，而管理具有局部性、现实性、具体性特征。

本质上，领导可以说是管理的一个方面，是一种高层次的管理活动，属于管理的范畴，管理还包括计划、组织、控制等内容。领导从根本上说是一种影响力，其功能是推进变革，而管理是对组织资源进行有效配置的过程，其功能是配置资源以及维持秩序。

知识库 12-1

领导者与管理者

最早区分领导者和管理者的是美国心理学家亚伯拉罕·扎莱兹尼克。他指出：我们现在生活的世界，管理过度而领导不足，因此造成了无休止的问题。

著名管理学家沃伦·本尼斯认为，领导者能够战胜周围复杂、动荡、含糊所带来的有可能令人窒息的各种困难，而管理者遇到这些困难只能缴械投降。他认为，领导者与管理者之间具有以下差别：

(1) 管理者善于管束，领导者善于革新。

(2) 管理者是模仿者，领导者是原创者。

(3) 管理者因循守旧，领导者追求发展。

(4) 管理者依赖控制，领导者营造信任。

(5) 管理者目光短浅，领导者目标远大。

(6) 管理者问怎样做和何时做，领导者问做什么和为何做。

(7) 管理者只顾眼前，领导者放眼未来。

(8) 管理者接受现状，领导者挑战现状。

(9) 管理者是听话的士兵，领导者是自己的主人。

(10) 管理者习惯正确地做事，领导者注重做正确的事。

12.1.2　领导者

领导者是指实施领导过程的人。

1. 领导者的基础

权威是领导者实施领导活动的基础，即领导者影响下属接受目标或命令、自愿服从或强制服从的力量。领导者的权威可以分为两部分：权力和威信。任何一个领导者一方面具有组织赋予的权力，另一方面具有通过自己的努力而建立的威信。

（1）权力。

权力是指领导者在开展活动的过程中，由组织赋予的、因为担任了某一领导职位而获得的影响力。权力是一种强制性的影响力，它带有强迫性和不可抗拒性，具有如下本质特征：权力来源于组织而不是人；权力是法定的，带有强制性色彩；权力是与某一领导职位相对应的；权力是可以分解的，并且可以通过适当的途径授予下属去行使。权力主要有三种：

1）法定权。通过组织设计，赋予某一领导岗位的法定权力。领导者掌握支配下属的职位和责任的权力，期望下属服从法规的要求，包括任命、罢免等权力，具有明显的垂直隶属关系。

2）奖赏权。领导者对做出贡献的下属给予一定的物质或精神回报的权力，反映出领导者提倡什么。对合理期望者分配给有价值的资源，比如鼓励、表扬、发奖金或晋级等，是一种正性强化的方式。

3）惩罚权。领导者对有了过失、犯了错误的下属给予一定的惩罚的权力，反映出领导反对什么。领导者可以随时为难下属。对不服从要求、命令以及犯了错的下属进行惩罚，使之惧怕，比如批评、训斥、降薪、降级或解雇等，是一种负性强化的方式。

（2）威信。

威信，即来源于领导者个人的影响力，需要靠领导者个人努力去获取。威信是一种自然的影响力，它虽然没有法定权力的支持，但是有着广泛的产生基础。威信主要有五种：

1）专长权。由于领导者具有某种特殊的专业知识（特别是管理知识和技能）而具有的影响力。领导者的知识和经验使下属尊重他，服从他的判断。领导者的专业知识在决策、运营等方面具有影响力，影响方向可能是平行或自下向上的。

2）背景权。领导者由于过去的功绩而使其获得的影响力。它源于领导者的长期积累，其形成与领导者过去所担任过的领导职务、有过的地位和声望有关。资历越深的领导者，担任现职的背景权越大。

3）感情权。领导者由于和下属感情较融洽，具有良好的人际关系而获得的权力。它与领导者的个性修养、人际关系格局密切相关。有些领导者脾气随和，待人和蔼可亲，善于体察民情，关心下属疾苦，能在自己的权力范围内合法、合理、合情地满足下属的正常需要，使下属在心理上产生强烈的认同感、心理相容感和心悦诚服感，从而对下属产生巨大的影响力。

4）信息权。领导者由于掌握了对下属而言非常重要的信息而具有的权力。领导者掌握和控制对下属而言非常有价值的信息，下属依赖领导者的信息分享而行事。领导者以是否分享信息作为奖惩的手段，掌握分享信息的主动权。

5）个人魅力。领导者由于个人气质、人格特征等而具有的一种无形的、很难用语言来描述的权力。下属喜欢、拥戴领导者，并乐意为他做事。领导者的人格魅力和社交技能使下属欣赏、喜欢和服从，示范和模仿是影响的主要方式。

2. 领导者素质

领导者是领导活动的主体，领导者素质是进行有效领导的重要主观条件。领导者素质是指在一定时间内，领导者应该具备的基本特征，包括思想素质、心理素质、能力素质、身体素质等各个方面。领导者素质是个动态的概念，具有很强的时代性，而且不同层次的领导者应该具备不同的素质。概括而言，领导者素质具有综合性、层次性、时代性、动态性及可评估性的特点。

领导者素质结构是指个体领导者素质在各个方面的构成状态。虽然不同层次的领导者由于其工作性质具有很大的差异，导致其对领导素质有不同的要求，但是从整体上看，领导者都应该具备较好的身体素质、思想素质、知识素质、心理素质、能力素质、情操素质等。

（1）身体素质。

领导者负责指挥、协调组织活动的进行，这是一项不仅需要足够的心智而且消耗大量体力的工作。因此，领导者必须有强健的身体和充沛的精力。

（2）思想素质。

思想观念是人们行动的前提。如果领导者思想观念落后，其他方面的素质再好，也不可能将组织引向成功。因此，应该树立起各种正确的思想观念。

（3）知识素质。

知识素质是领导行为及领导力的基础。对于一位优秀的领导者而言，他必须具备合理的知识结构。在其知识结构中，必须具备以下几方面的知识：

第一，基础知识。基础知识是反映一个人基本素质的重要方面。对领导者而言，更应该具备丰富的基础知识，比如人文历史知识、哲学知识、地理知识、政治法律知识等。

第二，业务知识。领导者应该具备做好本职工作所需的专业知识，进而成为某一方面的专家或内行；除了专业知识，领导者也应该熟悉本行业的其他知识，比如管理知识、生产技术知识等，领导者应该是一个复合型人才。

第三，实践知识。理论知识虽然重要，但它只是对以往实践活动的概括和总结。领导者只有把理论付诸实践不断地去接触和发现生活中的新情况与新问题，才能使自己的头脑具备丰富多彩的、具体的感性知识，并经过自己头脑的加工，使其上升为理性知识。

（4）心理素质。

心理素质是一个人心理特征的综合，包括认知过程特征，情绪情感特征以及气质、性格、兴趣、爱好、意志等方面的特征。这些特征有一部分受先天因素的影响，但更多是在后天形成的。优秀的领导者需要有良好的心理素质、比较稳定的情绪和开朗的性格、坚韧不拔的意志和毅力等。

（5）能力素质。

领导是一种综合实践活动，对能力素质的要求较高。领导者的能力素质主要包括以下方面：

第一，沟通能力。这要求领导者具有关心他人、理解他人、说服他人的本领；善于察言观色，了解下属的内心活动，掌握其思想动向。

第二，组织协调能力。领导者应善于运用组织的力量，将组织中具有不同才能的人组织起来，协调一致地进行集体活动。

第三，筹划决策能力。这是领导者必备的一项重要能力。越是高层次的领导者，越应该具备高水平的筹划与决策能力。

第四，灵活应变能力。组织所处内外环境复杂多变，因此领导者应具备审时度势、随机应变的能力。

第五，开拓创新能力。开拓创新是领导者不同于管理者的一个重要方面。领导者应该具有对新问题、新事物的敏锐感知力，要有冲破传统的勇气，在实践中不断开拓创新，以促进组织的可持续发展。

（6）情操素质。

作为领导者，必须具有高尚的情操，包括严于律己、宽以待人、不断进取、诚实守信、勇于负责等。

12.2 领导的主要理论

12.2.1 领导特质理论

“领导是天生的”，这种信念在 19 世纪末至 20 世纪上半叶占主导地位。这也是领导特质理论的出发点和基本前提。领导特质理论（trait theories of leadership）就是通过对大量领导者的考察、分析和研究，从性格、生理、智力及社会因素等方面寻找领导者特有的素质或应有的品质的理论，也叫素质理论。它强调领导者先天的个性和行为，认为它们是与生俱来的，领导者先天就具有领导他人的特殊才能与素质，是天生的“伟人”。对人格力量和先天品质的信念，使人们把研究的重点集中在领导品质的研究上，形成了一些理论观点和假设。到了 20 世纪 80 年代，特别是随着知识经济时代的来临，人们又对特质理论产生了新的兴趣，并继续深入研究，取得了新的成果。

1. 早期领导特质理论

早期一些管理学家和心理学家感觉到领导者与被领导者显著不同，因此希望通过对领导者的观察与分析，尤其是通过对大量成功的领导者的分析研究，收集关于他们的各种详细资料，包括人口统计学和个人品质特征方面的资料，并对数以百计乃至千计的领导品质进行了测量，包括年龄、体质、智力、动机、主动性和自信心等各种参数，试图发现领导者所特有而被领导者所缺乏的才能和品质。研究者在此基础上确定领导者的标准，并以此作为选拔领导者的依据。这些研究一般从以下五个方面入手：

（1）生理特质，如领导者的身高、体重、体质、音容笑貌和仪态举止等。

（2）个性特质，如自信、热情、外向、开朗、幽默、正直、负责、勇敢、独立性和内控性等。

（3）智力特质，如领导者的记忆力、判断力、逻辑能力以及反应能力等。

（4）工作特质，包括责任感、事业心、首创性等。

（5）社会特质，包括沟通能力、激励能力、协调能力、控制能力、人际交往能力等。

知识库 12-2

伟人理论

伟人理论，又称天才论。这种理论认为领导者是天生的，不是后天培养的，他们具有一种超凡的能力与魅力。一些重大的政治、经济、社会变革，都与伟人联系在一起，历史仅是伟大人物的传说。当代的伟人学派不仅对历史人物详加研究，还把重点放在一些大企业的领导者身上，介绍他们的身世、事业、个性，试图辨析他们的先天内在品质。

经过几十年的研究，研究者仍未能找到有效的领导者所应该具有的区别于被领导者的才智、个性、身体等方面的特质，也几乎没有证据表明领导者是天生的。然而更多的数据表明，一般而言，领导者比其他人更好交往、更具主动性、更为活泼。除此之外，领导者通常好像具有一点原创性，较受欢迎，而且具有一点幽默感。但所有这些都不能确保一个人成为领导者，更不用说成为一个有效的领导者。

虽然这一时期领导特质理论的研究没有取得预期的成果，并具有很多局限性，但也有一定的成就，正如美国著名管理学家罗宾斯所认为的，大多数人相信对于所有成功的领导者来说，都具备一系列一致而独特的个性特点。在确定与领导关系密切的特质方面的研究中，得到的结果引人注目。比如，研究发现，进取心、领导意愿、正直与诚实、自信、智慧和具备与工作相关的知识对领导者尤为重要。大半个世纪以来的研究可以得出这样的结论：具备某些特质确实能提高领导者成功的可能性，但没有一种特质是成功的保证。

2. 现代领导特质理论

20 世纪 70 年代以来，由于社会环境发生了巨大的变化，知识经济对领导者提出了新的挑战，人们对领导者特质理论的研究又迅速升温。虽然原来的领导特质理论研究结果基本上否认了伟人理论的观点，但人们始终认为有效的领导者必须具备一定的素质。德鲁克认为，一个有效的领导者必须具有五项主要特征。

知识库 12-3

德鲁克关于领导的五项特征

（1）知道时间该花在什么地方。领导者的时间往往被各种事务占用，所以有效的领导者都善于系统地安排与利用时间。

（2）致力于最终的贡献。他们不是为工作而工作，而是为成果而工作。

（3）重视发挥自己的、同事的、上级的和下级的长处。

（4）集中精力于关键领域，确立优先次序，做好最重要的和最基本的工作。

（5）能做出切实有效的决定。

美国著名领导学专家詹姆士·库塞基和贝瑞·波斯纳认为，领导是每个人的任务，领导是人类组织中不可或缺的重要事务。他们从 1980 年开始调查近千家企业及政府行政部门，而后又在 1987 年和 1995 年分别进行了两次调查。他们发现排在前四位的领导特质是：诚实、有远见、懂得鼓舞人心、能力卓越。

知识库 12-4

詹姆士·库塞基和贝瑞·波斯纳的领导特质理论

首先是诚实，它是领导者和被领导者关系中最重要的因素。83%的人期望领导者要诚实、讲信用、有道德、有原则。如果领导者对自己所倡导的原则言出必行，那么下属就会心悦诚服地追随。

其次是有远见。我们可称这种能力为眼光、梦想、召唤、目标或计划，它的信息或内涵都是很清楚的。如果领导者期望别人愿意加入他们的行列，那么他们必须知道目标何在、前景如何，也就是要有远见。

再次是懂得鼓舞人心。被领导者期望领导者拥有满腔热情、充满活力，尤其是在困难时期对未来感到乐观，领导者若能表现得极其热忱和兴奋，显示出他个人对所追求目标的投入，就更能鼓舞人心。

最后是能力卓越。领导者必须有领导能力，这是指领导者必须具备完成工作的核心技术，尽管不同职业对领导者要求不同，但领导者必须具备为他的职业带来某些附加价值的能力。

除此之外，还有许多的研究者提出了他们的观点。例如斯托格第提出领导者具有一些共同的特质。

知识库 12-5

斯托格第的领导特质理论

斯托格第通过调查，总结出领导者的特质包括以下几个方面：

（1）5 种身体特质，如精力、外貌、身高、年龄、体重等。

（2）2 种社会性特质，如社会经济地位、学历等。

（3）4 种智力特质，如果断性、说话流利程度、知识广博程度、判断分析能力等。

（4）16 种个性特质，如适应性、进取心、热心、自信心、独立性、外向、机警、支配欲、有主见、急性、慢性、见解独到、情绪稳定、作风民主、不随波逐流、智慧等。

（5）6 种与工作有关的特质，如责任感、事业心、毅力、首创性、坚持、对人的关心等。

（6）9 种社交特质，如能力、合作、声誉、人际关系、老练程度、正直、诚实、对权力的需要、与人共事的技巧等。

研究表明，领导者至少在某些领域确实有天赋和才能，成功的领导者存在某些特质上的共性，但这些特质仅仅是领导者应当具备的必要条件，仅有这些天赋和才能是不够的，个人的经验、正确的抉择以及对环境的正确判断也是使这些特质得以充分发挥作用的关键因素。领导特质理论只能说明具有哪些素质会有较多的机会成为领导者，成为有效的领导者，但能否真正成为领导者，成为有效的领导者，其制约的因素还很多。领导者的特质只为其成功提供了某种可能，重要的还是后天的学习和实践锻炼。但无论如何，领导特质理论毕竟为培养、培训和选拔领导者提供了一定的标准和依据。

领导特质理论在解释领导行为方面并不成功，主要原因在于：

（1）它忽视了下属的需要。

（2）没有考虑到领导的情境因素。

（3）对于领导者的特质和领导者的成功之间的关系没有讲清楚，即没有讲清楚究竟是领导者的这些特质导致了成功，还是成功促成了这些特质的形成。

12. 2. 2　领导行为理论

由于领导特质理论研究没有得出预期的结论，也由于 20 世纪 40 年代中期行为科学的兴起，研究者从领导特质研究转向了领导行为的研究，通过考察领导者实际做了什么和怎么做的，来寻找领导效果的答案。领导行为研究具有特质理论研究所不具备的几个有利条件：一是行为能够被观察，比特质更具有客观性。二是行为能够被测量，比特质更精确和更正确。三是行为可以通过学习而获得，但特质是在先天或者早期生活中形成的。由此，人们把研究的重点集中到了领导行为上，导致领导行为理论的研究占据了主导地位。

领导行为理论认为，领导者不是天生造就的，而是后天培养、塑造和形成的，通过对有效的领导行为模式和领导风格的研究，可以按照一些精心设计的培训项目把有效的领导行为模式移植到其他人身上，使之也成为有效的领导者。领导工作的绩效主要取决于领导者的行为和风格，而不是领导者的特质。领导行为理论强调一位有效领导者的行为，而不是判断谁应该是一位有效的领导者。

1. 有关领导行为的早期研究

对于领导行为的研究最早是由著名心理学家勒温和利普特等人进行的，他们通过实验研究不同的领导方式对下属群体行为的影响，认为存在三种不同的领导工作方式：专制方式、放任方式和民主方式。

专制方式的领导者是那些自己单独制定决策的人，他们通过严格的管理来达到工作目标，却导致群体成员没有责任感，情绪低落、逆来顺受、消极被动。

放任方式的领导者既不为下属提供明确的方向，也不参与他们的决策制定。这种领导方式效率最低，只能达到社交目标，不能有效地完成工作任务，由于几乎没有指导和评价，会引起群体的失望和混乱，导致工作的低质量。

民主方式的领导者在制定决策时，与下属商讨，允许下属参与决策。这种民主的领导方式效率最高，不但能够完成工作目标，而且群体成员关系融洽，有凝聚力，工作主动性强，并有创造性。

虽然对这三种领导方式可以比较明确地予以界定，但该研究无法判断出哪一种类型是最有效的，或者在什么环境下应该采取哪一种领导方式，因为每一种领导方式对下属都有不同的效果。

2. 领导行为四分图理论

1945 年美国俄亥俄州立大学工商企业研究所的一批研究人员开展了一项范围广泛的

关于领导问题的调查。一开始，他们列出了 1 000 多种刻画领导行为的因素，通过逐步筛选、归并，最后概括为“结构”和“关怀”两个维度。

“结构”维度是以工作为中心，指的是为了达到组织目标，领导者界定和建构自己与下属的角色的倾向程度，包括进行组织设计，制订计划和程序，明确职责关系，建立信息途径，确立工作目标等。这是一种注重任务的领导行为倾向。强调“结构”维度的领导者会向下属分配具体工作，要求员工达到一定的绩效标准，并强调工作的最后期限。

“关怀”维度是指一个人具有的关心和尊重下属，并愿意建立一种相互信任的工作关系的程度。它以人际关系为中心，包括建立互相信任的氛围，尊重下属的意见，注意下属的感情和问题等。

按照这两类内容，他们设计了“领导行为描述问卷”（leader behavior description-questionnaire，LBDQ)。问卷中“结构”和“关怀”两个维度都列出了 15 个问题。对问卷上的每个问题，受调查者必须从五种答案（总是、经常、偶尔、很少、从不）中选出一个来描述领导者行为。

根据调查结果，他们发现，用这两个维度来分析一个领导者，有的人集中于一个维度，在这一维度得分很高，而在另一维度则得分很低；有的人两个维度得分都比较高。通常一位有效的领导者，往往是两个维度得分都高的组合体。因此，他们认为领导行为是这两个维度的具体组合，领导者的行为可以用两维空间的四分图来表示，如图 12－1 所示。

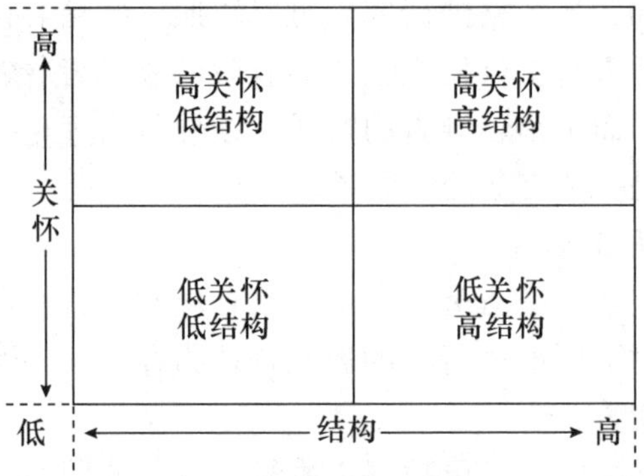

图 12－1　领导行为四分图

他们的研究还发现，一般来说“高结构-高关怀”的领导行为比其他三种领导行为更能产生积极效果。但是，也有一些特例，对于高结构特点的领导行为，员工的工作满意水平一般很低。还有研究发现，领导者的直接上级对其进行的绩效评估等级与“高关怀”常常呈负相关。所有这些都表明，这一理论还需加入情境因素。

美国俄亥俄州立大学的研究者最早指出并强调人性维度在领导评估中的重要性，这种双维度的方法缩小了科学管理运动的严格任务取向和从那时开始流行的注重人性关系取向之间的鸿沟。

知识库 12－6

密歇根大学的领导行为研究

与俄亥俄州立大学的研究差不多同一时期，密歇根大学调查研究中心进行了类似的研究。密歇根大学的研究者也将领导行为划分为两个维度，分别是员工导向和生产导向，称为两中心理论。员工导向（employee-oriented）的领导者重视人际关系，他们总会考虑到下属的需要，并承认人与人之间的不同；相反，生产导向（employee-oriented）的领导者更强调工作的技术或任务事项，主要关心群体任务的完成情况，并把群体成员看作达成目标的手段。

密歇根大学研究者的结论肯定了员工导向的领导者的有效性。他们认为，员工导向的领导者与群体的高生产效率和高工作满意度呈正相关，而生产导向的领导者则与低群体生产效率和低工作满意度联系在一起。

值得注意的是，俄亥俄州立大学把“结构”与“关怀”视为两个独立的维度，因而一个领导者可以在这两个维度的得分分别表现为高或低；而密歇根大学则把员工导向与生产导向视为单一维度的两个端点，可从一端沿着这个连续统一体过渡到另一端，因而不会出现“双低”或“双高”式组合。

3. 管理方格理论

管理方格理论（management grid theory）是研究企业的领导方式及其有效性的理论，由美国得克萨斯大学的行为科学家布莱克和简·穆顿在四分图的基础上，于 1964 年在《管理方格》一书中提出。

这种理论倡导用方格图示来研究领导方式，认为在企业管理的领导工作中往往出现一些极端的方式，或者以生产为中心，或者以人为中心，或者以 X 理论为依据而强调监督，或者以 Y 理论为依据而强调相信人。为了避免趋于极端，去除以往各种领导相关理论中的非此即彼的绝对化弊端，该理论指出，在对生产关心的领导方式和对人关心的领导方式之间，可以有使二者在不同程度上互相结合的多种领导方式。为此，他们就企业中的领导方式问题提出了管理方格法。

管理方格图是一张九等分的方格图，横坐标表示领导者对生产的关心程度，纵坐标表示领导者对人的关心程度。两条坐标轴各平均分为 9 个小格，作为标尺。整个方格图共有 81 个小方格，每个小方格都表示“关心生产”和“关心人”这两个基本因素相结合的一个领导行为，如图 12-2 所示。

在评价领导者时可根据其对生产的关心程度和对人的关心程度，在图 12-2 上寻找交叉点，这个交叉点就是他的领导行为的类型。例如某经理关心人的程度高达 9，而关心生产的程度只有 1，两者的交叉点就在（1，9），即他是（1，9）型经理。又如，另一个经理关心人的程度只有 1，而关心生产的程度达到 9，两者的交叉点在（9，1），他就是（9，1）型经理。

在布莱克和穆顿的管理方格图中，列出了五种基本类型的领导行为。

第一，（1，1）型：贫乏型（impoverished）管理。这种领导者对员工和生产几乎都漠不关心，他只以最小的努力来完成必须做的工作。这种领导风格将会导致失败，这是很少见的极端情况。

第二，（9，1）型：任务型（task）管理。这种领导者注重生产任务和作业的效率，

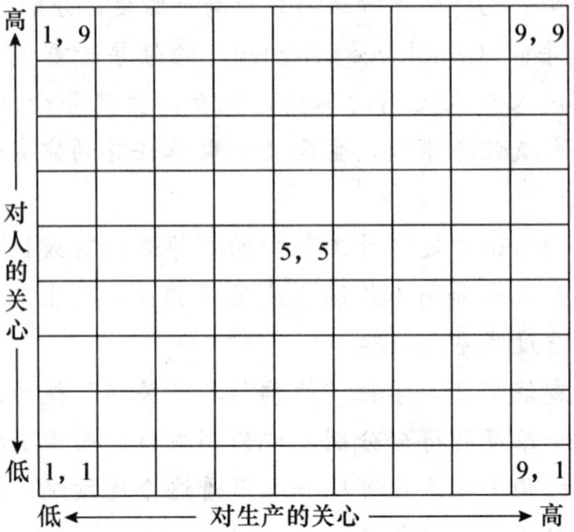

图 12-2　管理方格图

注重计划、指导和控制员工的工作活动，以完成企业的生产目标，但不关心人的因素，很少注意员工的发展和士气。

第三，（1，9）型：俱乐部型（club）管理。领导者注重给予员工支持和体谅，关注员工的需要，努力创造一种舒适和睦的组织氛围和工作节奏，认为只要员工心情舒畅，生产就一定能搞好，但对规章制度、指挥监督、任务效率等很少关心。

第四，（5，5）型：中庸型（middle of the road）管理。这种领导者对人的关心程度和对生产的关心程度虽然都不算高，但是能保持平衡。一方面比较注意计划、指挥和控制；另一方面也比较重视对员工的引导鼓励，设法使他们的士气保持在必需的水平上。但是这种领导风格缺乏创新精神，只追求正常的效率和可以令人满意的士气。

第五，（9，9）型：团队型（team）管理。这种领导者对员工、对生产都极为关心，努力使员工个人的需要和组织的目标最有效地结合，注意使员工了解组织的目标，关心工作的成果；努力建立"命运共同体"的关系，利害与共，因而员工关系协调，士气高涨，生产任务完成得极好。

布莱克和穆顿认为，（9，9）型的领导风格是最有效的。企业的领导者应该客观地分析企业内外的各种情况，分析自己的领导行为，将自己的领导行为转化为（9，9）型，以提高领导效率。

布莱克和穆顿还根据自己从事组织开发的经验，总结出向（9，9）型领导风格发展的五个阶段的培训：

阶段一：组织每个人都进行管理方格理论的学习，并用它来评价组织的领导风格。

阶段二：进行班组建设，以健全的协作文化取代陈旧的传统、先例和过去的实践，确立优秀的目标，增强个人在职位行为中的客观性等。

阶段三：群体间关系的开发，利用一种系统性的构架来分析群体间的协调问题，恰当地利用好群体间的对抗以从中发现组织中存在的管理问题，利用这种有控制的对抗和管理症状的识别制订实施计划，推动组织各部门合作关系的改善。

阶段四：设计理想的战略组织模型，要确定最低限度和最优化的组织财务目标，对组织未来要进行的经营活动、要打入的市场范围和特征、要怎样创造一个能够具有协力效果的组织结构、决策基本政策和开发的目标等有明确的描述，以此作为组织的基本纲领，作为日常运作的基础。

阶段五：贯彻开发。研究现有组织，找出目前运营方法与理想战略模型的差距，明确组织应该在哪些方面进行改进，设计出如何改进的目标模式，在向理想模型转变的同时使组织正常运转。布莱克和穆顿认为，通过这样的努力就可以使组织逐步克服现有管理模式中的缺点，不断趋近（9，9）型。

4. PM 和 CPM 型领导模型

PM 型领导模型由日本大阪大学三隅二不二于 20 世纪 60 年代提出。所谓 PM，是指群体功能概念，任何一个群体都具有两种功能：一种是达成群体的特定目标，也指工作绩效，简称 P（performance）；另一种是维持或强化群体本身的正常运行，也称群体维系，简称 M（maintenance）。P 功能包括计划和压力等因素，其行为特征要求领导者将成员的注意力引向目标，并将问题明确化，制定工作程序，评定工作成果；M 功能的行为特征要求领导者调节人际关系，了解员工的需要，对员工进行激励。

由于 P 功能所造成的压力会使下级产生紧张感，甚至引起上下级之间的对抗。M 功能的作用就在于通过对下级的关怀体贴，消解人际关系中不必要的紧张感，缓和工作中产生的对立和抗争，对下级进行激励和支持，给下级以发言和表达意见的机会，提高员工的自主性，增强员工之间的友好和相互依赖性，满足员工的需求，以维持组织的正常运转，保证组织目标的实现。

三隅二不二将领导的风格分成四种类型，即 PM 型、P 型、M 型、pm 型，如图 12-3 所示。

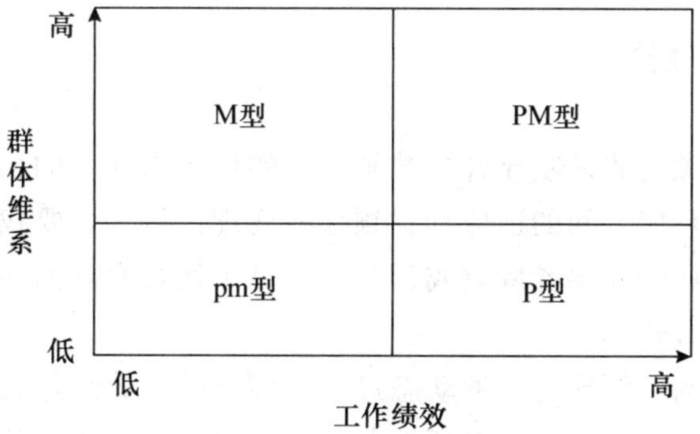

图 12-3　PM 型领导模型

三隅二不二通过大量的现场调查发现，PM 型领导风格的单位生产量高，公司与工会的信赖度也高，凝聚力最强，效果最好；P 型、M 型居于中间；pm 型领导风格的单位生产量与员工对公司及工会的信赖度均最低。

中国学者徐联仓、凌文辁在 PM 型领导模型的基础上提出了 CPM 型领导模型。他们认为，领导行为应该包括工作绩效 P（performance）、群体维系 M（maintenance）和个人品德 C（character）。C 因素起着模范表率的作用，通过角色认同和内化作用，可以激发被领导者的内在工作动机，使其努力地去实现组织目标。榜样的力量是无穷的，领导者的模范表率行为对被领导者来说是一种无声的命令，其影响力往往胜于命令、指挥、控制和监督。可以认为，C 功能对 P、M 功能起着一种增幅放大的作用。CPM 型领导模型如图 12-4 所示。

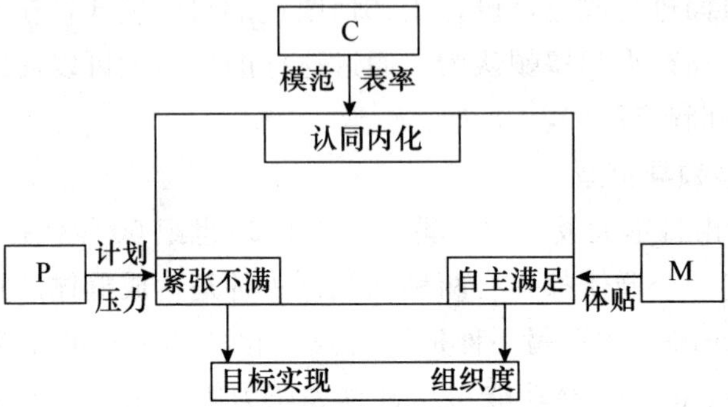

图 12-4　CPM 型领导模型

5. 领导行为理论总结

可以看出领导风格和领导行为理论对领导现象进行了归类分析，与领导特质理论相比，它们的科学性更使人信服，但是也存在着不足，主要表现在以下三方面：

（1）描述性有余而指导性不足。这些理论用不同的维度对领导行为和领导风格进行了描述，但是并没有指出在哪种情况下哪种领导行为和领导风格最有效。

（2）不区分条件因素片面强调某种领导风格是最好的，这显然与现实不符。

（3）基本上没有深入研究为什么会存在这些不同的领导行为和领导风格。

有关领导风格和领导行为理论的这些不足为以后领导权变理论的研究留下了空间。

12.2.3　领导权变理论

领导权变理论所关注的是领导者与被领导者的行为与环境的相互影响，尤其关注不同的领导方式与各种环境之间的适应性。领导权变理论认为，要找到一个适合于任何组织、工作、任务和下属的领导者特质或领导行为是不切合实际的，要根据具体情况来确定有效的领导类型和方式。

领导权变理论认为，领导是一种动态过程，领导的有效性随着被领导者的特点和环境的变化而变化。因为领导是在一定环境条件下通过与被领导者的交互作用去完成某一特定目标的行为，所以领导的成效有赖于领导者本身的条件、被领导者的条件、环境的条件这三个因素的交互关系。领导权变理论的代表性研究主要有：菲德勒领导权变模型、领导生命周期理论、路径-目标理论、领导者-成员交换理论等。

1. 菲德勒领导权变模型

第一个综合的领导权变模型是由弗雷德·菲德勒提出的。菲德勒从 1951 年起，经过 15 年的调查研究，提出了“有效领导的权变模型”（contingency model of leadership effectiveness)，又称“菲德勒领导权变模型”。他认为，任何领导风格均可能有效，关键是要与环境情境相匹配。

知识库 12 - 7

心理学家弗雷德・菲德勒

弗雷德・菲德勒，美国当代著名心理学和管理专家。于芝加哥大学获得博士学位，后担任美国华盛顿大学心理学与管理学教授。他于 1951 年提出了领导权变模型，开创了西方领导学理论的一个新阶段，使以往盛行的领导形态学理论研究转向了领导动态学研究的新轨道，对以后的管理思想发展产生了重要影响。他的主要作品包括《一种领导效能理论》《让工作适应管理者》《权变模型：领导效用的新方向》《领导游戏：人与环境的匹配》等。

（1）确定领导风格。

菲德勒认为一个人的基本领导风格是固定不变的，要想达到最佳效果，要么改变情境，要么替换领导者。他认为，领导风格是与生俱来的，个人不可能改变自己的风格去适应变化的情境，而且他相信影响领导成功的关键是领导风格，因此他试图发现基础的领导风格有哪些。

为此目的，菲德勒设计了 LPC 问卷，问卷由 14 组对照形容词构成（如快乐-不快乐、高效-低效、开放-防备、助人-敌意等）。菲德勒让被调查者回想一下与自己共事的所有同事，并找出一个最难共事者，在 14 组形容词中选出适当的词对这个最难共事者进行评估。菲德勒相信，在 LPC 问卷的基础上，可以判断出人们最基本的领导风格。如果以相对积极的词汇描述最难共事者（LPC 得分高），说明被调查者很乐于与同事形成友好的人际关系。也就是说，如果被调查者把最难共事的同事描述得比较积极，菲德勒就称之为“关系取向型”。相反，如果被调查者对最难共事的同事看法比较消极（LPC 得分低），那么他可能主要感兴趣的是生产，因而被称为“任务取向型”。

（2）确定情境。

菲德勒认为，影响领导效果的情境因素有三个。

第一，领导者与成员的关系。这是指成员对其领导者的信任、喜爱、忠诚和愿意追随的程度，以及领导者对下属的吸引力。

第二，工作任务结构。这是指下属担任的工作任务的明确程度，即程序化程度。

第三，职位权力。这是指与领导者职位相关联的正式职权以及领导者从上级和整个组织各个方面所取得的支持程度。

根据这三个因素的情况，领导者所处的情境从最有利到最不利，共可分成 8 种类型，其中，三个因素齐备是最有利的情境，三者都缺的是最不利的情境。他指出，领导者与成员关系越好，工作任务结构化程度越高，职位权力越大，则领导者拥有的控制力和影响力也越强。比如，一个非常有利的情境（领导者的控制力很强）可能包括：成员对领导者十分尊重和信任（领导者与成员关系好），所从事的工作（如薪金计算、填写报表）具体明确（工作任务结构化程度高），职位给他提供了充分自由来奖励或惩罚下属（职位权力大）；相反，则为不够有利的情境，此时，领导者的控制力很弱。总之，三项权变变量总和起来，便得到8种不同的情境类型，领导者所采取的领导方式应该与情境类型相适应才能取得良好的领导效果。

（3）领导者与情境相匹配。

菲德勒、切默斯与马哈研究了1200个工作群体，并将8种情境类型逐一与“关系取向型”和“任务取向型”两种领导风格进行了对比，在1977年得出结论：“任务取向型”的领导者在非常有利的情境和非常不利的情境下工作更有效，而“关系取向型”的领导者则在中等有利的情境下工作绩效更高，如表12-1所示。也就是说，当面对第1、2、3、7、8类型的情境时，“任务取向型”的领导者更有效，而面对第4、5、6类型的情境时，“关系取向型”的领导者更有效。

表12-1 不同情境下的有效领导类型

情境的有利程度	最有利——————————→最不利							
领导者与成员关系	好				差			
工作任务结构	明确		不明确		明确		不明确	
职位权力	强	弱	强	弱	强	弱	强	弱
情境类型	1	2	3	4	5	6	7	8
有效的领导风格	任务取向型			关系取向型			任务取向型	

在实践中可以用个体的LPC分数来寻求领导者与情境之间的匹配。个体的LPC分数决定了他最适合于何种情境类型，而情境类型则通过对三项情境变量（领导者与成员关系、工作任务结构、职位权力）的评估来确定。按照菲德勒的观点，个体的领导风格是稳定不变的，因此提高领导者的有效性实际上有两条途径：

（1）替换领导者以适应情境。比如，如果群体所处的情境被评估为十分不利，而目前又有一个“关系取向型”的领导者，那么换一个“任务取向型”的领导者则能提高群体绩效。

（2）可以改变情境以适应领导者。通过重建任务，提高或降低领导者可控制的权力因素（如加薪、晋职等）来做到这一点。例如，“任务取向型”的领导者处于第4类型的情境中，此时他的领导效果不好，如果能够显著增加他的职权，即使其在第3类型的情境中工作，则该领导者将会与情境的匹配比较恰当，从而提高群体绩效。

大量研究对菲德勒模型的总体效度进行了考察，并得出十分积极的结论。但是，该模型目前还存在一些欠缺。比如，LPC问卷的逻辑性尚未被很好地认可，一些研究显示回答者的LPC分数并不稳定。三项权变变量难以量化评价，即在实践中很难确定领导者与成员关系有多好、工作任务结构化程度有多高以及领导者拥有的职位权力的强弱程度。

2. 领导生命周期理论

领导生命周期理论（life cycle theory of leadership），简称生命周期理论，又称动态情境领导理论，最早于1966年由科曼提出，20世纪80年代由赫塞、布兰查德共同发展成为一个较成熟的理论。生命周期理论将有效的领导行为与下属的成熟度结合起来共同考虑，是一个重视下属的权变理论。

管理专家推崇这个理论，并常常将其作为主要的培训手段加以运用。领导生命周期理论包含下面一些内容：

（1）成熟度。

选择正确的领导风格可以获得成功，在这一点上，赫塞和布兰查德认为下属的成熟度水平是权变变量。在进一步讨论之前，首先需要澄清两个问题：为什么要重视下属？成熟度这个术语是什么意思？

领导者行为的有效性取决于下属的活动。然而下属这一重要维度被众多的领导理论忽视和低估。赫塞和布兰查德将成熟度定义为个体完成某一具体任务的能力和意愿。根据是否具有完成工作的能力和意愿，可以将下属划分为四种成熟程度：

M_1——无能力，且不愿意；

M_2——无能力，但愿意；

M_3——有能力，但不愿意；

M_4——有能力，且愿意。

（2）领导方式类型。

生命周期理论使用的两个维度的划分与菲德勒相同：任务取向和关系取向。但是，赫塞和布兰查德向前迈进了一步。他们认为每一维度有低有高，从而组合成四种具体的领导风格：指导、宣传、参与和授权。

第一，指导（高任务-低关系）：领导者定义角色，告诉下属干什么、怎么干以及何时在何地去干，强调命令指导行为。

第二，宣传（高任务-高关系）：领导者同时提供指导类行为与支持类行为。

第三，参与（低任务-高关系）：领导者与下属共同决策，领导者的主要任务是提供便利条件与沟通。

第四，授权（低任务-低关系）：领导者提供极少的指导或支持，放手让下属自己做决定处理事务。

（3）领导方式与员工成熟度相匹配。

领导生命周期理论认为，领导者应该根据下属的成熟程度相应地采用恰当的领导方式，这样就能有效地领导。

指导型领导主要适用于低成熟度的员工（M_1）。在这种情境下，员工既不能够也不愿意承担工作，原因可能有多种，例如，员工刚进公司，对公司情况不熟，员工的基本素质较低，缺乏工作主动性等。因此，此时最有效的领导方式是命令指导。

宣传型领导适用于较低成熟度的员工（M_2）。在这种情境下，员工愿意承担一些工作责任，但是他们还缺少一些工作的必要技能，因此还不能完全胜任工作。这时，领导者以双向沟通的方式使员工真正掌握必要的工作技能。同时，从心理上支持员工承担责任和鼓舞员工努力工作的热情。处在这一成熟度的员工还是希望领导者多宣传、多关心、多指导，这样，他们才会乐意遵照领导者宣传的目标去努力工作。

参与型领导主要适用于较高成熟度的员工（M_3）。此时员工已掌握了工作技能，能够胜任工作，但是不乐意领导者对他们有过多的指示和约束。他们一般已成为业务骨干或基层管理者，希望参与决策，但有时还缺乏自信和安全感，因此，也希望领导者与他们多沟通，聆听他们的想法，相互交流、讨论问题。领导者在领导这部分下属时，要支持他们的参与，经常沟通，保持良好的人际关系，千万不要在工作方面横加干涉，这样就可以使下属保持高昂的士气。

授权型领导主要适用于高成熟度的员工（M_4）。此时，员工已完全掌握了工作技能，而且有高度的工作责任感和自信心，他们或是中层管理人员，或是资深员工。领导者对他们不用再过多指导和沟通，而应让他们放开手脚，自己做决定处理事务，领导者只要稍加监督，了解一些反馈信息即可。

领导方式与员工成熟度之间的对应关系，如图 12-5 所示。

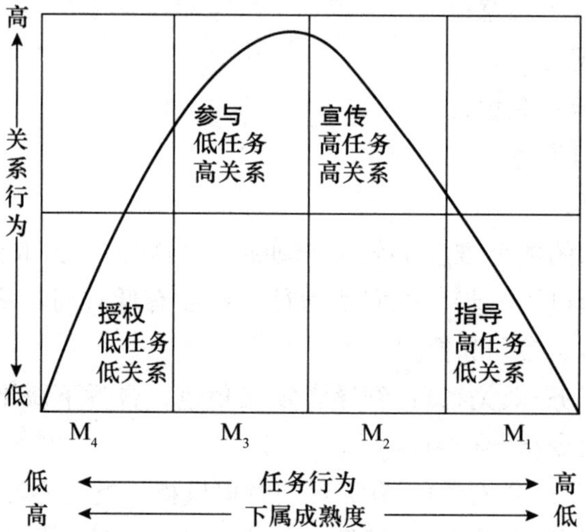

图 12-5　领导生命周期理论

这一理论强调了领导行为的情境性与灵活性，特别强调了下属条件的动态性是最关键的情境因素。生命周期理论深受管理实践工作者的欢迎。

3. 路径-目标理论

路径-目标理论（path-goal theory）已经成为当今最受人们关注的领导权变理论之一，它是罗伯特·豪斯开发的一种领导权变理论。

该理论的核心在于，领导者的工作是帮助下属达到他们的目标，并提供必要的指导和支持以确保他们各自的目标与群体或组织的总体目标相一致。"路径-目标"的概念来自这种信念，即有效的领导者通过明确指明实现工作目标的途径来帮助下属，并为下属清理该途径中的各种障碍和危险，从而使下属的这一"旅行"更为顺利。

按照路径-目标理论，领导者的行为被下属接受的程度取决于下属将这种行为视为获得满足的源泉还是视为未来获得满足的手段。领导者行为的激励作用在于：它使下属需要的满足与有效的工作绩效联系在一起；它提供了有效的工作绩效所必需的辅导、指导、支持和奖励。为了考察这些方面，豪斯确定了四种领导方式供领导者在不同情境下使用：

（1）指导型。明确告知下属期望他们做什么、怎么做以及何时完成。领导者在下属完成任务的过程中给予必要的指导，但决策完全由领导者做出，下属不参与。

（2）支持型。领导者是友好并可接近的，对下属表现出真诚的关注，但不太注意通过工作绩效来提高员工的满意度。

（3）参与型。领导者在做出决策时注意征求下属的意见，认真考虑和接受下属的意见。

（4）成就取向型。领导者为下属设定有挑战性的目标，并且显示出对下属的信心，认为他们能够更好地完成这些目标。

领导者究竟选择哪种领导方式，要考虑两个方面的因素：下属的个性特点和具体的环境。

路径-目标理论的相关研究认为：

（1）当工作群体内部存在激烈的冲突时，指导型领导会带来更高的员工满意度。

（2）内控型下属，即相信自己可以掌握命运的下属对参与型领导更为满意。

（3）外控型下属对指导型领导更为满意。

（4）当任务结构不清时，成就取向型领导将会提高下属的期待水平，使他们坚信努力必会带来较高的工作绩效。

（5）与高度结构化和安排完好的任务相比，当任务不明或压力过大时，指导型领导会带来更高的员工满意度。

（6）当下属执行结构化任务时，支持型领导会带来员工的高绩效和高满意度。

（7）对于能力强或经验丰富的下属，指导型领导可能被视为累赘多余。

（8）组织中的正式权力关系越明确、越官僚化，领导者越应该表现出支持型行为，减少指导型行为。

路径-目标理论模型如图 12－6 所示。

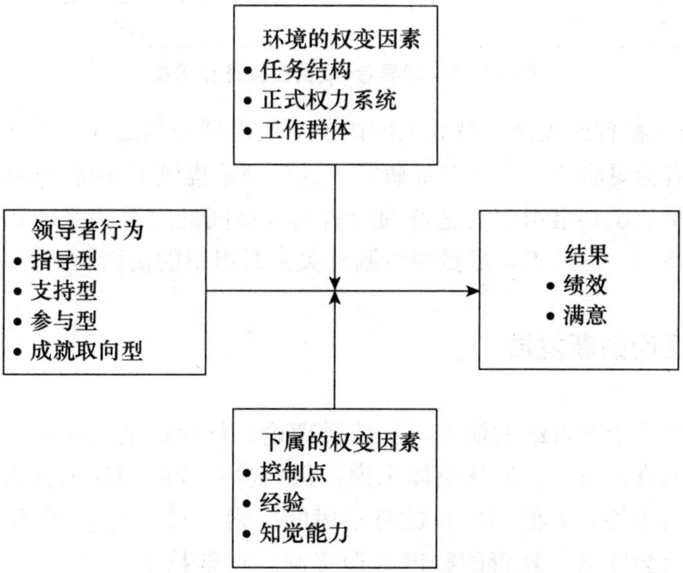

图 12－6　路径-目标理论模型

4. 领导者-成员交换理论

领导者-成员交换理论（leader-member exchange theory，LMX）由乔治·格里奥等人提出。大多数领导权变理论是基于这样一个假设：领导者以同样的方式对待下属。但是，在群体中领导者对待不同下属的方式是不同的。乔治·格里奥等人由此提出了领导者-成员交换理论。

领导者-成员交换理论认为，由于时间的压力，领导者只能与下属中的少部分人建立特殊关系。这些个体成为圈内成员，能够得到领导更多的信任与关照，也更可能享受特权；而其他下属则成为圈外成员，他们占用领导的时间较少，获得奖励的机会也较少，他们与领导的关系是在正式的权力系统基础上形成的。研究表明，圈内成员比圈外成员能够承担更大的工作责任，对部门的贡献更多，工作绩效更高。总之，领导者对待下属的方式是有差异的，而且这种差异是有章可循的。此外，圈内成员与圈外成员的不同地位与下属的绩效和满意度有关。

该理论指出，在领导者与下属进行相互作用的初期，领导者就暗自将其划入圈内或圈外，并且这种关系是相对稳定的。领导者到底是按照什么标准将这些人划入圈内或圈外尚不清楚，但是有证据表明领导者偏向于将个人特点（年龄、性别、态度等）与其相似、有能力、具有外向个性特点的人划入圈内，如图 12－7 所示。

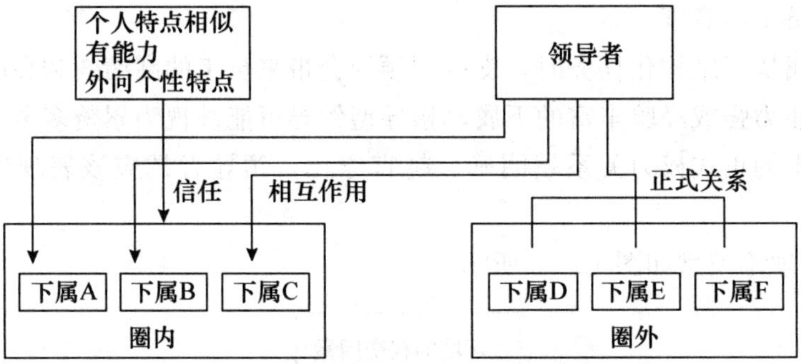

图 12－7　领导者-成员交换理论模型

领导者-成员交换理论预测，被划入圈内的下属得到的绩效评估等级会更高，离职率会更低，对领导者会更满意。大量实证研究为这一理论提供了支持性的证据。

领导者应及早认识到组织中的这种领导者与成员间的二重关系的客观存在，尽可能公平、公正地对待每一位员工，尽量减少圈外关系对组织的负面影响。

12.2.4　领导理论的新发展

领导理论经过半个多世纪的演变，从特质理论、行为理论到权变理论，都在试图揭示有效领导背后的真正原因。但从整体来说，仍然没有找到和揭示真正的原因，这些研究都存在不少的局限性，人们仍然在进行不懈的探索。20 世纪 80 年代以来，社会结构发生巨大变化，社会成员受教育的程度普遍提高。科学技术尤其是信息技术突飞猛进，并在领导过程中发挥重大作用。传统的官僚体制模式和领导方式受到挑战，人们积极寻找新的组织形式和领导方式，不断探索新的领导理论以及方法。尤其是 20 世纪 90 年代以来，人类进入了全球化、信息化的时代，经济全球化、政治民主化、社会复杂化、信息网络化，时代在呼唤着新型的领导，迫切需要领导理论的创新与发展。为回应时代的呼唤和社会的挑战，人们在实践活动和理论研究中提出和产生了很多的新理论、新观点，如领导替代理论、魅力型领导理论、交易型领导理论、变革型领导理论、领导激励理论、自我领导理论和超级领导理论、诚信领导理论、分布式领导理论等。下面我们仅简要介绍自我领导理论和超级领导理论、魅力型领导理论以及变革型领导理论。

1. 自我领导理论和超级领导理论

所谓自我领导，顾名思义，就是自己领导自己，即领导者的主要任务和职责就是采用各种方式方法把被领导者培养和造就成为领导者，使他们具有高度的责任感和强大的自我控制能力，自觉努力地工作，使被领导者由过去的“要我做”变为“我要做”。所谓超级领导，就是领导者带领下属领导他们自己。超级领导适用于那些有责任领导他人的管理者。

自我领导和超级领导有着内在的联系。理解自我领导是理解超级领导的关键一步，因为对下属的所有控制最终都要靠下属的自我影响起作用。无论控制从何而来，其效果仍然依赖于这些控制在多大程度上能被下属认同和内化。

自我领导有两类策略：第一类是注重有效的行为和行动，即以行为为中心的策略，对下属领导自己完成一些困难但又必须完成的任务十分有帮助，包括自定目标、自我提示、自我检查、自我排练。自我排练即在完成一项重要任务之前进行周密的安排和训练，自行实施奖励和惩罚措施。第二类是注重有效的思想和情感，即以认知为中心的策略。以认知为中心的策略主要是关于下属如何建构自己建设性的管理思维模式，然后通过它影响行为。这种策略分为两个部分：一部分是考察如何利用来自任务本身的快乐和自然回报，以形成具有建设性的思想与感受；另一部分则通过信念、自我暗示和想象等方法形成建设性思维。

2. 魅力型领导理论

魅力型领导理论是由罗伯特·豪斯在马克斯·韦伯的魅力型影响力理论的基础上提出的。魅力型领导是指领导者主要通过调动追随者情感上对愿景与共同价值观的强烈的忠诚来激励与领导他们。大多数魅力型领导理论研究的侧重点都是确定具有魅力的领导者和不具有魅力的领导者之间的行为差异。约翰·肯尼迪、富兰克林·罗斯福、马丁·路德·金、沃尔特·迪士尼等人都是被公认为具有魅力的领导者。

早期有关魅力型领导的研究，比较关注能产生领导者个人魅力的品质特征。

提出魅力型领导理论的罗伯特·豪斯确定了三个因素：极高的自信、对他人的支配能力、坚定的价值观。本尼斯在研究了美国 90 位最杰出和最成功的领导者后，发现他们有几个共同点：令人折服的远见和目标意识；能清晰地表述目标，使下属明确理解的能力；对该目标表现出的一致性和全身心投入的执着；了解自己的实力并以此作为资本的胆略。麦吉尔大学的康格和凯南格提出，魅力型领导者应该具备如下特点：他们有一个希望达到的目标；能为此目标进行全身心的投入和奉献；反传统；非常自信；是激进变革的代言人，而不是维护传统现状的卫道士。

综合他们的观点，可以将魅力型领导者最主要的特征概括为以下七个方面：

（1）自信。魅力型领导者对自己的判断和能力充满信心。

（2）远见。魅力型领导者有理想的目标，认为未来一定会比现在更美好。领导者的理想目标与现状的差距越大，下属越有可能认为领导者有远见卓识。

（3）清楚表达目标的能力。魅力型领导者能够明确地陈述目标，并使其他人理解，最终变成激励下属努力工作的动力。

（4）对目标的坚定信念。魅力型领导者具有强烈的奉献精神，愿意从事高冒险性的工作，承受较高代价，为了实现目标能够自我牺牲。

（5）不循规蹈矩的行为。魅力型领导者的行为往往被认为是新颖的、反传统的、反规范的。当这些行为获得成功时，下属会惊诧不已。

（6）以变革代言人的身份出现。魅力型领导者是激进的变革代言人，而不是传统的维护者。

（7）对环境具有较强的敏感性。魅力型领导者能够对需要变革的环境加以限制并对资源进行切实可行的评估。

魅力型领导者对下属造成的实质性影响可以表现在以下几个方面：首先，领导者清晰地描绘出组织的共同愿景，它将组织的现状与更美好的未来联系在一起，使下属有一种连续的认识；其次，领导者向下属传达高绩效的期望，并对下属达到这些期望表现出充分的信心，这样就提高了下属的自尊和自信水平；再次，领导者通过言语和活动传达一种新的价值观体系，并以自己的行为为下属设立效仿的榜样；最后，魅力型领导者会以做出自我牺牲和反传统的行为来表明他们的勇气和对未来前景的坚定信念。

研究表明，魅力型领导与下属的高绩效和高满意度之间有着显著的相关性。同魅力型领导一起工作的员工在受到激励后，会付出更多的努力，而且由于他们喜爱自己的领导，也会表现出更高的满意度。

少数学者认为魅力型领导是天生就有的气质，但大多数学者认为个体可以经过培训而展现魅力型领导的特质，并进而获得魅力型领导者所能获得的收益。有学者进一步提出，一个人可以通过以下三个阶段的学习变成魅力型领导者：

第一阶段，个体要保持乐观的态度。使用激情作为催化剂激发他人的热情，运用整个身体而不仅仅是言语进行沟通。通过这些方面可以营造领袖魅力的氛围。

第二阶段，个体通过与他人建立联系而激发他人跟随自己。

第三阶段，个体通过调动跟随者的情绪而开发他们的潜力。

一般而言，魅力型领导形成的情境因素可以分为两部分：组织内情境因素和组织外情境因素。

在组织外因素中，人们一致认同的观点是在危机或混乱的情景下，容易形成魅力型领导，其基本假设是：第一，在这种情境下，追随者需要一个领导者来提供未来的愿景以及有效的解决方案；第二，在这样的时期，魅力型领导者也比较容易提出并让人接受他的变革型愿景，因为现状并不令人满意。

相关研究显示，存在一个理想的环境来促成魅力型领导的产生与发展，其中涉及组织所处的环境、生命周期、专业技术、目标任务、管理模式、发展愿景及领导者的更替情况和水平等。

（1）简单而言，当组织处于动荡与危机的环境之中，或者在组织成员心理状态比较差的情况下，更有可能产生魅力型领导者并体现其自身的价值。

（2）从组织的生命周期来看，组织刚刚起步或面临人力资源调整与恢复时，对魅力型领导者的需求会明显增加。

（3）就组织的专业技术而言，技术的分解性越低，则组织成员肩负的责任越重，面临的挑战越大，这时调动组织成员的积极性，提升其责任感以及创造力，就更需要魅力型领导者发挥效力。

（4）积极进取的组织目标，以及精练的组织构架可以促使魅力型领导者的产生。

（5）容易接受新事物的组织文化，发展方向与社会主流的价值观相吻合，并且乐于为领导者和组织成员提供平等的发展机会，这些因素的有机组成对于魅力型领导者的产生比较有利。

（6）与组织中的基层干部相比，魅力型领导者更适合在中高层的管理水平上发挥作用，其原因在于在较大的权力范围下，这些领导者以身作则无私付出，通过具有一定代表性的活动来体现他们非凡的沟通能力与远见卓识，能够征服组织中的其他成员，从而树立一个良好的形象。

（7）当离任的领导者是非魅力型领导者时，接任的魅力型领导者更容易获得赞同与拥护。

此外，值得说明的一点是，魅力型领导者对于员工的高绩效水平来说并不总是必需的，当下属的任务中包含较多的观念性要素时，它最为适合。这可以说明为什么魅力型领导者更多出现在政治、宗教以及战争期间，或出现在一个引入重要新产品或面对生存危机的组织中。然而，当剧烈变革的需要减退时，魅力型领导者也可能会成为组织的负担。因为魅力型领导的过分自信常常导致许多问题的产生：不能聆听他人言语，受到有进取心的下属挑战时会十分不快，对所有问题总坚持认为自己是正确的。

3. 变革型领导理论

变革型领导这个概念最早由唐顿提出，而将它作为一种重要的领导理论则是从政治社会学家詹姆斯·麦格雷戈·伯恩斯的经典著作《领导学》开始的。20 世纪 80 年代中期，伯纳德·巴斯在伯恩斯和豪斯的前期成果基础上提出了更为扩展的、更加精确的变革型领导理论。

（1）伯恩斯的变革型领导。

伯恩斯将领导分为两种：交易型领导和变革型领导。大多数领导都属于交易型领导，他们强调领导者和追随者之间的交易。交易型领导通过个人利益来激励下属。和交易型领导相比，变革型领导指的是一种过程，在这个过程中，个体相互融合，并建立一种联系去提高领导者和追随者的热情与道德意识。此种类型的领导者关心追随者的需要和动机，并尽力帮助他们完全发挥其潜能。

（2）巴斯的变革型领导。

巴斯的变革型领导理论拓展了伯恩斯的成果，更注重员工的需要而不是领导者的需要，认为变革型领导可用于结果不佳的情境，并宣传交易型领导和变革型领导是一个连续体上的不同点，而不是相互独立的。

1）交易型领导。所谓交易型领导，是指领导者用下属所需要的报酬来换取自己所期望的下属的努力与绩效。整个过程就像领导者与追随者之间的一项交易活动。交易型领导者关心的是具体的领导事务，主要包括两个维度，即权变奖励和例外管理。

2）变革型领导。所谓变革型领导，是指领导者通过改变下属的动机与价值观来提高绩效和变革整个组织。变革型领导者更多基于追随者的价值、信念和需要，他们能有效地激励追随者实现组织的最大利益而不仅仅局限于个人利益。变革型领导者虽也不忽视具体的领导事务，但他们总是更加关注组织的文化与价值观体系。变革型领导主要涉及四个维度：理想化影响力（idealized influence）、鼓舞性激励（inspirational motivation）、智力激发（intellectual stimulation）、个性化关怀（individual consideration）。

12.3 领导工作有效性

12.3.1 领导工作有效性的概念

领导工作有效性，即领导效能，它是一个综合概念，大致包括以下几个方面：

1. 时间效能

时间效能，即对时间的有效利用程度。在一定时期内，领导者的工作时间为一个常数，所以应加强时间的科学管理，挖掘时间的潜力，杜绝浪费时间。

2. 决策效能

其具体表现为决策的效率。决策有效的程度，表现为通过实施决策发挥良好作用的程度，其中最主要的是决策目标的实现程度。

3. 用人效能

它是指领导者对部属的选拔、配备、使用等的成效，可以用用人成功率来表示。这里关键的问题是知人善任和明确授权，它的基本要求是发挥部属的积极性。领导者的领导活动在很大程度上是通过部属的活动表现出来的。因此，人员的配备和使用是否恰当，不仅关系到每个成员的主动性、积极性、创造性，而且关系到整个领导机构的效能。

4. 专责效能

专责效能，即表现为领导者履行职责的效率。领导是权力、责任和义务的统一体，其中，最主要的是责任。责任不仅是领导者运用权力、履行义务的表现，也是进行职能活动的主要内容。专责效能要求领导者尽职尽责地做好领导该做的事，不能玩忽职守，敷衍塞责，也不能去包揽应该由下级处理的事。

5. 整体贡献效能

整体贡献效能，即整个领导机构的效能，它指的是成果和代价（耗费）的关系。

领导效能是上述五个方面互相联系的综合体，它的大小或高低与目标方向和工作效率有关。其中，目标方向是决定领导效能高低的首要因素，如果目标方向正确，那么领导效能就与工作效率成正比，即效率越高，效能也越高；反之，如果目标方向不正确，领导效能就与工作效率成反比，即效率越高，效能越低，甚至为零为负。

12.3.2 提高领导工作的有效性

前面已经提到领导者要处理三方面的关系：与人的关系、与事的关系、与时间的关系。在这里，我们就这三方面提出一些经过实践验证的、有利于提高领导工作有效性的做法。

1. 培养对人的洞察力

领导者可以有意识地关注一些因素并逐渐内化成习惯，养成一种正确有效的态度：换位思考、自知和客观。

（1）所谓换位思考，是指能从别人的观点出发去考虑问题。领导者要激励下属，并从下属那里获得有益的信息，必须从下属的感受出发。领导者推行改革时，如果只是自己觉得这种计划很好，而不顾改革影响到的各种人的感受，那么改革失败的可能性极大。虽然领导者不必赞同他人的价值观体系和思维定式，但他必须了解，这是换位思考的基础。

（2）自知与换位思考一样，是领导者不可或缺的。他必须清楚地意识到自己的特殊影响；他必须意识到自己的个性、偏好、弱点和别人对自己的看法，他也应该知道自己的某个具体行动会给别人留下什么印象。

（3）客观地对待事物，这是有效的领导者所必须具备的态度。通常我们在对别人的行为做出反应时都带有自己的情绪，不够冷静和缺乏分析，但情绪往往会影响正确的决策和恰当的行为，领导者的目标应该是实际的，而不是情绪化的，对自己最关心的人和事必须保持恰当的心理距离，才能明智地处理事务。

2. 坚持合理的工作次序

领导者若非有意识地改变，他将陷于日常事务的泥淖之中。为了使工作有效，领导者应有一套判断标准，以决定哪些事应该优先去做、哪些事应该稍后去做、哪些事不应由自己去做。有效的领导者应该做到：

（1）尽量摆脱过去，着眼于未来。因为昨天已经过去，昨天不会再带来成果。过去的决策往往给现在带来麻烦，虽然领导者会着力解决过去遗留的问题，但绝不应把主要精力放在这方面，而应该检讨自己、吸取教训，面向未来，避免在今后的工作中再犯类似的错误。

（2）坚持例外原则办事，充分授权。按例外原则办事就是领导者只负责处理条例、规章、制度没有规定的例外事情。事必躬亲是领导者忙于日常事务的一大弊病，只有适当地下放权力才能使自己从繁杂的日常事务工作中解脱出来。

（3）不应把压力作为工作次序的标准。如果以压力来决定做事的先后次序，必然会导致过分重视紧急事项，忽视开拓性工作。而领导者的工作内容之一是先行，是为了更美好的未来而把面向未来的开拓性工作放在领导工作的首位。

3. 高效合理地利用时间

这是有效的领导者最重要的特点之一。因为时间无法再生，是最稀缺的资源。时间没有替代品，过去了就没有了，一天24小时，不可能增加一分一秒，做任何事又都少不了时间这种资源。因此，领导者必须善于安排自己的有限时间，把它用在最主要的工作上。领导者能否合理地利用时间，与整个组织的成败关系极大。为了有效地利用时间，人们经过研究提出了一个简单有效的方法，可供领导者参考：

第一步，记录时间。连续几天或几周记录自己每天的时间消耗情况，以每10分钟或30分钟为一个单位，可以自己记，也可以请人帮忙记。别以为不靠记录，凭记忆也可清楚地意识到自己是如何利用时间的，因为记忆相当不可靠。

第二步，分析时间。根据记录找出不必做的事，可以请人代办的事，以及浪费别人时间的事，并停止再做这些事。还要找出由于缺乏合理的计划、制度或缺乏预见性造成时间浪费的因素和因为组织不健全而造成时间浪费的因素，并着手加以改变。

第三步，合理安排时间。在分析了时间利用情况、避免了各种浪费时间的做法与因素后，就可以找到自己可以自由利用的时间，并加以合理安排，把它们用于解决真正重要的问题。

实践证明，这种方法简单可行，并且成效显著。当然有效利用时间的方法还有很多，如时间运用的ABC法、时间运用的二八定律等，每个人可以根据自己工作的实际情况加以灵活运用。总之，高效地利用时间是提高领导工作有效性的重要内容。

本章小结

本章分三小节介绍了领导与领导者、领导的主要理论和领导工作有效性等基本内容。

第一节主要介绍领导与领导者的基本概念。

领导是一种影响力，是对人们施加影响的艺术或过程，从而使人们情愿地、热心地为实现组织或群体的目标而努力。领导与管理既相互联系又相互区别。

领导者是指实施领导过程的人。权威是领导者实施领导活动的基础，可以分为权力和威信两部分。领导者都应该具备较好的身体素质、思想素质、知识素质、心理素质、能力素质、情操素质等。

第二节阐述了领导特质理论、领导行为理论、领导权变理论等内容。

领导特质理论主要介绍了早期领导特质理论和现代领导特质理论的具体内容。

领导行为理论介绍了有关领导行为的早期研究、领导行为四分图理论、管理方格理论、PM和CPM型领导模型。

领导权变理论介绍了菲德勒领导权变模型、领导生命周期理论、路径-目标理论、领导者-成员交换理论的主要内容。

领导理论的新发展选取介绍了自我领导理论和超级领导理论、魅力型领导理论、变革型领导理论。

第三节阐述了领导工作有效性的概念及提高领导工作有效性的方法。

领导工作有效性，即领导效能，包括时间效能、决策效能、用人效能、专责效能和整体贡献效能。

提高领导工作的有效性必须培养对人的洞察力、坚持合理的工作次序及高效合理地利用时间。

关键术语

领导　　领导者　　权力　　威信　　伟人理论　　PM　　自我领导　　超级领导

复习思考题

(1) 什么是领导？什么是领导者？
(2) 领导与管理有何联系与区别？
(3) 领导者实施领导活动的基础是什么？
(4) 简述领导者素质结构。
(5) 简述领导特质理论与领导行为理论的研究侧重点的区别。
(6) 简述领导行为四分图理论的主要内容。
(7) 列举三种领导权变理论并阐述其基本内容。
(8) 简述魅力型领导理论的基本内容。
(9) 何谓领导工作有效性？如何提高领导工作的有效性？

本章阅读书目

[1] 本尼斯．领导者．北京：中国人民大学出版社，2008.
[2] 科特．企业领导艺术．北京：华夏出版社，1997.
[3] 孔茨，奥唐奈，韦里克．管理学．上海：上海人民出版社，1990.
[4] 罗宾斯，库尔特．管理学：第 9 版．北京：中国人民大学出版社，2008.
[5] 德鲁克．卓有成效的管理者．上海：上海译文出版社，1999.
[6] 库塞基，波斯纳．模范领导：领导，就是让员工愿意主动成就非常之事．台北：脸谱出版社，2004.
[7] 布莱克，穆顿．新管理方格．北京：中国社会科学出版社，1986.
[8] 三隅二不二．领导行为科学．北京：光明日报出版社，1991.
[9] 赫塞．情境领导者．北京：中国财政经济出版社，2003.
[10] 伯恩斯．领导学．北京：中国人民大学出版社，2006.
[11] 徐联仓，凌文辁．组织管理心理学．北京：科学出版社，1988.

第 13 章

组织变革与发展

只有人类整体上进行变革，一个组织才能积极发展，达到其预期的团体认同的目标。

——阿恩特·佐尔格

引导案例

阿里巴巴的组织变革

阿里巴巴是中国最大的电商平台和全球最大的互联网巨头之一。成立 20 多年来，创业团队人数从 18 人发展到目前员工总数突破 20 万人。纵观阿里巴巴早期的发展史不难发现，其几次突破式的成就背后，都有其对组织架构的及时调整，从 B2B 阿里“铁军”，到天马行空的“淘宝”，再到“三个淘宝”中跑出“天猫”，以及“履带战略”推出“阿里云”等。

近些年，阿里巴巴的组织变革也从未停下脚步。2015 年推出“小前台、大中台”战略，把数据运营和产品技术的力量剥离出来，给前台业务提供服务。2019 年颁布“新六脉神剑”，实现第三次价值观升级。2020 年倡行打造敏捷组织，努力实现多业务、多业态、超大型企业高效治理。

2023 年，阿里巴巴启动了其历史上最重大的组织变革，即“1＋6＋N”组织变革。其中，“1”是阿里巴巴集团；“6”是阿里云智能、淘宝天猫商业、本地生活、国际数字商业、菜鸟、大文娱六大板块业务；“N”为高鑫零售、银泰商业、阿里健康、盒马、夸克等其他重要业务。阿里巴巴称此举是为了让各项业务决策链路变短、更加敏捷，从而更好地抓住市场和行业机遇，进一步提升股东价值。

13.1　组织变革

13.1.1　组织变革的概念、类型与原因

“21 世纪是管理的新世纪，是以管理变革和管理新方法取胜的新世纪”，而组织变革又是管理变革中相当重要的方面。

1. 组织变革的概念

组织变革（organization change）是组织成长过程中的一个特殊阶段，是指组织发展到一定程度，组织的内在机制要求组织的运作方式发生革命性的改革，当组织原有的运作方式与组织的实际情况严重不符，从而发生成长危机时，综合运用组织的基本理论，对组织中的要素进行重组、增减等，使之适应环境变化和组织发展需要的活动过程。

2. 组织变革的类型

根据影响组织的变量，我们可以将组织变革分成以下五种：

（1）技术变革。

技术变革是指组织生产过程的变革，包括保证差异化竞争的知识库、技能库等的变革。这些变革的目的是提高生产效率、增加产量。技术变革涉及产品或服务的制造技术，包括工作方法、设备、工作过程。

（2）产品与服务变革。

产品与服务变革是指一个组织输出的产品或服务的变革。开发新产品包括对现有产品的小调整或开发全新的产品线。开发新产品的目标通常是增加市场份额或开发新市场、新顾客。

（3）人与组织结构的变革。

微观的方面，通过改变员工的态度、期望、认知和行为而改革人员。现代企业组织强调尊重人的人格，重视人的需求，给予人信任和支持，倡导开放、参与。组织发展就是侧重于改变人员以及人际间工作关系来进行变革。宏观的方面，一个组织有六个维度：工作专门化、部门化、指挥链、管理跨度、集权与分权、正规化。管理者可以对这些结构要素的一个或者多个进行变革。比如，精简某些层次、拓宽管理跨度、减少官僚机构、使组织扁平化等。

（4）文化变革。

文化变革是指价值、态度、期望、信念、能力、员工行为的改变。文化变革涉及员工思考方式的改变，它更是一种头脑中的变革，而不是技术、结构或产品的改变。

（5）组织战略变革。

因其规模、环境及生命周期，组织必须从整体的视角，全方位地思考其面临的机遇与挑战，进而重新确定组织战略甚至组织的使命。这种变革必将导致以上其他四个方面的变革。

这些变革是相互依存、相互作用的，一种发生变化往往意味着另一种也发生变化。

3. 组织变革的原因

（1）外部环境的变化。

外部环境的变化是指市场、资源、技术等的变化，这部分是管理者控制不了的。市场的变化如顾客的收入、价值观念、偏好等发生变化，竞争者推出新产品或产品增添新功能等；资源的变化如人力资源，能源，资金，原材料供应的质量、数量以及价格的变化；技术的变化如新工艺、新材料、新技术、新设备的出现等，这些不仅会影响到产品，一旦出现新的职业化部门，也会带来管理和人际关系的变化。

（2）内部环境的变化。

组织成员的工作态度、工作期望、个人价值观念等方面的变化，如果与组织目标、组织结构、权力系统不相适应，也必须对组织做相应的变革。它们之间相互不适应或相互矛盾主要有下列几种表现：

第一，组织成员要求在工作中有个人发展的机会，但组织仍然倾向于简单化、专制化的管理方式，从而限制了成员发展的机会。

第二，组织成员希望彼此以公平、平等的态度相处，但组织仍然等级分明、地位差别大，使组织成员产生强烈的不公平感。

第三，组织成员的工作热情逐渐转向以工作本身所产生的内在利益、人的尊严和责任心为基础，但组织仍然只靠奖惩手段推动成员工作。

第四，组织成员希望从工作中立即获得当前需要的满足，但是组织的奖惩、晋升等仍然是延迟的满足，不能立即兑现。

第五，组织成员希望或注重从组织中获得尊重、友谊、信任、真诚等情感的满足，但组织仍强调任务是否完成，不注重人的情感。

第六，组织成员随着自身素质的变化和生活水平的提高，要求组织采用新的管理制度或管理方式，但组织领导仍然习惯于老一套陈旧的制度或工作方法。

总之，无论是环境的变化、组织运作效能的降低，还是组织成员的心理、行为变化，都会导致组织系统的失衡，从而在组织内部产生改变现状的变革推动力量。

13.1.2 组织变革的目标与影响变量

1. 组织变革的目标

组织变革的目的是促进组织的发展，因此，组织变革的目标应与组织发展的目标协调一致。组织变革应努力实现以下目标：

（1）提高组织适应环境的能力。

适应环境是组织生存的前提。当组织的外部环境或内部环境发生了变化，组织也必须随之变化。但是这种变化不是盲目地跟随，不是急功近利地变革，而是在对环境变化做出正确认识的前提下，审时度势，认真思考后进行。组织变革要通过建立健全组织运行机制，改造组织结构和流程来增强组织对环境的适应性。

（2）提高组织的工作绩效。

通过组织变革提高组织的适应能力，仅仅是组织变革的基础目标。在提高适应能力的基础上，提升组织的自我创新能力，提高组织运作效率和效益，使组织不断发展壮大，这才是组织的最终目标。

（3）使组织结构更完善，组织内部关系更和谐。

组织结构并不是一成不变的，而是随着外部环境的变化和自身的发展而改变的。而组织结构改变的目标之一就是要让组织结构更完善，更好地推动组织的发展。良好的内部关系也是组织成长发展的重要因素，因此组织的变革也应实现内部关系的协调发展。

（4）承担更多的社会责任。

在现代社会中，单个组织的生存和发展从根本上来说取决于它同社会的关系。任何组织都不能只追求自身利益，而不顾社会责任，且每个组织所承担的社会责任、所树立的社会形象，都会成为组织运作的必要前提。组织的社会责任要求组织不断地进行调整与变革，这也是组织变革的最高目标。

2．组织变革的影响变量

（1）任务的变量。

它是指工作任务是简单的还是复杂的，是新的还是重复的，是标准化的还是独一无二的。

（2）组织结构的变量。

它是指组织的信息沟通、权力和责任系统。每个组织都有它自己的结构，组织结构规定着组织的任务如何被分配、组织中谁负责向谁汇报以及正式沟通机制和交往模式如何安排，其包括三个核心内容，即结构的复杂性、规范性和集中性。

（3）人的变量。

它是指组织成员，包括其工作态度、个人作风和组织对其工作的激励等。

（4）技术的变量。

它是指组织解决问题的方法及手段。

（5）环境的变量。

它是组织变化的外部压力和内部动力之源。

13.1.3 组织变革的模式选择与模型

1．组织变革的模式选择

对于组织变革的必要性，有这样一种流行的认识：组织要么实施变革，要么灭亡。然而事实并非总是如此，有些组织进行了变革，反而加快了灭亡。这就涉及组织变革模式的选择问题。这里将比较两种典型的组织变革模式：激进式变革和渐进式变革。

（1）激进式变革。

激进式变革力求在短时间内，对组织进行大幅的全面调整，以求彻底打破初态组织模式并迅速建立目的态组织模式。激进式变革能够使组织以较快的速度达到目的态，因为这种组织变革模式对组织进行的调整是大幅的、全面的，所以变革过程会较快；与此同时，会导致组织的平稳性差，严重的时候会导致组织崩溃。

（2）渐进式变革。

渐进式变革则是通过对组织进行小幅的、局部的调整，力求通过一个渐进的过程，实现初态组织模式向目的态组织模式的转变。渐进式变革是通过局部的修补和调整来实现转变的。

比较组织变革的两种典型模式，组织在实践中应当加以综合利用。在组织内外部环境发生重大变化时，组织有必要采取激进式变革以适应环境的变化，但是激进式变革不宜过于频繁，否则会影响组织的稳定性，甚至导致组织的毁灭。因而在两次激进式变革之间，在更长的时间里，组织应当进行渐进式变革。

2. 组织变革的模型

（1）勒温组织变革模型。

组织变革模型中最具影响力的也许是勒温组织变革模型。勒温提出一个包含解冻、变革、再冻结三个步骤的有计划的组织变革模型，用以解释和指导如何发动、管理和稳定变革过程（见图 13－1）。

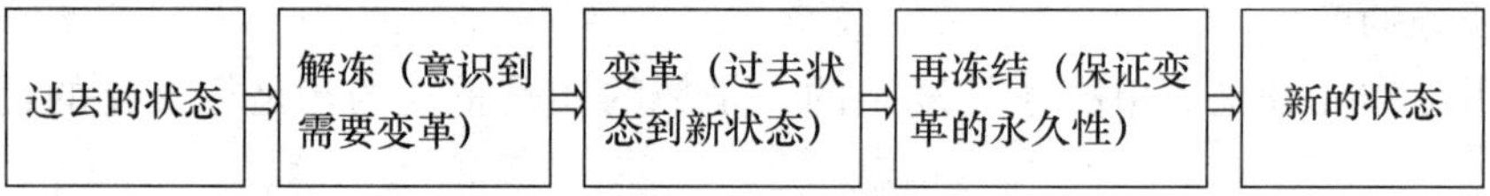

图 13－1　勒温组织变革模型

知识库 13－1

勒温组织变革模型

勒温认为，组织中有计划的变革由三个阶段构成，这三个阶段是解冻、变革和再冻结。

（1）解冻。这一步骤的焦点在于创设变革的动机。鼓励员工改变原有的行为模式和工作态度，采取新的适应组织战略发展的行为与态度。为了做到这一点，一方面，需要对旧的行为与态度加以否定；另一方面，要使干部员工认识到变革的紧迫性。可以采用比较评估的办法，把本单位的总体情况、经营指标和业绩水平与其他优秀单位或竞争对手加以一一比较，找出差距和解冻的依据，帮助干部员工“解冻”现有态度和行为，使其迫切要求变革，愿意接受新的工作模式。此外，应注意创造一种开放的氛围和心理上的安全感，减少变革的心理障碍，增强变革成功的信心。

（2）变革。变革是一个学习过程，需要给干部员工提供新信息、新行为模式和新的视角，指明变革方向，实施变革，进而形成新的行为和态度。这一步骤中，应该注意为新的工作态度和行为树立榜样，采用角色模范、导师指导、专家演讲、群体培训等多种方法。

（3）再冻结。在再冻结阶段，利用必要的强化手段使新的态度与行为固定下来，使组织变革处于稳定状态。为了确保组织变革的稳定性，需要注意使干部员工有机会尝试和检验新的态度与行为，并及时给予正面的强化；同时，需要加强群体变革行为的稳定性，促使其形成稳定持久的群体行为规范。

（2）系统变革模型。

系统变革模型是在更大的范围里解释组织变革过程中各种变量之间的相互联系和相互影响关系。这个模型包括输入、变革元素和输出三个部分。

1）输入。输入部分包括内部的强项和弱项、外部的机会和威胁。其基本构架则是组织的使命、愿景和相应的战略规划。企业组织用使命表示其存在的理由，用愿景描述组织所追求的长远目标，用战略规划表达为实现长远目标而制定的有计划变革的行动方案。

2）变革元素。变革元素包括目标、人员、社会因素、方法和组织体制等元素。这些元素相互制约和相互影响，组织需要根据战略规划，组合相应的变革元素，实现变革的目标。

3）输出。输出部分包括变革的结果。组织根据组织战略规划，从组织、部门群体、个体三个层面提高组织整体效能。

（3）科特组织变革模型。

领导研究与变革管理专家科特认为，组织变革失败往往是由于高层管理部门犯了以下错误：没能对变革建立急迫感，没有创设负责变革过程管理的指导小组，没有确立指导变革过程的愿景并开展有效的沟通；没有系统计划，获取短期利益，没有对组织文化变革加以明确定位等。科特为此提出了指导组织变革规范发展的八个步骤：建立紧迫感、创设指导联盟、开发愿景与战略、沟通变革愿景、实施授权行动、巩固短期得益、推动组织变革、定位文化途径等。

（4）巴斯的观点和本尼斯的模型。

管理心理学家巴斯认为，按传统方式以生产效率或利润等指标来评价组织是不够的，组织效能必须反映组织对于成员的价值和组织对于社会的价值。他认为，评价一个组织应该有三个方面的要求：生产效益、所获利润和自我维持的程度；对于组织成员有价值的程度；组织及其成员对社会有价值的程度。

本尼斯则提出，有关组织效能的判断标准，应该是组织对变革的适应能力。当今组织面临的主要挑战，是能否对变化中的环境条件做出迅速反应和积极适应外界的竞争压力。组织成功的关键是能在变革环境中生存和适应，而要做到这一点，必须有一种科学的精神和态度。适应能力、问题分析能力和实践检验能力，是反映组织效能的主要内容。在此基础上，本尼斯提出了有效与健康组织的标准：

第一，环境适应能力。解决问题和灵活应对环境变化的能力。

第二，自我识别能力。组织真正了解自身的能力，包括组织性质、组织目标、组织成员对目标的理解和拥护程度、目标程序等。

第三，现实检验能力。准确觉察和解释现实环境的能力，尤其是敏锐而正确地掌握与组织功能密切相关因素的能力。

第四，协调整合能力。协调组织内各部门工作和解决部门冲突的能力，以及整合组织目标与个人需求的能力。

（5）卡斯特的组织变革过程模型。

卡斯特提出了组织变革过程的六个步骤：

第一步，审视状态。对组织内外环境现状进行回顾、反省、评价、研究。

第二步，觉察问题。识别组织中存在的问题，确定组织变革需要。

第三步，辨明差距。找出现状与所希望状态之间的差距，分析所存在的问题。

第四步，设计方法。提出和评定多种备选方法，经过讨论和绩效测量，做出选择。

第五步，实行变革。根据所选方法及行动方案，实施变革行动。

第六步，反馈效果。评价效果，实行反馈。若有问题，再次循环此过程。

（6）沙因的适应循环模型。

沙因认为组织变革是一个适应循环的过程，一般分为六个步骤：

第一步，洞察内部环境及外部环境中产生的变化。

第二步，向组织中有关部门提供有关变革的确切信息。

第三步，根据输入的情报资料改变组织内部的生产过程。

第四步，减少或控制因变革而产生的负面作用。

第五步，输出变革形成的新产品及新成果等。

第六步，经过反馈，进一步观察外部环境状态与内部环境状态的一致程度，评定变革的结果。

上述步骤与方法和卡斯特主张的步骤与方法比较相似，所不同的是，沙因比较重视管理信息的传递过程，并指出解决每个过程出现的问题的方法。

13.1.4 组织变革的要素与方法

1. 组织变革的要素

（1）构思。

尽管创新是组织变革一个非常重要的要素，但仍没有被广泛系统地研究过。没有新构思，公司不可能保持其竞争性；变革是这些新构思的外在表达。一个构思便是做事的一种新方式，它可能是一项新产品、新服务，一个新的管理概念，或是组织内共同工作的一种新过程。构思可以来自组织内部或外部。

（2）需求。

构思一般不会被郑重考虑，除非存在一种对变革的有意识的需求。当管理者看到组织内实际绩效与期望绩效的差距时，这种需求便会产生。例如，在连续两年公布经营亏损之后，M公司的管理者们意识到一种强烈的进行结构变革的需求。有时，是为了满足一种有意识的需求而产生了构思，有时是先产生了新构思，这种构思又导致它对所能解决的问题或能提供的机会的思考。

（3）采纳。

当决策制定者决定执行一项提出的构思时，便是采纳。关键管理者和员工必须达成一致，支持变革。对于一项重大组织变革，其决策可能还需要由董事会签署法律文件；对于一项小的变革，只要获得一位中层管理者的非正式认可，便可以采纳。

（4）实施。

实施是指组织成员实际采用了一个新构思、新技术或新行为。材料和装备可能已经获得，而工人可能必须接受关于如何采用新构思的培训。实施是一个非常重要的步骤，因为如果没有实施，先前的步骤将是无效的。实施变革往往是变革过程中最困难的部分。

在人们采用新构思之前，没有什么实际变革发生。

（5）资源。

产生变革需要人员的精力与活动。变革不会自己发生，无论是产生还是实施一个新构思，都需要时间和资源。员工必须尽力去发掘需求和满足该需求的构思。

2．组织变革的方法

（1）以人为中心的变革方法。

以人为中心的变革方法是通过改变人的态度和价值观念，改变人的行为和组织成员之间的沟通程序来实现组织的目标。调查反馈、职工事业发展计划的辅导、群体建设、组织行为改造、过程咨询和道格式发展，都是以人为中心的几种变革方法。

知识库 13－2

以人为中心的变革方法

（1）调查反馈。调查反馈是从组织成员和工作群体那里收集情报，把整理好的信息反馈给组织成员和工作群体，然后将这些信息作为制订变革计划的基础。

（2）职工事业发展计划的辅导。有效地辅导职工个人事业发展，逐渐成为组织发展的一项重要内容。

（3）群体建设。群体建设是对组织群体成员进行诊断，使他们为提高工作效率而协同工作，并进行有计划的变革。

（4）组织行为改造。组织行为改造是运用斯金纳的操作性条件反射理论处理组织性问题。

（5）过程咨询。过程咨询的目的就是让外部顾问帮助管理者对他们必须处理的事件进行认识、理解和行动。这些事件可能包括工作流程、各部门成员间的非正式关系、正式的沟通渠道等。

（6）道格式发展。道格式发展是在管理方格图的基础上派生出来的全面改进组织的手段。道格式发展分为六个阶段：实验研讨、小组建设和开发、小组间关系的建设和开发、制定理想的战略模式、模式的贯彻、系统评价。

（2）以结构为中心的变革方法。

以结构为中心的变革方法主要是通过改变职位或角色的含义，改变职位之间的相互关系，以及通过修正外部因素来引导人们所期望的行为。变革组织结构通常包括许多因素，如改变组织形式、改变规章制度、改变程序、改变正式的奖酬制度、改变计划、改变部门划分的基础、改变控制幅度、改变信息沟通系统、改变组织层次的数量、改变正式决策的权力、改变项目群体、改变指挥系统等。

知识库 13－3

以结构为中心的变革方法

1．设立利润中心

现有的组织设立以创造利润为中心的组织单位，目的是引导各个单位把注意力放在实现组织利润这个中心任务上来。设立利润中心需要按事业部的思路来改造组织，包括组织结构和组织的价值观念等。

2. 设立矩阵组织或专案小组

矩阵组织或专案小组都是专为临时性工作或一次性工作设立的组织。组织环境多变，使矩阵组织结构设计日益增多。建立矩阵组织会遇到新的组织问题，如矩阵组织必须进行多头命令与指挥、必须让组织中不同部门的专业人员学会协调与配合。

3. 增加或减少组织管理层次

组织可以通过增减管理层次来进行变革。如随着组织规模的变化，增加组织的管理层次或减少管理层次，以改变僵化的金字塔式组织结构。

4. 扩大或缩小组织的管理幅度

与组织管理层次的变化类似，组织管理幅度的扩大或缩小也经常发生。与管理层次减少相对应，管理幅度会有扩大的趋势。

5. 改变组织的职位权限等级

组织的各个职位的权限总是事先确定的，组织通过改变现有的职位权限来进行变革，如放大下级的决策权，以便更好地调动较低职级人员的积极性和创造力；缩小下级的决策权，以便使权力更加集中，克服组织面临的临时困难等。

6. 改变组织原有的规章制度

组织的工作程序、管理制度、奖励制度等都是组织结构的组成部分，组织可以通过改变规章制度来进行变革。

（3）以任务为中心的变革方法。

以任务为中心的变革方法着眼于改变组织成员承担的任务，主要是通过增加或减少某个工作岗位或工作单位的任务的难度和任务的可变性来实现组织变革的目的。

目标管理作为一种任务管理方式，也是组织变革中的一项措施。具体做法是将工作任务目标化、充分发挥职工的主动性和创造性、重视对职工心理与行为的激励。

（4）以技术为中心的变革方法。

这里的技术是广义上的技术，即旨在达成某种实用目的的知识的汇集，包括各种机器、计算机语言、现代分析方法和数学方法等智力工具，以及一切合理化建议或措施。

（5）以战略为中心的变革方法。

以战略为中心的变革方法是指综合组织内外因素，重新确立组织战略。组织联盟、组织拆分以及战略转移等是其常用的对策。战略变革通常会导致组织中的结构、人员、技术和组织任务的大变革。

13.1.5 组织变革的抵制现象与应对策略

1. 组织变革的抵制现象

组织变革常常会遇到来自各个方面的抵制和反对。常见的抵制现象有：生产量、销售量和经济效益持续下降，消极怠工、办事拖拉、等待，离职人数增加，出现争吵与敌对行为，人事纠纷增多，提出许多似是而非的反对变革的理由等。

2. 组织应对变革阻力的策略

针对这些现象和原因，我们可以制定出一些应对变革阻力的策略：做好宣传，与员工进行沟通，广泛地听取员工的意见；让员工参与到组织变革的决策中；高层管理者大力支持组织变革；大力推行与组织变革相适应的人才培训计划，大胆起用具有开拓创新精神的人才；采取优惠政策，妥善安排被精减人员的工作生活和出路；在必要的时候显示变革的果敢决心，并采取强硬措施；采用力场分析法，解决阻碍变革的主要问题；正确选择（减缓）变革速度。

13.2　组织发展

现在，组织发展领域正受到全球化和信息技术飞速发展的影响。许多国家和世界性组织正在应用组织发展，这就导致了一整套新的干预方法的产生和对传统组织发展实践活动的适应。随着信息技术继续影响组织的环境、战略和结构，组织发展需要管理变革过程，使之与信息技术相结合。这种发展规则的多样性导致了组织发展专业人士、应用组织发展的组织种类以及应用组织发展的国家数量的急速增加。

13.2.1　什么是组织发展

组织发展（organization development）是指为了适应不断变化的组织内外环境，通过长期的努力，特别是实施有效和协调的管理来改进和更新组织的过程。组织发展的过程既包括组织结构、制度的变革，也涉及针对团体或个人的心理指导，其目的在于适应环境的变迁，提升组织的绩效和成员的福祉。

组织发展是提高全体员工积极性和自觉性的手段，也是提高组织效率的有效途径。组织发展有以下几个显著的特征：

1. 组织发展包含深层次的变革及高度的价值导向

组织发展意味着需要深层次和长期性的组织变革。例如，许多企业为了获取新的竞争优势，计划在组织文化的层次实施新的组织变革，这就需要采用组织发展模型与方法。由于组织发展涉及人员、群体和组织文化，这里包含着明显的价值导向，特别是注重合作协调而不是冲突对抗，强调自我监控而不是规章控制，鼓励民主参与管理而不是集权管理。

2. 组织发展有一个诊断-改进周期

组织发展的思路是对企业进行“多层诊断”、“全面配方”、“行动干预”和“监控评价”，从而形成积极健康的诊断-改进周期。因此，组织发展强调基于研究与实践的结合。组织发展的一个显著特征是把组织发展思路和方法建立在充分的诊断和实践验证的基础之上。组织发展的关键部分之一就是学习和解决问题，这也是组织发展的一个重要基础。

3. 组织发展是一个渐进过程

组织发展活动既有一定的目标，又是一个连贯的不断变化的动态过程。组织发展的重要基础与特点，是强调各部分的相互联系和相互依存。在组织发展中，组织中的各种管理与经营事件不是孤立的，而是相互关联的；一个部门或一方面所进行的组织发展，必然影响其他部门或其他方面的进程，因此，应从整个组织系统出发进行组织发展，既要考虑各部分的工作，又必须从整个系统协调各部分的活动，并调节其与外界的关系。组织发展着重于过程的改进，既解决当前存在的问题，又通过有效沟通、解决问题、参与决策、处理冲突、分享权力和设计生涯等过程，学习新的知识和技能，解决相互之间存在的问题，明确群体和组织的目标，实现组织发展的总体目标。

4. 组织发展是以有计划的再教育手段实现变革的策略

组织发展不只是有关知识和信息等方面的变革，更重要的是在态度、价值观念、技能、人际关系和文化气氛等管理心理方面的更新。组织发展理论认为，通过组织发展的再教育，可以使干部员工抛弃不适应于形势发展的旧规范，建立新的行为规范，并且使行为规范建立在干部员工的态度和价值观体系优化的基础之上，从而实现组织的战略目的。

5. 组织发展具有明确的目标与计划

组织发展活动是订立和实施发展目标与计划的过程，并且需要设计各种培训学习活动来提高设置目标和制定战略规划的能力。大量的研究表明，明确、具体、中等难度的目标更能够激发工作动机和提高工作效能。目标制定与目标管理活动，不但能够使组织最大限度地利用各种资源，发挥人和技术两个方面的潜力，还能产生高质量的发展计划，增强工作的责任感和义务感。因此，组织发展的一个重要方面就是让组织设立长远学习目标和掌握工作计划技能，包括制订指标和计划、按照预定目标确定具体的工作程序，以及决策技能等。

知识库 13-4

组织发展、组织变革与组织创新

组织变革与组织发展有着十分密切的关系，组织发展可以看成实现有效组织变革的手段。与组织变革和组织发展密切相关的另一个概念是组织创新，组织创新是指运用多种技能和组织资源，创造出具有全新思路的产品或服务。

13.2.2 组织发展的原因

组织发展的原因可以分为外部原因和内部原因两个方面。

1. 组织发展的外部原因

组织发展的外部原因一般是指社会、科技、经济、政治、法律等方面的原因。例如，科学技术的发展使生产的社会化程度日益加深，竞争加剧，迫使组织的职能发生变化，从原来的以生产为中心转向以经营为中心，根据市场需要来设计组织结构。社会的、政治的和法律的因素也是促使组织不断发展的原因，政治环境、经济环境的变化，国家宏观政策的调整等，必然会影响到组织的发展，甚至改变组织的发展方向。例如我国自从改革开放以来，在政治、经济、社会环境等方面都发生了较大的变化，这些变化必然会引起企业组织机构和管理方针政策的变革，促进组织的发展；外部环境的变化也必然会引起人们价值观念的变化，而组织发展就是要打破现状，改变人们的习惯行为，建立新的价值观念。

总之，外部环境的变化一方面给组织发展提出了挑战，另一方面则提供了发展的机会。无论是挑战还是机会，都要求领导者根据趋势灵活应变、谋求发展。如果在外部环境发生了变化的情况下，领导不考虑组织发展与变革，而是求稳怕乱，这样的组织肯定是没有活力的。

2. 组织发展的内部原因

组织发展的内部原因主要是指人员的态度、工作期望、个人价值观念、组织内部结构、权力系统等方面的原因。管理心理学家华登认为，组织内部环境的变化，实质上就是组织成员的心理变化。这种变化包括六个方面：

（1）组织成员希望从事使个人成长更快的挑战性工作，但是组织仍然希望成员从事简单化和专业化的工作，这限制了组织成员的成长和发展。

（2）组织成员希望有公平、平等的地位以及相互影响的管理形态，但组织仍保持级别层次、地位差别等管理形态。

（3）组织成员以工作本身产生的内在利益、人格尊严和对组织的责任感为其内在动力，但组织仍强调物质的报酬、成员的安全，完全忽视了成员的上述精神要求。

（4）组织成员要求从组织的职位方面获得即刻的满足，但是，组织对成员的工作、职位升迁等方面的要求的满足往往滞后。

（5）组织成员要求组织关心他们的生活及情绪，注重他们的感情和自尊心，能坦诚相待、互相沟通。但是，组织强调的是理性，而不注意成员的情绪等。

（6）组织成员缺少竞争的冲动，而组织仍以竞争方法来设计职位、组织工作和制定报酬制度。

13.2.3 组织发展的基本模型与程序

1. 组织发展的基本模型

组织发展是一个无尽的过程，某类问题解决了，但随环境的变化新问题又出现了。因此，组织不断发展，变革也在不断进行。近年来学者提出了很多组织发展的程序。美国学者吉布森曾根据组织发展构成要素与组织发展方法的内在关系，提出了组织发展模型图（见图 13－2）。

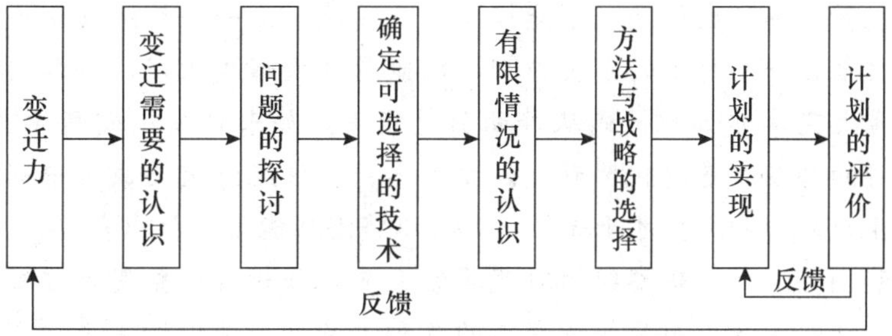

图 13－2 组织发展模型图

从图 13-2 可知，组织发展首先由变迁力引发，经过一系列的动态过程循序渐进，与此同时，通过发展过程中的反馈对发展步骤进行检查。

2. 组织发展的程序

组织发展要按照一定的程序进行。关于组织发展的程序，很多管理学家提出了不同的见解。一般可以将组织发展的程序分为八个步骤：

（1）认识变革的必要性。

（2）内外部顾问的进入。

（3）确立顾问与变革组织的关系。

（4）收集信息。

（5）诊断。

（6）确定行动计划及方法。

（7）检查、巩固。

（8）结束组织发展规划。

知识库 13-5

组织发展的五大法则

组织发展的五大法则分别是：利益群体均势法则、杠杆法则、动量法则、反馈和调整法则、领导法则。

（1）利益群体均势法则。重大变革是由公司的利益各方利益不均引发的，利益各方包括股东、员工、客户、社区和管理人员。这个法则要解决的问题是："为什么要变革?"当一家大公司中人们的利益出现不平衡时，会爆发权力之争。在可能的情况下，应该利用这种不平衡为变革创造条件。当然，如果找到了一种可以持续的制胜之道，系统最终会恢复平衡。

（2）杠杆法则。改变能产生最大成果，从而使工作努力得到最大回报。在工作中我们发现，人们凭直觉想要进行的变革总是多于必要的变革，却又没有足够的精力考虑哪些变革才是真正至关重要的，经常只是急于做出点事情来。怎么能识别重要的变革，而不在次要问题上浪费工夫呢？当然，一旦分析确定应该推动哪些杠杆，就要以非比寻常的毅力去推动它们，将变革推动到 60%以上。把事情做到 60%常常就够了；而把事情做到 40%常常不如什么都不做。

（3）动量法则。释放出驱动变革的能量。变革是工作，而工作要求能量。这种能量从哪里来呢？能量既不能被创造也不能被消灭。因此，使一个系统改变为另一个系统所需的能量，要么来自一个封闭的系统内部，以能量转换形式出现，要么就来自这个封闭系统的外部。重大变革亦如此：或从外面引进能量，如来自股东或新管理人员的压力；或将该系统本身的潜在能量转化为动能。立大志、在该组织重要成员中树立信念、解放可用于变革的生产能力和人员才干等等，都可以将潜在能量释放出来。

（4）反馈和调整法则。观察组织对变革的反应，并相应调整变革方案。改善瓶颈的行动可能会产生新的瓶颈，而且导致变革的各种力量也会消退和流失。竞争者可能变强了，从而提高了客户们的期望，也重新定义了业绩水平；早期的行为在产生成果、增加能量的同时，也可用于动态诊断。要像通过分析组织现状来进行变革一样，通过观察组织的反应来进行变革。

（5）领导法则。领导是变革的催化剂。在许多化学反应中，即使具备所有的成分，如果缺少了催化剂，什么事也不会发生。同样，变革的四项机制——利益群体的力量不均、抓住关键杠杆、通过释放能量产生动能、反馈与调整，会因变革领导人而得到强化和加速。没有这一点，变革就可能夭折。

13.2.4 未来组织的特征与形态

1. 未来组织的特征

从目前组织发展的趋势看，未来组织将具有如下特征：

（1）组织管理人本化。

知识经济时代，组织中最重要的资源是人，特别是具有特殊才能的人。组织的高效率和高效益依赖于组织成员的积极性和创造性。因此，组织要尊重每个成员的合理需要，建立科学有效的激励制度，为员工创造充分发展的机会和环境，使员工得到全面、自由的发展。

（2）组织结构扁平化。

由于计算机互联网在组织中的应用，组织的信息收集、整理、传递和控制手段的现代化，金字塔式的传统组织结构正在向层次少、扁平型的组织结构演进。在当今组织结构的变革中，减少中间层次，加快信息传递速度，进行直接控制是一个基本趋势。

（3）组织运行柔性化。

柔性是指组织结构的可调整性，对环境变化、战略调整的适应能力。在知识经济时代，外部环境快速发生着变化，因此，组织的战略调整和组织结构调整必须及时，应运而生的柔性组织结构使得组织结构运作带有柔性的特征。

（4）组织协作团队化。

这里的团队是指在组织内部形成的具有自觉的团结协作精神、能够独立完成任务的集体。团队组织与传统的部门不一样，它是自觉形成的，是为完成共同的任务，建立在自觉的信息共享、横向协调基础上的。在团队中，没有拥有制度化权力的管理者，只有组织者；团队中的成员不是专业化的，而是多面手，分工的界限不像过去那么明确，相互协作是最重要的特征。

（5）组织反应高速化。

随着网络经济的发展，规模经济时代正在向“速度经济”时代转变，正如美国思科公司总裁钱伯斯所言：“新经济规则不是大鱼吃小鱼，而是快鱼吃慢鱼。”因此，未来的竞争在很大程度上依赖于速度，未来的社会是“快者生存”的社会。

2. 未来组织的形态

传统的组织形态都是以所有权为基础的，组织本身建构于严密控制之上，与所有权挂钩，但如今命令和控制日益被各种关系取代，或与之交织。同盟、合资、少数参股、伙伴关系、技术转让、市场协议——所有这些关系都没有人控制和命令，这些关系必须基于目的、政策和策略的共同信念。未来组织将会以一种关系模式存在，是一种不断变化的混合体。

（1）基本知识与信息的组织形态。

这种组织形态具有如下特征：主要由知识专家和信息工人组成，两者的关系必须是平等的、同僚式的、伙伴式的以“项目”或“任务”的业务过程式作业流程为组织的基础；以顾客满意、市场需求为导向；以“团队”或“小组”作为生产和经营活动的基本组织单元；分散收集、分散处理、随意索取、公共享用的内部信息机制；以充分和谐相处为组织原则；以自主管理和间接控制为主的组织手段；无固定结构，具有非正式特点；跨越企业、行业、地区界限，是在全球范围延伸的组织联合。

（2）战无不胜的“变色龙”式组织。

未来世界的不确定性越来越大，为了适应这种变化，未来组织最终也可能是一个适应性机体，其形式及外表会随环境及组织的变化随时变化，这种组织具有几大重要特征：一是极大的灵活性。将来的组织是建立在灵活性这一前提之上的，它会随环境的变化而转向、适应和变化，“变色龙”式组织不害怕变化，相反，它渴求变化。二是对个人的承诺。它以对个人的承诺为中心。三是充分应用团队。“变色龙”式组织要求员工具备团队协作技能，因为团队将发挥越来越重要的作用。四是扎实的基本功底。“变色龙”式组织的力量来自其基本能力——了解组织怎样能做得最好；尝试多样性。“变色龙”式组织在强调个人价值的同时，也尝试在其员工中实行多样化。

（3）动态网络。

斯诺针对20世纪80年代新的竞争环境，将合资企业、转包合同、许可证等国际经济活动形式视为新的组织形态，认为新的组织形态是集战略、结构、管理过程于一体的动态网络，这一动态网络是为了适应新的、变化了的竞争条件而形成的组织形态。它在组织内形成包括供应商和分销商在内的“工作外合同”网络，其形成的必然性在于它是对应于外部交易关系和市场环境的一个动态网络，这种新组织形态的形成是竞争变化所引起的，其主要成分和组织结构可以根据复杂的竞争环境灵活地、不断地进行组织安排和重新组合，它既是竞争的原因又是其结果。尤其是目前跨国公司的规模日益巨型化，经营活动也日趋全球化，制定并实施全球战略，在世界范围内动员和配置资源，其开发、研制、采购、生产、销售等都是全球性的，这种由母国总部、地区性总部、区域性公司、子公司等组成的多层次、多结构的体系，就是一个动态网络。

（4）学习型组织。

所谓学习型组织，是通过培养弥漫于整个组织的学习气氛，充分发挥组织每一个成员的创造性思维能力而建立起来的一种有机的、高度柔性的、扁平的、符合人性的、能持续发展的组织。这种组织具有持续学习的能力，具有高于个人绩效总和的综合绩效。

知识库 13-6

构建学习型组织的五项修炼

彼得·圣吉是学习型组织理论的奠基人，其代表作《第五项修炼：学习型组织的艺术与实务》以及随后的《第五项修炼·实践篇》《变革之舞》的问世，标志着学习型组织理论框架的基本形成。构建学习型组织的五项修炼如下：

（1）建立共同愿景（building shared vision）。愿景可以凝聚公司上下的意志力，通过组织共识，大家努力的方向一致，个人乐于奉献，为组织目标奋斗。

（2）团队学习（team learning）。团队智慧应大于个人智慧的平均值，以做出正确的组织决策，通过集体思考和分析，找出个人弱点，强化团队向心力。

（3）改善心智模式（improve mental model）。组织的障碍多来自个人的旧思维，如固执己见、本位主义，唯有团队学习以及标杆学习，才能改善心智模式，有所创新。

（4）自我超越（personal mastery）。个人有意愿投入工作，个人与愿景之间有种"创造性的张力"，正是自我超越的来源。

（5）系统思考（system thinking）。应通过资讯搜集，掌握事件的全貌，以避免"只见树木不见森林"，培养综观全局的思考能力，看清楚问题的本质，有助于清楚了解因果关系。

本章小结

本章分两小节介绍了组织变革与组织发展的基本内容。

第一节主要介绍组织变革的概念、类型与原因，组织变革的目标与影响变量，组织变革的模式选择与战略模型，组织变革的要素与方法，组织变革的抵制现象与应对策略。

组织变革是指组织发展到一定程度，组织的内在机制要求组织的运作方式发生革命性变革，当组织原有的运作方式与组织的实际情况严重不符，从而发生成长危机时，综合运用组织的基本理论，对组织中的要素进行重组、增减等，使之适应环境变化和组织发展需要的活动过程。组织变革的类型有技术变革、产品与服务变革、人与组织结构的变革、文化变革及组织战略变革。其发生的原因是内外部环境的变化。

组织变革的目标包括提高组织适应环境的能力，提高组织的工作绩效，使组织结构更完善、组织内部关系更和谐，承担更多的社会责任等。

影响组织变革的变量有任务、组织结构、人、技术和环境变量。

组织变革的模式主要有激进式变革和渐进式变革。组织变革的模型介绍了勒温组织变革模型、系统变革模型、科特组织变革模型、巴斯的观点和本尼斯的模型、卡斯特的组织变革过程模型以及沙因的适应循环模型。

组织变革的要素包括构思、需求、采纳、实施与资源。

组织变革的方法主要有以人为中心的变革方法、以结构为中心的变革方法、以任务为中心的变革方法、以技术为中心的变革方法和以战略为中心的变革方法。

第二节阐述了组织发展的定义、组织发展的原因、组织发展的基本模型与程序、未来组织的特征与形态等内容。

组织发展是指为了适应不断变化的组织内外环境，通过长期的努力，特别是实施有效和协调的管理来改进和更新组织的过程。其特征包括：包含深层次的变革及高度的价值导向，有一个诊断-改进周期和渐进的过程，以有计划的再教育手段实现变革的策略，具有明确的目标与计划。组织发展的原因来自内外部。

未来组织将具有组织管理人本化、组织结构扁平化、组织运行柔性化、组织协作团队化、组织反应高速化等特征。

未来组织将会以一种关系模式存在，形成基本知识与信息的组织形态、战无不胜的“变色龙”式组织、动态网络和学习型组织。

关键术语

组织变革　激进式变革　勒温组织变革模型　组织发展　学习型组织

复习思考题

(1) 什么是组织变革？它对组织有什么作用？组织变革的目标是什么？

(2) 简述组织变革的类型。

(3) 组织变革的影响变量来自哪些方面？它们将对组织变革产生怎样的影响？

(4) 组织变革的要素有哪些？

(5) 组织变革的抵制现象有哪些？你认为应使用何种策略应对这些阻力？这些阻力能完全排除吗？

(6) 什么是组织发展？组织发展的原因是什么？未来组织具有哪些特征？

(7) 简述组织发展的程序及五大法则。

本章阅读书目

[1] 安德森．快速运转的组织发展．北京：清华大学出版社，2002.

[2] 巴顿．组织危机管理．北京：清华大学出版社，2002.

[3] 汉迪．超越确定性：组织变革的观念．北京：华夏出版社，2000.

[4] 巴斯．进化心理学：第 2 版．上海：华东师范大学出版社，2007.

[5] 本尼斯，比德尔曼．七个天才团队的故事．北京：中国人民大学出版社，2008.

[6] 施恩．职业锚：发现你的真正价值．北京：中国财政经济出版社，2004.

[7] 圣吉．第五项修炼：学习型组织的艺术与实务．上海：上海三联书店，1998.

参考文献

阿德勒．自卑与超越．北京：作家出版社，1986.

埃利斯．别和自己过不去．北京：中信出版社，2004.

安德森．快速运转的组织发展．北京：清华大学出版社，2002.

巴顿．组织危机管理．北京：清华大学出版社，2002.

巴纳德．经理人员的职能．北京：中国社会科学出版社，1997.

巴斯．进化心理学：第 2 版．上海：华东师范大学出版社，2007.

班杜拉．思想和行动的社会基础：社会认知论（上下册）．上海：华东师范大学出版社，2001.

包德柯耶夫．条件反射研究方法．北京：人民卫生出版社，1954.

本尼斯，比德尔曼．七个天才团队的故事．北京：中国人民大学出版社，2008.

本尼斯．领导者．北京：中国人民大学出版社，2008.

彼得斯，沃特曼．追求卓越．北京：中信出版社，2009.

波克拉斯．团队快速开发：团队建设学习方案．昆明：云南人民出版社，2003.

伯恩．人间游戏：人际关系心理学．北京：中国轻工业出版社，2006.

伯恩斯．领导学．北京：中国人民大学出版社，2006.

布莱克，穆顿．新管理方格．北京：中国社会科学出版社，1986.

车丽萍，秦启文．管理心理学．武汉：武汉大学出版社，2009.

陈国海．组织行为学．2 版．北京：清华大学出版社，2006.

程连昌．心理素质测评．北京：中国林业出版社，2002.

程正方．现代管理心理学．3 版．北京：北京师范大学出版社，2004.

德鲁克. 卓有成效的管理者. 上海：上海译文出版社，1999.

德鲁克．卓有成效的管理者．北京：机械工业出版社，2009.

窦胜功，张兰霞，卢纪华．组织行为学教程．北京：清华大学出版社，2005.

杜塞．人的写照．上海：同济大学出版社，1989.
多拉德，米勒. 人格与心理治疗. 杭州：浙江教育出版社，2002.
法约尔．工业管理与一般管理．北京：机械工业出版社，2007.
费斯廷格．认知失调理论．杭州：浙江教育出版社，1999.
弗洛伊德．精神分析引论．北京：商务印书馆，2004.
弗洛伊德．释梦．北京：商务印书馆，1996.
戈尔曼．情商：为什么情商比智商更重要．北京：中信出版社，2010.
戈菲，等．人员管理．北京：中国人民大学出版社，2000.
戈夫曼．日常生活中的自我呈现．杭州：浙江人民出版社，1989.
格里芬，唐宁玉，摩海德．组织行为学：中国版．北京：中国市场出版社，2010.
格里格，津巴多．心理学与生活：第16版．北京：人民邮电出版社，2003.
葛兰西．狱中札记．北京：中国社会科学出版社，2000.
关培兰．组织行为学．3版．北京：中国人民大学出版社，2011.
海特. 象与骑象人：幸福的假设. 杭州：浙江人民出版社，2012.
汉迪．超越确定性：组织变革的观念．北京：华夏出版社，2000.
荷曼斯．社会科学的本质．台北：桂冠图书公司，1991.
赫茨伯格．赫茨伯格的双因素理论．北京：中国人民大学出版社，2009.
赫尔雷格尔，斯洛克姆，伍德曼．组织行为学（上下册）．上海：华东师范大学出版社，2001.
赫根汉．心理学史导论：第4版．（上下册）．上海：华东师范大学出版社，2004.
赫塞．情境领导者．北京：中国财政经济出版社，2003.
侯玉波．社会心理学．2版．北京：北京大学出版社，2008.
胡君辰，杨永康．组织行为学．上海：复旦大学出版社，2002.
怀特赫斯特. 开放式组织：面向未来的组织管理新范式. 北京：机械工业出版社，2016.
吉尔福特．聪明有道．南京：江苏人民出版社，1991.
加德纳．多元智能．北京：新华出版社，1999.
金盛华．社会心理学．北京：高等教育出版社，2005.
津巴多，约翰逊，韦伯．津巴多普通心理学．北京：中国人民大学出版社，2008.
卡拉西洛．团队建设．上海：上海远东出版社，2002.
卡梅隆，奎因．组织文化诊断与变革．北京：中国人民大学出版社，2006.
卡明斯，沃里．组织发展与变革：第7版．北京：清华大学出版社，2003.
卡内，艾萨克·盖茨. 自由企业：释放员工，收获卓越. 北京：中译出版社，2017.
卡斯特，罗森茨韦克．组织与管理：系统方法与权变方法．北京：中国社会科学出版社，2000.
坎农．躯体的智慧．北京：商务印书馆，1982.
科特，赫斯克特．企业文化与经营业绩．北京：华夏出版社，1997.
科特．企业领导艺术．北京：华夏出版社，1997.

克莱格．即时头脑风暴．北京：经济管理出版社，2002.
孔茨，奥唐奈，韦里克．管理学．上海：上海人民出版社，1990.
库埃．心理暗示术．天津：天津社会科学院出版社，2008.
库塞基，波斯纳．模范领导：领导，就是让员工愿意主动成就非常之事．台北：脸谱出版社，2004.
拉扎勒斯．简明综合心理治疗：多模式方法．北京：商务印书馆，2009.
莱维特．管理心理学．太原：山西经济出版社，1991.
勒温．拓扑心理学原理．北京：北京大学出版社，2011.
李磊，马华维，管理心理学．天津：南开大学出版社，2005.
李维特. 管理心理学. 台北：远流出版事业股份有限公司，1986.
李伟民．应用社会心理学新论．北京：人民出版社，2006.
刘宏，高丽君．管理心理学．北京：清华大学出版社，2011.
刘永芳．管理心理学．北京：清华大学出版社，2008.
刘玉梅．管理心理学理论与实践．2 版．上海：复旦大学出版社，2011.
卢格，赫尔希．生活心理学．哈尔滨：黑龙江人民出版社，1988.
卢盛忠．管理心理学．杭州：浙江教育出版社，1998.
罗宾斯，库尔特. 管理学：第 9 版. 北京：中国人民大学出版社，2008.
罗宾斯，库尔特．管理学：第 9 版．北京：中国人民大学出版社，2008.
罗宾斯．组织行为学．北京：中国人民大学出版社，2005.
马斯拉奇，雷特尔．过劳的真相．北京：中国财政经济出版社，2004.
马斯洛．动机与人格．北京：中国人民大学出版社，2012.
迈尔斯．社会心理学：第 8 版．北京：人民邮电出版社，2006.
迈尔斯．心理学．北京：人民邮电出版社，2006.
麦独孤．社会心理学导论．北京：北京大学出版社，2010.
麦克沙恩，格里诺．麦克沙恩组织行为学．北京：中国人民大学出版社，2008.
米尔格拉姆．对权威的服从：一次逼近人性真相的心理学实验．北京：新华出版社，2013.
米勒．美国企业精神．北京：中国友谊出版社，1985.
米勒．人格与心理治疗．杭州：浙江教育出版社，2002.
闵斯特伯格．基础与应用心理学．北京：北京大学出版社，2010.
墨菲，柯瓦奇．近代心理学历史导引（上下册）．北京：商务印书馆，2010.
帕尔默．九型人格．北京：华夏出版社，2006.
帕累托．普通社会学纲要．北京：三联书店，2001.
帕斯卡尔，阿索斯．日本的管理艺术．北京：科学技术文献出版社，1987.
彭聃龄．普通心理学．北京：北京师范大学出版社，2004.
皮亚杰．发生认识论原理．北京：商务印书馆，1981.
三隅二不二．领导行为科学．北京：光明日报出版社，1991.
沙因．组织文化与领导力．北京：中国人民大学出版社，2011.

圣吉．第五项修炼：学习型组织的艺术与实务．上海：上海三联书店，1998.
施恩．职业锚：发现你的真正价值．北京：中国财政经济出版社，2004.
舒尔兹，舒尔兹．现代心理学史．南京：江苏教育出版社，2005.
舒尔兹．成长心理学．北京：三联书店，1988.
斯宾雷，马丁．人格与行为：管理心理学基础．北京：机械工业出版社，2011.
斯金纳．科学与人类行为．北京：华夏出版社，1989.
斯密．国富论．南京：译林出版社，2011.
斯皮尔曼．人的能力：它们的性质与度量．杭州：浙江教育出版社，1999.
斯腾伯格．超越 IQ：人类智力的三元理论．上海：华东师范大学出版社，2004.
斯托曼．情绪心理学．沈阳：辽宁人民出版社，1986.
苏东水．管理心理学．4 版．上海：复旦大学出版社，2002.
孙非．组织行为学．大连：东北财经大学出版社，2003.
泰勒，佩普劳，希尔斯．社会心理学．北京：北京大学出版社，2004.
泰勒．错误的行为．北京：中信出版社，2006.
泰勒．管理思想的演变．北京：中国社会科学出版社，2000.
泰勒．科学管理原理．上海：上海科学技术出版社，1982.
坦纳．团队建设与员工管理．北京：机械工业出版社，2010.
特朗皮纳斯，特纳．跨文化人员管理．北京：经济管理出版社，2011.
汪道之．心理咨询：心理问题个案分析与解决办法．北京：中国商业出版社，2002.
王垒．组织管理心理学．北京：北京大学出版社，1993.
王雁．普通心理学．北京：人民教育出版社，2003.
王重鸣．管理心理学．北京：人民教育出版社，2000.
韦伯．经济与社会：第 2 卷．上海：上海人民出版社，2010.
韦尔奇．杰克·韦尔奇自传．北京：中信出版社，2005.
韦纳．归因动机论．北京：中国人民大学出版社，2020.
韦纳．人类动机：比喻、理论和研究．杭州：浙江教育出版社，1999.
韦纳．心理治疗的法则．成都：四川人民出版社，2007.
西奥迪尼．影响力．北京：京华出版社，2019.
西蒙．现代决策理论的基石：有限理性说．北京：北京经济学院出版社，1989.
谢弗尔．压力管理心理学．北京：中国人民大学出版社，2009.
徐联仓，凌文辁．组织管理心理学．北京：科学出版社，1988. 徐联仓，凌文辁．组织管理心理学．北京：科学出版社，1988.
叶奕乾．普通心理学．2 版．上海：华东师范大学出版社，2004.
英海尔德，辛克莱，博维尔．学习与认知发展．上海：华东师范大学出版社，2003.
袁秀珍，杨六栓．社会心理学导论．郑州：郑州大学出版社，2006.
张德，陈国权．组织行为学．2 版．北京：清华大学出版社，2011.
张积家．普通心理学．广州：广东高等教育出版社，2004.
张友谊．管理心理学新论．济南：济南出版社，2008.

郑日昌，蔡永红，周益群．心理测量学．北京：人民教育出版社，1999.

周三多，陈传明，鲁明泓．管理学：原理与方法．4 版．上海：复旦大学出版社，2008.

周晓虹．现代社会心理学名著菁华．北京：社会科学文献出版社，2007.

竺乾威，邱柏生，顾丽梅．组织行为学．上海：复旦大学出版社，2002.

致 谢

想要感谢的人很多。

第一声感谢，要送给中国人民大学出版社的朱海燕女士。几次见面，她所展现出的专业思考、独到见解和工作热情仍历历在目。这也成为我不敢懈怠的最重要原因。没有朱海燕女士的努力，本书就不会面世。

第二声感谢，要送给我的学生。在教学中，他们的每一个问题、每一个答案、每一个疑虑、每一个肯定，都在本书的字里行间得到了体现。

第三声感谢，要送给国内管理心理学的前辈。他们的诸多观点、诸多总结、诸多发现，都以各种形式在书中体现出来。本书的参考文献只罗列了一小部分，挂一漏万是显然的。这也是本书编者的遗憾。

还有很多需要感谢的人，在此不再一一列出了。但是，对他们的感激之情会在我的心中长存。

书中不完美之处在所难免，敬请读者批评指正。

人大版公共管理类教材

公共管理类专业教材——学科基础课教材

书名	作者
现代管理学原理（第三版）（“十一五”国家级规划教材）	娄成武　魏淑艳
一般管理学原理（第四版）	张康之　周　军
管理学基础（第三版）	方振邦
政治学原理（第三版）	景跃进　张小劲
现代政治学原理（第四版）	石永义　刘玉萼　张　璋
公共管理学（第二版）	陈振明
公共管理学——一种不同于传统行政学的研究途径（第二版）	陈振明
公共管理学（第三版）（数字教材版）（“十二五”国家级规划教材）	蔡立辉　王乐夫
公共管理学（精编版）	王乐夫　蔡立辉
公共管理学（第二版）	张康之　郑家昊
公共管理概论（第二版）	朱立言　谢　明
公共政策导论（第六版）（数字教材版）	谢　明
公共政策概论（第二版）	谢　明
公共政策学——政策分析的理论、方法和技术（“十一五”国家级规划教材）	陈振明
公共政策学（第二版）	杨宏山
政策科学——公共政策分析导论（第二版）	陈振明
公共经济学（第三版）（“十二五”国家级规划教材）	高培勇
公共经济学教程	秦立建
政府经济学（第四版）（“十一五”国家级规划教材）	郭小聪
政府经济学（第四版）	潘明星　韩丽华

公共管理类专业教材——方法课教材

书名	作者
公共管理研究方法	何兰萍　张俊艳
行政学研究方法与应用案例	萧鸣政　等
管理定量分析：方法与技术（第三版）	刘兰剑

公共管理类专业教材——行政管理、公共事业管理专业教材

书名	作者
行政法学导论	姜晓萍
公共部门人力资源管理（第四版）	孙柏瑛　祁凡骅
公共部门人力资源开发与管理（第五版）（“十二五”国家级规划教材）	孙柏瑛　祁凡骅
公共部门人力资源管理（第三版）	滕玉成　于　萍
公共部门人力资源管理概论（第二版）	方振邦
公共部门人力资源管理案例	周均旭
行政管理学（第五版）（数字教材版）	郭小聪
公共行政学（第五版）	彭和平
公共行政学（第二版）	张康之　张乾友
行政学导论（第三版）	齐明山

书名	作者
行政管理学导引与案例	陈季修
管理心理学（第三版）	范逢春
公共组织行为学（第三版）（“十一五”国家级规划教材）	孙　萍　张　平
公共组织学（第四版）	李传军
行政组织学（第二版）	张　昕　李　泉
公共组织理论	陆明远　冯　楠
公共事业管理概论（第三版）	朱仁显
公共组织财务管理（第三版）（“十一五”国家级规划教材）	王为民
国家公务员制度（第五版）（数字教材版）（“十二五”国家级规划教材）	舒　放　贾自欣
国家公务员制度概论（第二版）	刘碧强　郗永勤
公务员制度概论	李如海
公务员制度	温志强　王彦平　郝雅立
当代国家公务员制度：理论与实践	胡春艳
行政领导学（第三版）	朱立言　李国梁
领导学（第五版）	邱霈恩
领导学	孙　健
现代市政学（第五版）（数字教材版）	王佃利
市政管理学（第五版）（“十一五”国家级规划教材）	杨宏山
社区管理（第四版）	汪大海　魏　娜　郇建立
社区管理原理与案例	魏　娜
电子政务教程（第三版）（“十一五”国家级规划教材）	赵国俊
电子政府与电子政务（第二版）（“十一五”国家级规划教材）	张锐昕
行政伦理学教程（第四版）（“十二五”国家级规划教材）	张康之　李传军
公共危机管理概论（第二版）	王宏伟
公共危机管理	唐　钧
当代中国政府与政治（第二版）	景跃进　陈明明　肖　滨
当代中国政府与行政（第三版）	魏　娜　吴爱明
地方政府学概论（第二版）	方　雷
地方政府管理（第二版）	陈瑞莲　张紧跟
管理秘书实务（第三版）	赵锁龙
行政秘书学	唐　钧
公文写作与处理	赵国俊
机关管理的原理与方法（第三版）	赵国俊　陈幽泓
公共部门绩效管理（第二版）	方振邦
政府绩效管理（第二版）	方振邦　葛蕾蕾
政府绩效评估	蔡立辉
政府公共关系（第二版）（“十一五”国家级规划教材）	廖为建　张　宁
西方行政学理论概要（第二版）（“十一五”国家级规划教材）	丁　煌
公共行政学史（第二版）	何艳玲
西方公共管理名著导读	汪大海
文化管理学（第三版）（“十二五”国家级规划教材）	孙　萍
文化创意产业导论	魏鹏举
卫生事业管理（第二版）（“十一五”国家级规划教材）	李　鲁
现代公用事业管理	崔运武

公共管理类专业教材——劳动与社会保障专业教材

书名	作者
社会保障概论（第七版）	孙光德　董克用
社会保障学	戴卫东
劳动经济学（“十一五”国家级规划教材）	董克用　刘　昕
劳动法与社会保障法	黎建飞
社会保险学（第四版）	孙树菡　朱丽敏
社会保障基金管理	李春根
社会保障国际比较	仇雨临

公共管理类专业教材——土地资源管理专业教材

书名	作者
土地经济学（第八版）（“十一五”国家级规划教材）	毕宝德
土地法学（中国人民大学“十三五”规划教材）	严金明
土地资源学	张正峰　赵文武
土地资源管理学（第二版）	张正峰
国土空间规划学	张占录　张正峰
不动产估价（第二版）（“十一五”国家级规划教材）	叶剑平　曲卫东
土地信息系统	曲卫东　韩　琼
地籍管理（第五版）（“十一五”国家级规划教材）	谭　峻　林增杰

公共管理类专业教材——城市管理专业教材

书名	作者
城市管理学（第四版）	杨宏山
城市管理学：公共视角	陆　军　等
城市管理法	王丛虎
城市总体规划原理	郐艳丽　田　莉

公共管理类教材——应急管理专业教材

书名	作者
应急管理导论：原理与案例	李燕凌　朱正威 张海波　章文光
应急管理概论	王宏伟
应急管理理论与实践	唐　钧
突发事件风险管理	张小明
应急管理新论	王宏伟
新媒体时代的应急管理与危机公关	唐　钧
公共安全风险治理	唐　钧

公共管理硕士（MPA）教材——核心课教材

书名	作者
全国公共管理硕士（MPA）核心课程教学指导纲要	全国公共管理专业学位 研究生教育指导委员会
社会主义建设理论与实践（第三版）	李景治　蒲国良

书名	作者
公共管理英语（修订版）	顾建光
学术规范和论文写作	胡宏伟
公共管理学（第三版）（全国优秀教材二等奖）	张成福　党秀云
公共管理学原理（修订版）	陈振明
公共管理导论	竺乾威　朱春奎　李瑞昌
公共政策分析	陈振明
公共政策分析导论	陈振明
公共政策分析概论（修订版）	谢　明
公共部门经济学（第三版）	高培勇　崔　军
公共经济学	唐任伍
行政法学（修订版）	皮纯协　张成福
行政法学概论（第三版）	胡锦光
非营利组织管理概论（修订版）	王　名
非营利组织管理	王　名　王　超
公共管理伦理学（修订版）	张康之
社会研究方法	陈振明
电子政务理论与方法（第五版）	金江军
公文写作概论	高永贵

公共管理硕士（MPA）教材——专业方向必修课、选修课教材

书名	作者
公务员制度教程（第六版）	舒　放　王克良
比较政府与政治（修订版）	卓　越
当代中国政府与政治（第三版）	吴爱明　朱国斌　林　震
公共部门人力资源管理及案例教程（第三版）	陈天祥
公共部门绩效评估（修订版）	卓　越
公共部门危机管理（第三版）	张小明
应急管理通论（第二版）	李雪峰
公共部门战略管理（修订版）	陈振明
MPA 学位论文写作指南	汪大海

图书在版编目（CIP）数据

管理心理学 / 范逢春主编 . --3 版 . --北京：中国人民大学出版社，2024. 11. --(新编 21 世纪公共管理系列教材) . --ISBN 978-7-300-33103-4

Ⅰ. C93-051

中国国家版本馆 CIP 数据核字第 2024YV7480 号

新编 21 世纪公共管理系列教材

管理心理学（第三版）

范逢春　主编

Guanli Xinlixue

出版发行	中国人民大学出版社		
社　　址	北京中关村大街 31 号	**邮政编码**	100080
电　　话	010－62511242（总编室）		010－62511770（质管部）
	010－82501766（邮购部）		010－62514148（门市部）
	010－62515195（发行公司）		010－62515275（盗版举报）
网　　址	http://www. crup. com. cn		
经　　销	新华书店		
印　　刷	大厂回族自治县彩虹印刷有限公司	**版　　次**	2013 年 9 月第 1 版
开　　本	787 mm×1092 mm　1/16		2024 年 11 月第 3 版
印　　张	22. 5 插页 1	**印　　次**	2024 年 11 月第 1 次印刷
字　　数	513 000	**定　　价**	62. 00 元

中国人民大学出版社　管理分社

教师教学服务说明

中国人民大学出版社管理分社以出版工商管理和公共管理类精品图书为宗旨。为更好地服务一线教师，我们着力建设了一批数字化、立体化的网络教学资源。教师可以通过以下方式获得免费下载教学资源的权限：

★ 在中国人民大学出版社网站 www.crup.com.cn 进行注册，注册后进入“会员中心”，在左侧点击“我的教师认证”，填写相关信息，提交后等待审核。我们将在一个工作日内为您开通相关资源的下载权限。

★ 如您急需教学资源或需要其他帮助，请加入教师 QQ 群或在工作时间与我们联络。

中国人民大学出版社　管理分社

教师 QQ 群： 648333426(工商管理)　114970332(财会)　648117133(公共管理)
教师群仅限教师加入，入群请备注（学校＋姓名）

联系电话： 010-62515735，62515987，62515782，82501048，62514760

电子邮箱： glcbfs@crup.com.cn

通讯地址： 北京市海淀区中关村大街甲 59 号文化大厦 1501 室（100872）

管理书社　　人大社财会　　公共管理与政治学悦读坊